S.F.
V.

Martin S. Bergmann

EINE GESCHICHTE DER LIEBE

Vom Umgang des Menschen mit einem rätselhaften Gefühl

Aus dem Amerikanischen
von Reiner Stach

S. FISCHER

Die amerikanische Originalausgabe erschien 1987 unter dem Titel
»The Anatomy of Living; Story of Man's Quest to Know What Love Is«
im Verlag Columbia University Press, New York.

Umschlaggestaltung: Raphie Etgar
Satz: Wagner GmbH, Nördlingen
Druck und Bindung: Friedrich Pustet, Regensburg
Printed in Germany 1994
ISBN 3-10-007107-7

Gedruckt auf chlor- und säurefreiem Papier

Für Ridi zu unserem 40. Jahrestag

Ich denke an deine Jugendtreue,
an die Liebe deiner Brautzeit,
wie du mir in der Wüste gefolgt bist,
im Land ohne Aussaat.

Jeremia 2: 2

Inhalt

Vorwort

O laß, was stumme Liebe schrieb, gewähren:
sie wird dich lehren, mit dem Aug zu hören.

(Shakespeare, *Sonett 23*)

O die Liebe ist wirklich krumm,
Da ist keiner weise genug
Zu entdecken, was alles darin ist,
Denn er würde an Liebe denken
Bis die Sterne verlaufen wären
Und die Schatten den Mond verschlängen.

(William Butler Yeats, *Brauner Pfennig*)

Dieses Buch erzählt die Geschichte der Suche des Menschen nach dem Wesen der Liebe. Um diesem Vorhaben gerecht zu werden, mußte ich zahlreiche, von Spezialisten beherrschte Gebiete durchstreifen. Sollten auch Ägyptologen, Altphilologen, Bibel- und Shakespeare-Forscher, Historiker oder Philosophen dieses Buch lesen, so stimmen sie hoffentlich mit mir darin überein, daß ich in ihr jeweiliges Fachgebiet nur dann eingedrungen bin, wenn ich aus *meiner* Perspektive etwas Neues beitragen konnte. Dem Leser, der in allgemeinerem Sinne an der Liebe interessiert ist und der, bevor er sich in die Lektüre stürzt, zunächst einmal wissen möchte, auf was er sich einläßt, empfehle ich, das letzte Kapitel zuerst zu lesen und dann zu entscheiden, ob er das von mir abgesteckte Territorium durchqueren möchte.

An Neuerscheinungen zum Thema Liebe ist kein Mangel. Jene beispiellose »sexuelle Revolution« liegt hinter uns – zumindest in der westlichen Welt –, und es gibt Anzeichen dafür, daß selbst der Kommunismus trotz all seiner Starrheit nicht in der Lage sein wird, die Auswirkungen dieser Art von Revolution einzudämmen. Wir sind freimütiger geworden und auch klüger in bezug auf den Sex in all seinen Aspekten, und wir glauben, ein Anrecht auf sexuelles Glück zu haben. Doch auf die sexuelle Freiheit folgte ein Gefühl der Leere, das selbst in befriedigenden sexuellen Beziehungen auftaucht, wenn jene geheimnisvolle Zutat fehlt, die wir Liebe nennen. Es gibt noch einen weiteren Grund für eine erneut aufkommende Wißbegierde in Sachen Liebe: Man hat gesagt, wir lebten im Zeitalter des Narzißmus, und dieser wiederum steht in einer komplexen Beziehung zur Liebe, wie die Psychoanalytiker herausgefunden haben. Die meisten Autoren sind sich über diese Verbindung nicht im klaren; mit der Geschichte und der Psychologie des Narzißmus werde ich mich im folgenden jedoch ausführlich befassen.

Im Verlauf dieser Arbeit hat sich mir eine bestimmte Einsicht geradezu aufgedrängt: Oberflächlich betrachtet, entflammt uns die Liebe in Gestalt eines einheitlichen Gefühls, das heißt, all jene, die lieben, haben an diesem einen Gefühl teil. Untersucht man die Liebe jedoch eingehender, so entdeckt man verschiedene Arten von Liebe. Es gibt Liebende, die zu einer der klar umrissenen Gruppen zählen, die ich im abschließenden Kapitel beschreibe; bei anderen ist eine Mischung verschiedener Arten von Liebe zu beobachten. Die innere Entwicklung eines Menschen bis zu dem Zeitpunkt, da er sich verliebt, bestimmt die Art und Weise, in der er lieben wird, und den Verlauf, den seine Liebe nehmen wird.

Viele der Bücher zum Thema Liebe, die ich gelesen habe, zitieren die berühmte Arie des Cherubino in Mozarts *Hochzeit des Figaro*: »Voi che sapete che cosa e amor ...« (»Ihr, die ihr wißt, was Liebe ist ...«). Die Frage »*Was ist Liebe?*« wird nach Hagstrum (1980) vom Heranwachsenden aufgeworfen, dessen geschlechtliche Identität noch im Fluß ist – eine Mischung von Narziß und Adonis. Je ambivalenter die geschlechtliche Identität ist, desto rätselhafter scheint die Liebe. Ich denke, es ist kein Zufall, daß gerade die Griechen, die ihre Homosexualität in geringerem Maß als andere unterdrückten, auch die ersten waren, die Liebe als etwas Rätselhaftes erfuhren. Den griechischen und römischen Philosophen und Dichtern verdanken wir nicht nur die ersten Einsichten in das Wesen der Liebe, sondern auch einige der scharfsinnigsten Beobachtungen, die vor Sigmund Freud zu diesem Thema angestellt wurden. Mir ist klargeworden, daß man die Ideen Freuds zum Thema Liebe besser versteht, wenn man sie vor dem

Hintergrund des westlichen Denkens betrachtet, das auf das antike Griechenland und auf die Bibel zurückgeht. Meiner Ansicht nach verdankt die Psychoanalyse ihren humanistischen Wurzeln weit mehr, als Freud und andere Psychoanalytiker eingestanden. Gleichzeitig hat jedoch die Psychoanalyse ein neues Licht auf diese humanistische Vergangenheit geworfen.

Der Literaturkritiker Harold Bloom schrieb über Freud, »dessen Auseinandersetzung mit der gesamten Vorwelt« sei »die umfassendste und intensivste unseres Jahrhunderts« gewesen (wobei Bloom den Begriff »Vorwelt« als das Gegenteil der »Nachwelt« faßte*, um den Kampf jedes schöpferischen Denkers gegen den von der Tradition ausgeübten Druck zu bezeichnen). Freud – so Bloom weiter – habe sich der Rolle des Bewußtseins in unserem Zeitalter derart bemächtigt, daß wir mehr als vierzig Jahre nach seinem Tod bei der Erörterung geistiger Tätigkeiten noch immer über kein anderes gängiges Vokabular verfügen als das von ihm übernommene. Mein eigenes Buch bestätigt das; denn als ich daranging, die Suche des Menschen nach einem Verständnis der Liebe zu schildern, vermochte ich die Vergangenheit nicht anders wahrzunehmen als durch die Brille Freuds. Und was Freuds eigenen Kampf mit der Vergangenheit betrifft, so scheint mir Platon sein wichtigster Gegenspieler zu sein – also derjenige, der ihn am meisten beeinflußte und gegen dessen Einfluß er sich zur Wehr setzte. Der einzige vergleichbare »Gegenspieler« war Nietzsche.

Ich glaube, es gibt eine unbewußte Kontinuität zwischen den Mythen, Sagen und philosophischen Theorien der Antike einerseits und den Träumen und Neurosen von Männern und Frauen unseres modernen Zeitalters andererseits. Daher habe ich in diesem Buch klassische Texte und Assoziationen von Analysanden immer wieder nebeneinandergestellt.

Ich bin zuversichtlich, daß Leser, welche die Psychoanalyse aus privaten oder beruflichen Gründen schätzen, dieses Buch zur Kenntnis nehmen werden, einschließlich derer, die in ihrem Beruf mit dem Problem seelischer Gesundheit zu tun haben und denen es auf ein möglichst umfassendes Verständnis dessen ankommt, was die Psychoanalyse zum Thema Liebe beigetragen hat. Letztere werden mein

* Im Original: *anteriority* und *posteriority* (A. d. Ü.).

Buch lesen, um die Effektivität ihrer klinischen Arbeit zu steigern. Ich hoffe jedoch, ein Buch geschrieben zu haben, das auch weiteren Interessen entgegenkommt – ein Buch, das all jenen etwas Neues und Bedeutsames zu sagen hat, die unsere humanistische Vergangenheit schätzen und für wichtig halten und die daher erfahren wollen, wie sich die Psychoanalyse in diese lange Tradition einfügt.

Schließlich möchte ich mich auch noch an jene wenden, die ihr Glück in der Liebe suchten, über das Ergebnis ihrer Bemühungen in Verwirrung geraten sind und daher zu meinem Buch greifen. Eine der frühesten Metaphern der Liebe vergleicht sie mit einer Krankheit, die nur der oder die Geliebte heilen kann. Eine solche Macht haben Bücher nicht. Doch kann es durchaus sein – auch wenn dieses Buch nicht der Heilung dienen soll –, daß ein Verständnis des langen Kampfes unserer Kultur um ein Begreifen der Liebe, die Auffassungen eines bestimmten Autors, den ich zitiere, oder auch nur eines der angeführten Fallbeispiele es dem Leser ermöglichen, seine Schwierigkeiten in einem neuen Licht zu sehen, das hilfreich ist und Hoffnung gibt; das wäre dann ein Gewinn nicht nur für den Leser, sondern auch für mich.

Vielen Analysanden, Studenten und Kollegen bin ich für ihre hilfreichen Ideen zu Dank verpflichtet. Bedauerlicherweise kann ich nicht jeden von ihnen anführen. Professor Peter Gay las die erste Version dieses Buchs und vereinte dabei die Sorgfalt eines Lektors mit der Belesenheit dessen, der mit der Literatur zum Thema Liebe vertraut ist. Nicht weniger Dank schulde ich Dr. Otto Kernberg, der zur Vertiefung des analytischen Wissens auf diesem Gebiet außerordentlich viel beigetragen hat; er las die erste Version und gab wertvolle Anregungen. Aus den Anmerkungen von Dr. Arlene Richards und Anne Rose, die das Manuskript ebenfalls gelesen haben, habe ich großen Gewinn gezogen. Meine Ehefrau und mein Sohn Michael waren hilfreiche Mitarbeiter. Professor Bernard Bothmer und Lee Pomerantz verschafften mir Zugang zu sumerischen und ägyptischen Quellen, an die der Laie nicht so leicht herankommt. Mit Dr. Giorgio DiGregorio erörterte ich ausführlich das vielschichtige Kapitel über Freud. Einige Abschnitte dieses Buchs wurden in Oxford geschrieben, wo mir die Mitarbeiter der Bodleian Library beim Aufspüren zahlreicher Publikationen sehr behilflich waren. Ermutigung erfuhr ich auch durch meine beiden Assistentinnen Andrea Madden und Martha Meade, die nicht nur mit der Textverarbeitung umgehen konnten, sondern auch ein lebendiges inhaltliches Interesse an meinem Buch nahmen. Jeder, der schreibt, kennt den Schmerz, den der gleichgültige Gesichtsausdruck einer Sekretärin verursachen kann. Diese Marter blieb mir erspart. Ich möchte auch Barbara Frank für das Korrekturlesen danken.

Mit der Arbeit an diesem Buch begann ich vor etwa zwanzig Jahren. Meine erste Veröffentlichung zum Thema Liebe erschien 1971. Frühere Fassungen einiger der Kapitel erschienen in den Zeitschriften *The Psychoanalytic Quarterly*, *Journal of the American Psychoanalytic Association*, *International Journal of Psycho-Analytic Psycho-Therapy* und *American Imago*. Ich danke den Herausgebern für die Erlaubnis, diese Texte teilweise wiederabzudrucken.

Ich möchte auch dem Postgraduate Center for Psychotherapy danken, das mir das Privileg verlieh, als »Psychoanalytiker des Jahres« diese Arbeit in einer Reihe von Vorlesungen vorstellen zu dürfen. Von den anschließenden Gesprächsrunden hat das Buch profitiert.

I

Die humanistische Vergangenheit

Das wachsende Vokabular der Liebe

1

Liebesdichtung im alten Ägypten

Die Poesie ist der Pflug, der die Zeit umwendet,
so daß die tiefen Schichten der Zeit,
die schwarze Erde, oben erscheint.

Ossip Mandelstam

Die meisten derer, die über Liebe schreiben, zitieren zustimmend einen Satz von La Rochefoucauld, der besagt, die meisten Leute würden sich gar nicht verlieben, wenn sie nicht von der Liebe reden hörten. La Rochefoucauld war einer der Erfinder der Maxime als literarische Form; in diesem Fall jedoch warf er eine entscheidende Frage auf, die man etwa so formulieren könnte: Ist die Liebe im wesentlichen ein soziales Phänomen, das sich in einem Umfeld ganz bestimmter Einstellungen entwickelt und in anderen völlig fehlt? Oder repräsentiert sie ein grundlegendes Bedürfnis des Menschen und tritt überall auf, wo immer es menschliche Wesen gibt? Der Versuch, dieses Problem zu klären, brachte mich auf die Frage, wann eigentlich die Liebe entdeckt worden sei. Die Nachforschungen führten mich in das Neue Reich Ägyptens (ca. 1550–1080 v. Chr.), wo wir die früheste Liebesdichtung antreffen.

Ägyptische Liebesdichtung

Als Vorbedingung einer Liebesdichtung, die sich ihrer selbst bewußt ist, muß die jeweilige Sprache das Wort Liebe kennen. Die Ägypter hatten dafür eine Hieroglyphe, die für das Substantiv wie für das Verb stand. Diese Hieroglyphe bestand aus drei Teilen: einer Hacke, einem Mund und einer männlichen Figur mit einer Hand im Mund.*

* Ich möchte mich ausdrücklich bei Dr. Howard H. Schlossman bedanken, der meine Aufmerksamkeit auf diese faszinierende Hieroglyphe lenkte.

Die ägyptischen Liebesgedichte wurden auf Papyrusrollen oder auf Vasen festgehalten, und zwar in den Jahren 1300 bis 1100 v. Chr., also im Zeitalter des Neuen Reichs. Nach unseren Begriffen sind sie alt, nicht jedoch nach ägyptischen Maßstäben, denn die überlieferte Geschichte Ägyptens beginnt bereits um 3000 v. Chr. Papyrusrollen und Ton sind weniger dauerhaft als Inschriften in Stein; es ist daher durchaus möglich, daß es auch schon früher Liebesgedichte gegeben hat, die jedoch nicht überdauerten. Insgesamt haben die Ägyptologen 55 Liebesgedichte gesammelt, die sämtlich in die Zeit des Neuen Reichs datieren.

Wenn man mit Liebeslyrik bereits vertraut ist und dann auf die der alten Ägypter stößt, so erstaunt einen die thematische Vielfalt und die Differenziertheit der Gefühle, die sie zum Ausdruck bringt. Das Bemerkenswerteste an diesen Gedichten ist jedoch das Fehlen schmerzlicher Assoziationen wie Scham, Schuld und Zwiespalt, welche die Liebespoesie späterer Zeiten weitgehend kennzeichnen wird. Einem Leser, der das Hohelied aus der Bibel kennt, werden viele der Metaphern vertraut vorkommen.

[Eine Frau:]
Der Bruder verführt mein Herz mit seiner Stimme
und läßt mich Krankheit befallen.
Er ist ein Nachbar des Hauses meiner Mutter,
und doch weiß ich nicht, wie ich zu ihm gehen kann.
Gut wäre in meiner Sache vielleicht meine Mutter.
Ach laß es, sie zu sehen!*

Sieh, mein Herz ist unwillig, an ihn zu denken,
und doch ergreift mich die Liebe zu ihm.
(Schott 1950, S. 39f.)

[Ein Mann:]
Sieben Tage sah ich die Schwester nicht.
Krankheit hat mich befallen.

* In der englischen Übertragung lauten die beiden letzten Zeilen sinngemäß: »Die Mutter hat recht, wenn sie über ihn klagt: / Laß es, ihn zu treffen!« (Lichtheim; 1976, S. 182) (A. d. Ü.).

Mein Herz wird schwer.
Ich habe mich selbst vergessen.

Wenn die Ärzte zu mir kommen,
bin ich mit ihren Mitteln nicht zufrieden.
Keinen Ausweg finden die Beschwörer.
Meine Krankheit wird nicht erkannt.

Wenn man mir sagt: Siehe, sie ist da! belebt es mich.
Ihr Name ist das, was mich erhebt.
[...]
Wenn ich sie sehe, dann gesunde ich.

Wenn sie ihr Auge öffnet, verjüngt sich mein Leib.
Wenn sie spricht, dann erstarke ich.
Wenn ich sie umarme, verjagt sie von mir das Übel.
Sie ging von mir vor sieben Tagen.

(Ebd., S. 43)

Diese Metapher der Liebe als eine Art Krankheit findet sich auch im Hohelied (2,5): »Stärkt mich mit Traubenkuchen, / erquickt mich mit Äpfeln; / denn ich bin krank vor Liebe.«

Der einzige Mißton in unseren Ohren ist die beständige Anrede der geliebten Person als »Schwester«, wenn ein Mann der Sprecher ist, und als »Bruder«, wenn es die Stimme einer Frau ist. Im alten Ägypten waren dies die üblichen Koseworte (Lichtheim 1976, S. 181). Im Gegensatz zu den Ägyptern jedoch, deren Pharaonen das Vorrecht hatten, das Inzesttabu zu überschreiten und ihre Schwestern zu heiraten, reagieren wir auf die Assoziation von Geschwistern mit Geliebten empfindlich. Ganz allgemein zog man in der Antike keine so scharfe Trennungslinie zwischen geschwisterlicher und sexueller Liebe. Im Hohelied, das griechischen Ursprungs ist (Rozelaar 1954; Hadas 1963), heißt es: »Verzaubert hast du mich / meine Schwester Braut; / ja verzaubert« (4,9), und weiter: »Wie schön ist deine Liebe, / meine Schwester Braut« (4,10). Da Liebe als überwältigendes Gefühl erfahren wird, das sich der Kontrolle des gesunden Ichs entzieht, ist die Krankheitsmetapher durchaus treffend.

Nun einige Fragmente, in denen die Wonnen der Liebe zum Ausdruck kommen:

Ich habe den Geliebten in seinem Zimmer gefunden.
Mein Herz war überglücklich.
Wir sagten: »Ich werde nicht von Dir fortgehen!«
Meine Hand ist in Deiner Hand!

Ich wandle, indem ich bei Dir bin,
an jedem schönen Platze.

(Schott 1950, S. 52)

Überaus schön ist diese Stunde.
Möge die Stunde zur Ewigkeit anschwellen.
Seit ich mit Dir geschlafen habe,
hast Du mein Herz erhoben.

Ob es klagt oder frohlockt,
entferne Dich nicht von mir!

(Ebd., S. 56)

Die Ambivalenz, die der Liebende angesichts der Tatsache empfindet, daß ihn Liebe übermannt hat, beschreiben die ägyptischen Texte durch die Metapher der Falle. In einer Kultur, die sich ihre Nahrungsgrundlage zum Teil dadurch verschaffte, daß sie Wildvögeln mit Fallen nachstellte, lag diese Metapher nahe.

[Eine Frau:]
Die Stimme der Wildgans schreit,
die von ihrem Köder gepackt ist.
Deine Liebe, die mich zurückhält,
kann ich nicht lösen.

Ich werde meine Netze abschlagen.
Was soll ich meiner Mutter sagen,
zu der ich jeden Tag gehe,
mit Vogelfang beladen?

Heute habe ich keine Falle aufgestellt.
Die Liebe zu Dir hat mich gefangen.

(Ebd., S. 51)

Diese Metapher von der Fallenstellerin, die selbst in eine Falle gerät, hat etwas Humoristisches. Während die Frau das Bild der gefangenen Wildvögel verwendet, beschreibt der Mann seine »Zwangslage«, indem er scherzhaft die Metapher des domestizierten Viehs anführt:

Trefflich kennt sich aus im Schlingenwerfen die Geliebte,
ohne für Viehsteuer aufzukommen.
Sie wirft Schlingen gegen mich mit ihrem Haar.
Sie läßt mich eingefangen werden mit ihrem Auge.
Sie läßt mich gebändigt werden mit ihrem Schmuck.
Sie brandmarkt mich mit ihrem Siegelring.
(Ebd., S. 63)

In einigen der Gedichte wendet sich der Liebende an sein eigenes Herz. Solche Gedichte lassen erkennen, daß Liebe bereits als innerpsychisches Geschehen erlebt wurde, dem man durch den metaphorischen Gebrauch des Herzens symbolische Gestalt verlieh.

Mein Herz springt eilends,
sobald ich an meine Liebe zu Dir denke.
Es läßt mich nicht wie ein Mensch gehen
und hüpft auf seinem Platze.
[...]

»Halte nicht an! Du erreichst das Ziel!«
sagt es mir, so oft ich an ihn denke.
Mache mir, mein Herz, keinen Kummer!
Warum handelst Du töricht?
(Ebd., S. 41)

Die Ägypter erlebten das Herz als eine innerpsychische Struktur, abgetrennt von der übrigen Persönlichkeit. In diesem Gedicht wird das Herz bezichtigt, das Werkzeug der Liebe zu sein. Diese Gleichsetzung von Herz und Liebe ist uns erhalten geblieben: Wenn wir uns verlieben, so sprechen wir davon, unser Herz zu verlieren.

In einigen der ägyptischen Gedichte finden sich Andeutungen von Masochismus und vielleicht auch Fetischismus.

Ach wäre ich ihre Negerin,
die ihr als Fußwäscherin dient!
Dann würde ich die Haut
ihres ganzen Leibes erblicken.

Ach wäre ich der Wäscher ihrer Kleider
für einen einzigen Monat.
Da (wäre ich glücklich)*, das Öl herauszuwaschen,
das in ihrem Kleide ist.
[...]

Ach wäre ich ihr Siegelring,
der an ihrem Finger sitzt.
(Da würde sie mich hüten)
wie etwas, was ihr eine schöne Lebenszeit macht.

(Ebd., S. 66f.)

Die Natur ist belebt und nimmt an der Liebe Anteil. Die Bäume wetteifern miteinander, indem sie den Liebenden verborgene Orte bieten; doch können sie auch mißgünstig werden, wenn sie merken, daß die Liebenden dies als allzu selbstverständlich hinnehmen.

Die kleine Sykomore,
die sie mit ihrer Hand gepflanzt hat,
bewegt ihren Mund, zu sprechen.
[...]

»Ach verbringe den Tag in schöner Weise,
morgen und (über)morgen bis zu-drei Tagen,
während Du in meinem Schatten sitzt.
Ihr Freund ist zu ihrer Rechten.

Sie macht ihn trunken
und folgt dem, was er sagt,
während sich der Bierstand in Trunkenheit verwirrt,
und sie mit ihrem Geliebten zurückbleibt.

* Verlorener, sinngemäß ergänzter Text in runden Klammern.

Es ergeht sich unter mir
die Geliebte in ihrem Wandel.
Ich bin verschwiegen
und verrate mit keinem Wort, was ich sehe.«
(Ebd., S. 59–61)

Das Neue Reich war eine glanzvolle Epoche in der Geschichte Ägyptens. Die eingedrungenen Hyksos waren wieder vertrieben worden, und Ägypten wurde zu einer Weltmacht, deren Gebiet sich bis an den Euphrat erstreckte. In dieser Ära fand die religiöse Revolution des Echnaton statt, nach Ansicht Freuds das Vorbild für die Figur des Moses und für den Auszug der Juden aus Ägypten. Die glanzvolle Zeit der Pyramiden hatten die Ägypter des Neuen Reichs bereits hinter sich. Als jene Epoche versunken war, folgte ihr zunächst eine Zeit der Desillusionierung und des Pessimismus. Während des Neuen Reichs befaßten sich die Ägypter mit dem Gedanken eines Strafgerichts im Jenseits. Die Grabstätten von Memphis zeigen den Verstorbenen vor dem Gericht des Osiris stehend, wo sein irdisches Tun gewogen wird. Auf der einen Waagschale hockt Maat, die Göttin der Wahrheit, auf der anderen liegt das Herz des Toten. Für den Fall, daß er diesen Test nicht besteht, wartet ein Krokodil darauf, das Herz aufzufressen. Zauberworte an den Wänden des Grabs sollen verhindern, daß es dazu kommt, darunter ein besonderer Spruch, der dem Herzen untersagt, gegen Verstorbene auszusagen.

Das ägyptische *Totenbuch* enthält ein faszinierendes Kapitel mit sogenannten negativen Bekenntnissen: Der Verstorbene erklärt, was er *nicht* getan hat. Hier finden sich Aussagen wie zum Beispiel: »Ich habe keine Milch von den Mündern der Kinder genommen. Ich habe keine Gewichte gefälscht, habe nicht gefischt in den Fischgründen der Götter.« Bei einigen der negativen Bekenntnisse geht es um ausgesprochen moralische Streitfragen, wie etwa: »Ich habe keinen Sklaven bei seinem Herrn verleumdet.« Andere betreffen sexuelle Beziehungen: »Ich hatte keinen geschlechtlichen Umgang mit einem Jungen« (Pritchard 1969, S. 34). Aus diesen negativen Bekenntnissen erfahren wir viel über die Versuchungen, mit denen die alten Ägypter zu kämpfen hatten.

Diese Liebesdichtung taucht in einer komplexen Gesellschaft auf, in der Schuldgefühle bereits hochentwickelt und Techniken ihrer Bekämpfung fest verankert sind. Homosexualität und vor allem die Verführung von Jungen müssen weit verbreitet gewesen sein, denn andernfalls würden sie in den »negativen Bekenntnissen« nicht ausdrücklich genannt.

Das Erstaunliche an diesen Gedichten ist ihr Reichtum an Metaphern. Im Wesen der Liebe selbst gibt es ein Moment, das der Herausbildung von Metaphern entgegenkommt. Sie ist ein intensives Gefühl, doch den Liebenden versagen die Worte, und ihre Sprache geht ins Metaphorische über. Erstaunlicherweise sind die meisten ägyptischen Liebesgedichte von profanem Charakter. Die Ägypter erleben die Liebe nicht als das Werk irgendwelcher Götter, obgleich sie doch ihre goldene Göttin um Vereinigung mit dem Geliebten und um Erwiderung ihrer Liebe bitten. Die Ägypter scheinen auch den Schmerz der Ambivalenz nicht gekannt zu haben, der sich einstellt, wenn man gleichzeitig liebt und haßt. Nur schwache Anzeichen deuten darauf hin, daß es auch innerpsychische Konflikte gegeben hat; im wesentlichen standen die Liebenden in harmonischer Beziehung zu ihren eigenen Liebesgefühlen. Unerlaubte Liebe scheint es nicht zu geben, auch nicht den Kampf zwischen Gehorsam und Liebe gegenüber den Eltern. Kein Gefühl von Schuld oder von Unzulänglichkeit quält die Liebenden, und der Gedanke ist ihnen fern, sie könnten möglicherweise die Liebe nicht verdienen, die sie begehren. Schwere Schuld lastet auf dem Neuen Reich der Ägypter, doch in ihrer Liebesdichtung findet sich nichts davon.

Die Liebesdichter des alten Ägypten erfanden die metaphorische Sprache, die wir noch heute benutzen. Daß es vor 3500 Jahren diese Dichtung in einer Kultur gegeben hat, die in der westlichen Welt eine nur periphere Rolle spielte, scheint mir ein Beweis für die Hypothese, daß die Liebe kein Habitus ist, der nur in bestimmten Kulturen gepflegt wird. Um ins 19. Jahrhundert zu springen: Sicherlich war die verzweifelte Suche Madame Bovarys nach einem Liebhaber von ihrer Lektüre romantischer Literatur beeinflußt. Doch die Lehre, die ich aus Flauberts Meisterwerk ziehe, ist nicht die, daß Lektüre den Hunger nach Liebe hervorruft; vielmehr lösten die Romane in Madame Bovary Liebesphantasien aus, die sie nicht in ihre reale Welt zu übertragen vermochte, und diese Unfähigkeit, Phantasie in Realität zu überführen, führte zu ihrem Verderben.

Ob auch schriftlose, primitive Gesellschaften Liebeslieder kennen, ist umstritten. Bowra, der primitive Gesänge untersuchte, vertritt die Auffassung, daß es in Gesellschaften, die vom Sammeln und Jagen leben, keine Liebeslieder gibt. Diese kommen erst auf, nachdem die nomadische Existenz der Jäger durch eine seßhafte, bäuerliche Lebensform abgelöst wurde. Bowra (1967, S. 200f.) berichtet, daß die Aborigines von Arnhemland die körperliche Liebe mit dem Monsun in Verbindung bringen. Blitze identifizieren sie mit der Paarung von Schlangen. Ihrer Auffassung nach sind Blitzstrahlen zuckende Schlangen, die sich umeinander winden. Soweit ich sehe, hat kein Dichter jemals den Blitz als sexuelles Symbol verwendet; doch bedenkt man die Gewalt des Monsuns, so klingt diese Metapher überzeugend. Wenn die Aborigines von Arnhemland tatsächlich keine Liebeslieder kannten, so wußten sie doch zumindest Gleichnisse und Metaphern zu gebrauchen – die Grundvoraussetzung aller Poesie.

Bowra war ein autodidaktisch gebildeter Altphilologe. Im Gegensatz zu seiner These hat der Anthropologe Paul Radin (1957) doch eine Anzahl von Liebesgedichten gesammelt, die unter Eingeborenen kursierten.

Wie die reißende Strömung des Flusses bei Onoiau,
Und wie der angeschwollene Strom im Tal,
So strömt mein sehnsüchtiges Herz dir nach,
O Aitofa, hab Erbarmen mit dem, der dich liebt, sonst stirbt er!

Sein Schmerz ist wie eine große Wolke, die den Himmel verfinstert,
Der Schmerz des Ehemanns, der um seine Frau trauert, die ihm fremd geworden,
Und wie der Himmel, den die Wolke immer weiter verdunkelt, so ist mein Kummer um sie.

(Tonga, Polynesien)

Ich würde mich ertränken, solltest du sterben,
Mich ertränken im Fluß Si Tumallam,
Würdest du in die Tiefe gestoßen,
Den tiefen Abgrund
Aus dem wir nicht mehr emporgelangen.
Einen gewundenen Strick mache ich mir –
Den Weg zum Tode.

(Batak, Sumatra)

Hier ein Wiegenlied, in dem die Liebe zwischen Eltern und Kind zum Ausdruck kommt:

Warum weinst du, mein Kind?
Der Himmel strahlt; die Sonne scheint;
Warum weinst du?
Geh zu deinem Vater; er liebt dich,
Geh und sag ihm, warum du weinst.
Wie? Du weinst noch immer?
Dein Vater liebt dich, ich liebkose dich,
Und doch bist du immer noch traurig.
Dann sag mir, mein Kind, warum weinst du?

(Balengi, Zentralafrika)

Sie scheinen aber auch zu wissen, daß Liebe nicht immer die reine Wonne ist:

Die Liebe ist keine ewige Pein.
Sie kam über mich wie das Feuer,
Das manchmal bei Hukanui wütet.
Wenn diese Geliebte mir nah ist,
Dann, O Kiri, glaube nicht, mein Schlaf sei süß.
Ich liege wach die liebe lange Nacht,
Aus Liebe, die heimlich an mir zehrt.

(Maori, Neuseeland)

2

Die sinnliche Dichtung der Sumerer

Das sumerische und babylonische Gilgamesch-Epos geht auf die Zeit um 2000 v. Chr. zurück. Wahrscheinlich ist es das älteste literarische Werk, das uns überliefert ist. Als das Gilgamesch-Epos verfaßt wurde, blickten die Sumerer bereits auf eine lange Geschichte zurück. Ihre Mythen waren fest verankert, und es gab einen wohlgeordneten Pantheon von Gottheiten. Gilgamesch war ein mächtiger und grausamer König.* Um seiner Macht Einhalt zu gebieten, schufen die Götter aus Lehm sein Ebenbild mit Namen Enkidu. Wir begegnen hier zum erstenmal einem Kreis von Vorstellungen, die in der Antike mit Liebe in Zusammenhang gebracht wurden; im Kontext von Platons *Symposion* werden wir auf sie zurückkommen. Die allgemeine Aussage dieser Mythologie lautet, der Mensch sei vor Urzeiten äußerst mächtig gewesen. Er war sich selbst genug, brauchte niemanden und wußte nichts von Liebe. Dieser Zustand, den man mit Freud als einen Zustand narzißtischer Befriedigung bezeichnen könnte, wird, sobald sich Religion entwickelt, zu einem Privileg der Götter. Nachdem dieses Bedürfnis auf die Götter projiziert worden ist, werden diese als Wesen betrachtet, die dem Menschen narzißtische Befriedigung mißgönnen. Darum spalten sie ihn auf in ein Doppelwesen und schaffen damit das Verlangen – ein für die Sterblichen charakteristischer Zustand, der den Göttern selbst unbekannt ist.

Die Tatsache, daß Liebe zwischen Freunden die Folge einer von den Göttern geschaffenen Entzweiung ist, kommt im Gilgamesch-Epos nur implizit vor. Nach kurzem Kampf schließen Gilgamesch und Enkidu eine lebenslange Freundschaft, und es ist der Tod des Enkidu, der für Gilgamesch eine entscheidende Wende bedeutet. Vom gewöhnlichen Helden der Vorzeit, der immerzu darauf aus ist, mit Ungeheu-

* Eine allgemeinverständliche Einführung in das Gilgamesch-Epos bietet G. S. Kirk 1970 (Kap. 4).

ern zu kämpfen, verwandelt er sich in jemanden, der Unsterblichkeit sucht und sie auch beinahe findet – nur um sie wieder zu verlieren. Während die Ägypter das Jenseits für eine Fortsetzung des Lebens hielten und Pyramiden errichteten, damit der verstorbene König alles bei sich habe, dessen er in der Unterwelt bedürfen könnte, hatten die Assyrer eine recht trostlose Vorstellung von der künftigen Welt, und in ihren Epen kommt offen die Angst vor dem Tod zum Ausdruck. Im folgenden werde ich mich jedoch vorrangig mit dem Problem der Liebe in der sumerischen Mythologie und Literatur befassen.

Enkidu ist zunächst ein dämonisches Wesen, niedriger als der Mensch:

> So verzehrt er auch mit den Gazellen das Gras,
> Drängt er hin mit dem Wilde zur Tränke,
> Ward wohl seinem Herzen am Wasser mit dem Getier.
> (Schott 1988, S. 18)

Als Streiter für die Tiere versetzt er die Jäger in Angst und Schrecken. Er füllt ihre Fanggruben auf und zerreißt ihre Netze. Ein Jäger fragt seinen Vater um Rat, und dieser ersinnt ein Mittel, um Enkidu zu bändigen:

> »Eine Dirne leih' dir! Führ sie zur Steppe!
> Mag das Weib dort bewält'gen den Mann wie ein Starker!
> Wann denn das Wild herankommt zur Tränke,
> Dann werfe sie ab ihr Kleid, er schwelge in ihrer Lust!
> Sieht er sie erst, so wird er ihr nahn:
> Doch sein Wild wird ihm untreu, das aufwuchs mit ihm in der Steppe.«*
> (Ebd., S. 19f.)

* Daß Metaphern Jahrtausende überdauern können, erkennt man, wenn man das Gilgamesch-Epos neben Hölderlins Gedicht *Der Mensch* hält. Darin heißt es:

> [...] und bald ist er groß; ihn scheun
> die Thiere, denn ein anderer ist, wie sie
> der Mensch; nicht dir und nicht dem Vater
> Gleicht er, denn kühn ist in ihm und einzig

Bei dieser »Dirne« handelt es sich um eine geweihte Prostituierte. Im entscheidenden Augenblick spornt der Jäger sie an:

»Dies ist er, Hure! mach frei deine Brust,
Deinen Schoß tu auf, daß deine Fülle er nehme!
Scheue dich nicht, nimm hin seinen Atemstoß!
Sieht er dich erst, so wird er dir nahn.
Dein Gewand entbreite, daß auf dir er sich bette,
Schaff ihm, dem Wildmenschen, das Werk des Weibes:
Dann wird sein Wild ihm untreu, das aufwuchs mit ihm
in der Steppe;
Sein Liebesspiel wird er über dir raunen!«
[...]
Sechs Tage und sieben Nächte war Enkidu auf,
Daß er die Hure beschlief.
Als er von ihrem Genusse satt war,
Richtet' er sein Antlitz hin auf sein Wild:
Da sie ihn, Enkidu, sahen,
Sprangen auf und davon die Gazellen,
Wich von seinem Leibe das Wild der Steppe.
Anspringen ließ Enkidu seinen gereinigten Leib,
Doch ihm versagten die Knie, da hinwegging sein Wild.
Gehemmt wurde Enkidu, seines Laufens ist nicht wie zuvor.
(Ebd., S. 21)

Daß hier das Wort »Fülle« für den weiblichen Körper steht, läßt an Rubens oder an Renoir denken. Geschlechtlicher Umgang entfremdet

Des Vaters hohe Seele mit deiner Lust,
O Erd! und deiner Trauer von je vereint;
Der Göttermutter, der Natur, der
Allesumfassenden möcht' er gleichen!

[...]

Denn freier athmen Vögel des Walds, wenn schon
Des Menschen Brust sich herrlicher hebt, und der
Die dunkle Zukunft sieht, er muß auch
Sehen den Tod und allein ihn fürchten.

den Menschen von der Natur. Für Enkidu – wie auch für Adam in der Genesis – bedeutet sexuelles Wissen das Ende der Unschuld.

> Ein Gewand zog sie aus:
> Ihn bekleidete sie mit dem einen,
> Das andere Gewand behielt sie selbst an.
> Sie nahm ihn an die Hand, ihn wie ein Gott
> Zu führen zu des Hirten Tisch, zur Stätte des Hofes.
> (Ebd., S. 26)

Die »Milch des Getiers« wird Enkidu symbolisch abgewöhnt. Zwar hat er nun seine Wildheit eingebüßt, dafür aber an Erkenntnis gewonnen. Das Mädchen spricht ihm Mut zu:

> »Weise bist du, Enkidu, bist wie ein Gott!
> Warum läufst du in die Steppe mit dem Getier?«
> (Ebd., S. 22)

Auch die Bibel spricht davon, daß Adam Eva »erkennt«. Der sexuelle Akt hat Enkidu zivilisiert und weise gemacht. Doch handelt es sich keineswegs um ein Liebesgedicht – trotz der Bedeutung, die der sexuellen Begegnung beigemessen wird.

In der Zwischenzeit hat Gilgamesch einen Traum, der die Ankunft Enkidus vorwegnimmt. In diesem Traum wird er von Enkidu bezwungen, was seine Mutter folgendermaßen deutet:

> »Gleich der (Feste) des Anu* gewaltig ist seine Stärke!
> Wie über einem (Weib hast du) über ihm geraunt,
> (...) er aber wird dich immer wieder (erretten).«
> (Ebd., S. 23f.)

Offensichtlich nutzten die Alten ihre Träume eher als Indizien denn zur analytischen Therapie. Für einen Psychoanalytiker ist die Weisheit von Enkidus Mutter wahrhaft erstaunlich, denn es sollten noch weitere viertausend Jahre vergehen, ehe Freud herausfand, daß der Homosexuelle sich in den verliebt, der ihn besiegt hat. Wenn der

* Nach Schott (1988, S. 19) dürfte damit das Himmelsgewölbe gemeint sein (A. d. Ü.).

Junge keine Chance sieht, es mit dem Vater aufzunehmen oder ihn zu besiegen, oder wenn die Tochter einer attraktiven Frau sich nicht in der Lage sieht, es mit ihrer Mutter aufzunehmen, dann – so Freuds Vermutung – geht jene Rivalität in Liebe über. Wie auch heutzutage viele Mütter von Homosexuellen, so fördert Gilgameschs Mutter den Wechsel zur Homosexualität, da Enkidu für sie weniger bedrohlich ist als eine Frau.

Das Gilgamesch-Epos enthält noch eine weitere Episode von besonderer Bedeutung. Die Göttin Ischtar verliebt sich in Gilgamesch und macht ihm Versprechungen:

»Komm, Gilgamesch! Du sollst mein Gatte sein!
Schenk, o schenke mir deine Fülle!
Du sollst mein Mann sein, ich will dein Weib sein!
Ich will dir bespannen lassen einen Wagen von Gold und Lasurstein,
Mit goldenen Rädern und Hörnern von Mondstein!
Mit Stürmen, mit großen Mauleseln soll er bespannt sein!
Unter Zederndüften betritt unser Haus!
Dir sollen beim Eintritt in unser Haus
Türpfosten und Thronsessel die Füße küssen!
Vor dir sollen knien Könige, Vornehme und Fürsten,
Die Lullubäer des Gebirgs und das Land sollen dir Abgaben bringen!
Die Ziegen sollen dir Drillinge werfen, die Schafe Zwillinge!
Dein lastbarer Esel hole das Maultier ein!
Dein Roß vorm Wagen, der feurigste Renner sei's!
Dein (Rind) im Joch habe keins, das ihm gleichkommt!«
(Ebd., S. 55)

Doch der Reichtum, den die Göttin ihm anbietet, bringt Gilgamesch nicht in Versuchung, denn er kennt ihre Geschichte. Ischtar ist der Prototyp der schönen Frau, die Unglück über die Männer bringt, und Gilgamesch sagt es ihr ins Gesicht, was sich abgespielt hat:

»Dumuzi, deinem Jugendgeliebten –
Ihm hast Jahr für Jahr du zu weinen bestimmt.

Da du die bunte Racke liebtest,
Hast du sie geschlagen, ihr den Flügel zerbrochen,
In den Wäldern weilt sie nun, ›mein Flügel‹ rufend!
Da den Leu du liebtest, den kraftvollkommenen,
Grubst du ihm Gruben, sieben und abermals sieben.
Da du liebtest das schlachtenfromme Roß,
Hast ihm Peitsche du, Stachel und Peitschenschnur bestimmt,
Sieben Doppelstunden* zu rennen bestimmt,
[...]
Da du liebtest Ischullânu, deines Vaters Palmgärtner,
Der ständig dir Körbe voll Datteln brachte
Täglich prangen ließ deinen Tisch –
Erhobst du zu ihm die Augen, gingst zu ihm hin:
›Mein Ischullânu, ach, genießen wir deine Kraft!
Und deine Hand sei ausgestreckt, faß an unsere Blöße!‹
Ischullânu redete zu dir:
›Was verlangst du eigentlich da von mir?
Buk nicht meine Mutter? Hab ich nicht gegessen?
Daß ich nun essen müßte mein Brot unter Beschimpfungen und Flüchen,
Daß Halfagras nur meine Bedeckung wäre gegen die Kälte?‹
Da du nun diese seine Rede hörtest,
Hast du ihn geschlagen, in einen Verkümmerten verwandelt,
Auch ließest du ihn wohnen inmitten von Mühsal.«

(Ebd., S. 57)

Eine derart mutige Herausforderung einer Göttin findet sich auch in der *Ilias*, wo Helena Aphrodite die Stirn bietet. Unter den Bedingungen des Monotheismus ist eine solche Abweisung kaum denkbar; sie war aber sehr wohl denkbar, solange die Beziehungen zwischen Göttern und Sterblichen sexuellen Charakter annehmen konnten. Ischtar hegt die gleichen bösen Absichten wie Kirke gegenüber Odysseus und seiner Mannschaft. Im Mythos überwindet jedoch Odysseus die Zauberkräfte Kirkes und vermag sie sexuell zu genießen. Dazu verhilft ihm Hermes, ein mächtiger Gott männlichen Geschlechts.

* Die Doppelstunde ist ein Wegemaß, etwa 10,8 km (A. d. Ü.).

Weder Gilgamesch noch sein Doppelgänger Enkidu entdecken die Liebe zum anderen Geschlecht. Mit einigen von Freuds Erkenntnissen steht das Epos recht gut im Einklang, insbesondere mit der Vermutung, daß die Angst vor der Frau und ihrer zerstörerischen, kastrierenden Macht älter ist als die Fähigkeit des Mannes, sie zu lieben. Die Liebe zum eigenen Doppelgänger – »narzißtische« Liebe in der Sprache der Psychoanalyse – ist möglicherweise älter als heterosexuelle Liebe.

Gilgamesch, der mit der Göttin der Fruchtbarkeit verheiratet ist, erlangt auch das Recht der ersten Nacht:

> Für Gilgamesch, den König von Uruk-Markt, als Erstwerber,
> Ist geöffnet das Netz der Leute!*
> Die, so zu Ehefraun bestimmt sind, beschläft er,
> Er zuvor, danach erst der Ehemann.
>
> (Ebd., S. 27)

Das mittelalterliche »Recht der ersten Nacht« – das lateinische *jus primae noctis* – deutete Freud (1918a) als eine Sitte, die dem Vater symbolisch das Recht auf seine Töchter gibt, gleichzeitig aber auch die Feindschaft der Frau gegenüber dem, der sie defloriert, vom Ehemann auf den König-Vater verschiebt. Bereits in der Frühgeschichte der Zivilisation war dieser Brauch gang und gäbe.

Der bereits erwähnte Assyriologe Samuel Noah Kramer machte bei der Untersuchung assyrischer Schrifttafeln eine Entdeckung, über die er später in einem Buch berichtete:

»Je öfter ich es durchlas, desto unmißverständlicher war der Inhalt. Ich hielt eines der ältesten Liebeslieder in der Hand, die der Griffel eines Menschen je aufgezeichnet hat.

Bald wurde mir klar, daß es sich nicht um ein weltliches Gedicht handelte, um eine Liebeserklärung zwischen ›einem Mann und einem Mädchen‹, sondern um einen König und die von ihm erwählte Braut. Zweifellos war es dazu bestimmt gewesen, bei der ›heiligen‹ Hochzeit, einer der weihevollsten antiken Zeremonien, vorgetragen zu werden.

* Gemeint ist der Vorhang zwischen Wohnraum und Schlafraum (A. d. Ü.).

Einmal im Jahr war es nach sumerischer Anschauung die heilige Pflicht des Herrschers, sich mit einer Priesterin und Vestalin Inannas, der Göttin der Liebe und Fortpflanzung, zu verbinden, um die Fruchtbarkeit des Bodens und des Frauenschoßes zu sichern. Die altehrwürdige Zeremonie fand am Neujahrstage statt, und es gingen ihr große Feste und Gelage voraus, bei denen musiziert, gesungen und getanzt wurde« (Kramer 1959, S. 170)

Unser Interesse an der Liebesdichtung weist allerdings in die entgegengesetzte Richtung, auf die früheste Beschreibung sexueller Liebe. Doch als kultisches Liebeslied ist das von Kramer entdeckte Gedicht auch in dieser Hinsicht interessant:

Bräutigam, teurer meinem Herzen,
Groß ist deine Schönheit, süß wie Honig.
Löwe, teurer meinem Herzen,
Groß ist deine Schönheit, süß wie Honig.

Du hast mich berückt, laß mich zitternd vor dir stehen,
Bräutigam, du sollst mich in deine Schlafkammer führen.
Du hast mich berückt, laß mich zitternd vor dir stehen,
Löwe, du sollst mich in deine Schlafkammer führen.
Bräutigam, laß dich von mir liebkosen,
Meine köstliche Liebkosung ist würziger als Honig.
In der Schlafkammer, mit Honig gefüllt,
Laß uns deine große Schönheit genießen.
Löwe, laß dich von mir liebkosen,
Meine köstliche Liebkosung ist würziger als Honig.

Bräutigam, du hast Gefallen gefunden an mir.
Sag es meiner Mutter, sie wird dir Leckerbissen schenken,
Meinem Vater, er wird dich mit Gaben überhäufen.

Deine Seele, ich weiß, wie ich deine Seele trösten will.
Bräutigam, schlaf in unserem Haus, bis der Morgen graut.
(Kramer, ebd.)

In einem weiteren Gedicht, das dem gleichen Zweck diente, heißt es unter anderem:

Mein Gott, der Weinmagd Trunk ist süß.
Wie ihr Trunk so süß ist ihre Vulva, süß ist ihr Trunk.
Wie ihre Lippen so süß ist ihre Vulva, süß ist ihr Trunk.
Süß ist ihr Mischtrunk, süß ist ihr Trunk.

(Ebd., S. 172)

Ich gelange zu einer etwas anderen Deutung dieser Lieder. Was Kramer hier entdeckte, ist ein Gedicht, das zwischen Fruchtbarkeitshymnus und Liebesdichtung steht. Zwar ist der Kontext noch immer das religiöse Ritual, und der Geschlechtsverkehr mit der Priesterin hatte stattzufinden, um eine ertragreiche Ernte zu sichern. Doch die Sprache ist bereits die Sprache erotischer Verführung. Der Vergleich von Liebe mit Wein findet sich auch im Hohelied: »wieviel süßer ist deine Liebe als Wein, / der Duft deiner Salben köstlicher / als alle Balsamdüfte. / Von deinen Lippen, Braut, tropft Honig; / Milch und Honig ist unter deiner Zunge« (4,10–11).

In der frühen Liebesdichtung spielt es eine bedeutsame Rolle, daß der Geliebte von den Eltern akzeptiert wird, insbesondere von der Mutter. Im Hohelied heißt es dazu: »Ich packte ihn, ließ ihn nicht mehr los, / bis ich ihn ins Haus meiner Mutter brachte, / in die Kammer derer, die mich geboren hat« (3,4). Aus psychoanalytischer Sicht kann man diese Zeilen als symbolischen Ausdruck des Wunsches lesen, der Geliebte möge zu einem Zwillingsbruder werden, von dem man sich niemals mehr trennen muß.

Unüblich in der Dichtung ist der direkte Bezug auf die weiblichen Genitalien, die von den meisten Autoren eher metaphorisch umschrieben werden. Shulamith sagt im Hohelied: »Meiner Mutter Söhne waren mir böse, / ließen mich Weinberge hüten; / den eigenen Weinberg konnte ich nicht hüten« (1,6). Die wenigen Sekunden, die man benötigt, um den Weinberg als Metapher der Vagina und »ihre Fülle nehmen« als Geschlechtsverkehr zu entschlüsseln, bieten offenbar dem Leser zusätzliche Lust; außerdem kann er auf diese Weise einiges an moralischer Kritik vermeiden, die durch einen deutlicheren sexuellen Hinweis ausgelöst würde.

Ischtar, der wir bereits früher begegneten, ist der semitische Name für Inanna: die mächtigste Gottheit der Sumerer im 3. Jahrtausend v. Chr., also gleichsam in der Morgendämmerung der Geschichte.

Nach Friedrich (1978) ist sie die Göttin des sexuellen Verlangens, eines Verlangens, das von der Mutterschaft losgelöst ist. Von den Göttinnen der Fruchtbarkeit beginnt sie sich bereits zu unterscheiden. Und Inanna ist es auch, bei der wir erstmals auf die männliche Angst vor der unersättlichen Sexualität der Frau stoßen: Sie ist grausame Kriegsgöttin und zugleich Göttin des sexuellen Begehrens.

Die von Wolkstein und Kramer (1983) publizierten Inanna-Hymnen schildern die Geschichte der Werbung zwischen dem Schäferkönig Dumuzi (dem biblischen Tammuz) und Inanna, der Göttin des Himmels und der Erde. Es beginnt damit, daß der Sonnengott Utto seiner Schwester ein Hochzeitsgeschenk aus Flachs verspricht. Die spröde Göttin fragt, wer denn den Flachs hecheln werde. Utto verspricht, dies selbst zu tun; daraufhin fragt sie weiter, wer denn die Borte, die Längs- und Querfäden ihrer Hochzeitslaken spinnen und wer sie schließlich bleichen werde. Der Bruder verspricht die Erledigung immer weiterer solcher Arbeiten, bis sie endlich die Frage stellt, die ihr – wie wir annehmen dürfen – schon die ganze Zeit auf der Seele lag: Wer wird sich mit ihr ins Bett und auf die neu gesponnenen Hochzeitslaken legen? An diesem Punkt steht der sumerische Gott kurz vor dem Inzest, doch er hält inne und schlägt ihr den Schäfer Dumuzi als Bräutigam vor. Diese Wahl resultiert aus einem Wettstreit: Ein Bauer hat haufenweise Getreide angeboten, daneben Flachs, Kleider und Bier. Der Schäfer bietet Milch, Wolle und Käse zum Geschenk, und er trägt den Sieg davon.

Inanna bittet ihre Mutter Ningal um Rat, die ihr jedoch versichert, der Bräutigam werde wie Mutter und Vater zu ihr sein. Daraufhin wendet sich Inanna an Dumuzi: Ihre Vulva sei voller Verlangen, wie ein junger Mond. Ihr unbebautes Land liege brach, und sie wolle, daß ihre Vulva gepflügt werde. Bei diesen Worten richtet sich die Männlichkeit des Schäferkönigs auf wie die See, die sich erhebt, und Inanna bittet ihn um seine dicke, süße Milch. Er streut den süßen Samen aus. Seine Fülle ist ihre Lust. Fest sind ihre Hälse aneinandergepreßt.

Süß ist der Schlaf Hand in Hand
Süßer noch der Schlaf Herz an Herz.

Bevor Inanna für ihren nichtinzestuösen Liebhaber bereit ist, muß sie ihren sexuellen Wünschen gegenüber dem Bruder entsagen, und sie bedarf der Versicherung ihrer Mutter, daß der Geliebte beide Eltern ersetzen werde. In diesem Sinn feiert die Hymne den Übergang der Libido von einem – wie Freud es genannt hat – inzestuösen zu einem nichtinzestuösen Liebesobjekt.

> Ich badete mich für den wilden Stier
> Ich badete mich für den Schäfer Dumuzi
> Ich bestrich meine Seiten mit duftender Salbe
> Ich bestrich meinen Mund mit süß duftendem Bernstein
> Ich schwärzte meine Augen.
>
> Er formte meine Lenden mit seinen schönen Händen
> Der Schäfer Dumuzi füllte meinen Schoß mit Rahm und Milch
> Er strich über mein Schamhaar [...]
> Er legte seine Hand auf meine heilige Vulva
> [...]
>
> Mein Geliebter, die Freude meiner Augen, kam zu mir
> Gemeinsam frohlockten wir
> Er hatte seine Lust an mir
> Er führte mich in sein Haus.
>
> (Wolkstein/Kramer 1983, S. 43f., 48)

Entsprechend dem Fruchtbarkeitszyklus endet diese Liebe in Übersättigung. Dumuzi bittet um seine Freiheit. Inanna steigt hinab in die Unterwelt. In der landläufigen Version dieses Mythos sucht Astarte dort ihren ermordeten Liebhaber Tammuz. In der Version von Wolkstein und Kramer dagegen ist dafür kein Motiv ersichtlich, denn Dumuzi wird erst getötet, nachdem Inanna in die Welt der Lebenden zurückgekehrt ist. Bei ihrem Abstieg in die Unterwelt passiert Inanna sieben Tore, vor denen sie mehr und mehr entkleidet wird. Zuerst muß sie ihre Steppenkrone abnehmen, dann ihre Halskette aus Lapislazuli. Auf all ihren Schmuck muß sie verzichten. Nackt und tief gebeugt gelangt sie ins Reich der Toten. An jedem Tor fragt sie »Was ist das?«, und jedesmal erhält sie dieselbe Antwort: »Die Pfade der Unterwelt sind vollkommen, und niemand darf sie erforschen.« Während sie in der Unterwelt gefangengehalten wird, herrscht auf der Erde tiefe Ödnis: Der Bulle weigert sich, die Kuh zu decken, der Esel nähert sich nicht mehr der Eselin, und die Männer in den Straßen sprechen keine Dienstmädchen mehr an. Mit Hilfe von Magie kehrt Inanna schließlich zurück, und die Götter erwecken sie wieder zum Leben. Doch die Dämonen der Unterwelt folgen ihr, Dämonen, die durch nichts zu beschwichtigen sind: Sie essen kein Opfermahl, trinken kein Trankopfer, nehmen keine Geschenke an und haben auch an der Liebe keinerlei Interesse. Sie reißen die Frau aus den Armen ihres Mannes, das Kind von den Knien des Vaters und die Braut aus ihrem Brautgemach. Man fühlt sich bei der Lektüre dieser Zeilen unweigerlich an mittelalterliche Holzschnitte erinnert, die den Totentanz darstellen: Auch dort hatten die Künstler ein sadistisches Vergnügen daran, das Herannahen des Todes in Situationen darzustellen, in denen niemand ihn erwartet.

Die Dämonen verlangen nun von Inanna einen Ersatz für ihre Befreiung. Einige Menschen, die ihr nahestehen, bieten sich selbst an, doch Inanna vermag sich nicht von ihnen zu trennen. Schließlich stoßen sie auf Dumuzi; auf ihn richtet Inanna das Auge des Todes. »Nehmt ihn!« schreit sie, und die Dämonen zerstückeln Dumuzi mit ihren Äxten.

Dieser Mythos existiert in zwei Fassungen. Im Zentrum der einen Version steht die Klage darüber, daß Tammuz, Osiris oder Adonis von wilden Tieren oder eifersüchtigen Nebenbuhlern getötet wurden. In der anderen, von den Sumerern bevorzugten Version des Mythos ist es die Göttin selbst, die ihren früheren Liebhaber tötet. Alljährlich feiert man ihre Hochzeit, und alljährlich werden der Abstieg Inannas und die Zerstückelung des Dumuzi dramatisch dargestellt.

Wahrscheinlich aufgrund des Bildnisses der Aphrodite haben Gelehrte sowohl Ischtar als auch Inanna als Göttinnen der Liebe bezeichnet. Liest man jedoch den Text genau, so scheint es mir richtiger zu sein, in ihnen Göttinnen der Fortpflanzung und des sexuellen Begehrens zu sehen. Die Hymnen an diese Göttinnen sind zwar schön und sinnlich; doch erreichen sie nicht das Niveau der ägyptischen Liebesdichtung, und sie zeigen auch nicht jenes Interesse an den Liebesbeziehungen Sterblicher, das für Aphrodite kennzeichnend ist.

Die sumerischen Zeugnisse ermöglichen immerhin einige vorsichtige Schlußfolgerungen über die Anfänge der Liebesdichtung. Die sinnliche Qualität dieser Gedichte ist offenkundig, doch kann man sie als Liebesgedichte bezeichnen? Meine Antwort lautet nein; vielmehr handelt es sich um Vorläufer der weltlichen, erotischen Lyrik. Wirkliche Liebesdichtung zeichnet sich dadurch aus, daß es die Liebe des Liebenden selbst ist, die Anlaß zu Vers und Metapher gibt. Der Liebende preist die Geliebte in der Sprache der Verführung, er versucht, den Widerstand der sich Sträubenden zu mindern. Die Frau dagegen preist ihre eigene Fähigkeit, den Bräutigam zu erfreuen und zu befriedigen.

3

Die Geburt der Aphrodite und ein neues Vokabular der Liebe

Wissen und Naturbeherrschung des Menschen schritten voran,
und damit verblaßten das Rätsel und die Göttlichkeit
alles Natürlichen zu bloßer Naturwissenschaft.
Nur das Rätsel des Lebens und der Liebe, die das Leben
hervorbringt, blieb gänzlich ungelöst, und so wird
Aphrodite ihre Göttlichkeit für immer behalten

(J.E. Harrison 1903, S. 314).

In der prähistorischen Kunst sind menschliche Figuren nur von untergeordneter Bedeutung. Die Jäger malten große Tiere – offenbar, um ihre Angst vor ihnen zu überwinden. Erst als das Jagen und Sammeln durch Ackerbau abgelöst wurde, tauchen jene kleinen, weiblichen Figuren auf, deren markante Gesäße, Brüste und Vaginen übertrieben groß dargestellt sind. Außerdem sind diese Frauen häufig schwanger. Nach Ansicht von Gelehrten (Giedion 1965) stellen diese Figurinen keine Göttinnen dar, sondern sind mächtige magische Symbole. Man hat sie in Sumer, Ägypten, China und sogar im Dordogne-Tal in Südwest-Frankreich gefunden, und die frühesten stammen aus der Zeit um 4000 v. Chr. Aus ihnen entwickelten sich dann allmählich die Göttinnen der Fruchtbarkeit, wie etwa die syrische Göttin Astarte. Ihr Gemahl wurde Baal genannt; nach biblischem Bericht erregte er die Eifersucht Jahwes, des Gottes der Hebräer. Das Wort »Baal« bedeutete damals »Gebieter«; im heutigen Hebräisch bedeutet es »Ehemann«. Der Gemahl der Astarte hieß auch Adon, ein Wort von ähnlicher Bedeutung. Damit wiederum stehen zwei wichtige Namen in Zusammenhang: die biblische Anrede »Adonai« (»mein Herr«, d. h. Jahwe) und der griechische Adonis.

Baal bzw. Adon geht auf die Jagd; doch wilde Tiere mit menschlichen Zügen und Hörnern auf dem Kopf töten ihn. Mit Hilfe der Sonne, die alles sieht, findet ihn Astarte und begräbt ihn; auch werden einige Tiere geopfert, damit der Gott Nahrung habe, solange er sich in der Welt der Toten aufhält. (Seines Todes wurde unter Jammer und Klage gedacht, vor allem, wenn die Regenzeit sich verspätete.) Astarte tötet Mot, den Bruder Baals, dessen Name »Tod« bedeutet. Alljährlich kehrt Baal zurück, wenn die Erde grünt, und alles bricht in Jubel aus (Persson 1942, S. 313ff.).

Der Mythos von der ewigen Wiederkehr des ermordeten und zu neuem Leben erweckten Gottes, verbunden mit Trauer, Klage und Freude, gehört zu den ältesten Mythen überhaupt. Noch im Osterfest lassen sich seine Spuren finden. Bezüglich der Liebe zelebriert dieser Mythos zwei extreme Zustände: die Trauer um den Verlust und die Freude des Wiederfindens.

In Ägypten trat allmählich die Himmelskuh in Erscheinung, die nährende Allmutter, die dann immer ausgeprägtere menschliche Züge annahm. Nach Giedions Beschreibung (1965, S. 61) ist sie ein Fruchtbarkeitsidol, eine selbst-zeugende Göttin, eine Kuh aus den Sumpfgebieten des Nils, eine Hüterin des Nildeltas und überdies die Göttin des Hochzeitsbetts. Der Menschheit spendet sie Lebensfreude und sexuelles Verlangen. In der Kunstgeschichte taucht sie erstmals unter dem Namen Hathor auf: eine Frau von schöner Gestalt, deren Kopf jedoch noch immer der Kopf einer Kuh ist oder zumindest Hörner trägt. Möglicherweise waren rituelle Hymnen an Hathor die Vorläufer der erwähnten ägyptischen Liebesgedichte.

Als einziges Volk der Antike hatten die Griechen mit Aphrodite und Eros Götter, die ausschließlich für die Liebe zuständig waren. Vermutlich war das Gefühl der Liebe im Leben der Griechen zu einem bedeutenden Faktum geworden – aber auch zu einem Rätsel.

Aphrodite

Im Laufe ihrer Geschichte emanzipierte sich Aphrodite von der älteren semitischen Gottheit Ischtar, der Königin des Himmels und Gemahlin des Königs. Wie Ischtar hatte auch sie zunächst einen Bart und war wahrscheinlich androgyn, und wie ihre semitische Vorgängerin hat auch Aphrodite einen männlichen Gefährten, der stirbt und zum Leben wiedererweckt wird.

Vom Hochzeremoniellen zum Profanen? Warum nicht umgekehrt?

Durch Homer wurde die Zahl der olympischen Götter verbindlich festgelegt. Sie respektierten nun gleichsam wechselseitig ihre Autonomie. Diejenigen Götter, die bei Homer eine Rolle spielen, wurden zu Olympiern; die anderen hingegen, die später kamen, wurden ihr fremdes Flair niemals völlig los. Aphrodite gehört zu den Olympiern, Eros jedoch nicht, obgleich auch er ein Gott der Liebe ist. Entweder wußte Homer nichts über den Zusammenhang von Aphrodite mit dem Zyklus von Tod und Wiederauferstehung, oder er akzeptierte diesen Zusammenhang nicht, wie Friedrich (1978) vermutet.

Der Name Aphrodite ist außergriechischen Ursprungs; deshalb – und nicht zuletzt auch wegen ihres Beinamens Kypris (nach der Insel Zypern) – kann man annehmen, daß sie von Osten her nach Griechenland kam (Otto 1934; Burkert 1977). Der griechische Historiker, Reisende und Geograph Herodot behauptet, die Phönizier hätten Aphrodite von Askalon, der Stadt der Philister, zur griechischen Insel Kythera (Kithira) gebracht. Bereits lange vor Homer muß sie in den griechischen Pantheon eingebürgert worden sein.

Bei Homer ist Aphrodite die Frau des hinkenden Gottes Hephaistos und die Geliebte des Kriegsgottes Ares. Nach späteren Vorstellungen herrscht immer dann Friede auf Erden, wenn Ares in Aphrodites Armen schläft. Im 8. Gesang der *Odyssee* läßt Homer einen Barden auftreten, der die königlichen Gäste mit der Geschichte von Aphrodites Ehebruch unterhält. Sein Gesang erzählt davon, wie Hephaistos von der Sonne, der nichts entgeht, vor der Untreue seiner Frau gewarnt wird. Der Götterschmied schafft daraufhin ein wundersames Netz, das die ineinander verschlungenen Liebenden fängt: »Und sie vermochten kein Glied zu bewegen oder zu heben.« Alle Götter des Olymp werden herbeigerufen, um die Liebenden im Netz zu besichtigen. Ihr Schamgefühl hindert die Göttinnen daran, gleichfalls zu erscheinen; die Götter jedoch brechen in Gelächter aus. Apollon fragt Hermes, ob er die Blamage des Ares auf sich nehmen würde, wenn er auch Anteil an dessen Genuß gehabt hätte. Hermes ist sich völlig sicher, daß er mit dem Vergnügen auch die Schande in Kauf nehmen würde. Die ganze Episode verdeutlicht, wie geringschätzig die Olympier mit dem Band der Ehe umgingen. Weder Aphrodite noch Ares empfinden die geringste Schuld. Seinen Rivalen zu beschämen ist offenbar die härteste Strafe, die Hephaistos in den Sinn kommt.

In der Hochzeit mit dem hinkenden Gott vernimmt man den fernen Nachhall der kastrierenden Macht der Inanna, doch anders als diese ist Aphrodite keine grausame Göttin; diesen Charakterzug hat sie an Athene abgetreten. Im 5. Gesang der *Ilias* wird Aphrodite von Zeus ermahnt: Nicht »die Werke des Krieges«, sondern »die Werke der Hochzeit« seien ihre Sache, und das Schlachtfeld solle sie lieber Ares und Athene überlassen. Homer – so interpretiere ich diese Zeilen – ist psychologisch offenbar noch immer darum bemüht, die Göttin der Liebe von der Göttin des Krieges zu trennen. Der Aspekt der Grausamkeit, der bei Aphrodite verdrängt ist, kehrt wieder in Gestalt ihrer Liebe zum Kriegsgott Ares. (Daß man lieben kann, was man in sich selbst unterdrücken muß, ist eine bedeutende Einsicht der Psychoanalyse in das Wesen der Liebe.) Als Aphrodite sich in den Trojanischen Krieg einmischt, um ihren Sohn Äneas zu retten, wird sie von Diomedes verwundet. Verächtlich fordert er sie auf, den Kriegsschauplatz zu verlassen, denn ihr Geschäft sei es, »Weiber von schwachem Sinne« zu verleiten. Diomedes scheint der erste jener langen Reihe von Männern zu sein, welche die Liebe als ein weibliches Unternehmen betrachten, das parallel zum spezifisch männlichen Interesse am Krieg verläuft. Damit bringt er den Kern der mythologischen Wahrheit zum Ausdruck, denn tatsächlich werden Frauen häufiger als Männer zu Verehrerinnen und Opfern von Aphrodite. Eine Ausnahme in der *Ilias* ist lediglich Paris, dessen eigentliches Wesen von der Liebe bestimmt wird. Dieser Typus kehrt wieder in Gestalt von Shakespeares Romeo und Goethes Werther, doch würde man diese Figuren nicht als maskuline Charaktere bezeichnen.

Helena wird von Aphrodite dazu gezwungen, auf Haus, Ehemann und Tochter zu verzichten – alles um der Leidenschaft zu ihrem Entführer Paris willen, welche die Göttin ihr eingeflößt hat. Doch das Moment von Unfreiwilligkeit, das dieser Leidenschaft anhaftet, befreit sie keineswegs von allem Schuldgefühl. Sobald sie einmal dem Bann der Göttin entzogen ist, empfindet Helena Scham und Schuld. Es wäre ihr lieber gewesen, vor ihrer Ankunft in Troja zu sterben und nicht zum Anlaß eines Krieges zu werden – so jedenfalls klagt sie gegenüber König Priamos, dem Vater des Paris. Sie fühlt sich schuldig des Verrats an ihrem Land, ihrer Tochter und ihrem Brautbett. Ihrem Ehemann Menelaus gelingt es später, sie in einer direkten Auseinandersetzung mit Paris zurückzugewinnen, so daß der Trojanische Krieg doch noch ein gutes Ende zu nehmen scheint. Doch Aphrodite, völlig gleichgültig gegenüber der politischen Fehde, entzieht Paris dem Schlachtfeld und bringt ihn zurück in Helenas Schlafzimmer.

Diese Gelegenheit ergreift Helena, um Aphrodite herauszufordern. Mit sicherem Instinkt hegt sie den Verdacht, daß Aphrodite selbst in Paris verliebt ist. Sie solle doch dem Olymp und der Welt der Götter den Rücken kehren, fordert sie spöttisch, und sich so lange für Paris aufopfern, bis er sie eines Tages zu seiner Frau oder vielleicht zu seiner Sklavin macht. Helena wird von Gewissensbissen geplagt, und nicht minder setzen ihr die Vorwürfe der trojanischen Frauen zu. Doch Aphrodites Macht ist unwiderstehlich. Wenn sie in Zorn gerate – so droht sie Helena –, dann werde sich die Liebe ihr gegenüber in Haß verwandeln und sie werde zugrunde gehen. Damit ist Helenas Aufstand gegen Aphrodite gebrochen, und demütig kehrt sie zurück in ihr Schlafzimmer.

Als Paris sich ihr nähert, macht sie ihm bittere Vorwürfe: Er habe damit geprahlt, Menelaus zu einem Zweikampf herauszufordern, nur um dann auf schimpfliche Weise zu flüchten. Doch dann ändert sie ihren Sinn und bittet ihn, Menelaus nicht noch einmal zu fordern – wobei sie die Augen von ihm abgewandt hält. Racine, der bedeutende französische Dramatiker, notierte am Rand seines Exemplars der *Ilias*, Helena habe ihre Augen darum abgewandt, weil sie Paris ausschelten wollte und befürchtete, ihre Liebe werde neuerlich aufflammen, wenn sie ihn betrachtete (Flacelière 1960). Doch im Bann Aphrodites überkommt sie süßes Verlangen nach Paris. Homer tadelt Helena nicht, obwohl sie verantwortlich ist für die Zerstörung Trojas. Die Verkörperung der gefährlichen Verführerin, die sie in den Augen späterer Generationen wurde, ist sie hier noch keineswegs. Die Liebe kommt von Aphrodite; sie, die Göttin der Liebe, ist die Verursacherin. Doch Helena fühlt diese Schuld, als sei es ihre eigene.

Psychoanalytiker mögen versucht sein, Aphrodite als eine bloße Projektion von Helenas inakzeptablen sexuellen und destruktiven Wünschen abzutun. Doch würde man damit das schöpferische Potential zum Verständnis der Liebe verfehlen, das der Mythos mit der Erfindung Aphrodites freisetzte. Die Figur der Aphrodite ermöglichte es Homer, eine feine Differenz innerhalb des Gefühls der Liebe zu beschreiben. Helena unterliegt Paris, doch sie verachtet ihn auch. Von ihrem Ichideal ist er weit entfernt. Eine wirklich gefährliche Frau wie Medea, deren verschmähte Liebe sich in tödlichen Haß verwandelt, kennt Homer noch nicht.

Dodds (1951) hat gezeigt, daß die Helden Homers eigentlich in zwei Welten leben: Die eine liegt jenseits der Kontrolle ihres Ichs und wird subjektiv als ein Bereich erfahren, der dem Einfluß verschiedener Götter unterliegt. Die andere ist eine autonome Welt und Objekt ihres eigenen Willens. Helenas Liebe zu Paris ist das Beispiel einer Liebe, die sich der Kontrolle des Ichs entzieht.

In der *Odyssee* schildert Homer einen anderen Typus von Liebe: den zwischen Odysseus und Penelope. Penelope ist die treue Ehefrau, die sämtliche Freier abweist und zwanzig Jahre lang auf ihren Mann wartet, während dieser in allen möglichen Häfen verweilt. Psychoanalytisch gesprochen, ist Penelope die Verkörperung der idealen Mutter der »Subphase der Wiederannäherung«, wie Mahler (1968; 1975) dies genannt hat: Sie ist die Mutter, die auf die Rückkehr ihres Kindes wartet und die, *wenn* es zurückkehrt, stets bereit ist, es »auftanken« zu lassen (Mahler 1975). Als mythische Erzählung handelt die *Odyssee* von einem Kind, das die Abenteuer des Lebens genießt, während es auf dem Heimweg ist.

Die nach Homer älteste überlieferte Quelle zu Aphrodite ist die fünfte Homerische Hymne, die aus der Zeit um 700 v. Chr. stammt. Hier streift Aphrodite durch die Wälder, begleitet von Wölfen, Löwen und Bären. Unter ihrem Einfluß werden diese Raubtiere von Liebe bezähmt und legen alle Wildheit ab. Selbst in Zeus vermag Aphrodite eine Leidenschaft für Hera und für sterbliche Frauen zu erwecken. Für einen Olympier ist das jedoch unter seinem Stand; Zeus rächt sich, indem er dafür sorgt, daß Aphrodite selbst sich in Anchises verliebt. Aus dieser Verbindung entspringt Äneas. Von besonderer Bedeutung hinsichtlich des Wesens der Aphrodite ist die Tatsache, daß sie zunächst Anchises heiraten möchte, sich dann aber rasch dazu überreden läßt, schon bei ihrem ersten Treffen mit ihm zu schlafen.

Hesiod zufolge, der nach Homer die maßgebliche Quelle zur griechischen Religion ist, hat Aphrodite drei Kinder von Ares: Deimos (Furcht), Phobos (Schrecken) und Harmonia. Auf begrifflicher Ebene bedeutet dies, daß bei Hesiod die Liebe mit Furcht, Schrecken und

Harmonie in Zusammenhang gebracht wird. Von Hesiod stammt auch der Bericht über Aphrodites sonderbare Herkunft – eine Herkunft, die psychologisch gesehen dicht unter der Oberfläche wirksam geblieben sein dürfte, wann immer den Griechen das Bild dieser Göttin vor Augen stand: Uranos, der Gott des Himmels und der älteste der griechischen Götter überhaupt, hat geschlechtlichen Verkehr mit Gaia, der Göttin der Erde. Dabei wird er von seinem Sohn Kronos kastriert. Das abgetrennte Organ treibt in der wogenden See. Weißer Schaum quillt auf, aus dem Aphrodite hervortritt. Sie wird gnädig aufgenommen und von dem Westwind Zephyros nach Zypern gebracht, wo sie von den Horen in göttliche Gewänder gekleidet wird. Ihre Geburt wird mit einem großen Freudenfest gefeiert. Zur Zeit der Homerischen Hymnen wird diese Geburt allerdings nicht mehr erwähnt; vielmehr wird sie nun zur Tochter des Zeus und der Dione.

Warum haben die Griechen ihrer Liebesgöttin eine so sonderbare Geburt zugeschrieben? Um diese merkwürdige Herkunft zu entziffern, ist es nützlich, auf die Psychoanalyse zurückzugreifen: Ihr ist eine bestimmte Art sexueller Anziehung wohlvertraut, die sich nicht auf eine Person als ganze bezieht, sondern eher auf ein bestimmtes anatomisches Merkmal wie Brust, Penis, Form der Hüften oder des Gesäßes. Diese Art der Anziehung beruht auf Eigenschaften eines »Partialobjekts«, wie die Psychoanalytiker sagen, und geht auf Enttäuschungen zurück, die mit der frühesten Bezugsperson zu tun haben. Es ist, als glaube der Betreffende nicht mehr daran, daß man eine Person lieben könne – als glaube er, nur ein bestimmtes, leicht wiederzufindendes anatomisches Merkmal könne zur Quelle sexueller Anziehung werden. In der Version des von Hesiod überlieferten Mythos ist Aphrodite das Kind eines derartigen Partialobjekts, und in der Sprache des Mythos ist dies die Erklärung dafür, warum Aphrodite vor Ehe und Familienleben keinerlei Achtung hat. Man gewinnt den Eindruck, daß die psychischen Kräfte, die diesen Mythos formten, die Verbindung zwischen der Liebe und den gewöhnlichen Beziehungen von Ehepartnern sowie Müttern und Kindern zu kappen suchten. Tatsächlich wird in der gesamten griechischen Literatur immer wieder Aphrodites Macht hervorgehoben, selten jedoch ihr Mitgefühl.

Die Verursacherin des Trojanischen Krieges ist Aphrodite, die sich Helenas als Werkzeug bedient. Niemals zuvor wurde die Beziehung zwischen der Göttin und ihrer irdischen Repräsentantin auf so scharfsinnige Weise beschrieben.

Sappho, Euripides, Ovid

Snell (1946) hat darauf hingewiesen, daß sich die drei literarischen Genres – Epos, Lyrik und Drama – in der griechischen Literaturgeschichte in zeitlicher Abfolge entfalteten, wobei sie jeweils eine Veränderung der Empfindungsweise zum Ausdruck brachten. Bei Homer gibt es nur erwiderte Liebe; die Qualen unerwiderter Liebe interessieren ihn nicht. Diese wird erst in der lyrischen Dichtung zu einem beherrschenden Thema – eine Literatur, die ihren Schwerpunkt von der heroischen Vergangenheit in die gegenwärtige, innere Gefühlswelt des Dichters und seiner Leser verlagert. Im Drama schließlich rückt der innerpsychische Konflikt erstmals ins Zentrum.

Homer schuf seine Werke um 800 v. Chr. Etwa hundert Jahre später traten »lyrische« Dichter auf, deren Texte auf der Lyra begleitet wurden – die ersten Werke der abendländischen Geschichte, in denen die Liebe als solche einer literarischen Gestaltung für würdig befunden wurde. Ein völliges Novum bei dieser Art von Dichtung ist die persönliche Stimme. Überliefert sind uns neun Namen lyrischer Dichter. In den Gedichten der Sappho, die auf der griechischen Insel Lesbos lebte, hören wir überhaupt zum erstenmal in der Geschichte die Stimme einer einzelnen Frau.

> Dieser sagt von Reitern und der vom Fußvolk,
> mancher auch von Schiffen: auf schwarzer Erde
> seien sie das Schönste; doch ich nenn so,
> wonach einer sehnt sich.
>
> O wie leicht läßt dies sich verständlich machen
> jedermann. Denn sie, überstrahlt vieler
> Menschen Schönheit, Helena, ihrem Manne,
> einem der besten,

ging sie fort, nach Troja sich einzuschiffen,
nicht des Kindes, auch nicht der lieben Eltern
einmal denkend; nein, es verführte sie, die
nicht widerstand ihr,

Kypris*. Haltlos [...] leichtsinnig [...]
(Sappho 1978, S. 13)

Sappho konfrontiert den weiblichen Gedanken der Überlegenheit der Liebe mit der männlichen Vorstellung des Krieges. Zu Aphrodite steht sie in persönlicher, ja vertrauter Beziehung:

Bunten Thrones ewige Aphrodite,
Kind des Zeus, das Fallen stellt, ich beschwör dich,
nicht mit Herzweh, nicht mit Verzweiflung brich mir,
Herrin, die Seele.

Nein, komm hierher, so du auch früher jemals
meinen Ruf vernommen und ganz von ferne
hörtest drauf und ließest des Vaters Haus, das
goldne, und kamst, den

Wagen im Geschirre. Dich zogen schöne
schnelle Spatzen über der schwarzen Erde,
flügelschwirrend, nieder vom Himmel durch die
Mitte des Äthers,

gleich am Ziele. Du aber, Selig-Große,
lächeltest mit ewigem Antlitz und du
fragtest, was ich wieder erlitten, was ich
wiederum riefe,

was ich maßlos wünschte, daß mir geschähe,
rasend in der Seele. »Ja, wen soll Peitho
deinem Liebeswerben verführen, wer, o
Sappho, verschmäht dich?

Ist sie heut noch flüchtig, wie bald schon folgt sie,
ist sie Gaben abhold, sie selbst wird geben,

* Einer der Beinamen Aphrodites.

ist sie heut noch lieblos, wie bald schon liebt sie,
auch wenn sie nicht will.«

Komm zu mir auch jetzt; aus Beschwernis lös mich,
aus der Wirrnis; was nach Erfüllung ruft in
meiner Seele Sehnen, erfüll. Du selber
hilf mir im Kampfe.

(Ebd., S. 9f.)

Daß ihre Liebe homosexueller Natur ist, bringt diese Dichterin nicht in Konflikte, doch im Gegensatz zu Homer ist ihr bewußt, daß Liebe mit ambivalenten Gefühlen einhergeht. Sie begrüßt und haßt zugleich die Leidenschaft, von der sie überwältigt wird: »doch Eros zerwühlte mir das Gemüt, wie ein Wind vom Gebirg in die Eiche fällt« (ebd., S. 25). »Eros löst meine Glieder und stört mich auf, bittersüßes, entmachtendes Ungeheuer« (ebd., S. 58). »O süße Mutter, nicht mehr kann ich schlagen das Gewebe, von Sehnsucht nach dem Kind schwach, dank der schlanken Aphrodite« (ebd., S. 47).

Auch vom Schmerz der Eifersucht handelt Sapphos Gesang:

Scheinen will mir, er komme gleich den Göttern,
jener Mann, der dir gegenüber nieder-
sitzen darf und nahe den süßen Stimmen-
zauber vernehmen

und des Lachens lockenden Reiz. Das läßt mein
Herz im Innern mutlos zusammenkauern.

(Ebd., S. 17)

Daß wir gelernt haben, über Liebe mit unserer eigenen, persönlichen Stimme zu sprechen, verdanken wir dieser Art lyrischer Dichtung.

Den Ursprung einer genuin philosophischen Haltung gegenüber der Liebe finden wir in der griechischen Tragödie, insbesondere in den Werken des Euripides. Aphrodite befindet sich hier bereits auf halbem Wege zwischen einer mythischen Gottheit und einem abstrakten Prinzip.

Euripides, ein Zeitgenosse Platons, wurde 480 v. Chr. geboren. Seine Bühnenfiguren verstricken sich immer wieder in Diskussionen über das Wesen der Aphrodite und über die Liebe im allgemeinen. In seiner Tragödie *Die Troerinnen* begegnen wir einigen Figuren, die wir bereits aus der *Ilias* kennen. Der Trojanische Krieg ist vorbei, Helena ist zu ihrem Ehemann Menelaus zurückgeschickt worden. Als Ehebrecherin und als die eigentliche Verursacherin des Trojanischen Krieges soll sie zum Tode verurteilt werden – das jedenfalls fordert Hekabe, Königin des untergegangenen Troja und Helenas frühere Schwiegermutter. Menelaus zögert, doch Hekabe errät seine Gedanken: »Wer einmal liebt, der hört nicht auf zu lieben.« Helena verteidigt ihr Verhalten: Menelaus hätte sie eben nicht mit einem Fremden, mit Paris, allein lassen dürfen. Sie habe nicht aus freiem Willen gehandelt, sondern sei lediglich das Werkzeug für Aphrodites Pläne gewesen. In diesem Stück des Euripides wirft Hekabe Fragen auf, die unmißverständlich erkennen lassen, daß die Welt des Mythos der Vergangenheit angehört: Warum sollte Hera, die keineswegs auf der Suche nach einem Liebhaber war, in einem Schönheitswettbewerb gegen Aphrodite antreten? Und warum sollte die jungfräuliche Göttin Athena, die doch der Liebe aus dem Wege geht, sich mit Aphrodite messen? Die Logik dieser Einwände gehört bereits ins nachmythologische Zeitalter. Hekabe bringt unzweideutig zum Ausdruck, daß Helena schuldig ist, und Euripides gibt damit zu verstehen, daß Helenas mythologische Bemäntelung nichts anderes ist als etwas, was wir heute Rationalisierung nennen würden.

In Euripides' Tragödie *Hippolytos* geht es – äußerlich gesehen – um die zerstörerische Macht der Aphrodite. Hippolytos ist ein Bastard, der Sohn von Theseus und Hippolyta, der Königin der Amazonen. Er ist ein *Sophrosyne* – ein griechischer Begriff, der Reinheit, Enthaltsamkeit, Selbstbeherrschung und Mäßigung bezeichnet. Hippolytos ist ein glühender Verehrer von Artemis, der jungfräulichen Göttin der Jagd. Von Liebe dagegen will er nichts wissen – eine Beleidigung Aphrodites. In einem Augenblick der Hybris spricht er gar von ihr als der abscheulichsten der olympischen Gottheiten, und er lehnt es ab, einer Göttin zu huldigen, »die im Finstern waltet«. Da er der Artemis geweiht ist, hat Aphrodite keine unmittelbare Macht über ihn. Das Herz seiner Stiefmutter Phaidra jedoch vermag sie mit wildem Verlangen nach ihm zu erfüllen. Heldenhaft widersteht die Königin dieser inzestuösen Versuchung, doch ihre Amme überredet sie dazu, ihre Liebe zu Hippolytos zu bekennen. Es kommt zu folgendem Dialog:

> *Phaidra*: Was ist's nur, was die Menschen Liebe nennen?
> *Amme*: Ein Fühlen, Kind, gemischt aus Wonn' und Schmerz.
> *Phaidra*: Mir hat sie nichts als nur den Schmerz geschenkt.

Die Amme behält jedoch mit ihren Argumenten die Oberhand:

> Nicht unerhört, nicht unnatürlich ist,
> Was du erlebst: dich traf der Göttin Blitz.
> Du liebst. Ist das ein Wunder? Viele tun's.
> Mußt du deswegen sterben, weil du liebst?
> Das wäre schlimm, wenn alle, welche lieben
> Und lieben werden, daran sterben müßten.
> Denn wer kann schwimmen gegen Kypris' Strom?
> Den, der sich tragen läßt, den führt er sanft.
> Bei wem sie Stolz und Überhebung findet,
> Den tritt sie in den Staub, eh' man's gedacht.
> Im Äther wandelt Kypris und in Strudeln
> des Meeres, alles Leben keimt durch sie.
> Sie streut den Samen, weckt den Liebestrieb,
> Aus dem wir Erdenwesen all' entspringen.
> (Euripides, *Hippolytos*, V. 347ff., 437ff.)

Eine ganze Philosophie der Liebe kommt in dieser Rede der Amme zum Ausdruck.

Die Bejahung des sexuellen Verlangens – ein Wesenszug der Aphrodite – war im 4. Jahrhundert v. Chr. offenbar nicht mehr akzeptabel. So spaltete sich das Bild der Aphrodite auf: Es gab nun einerseits eine »himmlische« (Urania), andererseits eine »gewöhnliche« Aphrodite (Pandemos), wobei letztere als Göttin der Sexualität und als Schutzherrin der Hetären galt. Mit dem Aufkommen des Christentums festigte sich diese Unterscheidung noch – und es ist genau diese Art von Spaltung, gegen die sich Freuds Aufsätze über die Liebe richteten (1910b; 1912a).

Bereits während des 5. Jahrhunderts v. Chr. schwand allmählich die Fähigkeit der Aphrodite, zu neuen Einsichten in das Wesen der Liebe zu verhelfen. Derartige Einsichten kamen jetzt von den Philoso-

500 v. Chr.

phen und insbesondere von Platon. Der römische Dichter Ovid, der zu Beginn des christlichen Zeitalters lebte, entthronte Aphrodite vollends, und mit ihm Eros.

Ovid war – soweit mir bekannt ist – der erste Dichter, der über den Inzest mit einem gewissen einfühlenden Verständnis schrieb. Die Geschichte von Myrrha und ihrem Vater Kinyras im 10. Buch der *Metamorphosen* läßt zahlreiche Parallelen zu Hippolytos und Phaidra erkennen. Myrrhas sexuelles Verlangen ist auf ihren Vater gerichtet, und daher weist sie sämtliche Freier ab. Als ihr Vater sie fragt, welche Art Ehemann sie sich wünsche, entgegnet sie: »Dir ähnlich!« Der Vater lobt sie für diese Antwort.

Wie Phaidra kämpft auch Myrrha gegen die inzestuöse Versuchung an. Dabei hält sich Ovid an die christliche Unterscheidung zwischen geistiger und leiblicher Sünde: »Den Frevel, den du am Leibe / Noch nicht geduldet, empfange ihn nicht in Gedanken« (Ovid, *Metamorphosen*, 10. Buch, V. 351f.). Niedergedrückt von Schuldgefühlen will Myrrha Selbstmord begehen. Wie Phaidra wird auch sie von ihrer Amme gerettet, und diese Amme verhilft ihr dann dazu, den Inzest mit ihrem Vater tatsächlich zu begehen. Ovid gibt ihren Gedankengang wieder: Bei den Tieren gilt das Inzesttabu nicht; Hengste und Ziegenböcke begatten ihre eigenen Töchter. Warum dürfen das nicht auch die Menschen? Das Inzestverbot ist wider die Natur. Die Liebe einer Tochter zu ihrem Vater ist etwas höchst Natürliches. – Das Grauen des Euripides vor dem Inzest teilt Ovid offenbar nicht.

Myrrha, die schwanger mit dem Sohn ihres Vaters ist, wird in einen Baum verwandelt. Aus diesem Baum wird der schöne Adonis geboren. An dieser Stelle erfahren wir von Ovid, wie Amor (Eros) ein Mißgeschick unterläuft:

> Denn als der Knabe, der köcherbewehrte, die Mutter einst küßte,
> Streifte versehentlich ihr ein Pfeil, der hervorstand, die Brust, da
> Stieß sie, verletzt ihren Sohn mit der Hand zurück, und der Stich war
> Tiefer gedrungen, als es ihr selbst zunächst noch geschienen.
> Jetzt, von der Schönheit des Mannes gefangen, läßt sie Cytheras
> Strand und besucht das vom Meere umschlossene Paphos nicht weiter,

Gnidus, das fischreiche, nicht, Amathus nicht mit seinen Metallen,
Hält vom Himmel sich fern, vor dem Himmel geht ihr Adonis.
Er ihre Sorge, *sie* sein Geleit; und *sie*, die im Schatten
Lässig zu ruhen gewohnt, ihre Schönheit durch Pflege zu steigern,
Schweifte mit bloßen Knien, geschürzt nach der Weise Dianas
Hin durch Gebirge und Wälder und dornenbewachsenes Gefels
[...]
(Ovid, ebd., V. 525ff.)

Irgendeine Andeutung, daß sich Adonis kalt oder widerspenstig gegenüber der von Venus gebotenen Liebe verhielte, findet sich bei Ovid nicht. Diese endgültige Demütigung wird die Göttin erst bei Tizian und Shakespeare erfahren – ich komme in einem anderen Kapitel noch darauf zu sprechen. Bei Ovid jedenfalls wird – zum erstenmal in der Antike – die Göttin der Liebe selbst von Liebe heimgesucht. Adonis wird auf der Jagd von einem wilden Eber getötet, und Venus, die außerstande ist, ihren Schmerz zu überwinden, verwandelt ihn in eine Anemone, während sie selbst nun zu einer Göttin der Klage wird. Jene Trennung zwischen den Göttinnen der Fruchtbarkeit, die überall im Nahen Osten verehrt wurden, und der Liebesgöttin Aphrodite, die eine griechische Erfindung ist, macht Ovid mit einem Schlag rückgängig. Bei ihm kehrt sie zu ihrem Ursprung zurück: Sie wird, wie Astarte und Isis, zu einer Göttin der Klage und der Auferstehung. Nach Ansicht von Friedrich (1978, S. 70) haben Homer und Hesiod die Verbindung zwischen Aphrodite und Adonis nicht deshalb unerwähnt gelassen, weil ihnen dieser Mythos nicht bekannt gewesen wäre, sondern vielmehr deshalb, weil er ihren religiösen Gefühlen zuwiderlief.

In Lukrez' Werk *De rerum natura* begegnen wir Aphrodite – unter ihrem römischen Namen Venus – als Personifizierung von Liebe und Fruchtbarkeit, aber auch als wichtigste Kraft gegen Kampf und Krieg. Ihr ist auch dieses Werk gewidmet, das Lukrez (94–55 v. Chr.), der sowohl Philosoph als auch Dichter war, als langes Lehrgedicht gestaltet hat.

»Denn sobald sich die Schönheit des Frühlingstages enthüllt und von den Fesseln befreit der zeugungsfördernde Hauch des lauen Westwindes sich lebendig bewegt, zeigen dich und deine Ankunft, o Göttin, zuerst die Vögel der Lüfte an, im Herzen erschüttert von deiner Gewalt. Da durchspringen die Tiere die üppigen Weiden und durchschwimmen die reißenden Flüsse. So folgt von deiner Anmut ergriffen jedes begierig dir nach, wohin du es weiter führst. [...] Du allein lenkst der Dinge Natur, und ohne dich dringt nichts in den heiteren Bereich des Lichtes, wird nichts Fröhliches und nichts voll Anmut. Darum möchte ich dich gerne als Genossin beim Schreiben der Verse, die ich jetzt über die Natur der Dinge zu dichten versuche [...] Du allein kannst ja mit ruhigem Frieden die Menschen beglücken; denn der waffengewaltige Mavors [Mars], der die wilden Geschäfte des Krieges lenkt, wirft, von der ewigen Wunde der Liebe bezwungen, oft sich in deinen Schoß« (Lukrez 1972, S. 37, 39).

Rätselhaft bleibt, warum die Griechen mehr als einen Liebesgott brauchten. War vielleicht die Liebe ein derart übermächtiges und konfliktbeladenes Gefühl, daß es ihnen nicht gelang, den *einen* Gott der Liebe zu erschaffen? Oder liegt die Ursache vielmehr darin, daß die griechische Mythologie aus einer Verschmelzung unterschiedlicher Traditionen mit zwei verschiedenen Liebesgöttern erwachsen ist, deren Wesensunterschiede nicht völlig eingeebnet werden konnten? Das eine wäre eine psychologische, das andere eine historische und anthropologische Deutung; doch muß sich beides keineswegs widersprechen. Die Tatsache, daß Eros so häufig als Kleinkind dargestellt worden ist, hätte auch schon vor Freud auf den Gedanken bringen können, daß die Liebe etwas mit der frühen Kindheit zu tun hat. Doch niemand hat diesen mythologischen Wink zum Ausgangspunkt eines neuen Verständnisses der Liebe gemacht. Die Tatsache, daß es bei den Griechen zwei Liebesgötter gab, wurde zum Anlaß philosophischer und psychologischer Spekulationen. Homer wußte sehr wohl, was beständige Liebe ist; schließlich hat er sie in der Beziehung zwischen Hektor und Andromache beschrieben. Doch eine derart dauerhafte, eheliche Liebe gehörte für ihn weder zum Reich der Aphrodite noch zu dem des Eros.

Dem Altphilologen Dover zufolge (1983, S. 62) »läßt sich die Verallgemeinerung rechtfertigen, daß die genitalen Aktivitäten insgesamt dem Bereich der Aphrodite zugewiesen werden und die besitzergreifende Konzentration des Verlangens auf eine Person – was wir ›sich verlieben‹ nennen – im Bereich des Eros angesiedelt wird«. Aphrodite also sei die Göttin der sexuellen Leidenschaft gewesen, Eros der Gott der Liebe. Zur Zeit des Hellenismus hatte man sogar versucht, Eros mit Homosexualität und Aphrodite mit Heterosexualität in Verbindung zu bringen. Wie Dover weiter ausführt, bedeutete Eros für Homer so viel wie »Verlangen«, und zwar das Verlangen zu trinken ebenso wie das Verlangen nach einer Frau. Ein Wort für Liebe, das die sexuelle Bedeutung ausgeschlossen hätte, gab es im Griechenland der vorplatonischen Zeit nicht. In dem bereits besprochenen Stück *Hippolytos* sind Aphrodite und Eros miteinander im Einklang: Die schmerzhaften Pfeile gehören Aphrodite, doch Eros ist es, der sie abschießt.

Dem Psychoanalytiker Michael Balint (1936) zufolge repräsentiert Eros das sexuelle Vorspiel; und insofern dieses sich von der genitalen Sexualität unterscheidet und eine Verbindung zur frühen Kindheit herstellt, ist es durchaus angebracht, es als Säugling oder als Kleinkind bildlich darzustellen. Aphrodite dagegen war die Göttin der erwachsenen, genitalen Liebe.

Eros

Eros, der zweite Liebesgott, unterscheidet sich sowohl historisch als auch hinsichtlich des Vorstellungsgehalts sehr stark von Aphrodite. Von einem semitischen Vorläufer wissen wir bei ihm nichts; er zählt nicht zu den olympischen Göttern, und eine mythologische Geschichte seiner Taten gibt es ebenfalls nicht. Bei Hesiod ist Eros der älteste Gott, dessen Macht sich über Götter und Sterbliche erstreckt – in dieser Eigenschaft werden wir ihm in Platons *Symposion* wiederbegegnen. In die Begrifflichkeit der platonischen Philosophie ist er verhältnismäßig problemlos eingegangen.

In Homers *Odyssee* wird Eros als ungestümes körperliches Begehren geschildert, das die Freier Penelopes förmlich durchschüttelt; ihm wird die Fähigkeit zugeschrieben, in den menschlichen Körper einzudringen. Er ist jenes heftige sexuelle Verlangen, das Paris zu Helena und Zeus zu Hera treibt. In der lyrischen Dichtung wird er als Sturm erlebt, der an seinen Opfern rüttelt. Onians (1954, S. 202) hat darauf hingewiesen, daß Homer die geschlechtliche Liebe als einen Prozeß des Schmelzens und Verflüssigens schildert (»flüssiges Begehren«), wohingegen er den Haß mit Erstarrung und Versteifung assoziiert. Das sind Metaphern, die eine unbewußte Wirkung entfalten: Noch heute sprechen wir vom »Hinschmelzen«, wenn wir verliebt sind, und wenn jemand haßt, so »verhärtet« er sich.

Die frühe Vasenmalerei zeigt, wie Eros seine Opfer mit einer Axt oder einer Peitsche trifft. Mit den wohlbekannten Pfeilen ist er seit der Zeit des Euripides ausgestattet, also seit dem 5. Jahrhundert v. Chr. Mit Pfeil und Bogen wird er zum Gott der Verliebten, und er macht nun eigentlich nichts anderes mehr, als blindlings seine Pfeile in die Herzen von Männern und Frauen zu schießen. Anders als bei den olympischen Göttern weiß man bei Eros von keinerlei dauerhafter Beziehung zu einem Sterblichen. Hat er seine Opfer einmal durchbohrt, so verliert er jedes Interesse an ihnen – was meiner Ansicht nach bedeutet, daß die Griechen Liebe und Sich-Verlieben voneinander unterschieden. Auf der Ebene der Metaphorik symbolisieren die Pfeile das Moment der Wahllosigkeit und der Irrationalität der Liebe – eine Metapher, die sich historisch als höchst einflußreich erwies: Die Vorstellung, Liebe sei ein völlig willkürliches Ereignis, beherrschte das abendländische Denken, bis Freuds Entdeckungen sie endlich entkräftete. Um in der Metapher zu bleiben: Freud entwaffnet Eros. Die Zufallsnatur der Liebe spricht uns gerade deshalb an – so lehrt Freud –, weil wir bestrebt sind, ihren inzestuösen Ursprung zu verleugnen.

In der griechischen Tragödie zeigt sich Eros noch immer als mächtige Gottheit. In der *Antigone* des Sophokles spricht der Chor von den Verwüstungen, die Eros anrichtet: Selbst den Gerechten befähigt er zum Verbrechen. In *Hippolytos* betet der Chor um Schutz gegen die tyrannische Gewalt des Eros. In der Folge jedoch wandelt sich Eros zum Sohn der Aphrodite und verliert ihr gegenüber an Boden. Man schreibt ihm einen Bruder zu, Anteros, den Gott der erwiderten Liebe. Unter dem Einfluß von Freuds dualistischer Triebtheorie neigen wir dazu, diesen Anti-Eros als Haß zu interpretieren; für die Griechen jedoch war der Gegensatz zur Liebe der Wunsch, geliebt zu werden.

Eros erhielt auch zwei unzertrennliche Begleiter: Pothos personifizierte die Sehnsucht, Himeros das Verlangen. In der Sprache der Mythologie brachten die Griechen damit zum Ausdruck, daß die Liebe nur dann wirkliche Liebe ist, wenn sie gemeinsam mit Sehnsucht und Verlangen auftritt.

Ovid eröffnet seine *Amores* mit einer komischen Beschwörung des Cupido (der lateinische Name für Eros):

> Waffen in schwererem Takt und gewaltsame Kriege zu singen
> War ich gerüstet; dem Stoff sollte sich fügen die Form;
> Gleich lang waren die Verse; da lachte Cupido, und immer
> Stahl aus dem zweiten des Paars einen der Füße der Schalk.
> »Wer gab, wilder Gesell, dir Recht auf meine Gedichte?
> Den Pieriden geweiht bin ich als Dichter, nicht dir! [...]«
> Also klagt ich; da löst von den Schultern sofort er den Köcher,
> Wählt ein Geschoß daraus, mir zum Verderben bestimmt,
> Kraftvoll krümmt mit dem Knie zur Halbmondsform er den Bogen,
> Spricht: »Hier nimm für dich, Dichter, den passenden Stoff!«
> (Ovid, *Amores*, 1. Buch, 1, V. 1ff. u. 21ff.)

Von Ehrfurcht vor einem übernatürlichen Gott der Liebe – wie noch im mythologischen Zeitalter – kann in diesen Versen keine Rede mehr sein. Von den Pfeilen dieses großen Dichters hat sich Eros nicht mehr erholt.

Panofsky hat in einer faszinierenden Studie das Motiv des blinden Amor verfolgt. Wir haben uns daran gewöhnt, den Gott der Liebe mit verbundenen Augen abgebildet zu sehen – erstaunlich daher, daß er weder in der griechischen noch in der römischen Kunst jemals so dargestellt wurde. Erst im 13. Jahrhundert erscheint Amor zum erstenmal blind, wobei er – wie Panofsky anmerkt – seine Laufbahn in ziemlich übler Gesellschaft beginnt: Auch die Synagoge, der Unglaube und der Tod sind mit verbundenen Augen dargestellt (Panofsky 1939, S. 162). Die allegorische Auslegung war alles andere als schmeichelhaft: »Amor ist nackt und blind, weil er ›die Menschen ihrer Kleider, ihrer Besitztümer, ihrer gesunden Sinne und ihrer Klugheit beraubt‹« (ebd., S. 159f.). Eros war einst ein mächtiger Gott; doch nun schwindet seine mythologische Macht, und er verwandelt sich von der Einzahl in die Vielzahl: Aus ihm werden die Putten, die wir als dekoratives Element in den Friesen des Donatello in Florenz antreffen. Immerhin hat Eros als poetische Metapher überlebt. Wie Newbolt (1909) zeigte, hat Eros die englischen Dichter mit einem schon überreichlichen Vorrat an Metaphern, Tropen und Bildern versorgt, in die sie ihre wechselnden Stimmungen und Phantasien kleiden konnten. Dichter wie etwa Chaucer nahmen sich die Freiheit, Eros einmal als mächtigen Gott der Liebe darzustellen – nach Art des Hesiod – und ein andermal ihn im Stil Ovids humoristisch als Gefängniswärter auftreten zu lassen.

Aphrodite hat die griechischen und römischen Dichter meiner Ansicht nach deshalb über so viele Jahrhunderte inspiriert, weil sie keine Göttin der Fruchtbarkeit mehr war, sondern ausschließlich mit leidenschaftlicher Liebe assoziiert wurde. Die *Ilias* war als Epos für eine aristokratische, kriegerische Klasse bestimmt. Ihr Thema war der Krieg; doch zwei Frauen spielen eine bedeutsame Rolle darin: zum einen Helena, die den Krieg auslöst, zum anderen Briseis, die der Anlaß der heftigen Auseinandersetzung zwischen Achilles und Agamemnon ist. Andere Götter sind bei Homer wichtiger, doch die sexuelle Macht der Aphrodite scheint in der *Ilias* überall durch.

Es ist wichtig festzuhalten, daß der Sturz der beiden Liebesgötter bei Ovid mit dem Beginn des christlichen Zeitalters zusammenfällt. Doch bereits lange vor Ovid, als Athen seine letzten glanzvollen Tage erlebte, bereicherte Platon die Anschauungen über die Liebe um ein neues Vokabular.

4

Wie Platon die abendländische Auffassung der Liebe veränderte

Den meisten Menschen ist es psychisch unangenehm, die Liebe rational unter die Lupe zu nehmen. Zahlreiche Analysanden glauben, ihre Liebesbeziehung werde die psychoanalytische Zergliederung nicht überleben. Dieses Gefühl muß es auch in der Antike schon gegeben haben.

Relativ späten Ursprungs ist die Geschichte von Amor und Psyche, die dann in zahlreichen Kunstwerken nachgestaltet wurde; ihr Verfasser ist Apuleius, der im 2. Jahrhundert n. Chr. lebte. Psyche ist die jüngste von drei Töchtern. Amor, der sie liebt, bittet den Nordwind Sapphire, sie zu einem abgeschiedenen Ort zu tragen; dort besucht er sie in der Nacht, jedoch unter der Bedingung, daß sie niemals sein Gesicht sehen dürfe. Ihre böse Schwester überredet sie, dieses Gebot zu übertreten, und sie betrachtet den schlafenden Amor. In der Aufregung fällt jedoch ein Tropfen heißes Wachs auf Amor; er erwacht und entschwindet. Nach vielen Bemühungen findet Psyche zu ihm zurück, sie sind erneut vereint. – Das ist zwar kein authentischer Mythos, doch kann man den Text als Geschichte mit »Moral« lesen: Sie enthält die Warnung, daß die Liebe vergeht, wenn wir – wie Psyche von Neugier getrieben – uns unterstehen, Amor ins Antlitz zu blicken.

Unter den wenigen, die dieses Verbot zu überwinden suchten und sich dem Rätsel der Liebe stellten, ragen Platon und Freud als diejenigen hervor, deren Erkenntnisinteresse unsere Auffassung der Liebe veränderte. Obwohl 2500 Jahre zwischen ihnen liegen, haben sie vieles gemeinsam. Nach Dodds wuchs Platon in einem sozialen Milieu auf, in dem man stolz darauf war, sämtliche Fragen vor dem Tribunal der Vernunft zu klären. Während seiner Lebenszeit wurde diese rationale Haltung jedoch durch Ereignisse in Frage gestellt, »die einen Rationalisten wohl nachdenklich stimmen konnten«, wie Dodds es formuliert (1951, S. 108). Mutatis mutandis gilt dies auch für Freud.

Platon lebte in einer Zeit, die noch immer von mythologischen Vorstellungen durchdrungen war. Unter dem Einfluß rationalistischer Philosophen verwandelten sich die Mythen jedoch allmählich in Allegorien. Gleichzeitig stellten die Sophisten systematisch die Grundwerte in Frage, auf denen das griechische Leben basierte.

Innerhalb der überlieferten Geschichte sind Platons Dialoge *Phaidros* und *Symposion* (*Das Gastmahl*) die ersten Versuche, das Wesen der Liebe zu ergründen. *Symposion* zählt zu den großen literarischen Werken der Philosophie und hat von der Nachwelt eine geradezu unterwürfige Bewunderung erfahren. Sein Einfluß auf die Art und Weise, wie das Abendland die Liebe interpretierte, war enorm. Generationen von Studenten haben darüber gegrübelt und die erhabenen Reden mit dem unartikulierten Aufruhr ihrer eigenen Liebeserlebnisse verglichen. Dabei war die grundlegende Botschaft des *Symposion* eindeutig: Den Geschlechtstrieb, das im täglichen Leben so zentrale Verlangen, zu lieben und geliebt zu werden, soll und kann man auf höhere Zielen lenken. Was Platon den jungen Männern und Frauen zu sagen hatte, lief auf die Aufforderung hinaus, diesen lästigen Trieb ausgerechnet in einer Lebensphase, da er sich besonders nachdrücklich meldet, in den Dienst höherer Ziele zu zwingen, wo ihn zuverlässigere und bedeutendere Befriedigung erwartet. Damit tritt Platon als erster dafür ein, den Sexualtrieb für Aktivitäten einzuspannen, die auf Sublimierung beruhen. Muß man ihm darum die Entdekkung der Sublimierung von Sexualität überhaupt zuschreiben? Diese Frage ist schwer zu beantworten. Jedenfalls stellt der Gedanke der Sublimierung wenn nicht dem Begriff, so doch der Sache nach eine Verbindung Platons zu Freud her. Im folgenden werde ich noch zeigen, daß es der Psychoanalyse als Wissenschaftszweig nicht gerade zum Vorteil gereichte, diese Verbindung zu ignorieren. Jede Untersuchung des Phänomens der Liebe – vor allem im Rahmen der Psychoanalyse – muß fragmentarisch bleiben, wenn sie sich nicht mit dem Problem der Sublimierung befaßt.

Platon war sich darüber im klaren, daß sich Eros nicht ohne inneren Kampf auf höhere Ziele lenken läßt – nicht ohne »Widerstand«, wie die Psychoanalytiker sagen. Um gegen diesen Widerstand ankämpfen zu können, wurde er zum Architekten einer psychologischen Theorie des inneren Konflikts. Freilich war das keine wertfreie

Psychologie, denn Platon war keineswegs ein neutraler Beobachter der menschlichen Natur, sondern – wie die meisten Philosophen – der Verfechter einer Anzahl klar definierter moralischer Werte. Doch begnügte er sich eben nicht damit, für etwas einzutreten, was die Menschen seiner Ansicht nach erreichen sollten. Er war sich der Kräfte bewußt, die sich seinen Bemühungen um Erziehung und Verfeinerung entgegenstellten, und aufgrund dessen entwickelte er ein Vokabular für den Umgang mit innerpsychischen Konflikten. Dieses sehr reichhaltige Vokabular blieb über 2500 Jahre hinweg nahezu unerforscht; erst Freud fand einen Weg, es für andere Zwecke nutzbar zu machen als die von Platon intendierten.

Im vorigen Kapitel habe ich gezeigt, wieviel die Psychoanalyse der griechischen Tragödie verdankt; nicht weniger schuldet sie der platonischen Philosophie. Während die Tragiker die innerpsychischen Konflikte beschrieben – wobei sie sich manchmal mythologischer, manchmal psychologischer Begriffe bedienten –, errichtete Platon ein philosophisch-psychologisches Begriffsgebäude und definierte damit eine Struktur, innerhalb derer psychische Konflikte sich ereignen können. Aus Gründen, die ich später noch erörtern werde, hat die Psychoanalyse diese Verbindung zwischen Platon und Freud weitgehend geleugnet.

Zu Beginn von Platons *Phaidros* finden sich Sokrates und sein Begleiter am Ufer des Flusses Ilisos, wo Boreas, der Nordwind, der Sage zufolge Oreithya entführt haben soll. Phaidros fragt Sokrates, ob er an diesen Mythos glaube, und Sokrates antwortet recht vorsichtig: »Nimm an, ich glaube nicht daran, wie die Weisen – es wäre wohl kein schlechtes Zeichen für meinen Verstand –, dann würde ich klügelnd sagen: ein Stoß des Nordwinds habe das Mädchen über die nahen Felsen herabgeworfen zusamt ihrer Gespielin Pharmakeia. Da sie auf diese Weise ihren Tod gefunden, habe man gesagt, sie sei von Boreas dahingerafft worden« (Platon, *Phaidros*, 229c-d).

Doch ist es nach Sokrates eine reichlich hausbackene Philosophie, Schimären, Gorgonen und geflügelte Rösser auf die Regeln der Wahrscheinlichkeit zurückführen zu wollen. Für derartige Untersuchungen hat er keine Zeit, denn zunächst einmal muß er sich selbst erkennen. »Und es erscheint mir als Lächerlichkeit, solang ich darüber noch unwissend bin, die Dinge zu erforschen, die mich nicht betreffen.«

Und er fährt fort mit der überraschenden Frage, »ob ich ein Ungetüm bin, abenteuerlicher zusammengeschlungen und fürchterlicher aufgebläht als Typhon oder ein sanfteres und einfältigeres Geschöpf« (ebd., 229e–230a). Interessant ist hier der Zusammenhang zwischen dem verlorenen Glauben an die Mythen und dem Gebot »Erkenne dich selbst«. Diese Verbindung reicht weit über die oberflächliche Äußerung des Sokrates hinaus, er habe keine Zeit für derartige Geschäfte. Denn solange Mythen den menschlichen Geist beherrschten, war der Mensch sich selbst kein Rätsel, und es gab auch keine innere Notwendigkeit, sich selbst zu erkennen.

Sokrates glaubt an einen Dämon, eine innere Stimme, die ihn vor dem Bösen warnt und ihn in Richtung des Guten drängt. In der *Apologie* erklärt Sokrates, auch als Kind schon habe er eine innere Stimme gehört, die stets Verbote, niemals aber Befehle erteilt habe. Angst vor dem Tod empfindet er nicht; denn entweder ist der Tod ein traumloser Schlaf, was doch sicher angenehm wäre; oder aber die Seele wandert in eine andere Welt, wo sie sich mit Männern wie Homer oder Hesiod unterhalten kann – Begegnungen, denen er mit Freude entgegensieht.

Der Untergang des mythologischen Zeitalters geht einher mit einem Schub psychischer Internalisierung. Der Drang, sich selbst zu erkennen, zeugt von einer neuen, nachmythologischen Einsamkeit und einem neuen Gefühl der Verantwortung. Die gegen Sokrates erhobene Anschuldigung, er sei respektlos gegenüber den olympischen Göttern, in denen das Zeitalter des Mythos sich verkörperte, enthielt mehr als nur ein Körnchen Wahrheit. Allerdings war Sokrates nicht der erste, der Selbsterkenntnis forderte. Der 26 Jahre ältere Sophokles ließ Ödipus ausrufen: »Einmal geboren, verlange ich nicht danach, ein anderer zu sein, als ich bin, doch will ich wissen, wer ich bin.« Für Ödipus ist jedoch Selbsterkenntnis noch weitgehend äußeres Wissen, während sie bei Sokrates einer Form des Wissens viel näher ist, die Psychoanalytiker als »Einsicht« bezeichnen. An diesem Punkt der Entfaltung des menschlichen Denkens taucht erstmals auch die Liebe als rätselhaftes Gefühl auf. *Vor* Sokrates fürchteten die Griechen die Liebe als eine zerstörerische Macht, die vom Gott der Liebe ausgeht; *nach* Sokrates machte sie ihnen Kopfzerbrechen.

Anders als in den meisten späteren Abhandlungen über die Liebe geht es im *Symposion* vor allem um homosexuelle Liebe, die höher eingeschätzt wird als heterosexuelle Liebe. Empfohlen wird die gleichgeschlechtliche körperliche Liebe jedoch von Platon nicht, und in seinem letzten Werk, *Gesetze*, nennt er die Homosexualität sogar unnatürlich und ein Verbrechen gegen den Staat. Zu dem Gefühl, die Liebe sei ein Rätsel, hat wahrscheinlich auch dieses Abdriften in die Homosexualität beigetragen. Aus meiner Erfahrung als Psychoanalytiker weiß ich, daß Männer und Frauen mit stark ausgeprägter Geschlechtsidentität die Liebe nicht als so übermächtig und rätselhaft erleben wie diejenigen, deren sexuelle Identität ambivalent geblieben ist.

Platons Symposion

Platons *Symposion* enthält zwei Theorien der Liebe. Beide haben auf die nachfolgende Entwicklung des Abendlands erheblichen Einfluß genommen. Die erste Theorie wird Aristophanes zugeschrieben, dem Meister der Komödie, die zweite Sokrates. Zu jenem »Gastmahl« Platons hat man sich versammelt, um Eros zu ehren und zu preisen; nach einem Einwurf von Sokrates entwickelt sich daraus jedoch eine Diskussion über das Wesen des Eros. Allein die Tatsache, daß Eros, ein Gott, zum Gegenstand einer Debatte wird, läßt erkennen, daß wir die Welt des Mythos hier bereits verlassen.

Der erste Sprecher, Phaidros, rühmt die Macht des Eros in der Sprache der Mythologie. Liebe, so sagt er, war bereits bei der Erschaffung der Welt gegenwärtig. Alle Götter wurden aus Liebe geschaffen. Eros ist ein mächtiger Gott, der den Liebenden zu edlen und unerhört mutigen Taten anspornt, mit denen er die Liebe und die Bewunderung des Geliebten zu erringen hofft. Der zweite Sprecher, Pausanias, vertritt die These, allein die Verbindung von sexueller Lust mit einer Kultivierung des Geistes bedeute wahres Glück. Heterosexuelle Liebe biete lediglich sexuelles Vergnügen und sei darum die Domäne der »weltlichen« oder »gewöhnlichen« Aphrodite; jene Verbindung aber kommt bei homosexueller Liebe vor, die darum etwas von der »himmlischen« Aphrodite in sich trage. In der Geschichte des westlichen Denkens sollte diese Unterscheidung von himmlischer und irdischer Aphrodite noch lange nachwirken.

Der dritte Sprecher, der Arzt Eryximachos, ist ein Anhänger des Empedokles. Für ihn ist Eros eine Naturgewalt, eine wechselseitige körperliche Anziehungskraft. Dabei definiert er Gesundheit – entsprechend der medizinischen Lehre der Pythagoräer – als Gleichgewicht widerstreitender Elemente: Gut ist die Harmonie der Gegensätze, schlecht das Zusammentreffen von Gleichartigem. Eryximachos vertritt die Ansicht, daß aus der Neigung zum Gleichen (psychoanalytisch gesprochen: aus narzißtischer Liebe) Krankheit entspringt, während sich harmonische Liebe nur zwischen Personen von komplementärem Typus einstellt. Ausgehend von der Medizin, führt Eryximachos damit eine philosophische Auffassung des Eros ein. Eros ist keineswegs auf menschliche Beziehungen beschränkt; er wirkt in der gesamten Natur – in der belebten ebenso wie in der unbelebten. Eryximachos ist die Verkörperung des Berufsmenschen, der seiner Sache völlig sicher ist, pedantisch im Vortrag, doch ohne jede philosophische Tiefe – ein Typus, den Platon sehr plastisch schildert.

Als nächster spricht Aristophanes. Platon läßt ihn eine Sage erzählen, die so bedeutsame Einsichten in das Wesen der Liebe enthält, daß ich ihre Interpretation auf das nächste Kapitel vertagen möchte – die Platonisten, welche den Beitrag des Sokrates für die Krönung des *Symposion* halten, mögen mir verzeihen.

Nach Aristophanes kommt Agathon zu Wort, der soeben den Preis der Athener für die beste Tragödie gewonnen hat. Nach seiner Auffassung ist Eros der jüngste der Götter; denn wäre die Liebe früher geboren worden, dann hätte die Geschichte der olympischen Götter niemals diesen Verlauf genommen. Damit ist ein wesentliches Moment der griechischen Mythologie getroffen, denn noch eine Generation vor Zeus, der Ordnung schuf und jedem Gott seinen oder ihren Bereich zuwies, hatte Kronos seinen Vater kastriert und die eigenen Kinder gefressen. Dies bedeutet – so Agathon völlig zutreffend –, daß die Liebe über Kronos keine Macht hatte. Agathon ist der Vater all jener Psychologen, die den Haß für älter halten als die Liebe (also auch der Vater Freuds). Wer dem Gott der Liebe dient, tut dies freiwillig, denn Liebe kann niemals erzwungen werden. Agathon beschwört das schöne Bild der Aphrodite, die den Gott des Krieges bezähmt: Während er in ihren Armen schläft, herrscht Friede auf Erden (ein Motiv, das später bei den Malern der Renaissance beliebt war). Wer immer vom Gott der Liebe berührt wird, wird zum Dichter, selbst wenn er zuvor völlig amusisch gewesen ist. Als Apollon die Kunst des Bogenschießens, die Heil- und Wahrsagekunst erfand, da geschah dies unter der Führung des Liebesgottes. Auch die Musik sowie die Kunst des Schmiedens und Webens stehen unter der Schirmherrschaft des Eros. Was Agathon hier in der Sprache der Dichtung beschreibt, ist nichts anderes als das, was später Freud mit dem Begriff der Sublimierung bezeichnen wird.

Der Stil Platons ist einzigartig, und nicht zuletzt ihm verdankt sich die ästhetische Wirkung dieses Werks. Gleichzeitig spiegelt sich darin der Übergang vom Mythos zur Philosophie. Platon unterstellt, daß seine Leser, nicht anders als die vornehme Gesellschaft des »Gastmahls«, vor dem Gott der Liebe eine gewisse Scheu haben; daß sie zwar bereit sind, ihm ihre Reverenz zu erweisen, nicht aber, ihn zu analysieren. Es wird die schmerzliche Aufgabe des Sokrates sein, sie von ihren mythologischen Gewißheiten abzubringen und einige wenig schmeichelhafte Wahrheiten über die Liebe zu enthüllen. Platon beweist Einfühlungsvermögen in den Widerstand, den diese philosophische Perspektive auslösen wird: Einen Protagonisten nach dem anderen läßt er ein Loblied auf die Liebe anstimmen, nur um dann Sokrates deren Beweisführung wiederum untergraben zu lassen. Bewußt läßt Platon Sokrates seine eigenen Ansichten vortragen, und anders als ein Bühnenautor wie etwa Shakespeare schwebt er keineswegs unbeteiligt über seinen Figuren. Dennoch vermute ich, daß Platon in höherem Maße, als er selbst zugegeben hätte, auch von den anderen Auffassungen der Liebe eingenommen war, insbesondere von der des Aristophanes.

Sokrates, der als letzter das Wort ergreift, verblüfft alle mit seiner Behauptung, die Liebe sei eigentlich der Schlüssel zu allem, was er jemals unternommen habe; sie sei der einzige Gegenstand, über den er sich jemals irgendwelches Wissen angemaßt habe. Philosophie selbst ist Liebe, denn der Philosoph ist ein Liebhaber der Weisheit – keineswegs eine Phrase im Munde des Sokrates, der ja von der Liebe zur Philosophie geradezu leidenschaftlich besessen war. Sokrates lehnt es ab, sich am Wettstreit der Redner zu beteiligen. Er wird kein Loblied auf die Liebe anstimmen, sondern – vorausgesetzt, seine Hörer sind bereit, seine Botschaft zu vernehmen – die Wahrheit über die Liebe aussprechen. Mit entwaffnender Bescheidenheit präsentiert er seine Ansichten jedoch nicht als seine eigenen, sondern vielmehr in Gestalt von Lektionen, die ihm die Sophistin Diotima erteilt hat. Wie die anderen Gäste war auch er bislang an den mythologischen Standpunkt gebunden, ehe er, durch Diotima erleuchtet, eine philosophische Perspektive einnehmen konnte. In Sokrates' Argumentation verwandelt sich die Liebe in eine abstrakte, nichtmythologische Macht, die gleichgesetzt wird mit dem schöpferischen, die ganze Natur beherrschenden Drang nach Fortpflanzung.

Diotima klärt Sokrates mit Hilfe einer Sage auf: Als Aphrodite geboren wurde, veranstalteten die Götter ein Festgelage. Während dieses Festes wurde Poros (Reichtum, Erwerb) schwer berauscht und schlief ein. In diesem Zustand der Hilflosigkeit verführte ihn Penia (Armut) und empfing Eros. Als Sohn der Penia hat Eros weder Schuhe noch ein Dach über dem Kopf, daher schläft er auf der nackten Erde unter freiem Himmel oder ruht auf Türschwellen. Wie seine Mutter leidet er ständig Mangel; wie sein Vater ist er unternehmungslustig, ständig schmiedet er Pläne, er ist ein Zauberer, ein Hexenmeister. Selbst wenn man Sokrates' Auffassung nicht teilt, so muß man doch zugeben, daß die humoristisch gefärbte Geringschätzung, mit der er die sonderbare Herkunft des Eros präsentiert, doch etwas von jenem paradoxen Gefühl vieler Liebender wiedergibt: immens reich zu sein und dann doch wieder trostlos arm, wenn der Geliebte fern ist oder uns verlassen hat. Was Platon hier Diotima in den Mund legt, ist eine der tiefsten Einsichten in der Geschichte der Liebe: Die Liebe ist kein Gott, denn sie gründet auf Mangel, und kein Gott leidet Mangel. Daß die Liebe ein menschlicher Mangel ist, der uns, solange ihm nicht abgeholfen wird, in einen Zustand der Unerfülltheit versetzt – diese Erkenntnis ist von größter Bedeutung. Jahrhundertelang haben sich Theologen mit dem Problem herumgeschlagen, warum ein Gott, der des Menschen nicht bedarf, ihn dennoch liebt. Keine Religion, die sich auf die Liebe Gottes gründet, hat dieses philosophische Paradox befriedigend aufzulösen vermocht.

Die volle Bedeutung dieser Idee Platons wird im letzten Kapitel deutlich werden. Dort möchte ich zeigen, daß Liebe tatsächlich in einem Verlangen nach Vollständigkeit gründet. Wer dieses Verlangen nicht anerkennt und sich dagegen auflehnt, bleibt narzißtisch. Wer dagegen diesem Verlangen so stark unterworfen ist, daß er ohne den Gefährten nicht existieren kann, ist weder ein guter noch ein kluger Liebender.

Diotima lehrt Sokrates, daß die Liebe kein Gott ist, sondern ein mächtiger Dämon. Dämonen sind Vermittler zwischen Menschen und Göttern. Sie tragen die Angelegenheiten der Menschen zu den Göttern, und den Sterblichen übermitteln sie göttliche Botschaften. In der nachmythologischen Welt der Diotima gibt es keinen Gott mehr, der unmittelbaren Umgang mit Menschen hätte. Jede Form der Vereinigung erfolgt durch die Vermittlung von Dämonen, und sie sind es auch, die den Menschen in visionären Zuständen und in Träumen erscheinen. Wer darüber Bescheid weiß, wird selbst zu einem »dämonischen« Menschen, und als solcher ist er den gewöhnlichen Banausen überlegen, die ein Leben ohne Phantasie führen.

Für Diotima ist die Liebe darum nicht göttlich, weil sie auf dem Gefühl beruht, man brauche jemand anderen, um »vollständig« zu sein. Diese Einsicht in das Wesen der Liebe war etwas durchaus Neues. Aus ihr folgt zwingend, daß die Götter, die ja in einem Zustand der narzißtischen Befriedigung leben, ein derartiges Verlangen nicht kennen und darum zur Liebe gar nicht fähig sind. Die Griechen waren die ersten, deren archaische Götter ein seliges Lächeln zeigten. Dieses Lächeln, das sich auch auf den Skulpturen der Hindus findet, ist das Lächeln der narzißtischen Befriedigung, also eines Zustands, in dem man sich aus der Abhängigkeit von jeglichem anderen Objekt befreit hat.

Der Begriff Dämon kommt bereits bei Homer vor; die Idee des Dämons jedoch, die auf das abendländische Denken erheblichen Einfluß nehmen sollte, ist Platons eigene Schöpfung. Jene Götter, die sich zeigten, sprachen, unter die Menschen mischten und in das Leben von Homers Helden eingriffen – sie sind nun so weit entfernt, daß man mit ihnen nur noch mit Hilfe von Vermittlern in Kontakt kommen kann. Das Christentum hat diese Vorstellung des Fürsprechers übernommen und diese Rolle Maria und den himmlischen Heerscharen zugewiesen. Mit dem Begriff des Dämons selbst bezeichnete man schließlich ein übernatürliches Böses.

Alle Sterblichen – so fährt Diotima in der Unterweisung des Sokrates fort – verlangen nach Unsterblichkeit. Dieses Streben nach Unsterblichkeit ist es, das Männer und Frauen dazu veranlaßt, sich fortzupflanzen, und es ist auch der Impuls, der hinter allen heldenhaften und aufopferungsvollen Taten steht. Der sonst unbarmherzige Fragensteller Sokrates verzichtet hier auf die Frage, warum denn dieser Wunsch, in Erinnerung zu bleiben, oder umgekehrt die Angst davor, vergessen zu werden, die beherrschende Leidenschaft des Menschen sein sollte. Hätte er sich diese Frage selbst gestellt, so wäre er der Welt Freuds ein Stück nähergekommen.

Den Höhepunkt von Diotimas Unterweisung bildet Platons Vorstellung einer Stufenleiter der Liebe. Der junge Mensch wird von körperlicher Schönheit angezogen. Unter geeigneter Führung kann er zu der Erkenntnis gelangen, daß die besondere Schönheit des einzelnen Körpers nur ein Beispiel des körperlich Schönen überhaupt ist. Sobald ihm dies klar ist, wird seine Neigung zum einzelnen, besonderen Körper nachlassen. Auf der nächsten Stufe wird dann der Zögling erkennen, daß die Schönheit der Seele wertvoller ist als die Schönheit des Körpers. Und von hier aus wird er die Schönheit von Naturwissenschaft und Philosophie entdecken. Stufe für Stufe wird er schließlich dahin gelangen, über das absolut Schöne nachzusinnen, das frei ist von allem Häßlichen. Die Liebe beginnt mit der Liebe zu schönen Knaben, und sie endet mit der Versenkung in das absolut Schöne. Was Platon hier entwickelt, ist nichts anderes als eine Theorie der Sublimierung homosexueller Liebe.

5

Liebe als Verlangen nach Wiedervereinigung: Platons zweite Theorie der Liebe

Es gehört zu den ironischen Wendungen der Literaturgeschichte, daß die Sage, die Platon Aristophanes in den Mund legte, auf die nachfolgenden Generationen einen derart tiefen Eindruck machte; von allen Texten Platons gilt dieser allgemein als der bekannteste und populärste. Was eigentlich dazu bestimmt war, als bloße Volksweisheit von Diotimas überlegener Einsicht hinweggefegt zu werden, fasziniert die Nachwelt noch immer. Warum hat Platon die Hälfte des *Symposion* darauf verwendet, alle irgend bedeutsamen althergebrachten Ansichten über die Liebe vorzustellen, die vor Sokrates' Zeit in Athen verbreitet waren? Die Gelehrten sind sich über diesen Punkt uneins. Einige sind davon überzeugt, daß es sich bei der Sage des Aristophanes lediglich um eine Konversationskomödie handelt, die von einem Spaßvogel vorgetragen wird (Taylor 1926). Andere nehmen an, als wahrer Philosoph habe Platon versucht, aus allen gängigen Ansichten so viel Wahrheit wie möglich herauszufiltern, um dann um so überzeugender die Brillanz des Sokrates demonstrieren zu können (Jaeger 1945; Gould 1963).

Ich glaube, daß im *Symposion* sämtliche Sprecher einen Aspekt von Platon selbst repräsentieren. Als Schriftsteller beließ Platon jede der Figuren in ihrem Recht; als Philosoph jedoch mußte er eine in sich geschlossene Weltanschauung liefern. Aus diesem Konflikt geht Sokrates als Sieger hervor – und doch rührt die Sage, die Platon Aristophanes vortragen läßt, an ein tiefes Verlangen vieler Menschen. Der Einfluß dieses Textes reicht derart weit, daß ich nicht glauben kann, es sei alles nur ein Spaß. Platon hatte, wie ich vermute, ein ambivalentes Verhältnis gegenüber seiner Auffassung, doch keinesfalls sprach er im Scherz. Auf der Ebene des Bewußtseins und der Ideologie hielt er es mit dem sokratischen Standpunkt. Sein schöpferischer Anteil jedoch, der dem Unbewußten näherstand, schuf eine Sage, die ihre Wirkung auf Liebende bis heute nicht verfehlt.

Ich möchte hier nicht die ganze Geschichte wiedergeben, sondern lediglich jenen Teil, der für ein Verständnis der Liebe von Belang ist. Ich bezeichne sie als Sage und nicht als Mythos, denn dieser Begriff sollte Erzählungen vorbehalten bleiben, die innerhalb ihrer Kultur gebieterisch danach verlangen, geglaubt zu werden. Aristophanes verleiht seiner Geschichte nicht die Autorität eines Mythos. Sie ist kein Glaubensartikel, sondern dient, wie die Geschichte von Diotima, der Erläuterung.

Von allen Göttern – so erklärt Aristophanes den Gästen des *Symposion* – ist der Gott der Liebe der menschenfreundlichste. Ursprünglich gab es nicht zwei, sondern drei Geschlechter: Männer, Frauen und eine Einheit dieser beiden. Alle hatten zwei Gesichter, vier Arme, vier Beine, zwei Geschlechtsorgane, und sie konnten sich nach Belieben rückwärts oder vorwärts bewegen. Von diesen Urmenschen gab es drei Arten: Manche bestanden aus zwei männlichen Teilen, manche aus zwei weiblichen, und manche bestanden aus Mann und Frau. Sie waren derart mächtig, daß sie sogar die Götter bedrohten. Darum zerschnitt sie Zeus in jeweils zwei Hälften, wodurch homosexuelle Männer, lesbische Frauen und heterosexuelle Paare entstanden. Als Grund dafür, warum die Menschheit nicht einfach vernichtet wurde, wird angeführt, die Götter seien auf die Opfer angewiesen gewesen, die ihnen von den Menschen dargebracht wurden.

»Als nun so ihre ursprüngliche Gestalt in zwei Teile gespalten war, ward jede Hälfte von Sehnsucht zur Vereinigung mit der anderen getrieben: Sie schlangen die Arme umeinander und schmiegten sich zusammen, voll Begierde zusammenzuwachsen« (Platon, *Symposion*, 191a).

»Jeder von uns ist daher nur das Halbstück eines Menschen, weil wir gespalten, wie die Schollen, aus einem zwei geworden sind. Jeder sucht demnach beständig das ihm entsprechende Gegenstück« (ebd., 191d).

»Fügt es sich nun, daß die Liebhaber, der Knabenliebhaber wie jeder andere Liebhaber, auf seine eigene andere Hälfte trifft, dann werden sie von wunderbaren Gefühlen der Freundschaft und Vertraulichkeit und Liebe ergriffen und möchten am liebsten auch keinen Augenblick voneinander lassen. Und sie sind es, die ihr ganzes Leben miteinander zubringen, sie, die nicht einmal zu sagen wüßten, was sie voneinander wollen, denn auch der bloße Liebesgenuß im bloßen Zusammensein kann es doch nicht sein, um dessen willen der eine im Verein mit dem anderen eine so ernstlich gemeinte Freude empfindet, sondern etwas anderes ist es offenbar, worauf die Seele beider voll Verlangen hingerichtet ist, etwas Unsagbares, nur in Ahnungen und Rätseln Andeutbares. Und gesetzt, es träte, wenn sie beisammen liegen, Hephaistos mit seinen Werkzeugen an sie heran und fragte sie: Was wollt ihr Menschenkinder eigentlich voneinander, und wenn er die um eine Antwort Verlegenen wieder fragte: Ist euer Verlangen darauf gerichtet, soviel wie möglich an derselben Stelle beieinander zu sein, also Tag und Nacht euch nicht voneinander zu trennen? Denn wenn ihr danach Verlangen tragt, so will ich Euch in eins verschmelzen und zusammenschweißen [...]. Nach solcher Verkündigung würde – des sind wir gewiß – kein Einziger Nein sagen oder einen anderen Wunsch zu erkennen geben, sondern jeder würde schlechtweg meinen, eben das gehört zu haben, was er längst schon wünschte, vereinigt und verschmolzen mit dem Geliebten aus zweien eins zu werden.

Seinen Grund hat das darin, daß dies unsere ursprüngliche Natur (Urgestalt) war: Wir waren *ganze* Wesen. Die Begierde also und das Streben nach dem Ganzen ist es, was man Liebe nennt« (ebd., 192b–e).

Die Rede schließt mit einer Mahnung zur religiösen Ehrfurcht: »denn sind wir mit Gott in Freundschaft und Eintracht, dann werden wir auch den uns von Natur angehörigen Liebling finden und seiner Gegenwart teilhaftig werden, was heutzutage nur wenigen gelingt. [...] unser Geschlecht würde dann glücklich sein, wenn wir der Liebe zu ihrem vollen Rechte verhelfen und ein jeder des ihm gehörigen Lieblings teilhaftig würde durch Rückkehr zur alten Natur« (ebd., 193).

Diese Sage vermittelt eine der bemerkenswertesten Einsichten in das Wesen der Liebe, die jemals formuliert wurde. In den älteren Vorstellungen der Griechen über die Liebe, auf die ich im 3. Kapitel eingegangen bin, gibt es nichts, was uns auf diesen neuen Gedanken vorbereiten würde. Die Metaphorik ist in hohem Maße sexualisiert, doch erstmals wird hier ein anderes, tieferes Bedürfnis angeführt, das nur eine einzige Person befriedigen kann. Wahrscheinlich formulierte Platon als erster den Gedanken, irgendwo müsse der vollkommene Lebensgefährte zu finden sein. Dieser vollkommene Gefährte, der uns aus den heutigen Sehnsüchten von Männern und Frauen so vertraut ist, hat also seinen historischen Ursprung im griechischen Idealismus.

Die Sage liefert eine eher mythologische als psychologische Erklärung der Liebe; und doch gibt sie – in der Sprache der Mythologie – Antwort auf die Frage, warum uns das Zusammentreffen mit einer bestimmten Person ein Gefühl von Glück und Dauer vermittelt, während uns jemand anderes nur vorübergehende Befriedigung bietet. Auch das Gefühl der Sehnsucht und des Mangels – ein weiteres Symptom, das der Liebe vorangeht und sie begleitet – kommt in der Erzählung vor.

Die Assoziation von Liebe und (Ver-)Schmelzen stammt ursprünglich nicht von Platon. Bereits Sophokles rühmt die Liebe als allmächtig, »denn sie schmilzt ihre Bahn bis in die Lungen derer, die Leben in sich tragen« (Onians 1954, S. 27). Zu beachten ist auch, daß in den Begriffen des »Unsagbaren« und »nur in Ahnungen und Rätseln Andeutbaren« ein Gefühl anklingt, das – psychoanalytisch gesehen – dann auftritt, wenn ein gegenwärtiges Ereignis oder ein emotionaler Zustand in Verbindung zu einem vergangenen Ereignis oder zu einem vergangenen Gefühl getreten ist, ohne daß diese bewußt geworden wären. Ich vermute, daß Freud diese Passage zumindest vorbewußt gegenwärtig war, als er schrieb, er habe sich, »einer dunklen Ahnung folgend, entschlossen [...], die Hypnose mit der freien Assoziation zu vertauschen« (Freud 1914b, S. 57).

Mit gerade entgegengesetzter Bedeutung kehrt die Sage des Aristophanes bei Dante wieder: Als er den zweiten Kreis der Hölle betritt, der den »Fleischessündern« bestimmt ist, begegnet er Francesca und Paolo, die dazu verdammt sind, sich niemals voneinander zu trennen. Francesca war mit dem älteren, verkrüppelten Bruder Paolos verheiratet; dieser ertappte das Paar in flagranti und durchbohrte beide mit demselben Schwert. Bei Dante ist die immerwährende Vereinigung eine Strafe. Die Liebenden sind körperlich miteinander verschmolzen, doch die jeweils eigene Individualität und Stimme ist ihnen verblieben. Was im *Symposion* eine Vision von Glückseligkeit war, wird bei Dante zur Qual.

In der gesamten Liebesdichtung zählen diese Verse zu den bekanntesten:

Liebe, die zum Lieben den Geliebten zwingt,
erfaßte mich zu diesem hier so mächtig,
daß, wie du siehst, sie mich noch nicht verläßt.

Und Liebe führte uns in einen Tod,
[...]

Wir lasen eines Tags zu unsrer Lust
von Lancelot, wie Liebe ihn bestrickte,
wir waren ganz allein, ohn jede Ahnung.

Mehrmals beim Lesen mußten wir die Augen
erheben, es entfärbt' sich unser Antlitz;
doch eine Stelle war's, der wir erlagen.

Die war es, wo der heißbegehrte Mund
von solchem Liebenden geküßt wurde,
da küßte dieser hier, der nie von mir

getrennt sein wird, erbebend mir den Mund,
Galeotto* war das Buch und der es schrieb.
An jenem Tage lasen wir nicht weiter.
(Dante 1990, *Inferno*, 5. Gesang, V. 103–105, 127–138)

Die Sage des Aristophanes stammt ursprünglich aus Indien, wo die Bisexualität eines der Privilegien des Göttlichen war. Freud erwähnt die indische Version in einer Fußnote zu *Jenseits des Lustprinzips* (1920, S. 266f.), ohne jedoch auf den grundlegenden Unterschied zu der Fassung von Platon einzugehen, der die Sage in einer für die griechische Kultur bezeichnenden Weise modifiziert hat.

In den *Upanischaden* ist von dem Urmenschen Purusa die Rede, der sich umschaute und nichts erblickte außer sich selbst. Als erstes sprach er: »Ich bin«, und auf diese Weise wurde das Wort »ich« ge-

* Freund des Lancelot; hier im Sinne von »Liebesvermittler« (A. d. Ü.).

boren. Er empfand keine Freude – darum empfindet seither niemand Freude, der allein ist. Er brachte sich selbst dazu, in zwei getrennte Teile zu zerfallen, und auf diese Weise entstanden Ehefrau und Ehemann. Sie vereinigten sich, und so nahm die Menschheit ihren Anfang. »Wie kann er sich mit mir vereinigen«, überlegte nun der weibliche Mensch, »da er mich doch aus sich selbst hervorgebracht hat? Es ist eine Schande, und ich will mich verbergen.« Sie verwandelte sich in eine Kuh, er in einen Bullen, und wieder vereinigten sie sich, dann verwandelte sie sich in eine Stute, er in einen Hengst usw., und auf diese Weise entstanden alle Tiere (O'Flaherty 1975, S. 34).

In der indischen Version ist der Urmensch ebenso einsam wie der biblische Adam. Er verlangt danach, daß aus einem zwei werden. Die homosexuelle Variante kommt hier nicht vor. Das Erstaunlichste ist jedoch, daß auch die Sehnsucht nach Wiedervereinigung und das erneute Miteinander-Verschmelzen nicht vorkommen. Statt dessen führt die indische Version das Inzestmotiv ein – zumindest die Frau spürt die Angst vor dem Inzest. Diese Inzestangst ist der Ursprung des gesamten Tierreichs. Die Schöpfung des Menschen geht hier also – anders als in der biblischen Geschichte – der Schöpfung der Tiere voraus. In der griechischen Version wiederum wird das Inzestmotiv von der Homosexualität thematisch überschattet.

Der Purusa-Mythos bietet eine Erklärung dafür, warum die Welt mit Menschen bevölkert ist und wie es zur Schöpfung des Tierreichs kam. Psychologisch komplexer ist jedoch ein dazu paralleler Mythos, bei dem es um den Gott Siva geht.* Der männliche Schöpfergott Brahma hatte große Schwierigkeiten damit, eine Frau zu erschaffen; er wurde wütend über sein Scheitern, und aus dieser Wut entstand Siva. Anders als Brahma, der ganz und gar männlich war, bestand Siva aus einer männlichen und einer weiblichen Hälfte. Brahma wollte das Schöpfungswerk unbedingt fortführen, und so befahl er Siva, seinen weiblichen Anteil von sich abzustoßen. Auf diese Weise entstand Parvati, die jedoch bald nach ihrer Geburt ein Spiegelbild von sich selbst ausstrahlte und sich dann wieder in Siva zurückverwandelte. So lebte nur das Bild der ursprünglichen Parvati äußerlich als Göttin fort. Ihre verwickelte Geschichte als Tochter des Berg-

* Mündliche Mitteilung von S. Kramrish.

königs ist daher lediglich die Geschichte von Parvatis Bild. In die externalisierte Gestalt Parvatis verliebte sich jedoch Siva; er begann, Enthaltsamkeit zu üben, um sich von ihrem Einfluß zu befreien. Nun übte auch Parvati Enthaltsamkeit, um nicht von ihm übertroffen zu werden.

Diese ganze Geschichte scheint eine mythologische Neuinszenierung des Konflikts zwischen Narzißmus und Liebe zu sein, der in diesem Fall mit einem interessanten Kompromiß endet: Parvati zeugt Kinder, doch nicht mit Siva. Vielleicht kann man den Mythos auch als symbolische Darstellung der Schwierigkeiten verstehen, die eigene Bisexualität aufzugeben. In seiner psychoanalytischen Praxis begegnete Freud zahlreichen Männern und Frauen, bei denen ein Verlangen nach Bisexualität fortdauerte, und auch in der Korrespondenz mit seinem Freund Fließ war dies eines der interessantesten Themen (Freud 1986).

In den *Puranas*, die später als die *Upanischaden* verfaßt und erst nach Entstehung des *Symposion* zusammengestellt wurden, gibt es einen Gott mit Namen Siva Ardhavisavara, dessen rechte Hälfte männlich und dessen linke Hälfte weiblich ist. Durch Teilung gehen aus ihm Siva und Sava hervor, die sich tausend Jahre lang in leidenschaftlicher Liebe vereinen (Kramrish 1981).

Nunberg berichtet über einen klinischen Fall, der mit der Sage Platons verblüffende Ähnlichkeit aufweist:

»Ein Patient hatte das Gefühl, als ob er verkehrt und umgestülpt wäre, als ob er aus zwei Personen bestehen würde. Es schien ihm dabei, daß die eine nach vorwärts, die andere nach rückwärts schaut. Er hatte Angst, auf die Straße zu gehen, denn er glaubte, daß ihm seine Zehen an den Fersen herausschauen, weshalb er über die eigenen Füße zu stolpern sich fürchtete; beim Sprechen mußte er sich immer an den Schädel greifen, um sich zu überzeugen, wo er den Kopf und wo er das Gesicht hat usw. Er stellte sich nun seine Heilung so vor, daß der vorwärts schauende Mensch aus ihm verschwinden werde. Dieses Symptom war überdeterminiert; seine tiefste Bedeutung bestand in einer Identifizierung mit der Mutter, die sich in ihm in der nach rückwärts schauenden Person verkörpert hat« (Nunberg 1925, S. 183).

Auch das folgende Traumfragment einer Frau, die sich einer Psychoanalyse unterzog, vermag zu illustrieren, wie lebendig die Sage Platons im Unbewußten heutiger Männer und Frauen noch immer ist. Ihr träumte, ihr Geliebter habe zu ihr gesagt: »Probieren wir's mit der Milchstraße.« Die Patientin wandte ein: »Dort war ich noch nie.« Darauf der Geliebte: »Ich auch nicht.« Dann wurden sie zu einem Ort geführt, an dem die Menschen der Zukunft lebten, und die Patientin entdeckte zu ihrem Erstaunen, daß sie alle Hermaphroditen waren. Was für Platon der Vergangenheit angehörte, verlegt diese Patientin in die Zukunft. Im Primärprozeß allerdings sind Zukunft und Vergangenheit austauschbar. Die Analyse des Traums enthüllte, daß die Milchstraße den oralen Verkehr symbolisierte – den die Träumerin ebenso wünschte wie fürchtete, da er den Mann in eine zu enge assoziative Verbindung zur stillenden Mutter rückt.

Bird schildert den Fall eines siebenjährigen Jungen. Dieser Bericht macht deutlich, daß ein ängstlicher Junge, dem es schwerfällt, seine sexuellen Wünsche zu erfassen und seine männliche Geschlechtsidentität anzuerkennen, durchaus in der Lage ist, die Sage Platons und den androgynen Siva neu zu erfinden:

»Als die Schwangerschaft der Mutter voranschritt und vor allem, als sich herausstellte, daß es Zwillinge sein würden, konnte Joey seinen Zorn und seine Eifersucht nicht länger verbergen. Gleichzeitig jedoch brachte er seine Freude über die Zwillinge zum Ausdruck, und er war sicher, daß es ein Junge und ein Mädchen sein würde. Das war keine bloße Hoffnung, denn die Gewißheit, daß die Zwillinge Junge und Mädchen sein würden, gehörte zu seiner bisexuellen Geburtstheorie. Auf einen anderen Gedanken kam er gar nicht, und es überraschte ihn, daß ich die Frage nach ihrem Geschlecht überhaupt aufwerfen konnte. Welche Idee hinter dieser Vorstellung einer Zwillingsgeburt steckte, wurde erst später aufgedeckt; sie bestand, kurz gesagt, darin, daß bei jeder Geburt eine Art Hermaphrodit zur Welt kommt, der sich dann in zwei Teile spaltet, wobei der eine den Penis bekommt, der andere nicht« (Bird 1958, S. 290).

»Schließlich schaute er suchend zwischen die Beine der Puppe, und mit einem Lächeln der Erleichterung verkündete er, er habe das Problem gelöst: Das Baby sei halb Junge, halb Mädchen, und dementsprechend würde es auch aufwachsen. Auf der einen Seite würde es seine Haare lang, auf der anderen kurz tragen, auf der einen Seite ein Kleid, auf der anderen lange Hosen usw. Als ich ihn darauf aufmerksam machte, daß er über die Geschlechtsteile dieses Zwitter-Babys noch nichts gesagt habe, geriet er erneut in Verwirrung und suchte angestrengt nach einer Antwort. Vielleicht, so spekulierte er, würde es einen Penis und einen Spalt nebeneinander haben, oder einen halben, in der Mitte geteilten Penis und eine halbe Spalte. Doch das stellte ihn alles nicht zufrieden, bis er schließlich die perfekte Lösung fand: Das Baby würde eine richtige Spalte haben, und im Innern dieser Spalte würde sich ein richtiger Penis befinden. Diese Lösung befriedigte ihn voll und ganz, und er tanzte vor Freude. Er nannte das Baby einen ›Er-er‹ und eine ›Sie-sie‹ und kam dann schließlich auf ›Er-sie‹. Und dieser Er-sie, sagte er in geradezu ausgelassener Stimmung, könne ganz allein ein Baby bekommen und brauche dazu niemand anderen« (ebd., S. 297).

Eine unerwartete »Bestätigung« fand die Sage des Aristophanes, als Charles Darwin in seinem Werk *Die Abstammung des Menschen* (1871) zu dem Schluß kam, ein sehr weit entfernter Vorfahr sämtlicher Wirbeltiere müsse hermaphroditisch gewesen sein. Der Sexologe Krafft-Ebing, der bedeutenden Einfluß auf Freud ausübte, war der Ansicht, das Rätsel der Homosexualität habe seine Wurzel in einer konstitutionell bedingten Bisexualität. Carl Claus, einer von Freuds Lehrern, entdeckte, daß bestimmte Krebsarten ihre erste Lebenshälfte als männliche und die zweite als weibliche Exemplare verbringen. Bevor Freud Psychoanalytiker wurde, arbeitete er im Labor von Ernst Brücke, wo er die Rückenmarksnerven des Petromyzon sezierte – auch dies ein zweigeschlechtliches Tier (Bernfeld 1949).

Übersetzen wir Platons mythologische Sprache in die der Psychologie, so müssen wir statt vom ursprünglichen Zustand des Menschen von seiner frühen Kindheit sprechen. Damit stoßen wir bei Platon auf eine Theorie, die der psychoanalytischen Annahme genau entspricht, daß Kleinkinder die Bisexualität als etwas Gegebenes hinnehmen. Nur allmählich und unter Schmerzen akzeptiert das Kind seine oder ihre geschlechtliche Identität. Dauert das Gefühl, nur etwas »Halbes« zu sein, bis in das Leben des Erwachsenen fort, so hat sich die sexuelle

Identität nicht hinreichend gefestigt, und die jeweilige Person wird sich selbst als unzulänglich erfahren, als unfähig, mit sich allein zu sein.

Jene Sage Platons wurde im 19. Jahrhundert häufig von Philosophen der Romantik zitiert, um die grundlegende Bisexualität des Menschen vor Augen zu führen (Ellenberger 1973, S. 405). Der Psychoanalytiker Bertram D. Lewin hat die Sage als Verleugnung der ursprünglichen Bindung an die Mutter gedeutet; diese werde ersetzt durch die Vereinigung zweier Geschwister, die zwar von der Mutter, aber nicht voneinander getrennt werden, wobei beide denselben Uterus und dieselbe mütterliche Brust teilen (Lewin 1952, S. 209). Nach Lewins Auffassung ist das *Symposion*, das ja eigentlich ein Trinkgelage ist, keineswegs ein bloßer literarischer Kunstgriff, um eine Diskussion über die Liebe zu ermöglichen; denn in psychologischer Hinsicht sind Oralität (Trinken) und Liebe aufeinander bezogene Themen.

Platon fürchtete die Macht von Gefühlen, die sich außerhalb jeder Kontrolle austoben. In seiner Schrift *Der Staat* entwarf er ein ausgeklügeltes System, das – Freud zufolge – jeglicher Liebesfähigkeit vorbeugen sollte: Platon schlug vor, Kinder sollten von untereinander austauschbaren Ammen aufgezogen werden. Ein solches Kind, behauptete er, werde alle älteren Mitbürger als Eltern betrachten, und es werde weder die Macht erotischer Liebe noch die Qualen der Eifersucht kennenlernen. Es ist geradezu unheimlich, daß Platon sogar in diesem Punkt Freud vorweggenommen hat.

6

Zur Affinität von griechischer Tragödie und Psychoanalyse

In der griechischen Tragödie treffen wir erstmals auf die genaue Darstellung innerpsychischer Konflikte. Ein tragischer Held par excellence ist Orestes, dessen Schicksal sowohl Aischylos als auch Euripides in Tragödien gestalteten. Nicht sein eigener Wille, sondern das Orakel des Apollon treibt Orestes dazu, den Mord an seinem Vater Agamemnon zu rächen und seine Mutter Klytämnestra zu töten. In der Folge ist es nicht seine eigene Schuld, die auf ihm lastet, und doch ist er es, den die Erinnyen, die Rachegöttinnen, verfolgen. Trotz dieser Externalisierung eines inneren Konflikts liegt hier die Welt Homers bereits weit zurück. Das Eingreifen von Göttern maskiert nur noch die psychische Sphäre innerhalb der Person. Der tragische Held befindet sich im Konflikt, er ist einsam, und gewöhnlich erfährt er keinerlei Unterstützung von seiten der Gemeinschaft. Die Tragödie ist der Psychoanalyse thematisch weitaus näher als die gesamte Literatur, die ihr voranging. Und der Psychoanalyse wiederum ist es zu verdanken, daß die Welt der griechischen Tragödie uns sogar näher ist als Vergils *Aeneis* oder Dantes *Göttliche Komödie*.

In diesen Tragödien wimmelt es von Inzest, Vater-, Mutter- und Kindesmord. Sie stellen dar, was Freud die Wünsche des Es nennen würde. Nach Ansicht von Aristoteles bewirkt die Tragödie eine Katharsis, indem sie Furcht und Mitleid erregt. Diese Auffassung hat Freud fortentwickelt: Er glaubt, daß der tragische Held Gefühle zum Ausdruck bringt, die der gewöhnliche zivilisierte Mensch niemals auszusprechen wagen würde. Als Beispiel sei Klytämnestra zitiert, die schildert, wie sie ihren Ehemann Agamemnon ums Leben brachte:

So aber macht ich's, und das leugn' ich keineswegs:
Daß weder fliehn er kann noch wehren dem Geschick,
Werf ein endlos Geweb ich wie zum Fischefang
Rings über ihn, der Falten argen Überfluß,

Und schlag ihn zweimal; mit zweimalgem Jammerschrein
Streckt von sich er die Glieder; und derweil er stürzt,
Den dritten ihm noch geb ich – dem, der drunten herrscht,
Hades, der Toten Schutzherrn, zu erwünschtem Dank.
So seines Lebens Kraft speit er von sich im Sturz,
Und aus nun blasend jäh und scharf des Blutes Strahl,
Trifft er mit dunklem Tropfen mich blutroten Taus
Zur Freude mir nicht minder, als wenn, zeusentströmt,
Labung der Saat kommt, schwellend in Keimes Mutterschaft.

Die Metapher, mit der Klytämnestra das Blut ihres ermordeten Gatten mit einem erfrischenden Regen vergleicht, der auf junges Getreide niedergeht, ist poetisch und scheußlich zugleich. Im Anschluß an diese Passage macht sie dreist ihr Recht auf eine neue Liebe geltend:

Nicht tritt an Furcht mir der Gedank ins Haus hinein,
Solang entflammt das Feuer mir an meinem Herd
Aigisthos, mir wie vordem wohlgesinnt und treu;
Denn der ist uns ein Schild, kein schwacher, unsres Muts.
Da liegt, der seinem Weib hier Schmach und Unrecht tat,
Der Chrysestöchter Herzensschatz vor Ilion.

(Aischylos, *Agamemnon*, V. 1380ff., 1434ff.)

Klytämnestras offenes Bekenntnis ihrer Lust, mit der sie ihren Gatten Agamemnon ermordete, macht uns schaudern. Uns, den Zuschauern der Tragödie, wäre es vor lauter Schuldgefühlen unmöglich, im Augenblick eines Mordes derartige Emotionen zum Ausdruck zu bringen. 2500 Jahre später wird jedoch Freud entdecken, daß in einer bestimmten, durch die Psychoanalyse hergestellten Atmosphäre, in der die freie Assoziation gefördert und Verdrängungen gelockert werden, auch ganz gewöhnliche Männer und Frauen sich mit der gleichen Grausamkeit äußern können, der wir in der griechischen Tragödie begegnen.

Im folgenden möchte ich eine psychoanalytische Interpretation von Euripides' Tragödie *Hippolytos* versuchen, die ich bereits in dem Abschnitt über Aphrodite erwähnte. Der Leser möge seinen Zweifel vorläufig zurückstellen und Hippolytos als einen Patienten betrachten, der sich einer Psychoanalyse unterzieht. Zentrales Thema dieser Analyse wird sein, daß Hippolytos ein Narzißt ist, der sich der Liebe widersetzt. Zur rechten Zeit wird dieser Patient dem Analytiker einiges – oder eine ganze Menge – über seine Mutter Hippolyta erzählen, die Königin der Amazonen. Sowohl der Leser als auch das Publikum, das der Aufführung der Tragödie beiwohnte, sind sich unbewußt und vielleicht sogar bewußt darüber im klaren, daß Hippolyta ihren Sohn gehaßt haben muß. Sie erfassen mehr oder minder deutlich, daß es einen Zusammenhang gibt zwischen dem phallischen Wesen der Mutter, der Amazonenkönigin, die alles Männliche haßt, und der Unfähigkeit des Hippolytos, eine Frau zu lieben. Im Verlauf der Analyse wird sich Hippolytos der zweifellos verleugneten Tatsache zu stellen haben, daß die Mutter, von deren Liebe er abhängig war, ihn haßte – eine schwierige Aufgabe, und man darf erwarten, daß sich gegen dieses Faktum heftiger Widerstand regen wird. Alle Wut und aller Haß, der sich einst gegen die Mutter richtete, wird nun in der Übertragung als Haß gegen den Analytiker zutage treten. Wenn die Übertragung auf ihrem Höhepunkt angelangt ist, wird Hippolytos paranoide Phantasien entwickeln und den Analytiker verdächtigen, ihn töten zu wollen.

Es ist jedoch noch stärkerer Widerstand zu erwarten; denn Hippolytos nimmt Zuflucht zu etwas, das die Psychoanalytiker als Sublimierung bezeichnen. Er ist ein Verehrer der Artemis, der jungfräulichen Göttin der Jagd, und deren Reich ist die Wildnis, die der Pflug des Menschen noch nicht urbar gemacht hat. Zweifellos hat ihm seine Verehrung für Artemis geholfen, mit seiner Depression fertig zu werden. Die Aggression, die er durch die Jagd zum Ausdruck bringt, ist möglicherweise ein Schutz gegen die Suizidwünsche, die sich in seinem Unbewußten behaupten. Sobald er erkennt, wie sehr er von seiner Mutter gehaßt wurde, wird er sich diesen Suizidwünschen wahrscheinlich stellen müssen. Der Psychoanalytiker wird dann dazu gezwungen sein, auch die Beziehung zu seiner Lieblingsgöttin Artemis zu untersuchen. Damit aber läuft er Gefahr, Hippolytos' Sublimierung zu untergraben. Möglicherweise wird der Patient zum Thema einer Konferenz in der Klinik, und angesichts seiner so traumatisch verlaufenen Kindheit werden ihm nicht alle die erforderliche Stärke zutrauen, um sich einer Psychoanalyse zu unterziehen. Eine unterstützende Therapie mit viel Einfühlung für das, was er erlitten hat, wird vielleicht die einzige Form von Therapie sein, die er akzeptieren kann.

Angenommen jedoch, es setzt sich die Ansicht durch, daß der Patient für eine Analyse geeignet ist; dann wird der Analytiker die Beziehung zwischen seiner Mutter und Artemis zur Sprache bringen. Dann wird sich Hippolytos der Tatsache stellen müssen, daß es zwischen Artemis und seiner Mutter Hippolyta frappierende Ähnlichkeiten gibt. Benutzt nicht Artemis einen Bogen wie seine Mutter? Sträubt nicht auch sie sich dagegen, von einem Mann unterworfen zu werden? Ist nicht auch ihr schon der bloße Gedanke an eine sexuelle Begegnung zuwider, genau wie seiner Mutter? Sicher, anders als die Göttin, die Jungfrau blieb, ist seine Mutter schließlich doch von einem Mann bezähmt worden; doch hätte sie nicht viel lieber ihre Jungfräulichkeit bewahrt? Allmählich, Schritt für Schritt, wird der Analytiker Hippolytos zu dem Eingeständnis bringen, das seine Verehrung für Artemis nichts anderes ist als eine verschleierte Form von Liebe und Treue zu seiner Mutter, die unfähig war, die Liebe des Säuglings und des Kindes zu erwidern.

»Wer ist Phaidra?« wird der Psychoanalytiker fragen und damit Hippolytos zu weiteren Assoziationen anregen. »Sie ist die Stiefmutter«, würde die Antwort des Analysanden lauten. Doch auf weiteres Insistieren müßte Hippolytos einräumen, daß auch sie einen Teil seiner unbewußten Wünsche repräsentiert. Denn in der frühen Kindheit hatte Hippolytos die Phantasie, daß seine Mutter Hippolyta in ihn verliebt sei. Da er sich sein eigenes ödipales Verlangen nach ihr nicht eingestehen konnte, nahm er an, daß *sie ihn* sexuell begehre. Wie der biblische Joseph hat dann auch Hippolytos der Versuchung widerstanden, mit einem nur dürftig maskierten Muttersatz Geschlechtsverkehr zu haben. Wie Potiphar im biblischen Bericht glaubt auch sein Vater Theseus nicht an seine Unschuld, denn unbewußt – und womöglich sogar bewußt – erinnert er sich daran, daß er als Kind ähnliche ödipale Wünsche hatte. An diesem Punkt erwartet den Analytiker eine weitere Aufgabe, nämlich das Durcharbeiten des sogenannten negativen Ödipuskomplexes: die Liebe des Hippolytos gegenüber seinem Vater Theseus. Denn wie viele Kinder mit einer lieblosen Mutter dürfte auch er sich auf der Suche nach Liebe frühzeitig dem Vater zugewandt haben. In diesem Fall hatte die negative ödipale Konstellation besonderes Gewicht und führte möglicherweise zu einer latenten oder offenen Homosexualität.

Ich bat den Leser, seinen Zweifel einmal beiseite zu lassen und Hippolytos so zu betrachten, als sei er Patient in einer Psychoanalyse. Damit wollte ich lediglich zeigen, daß man einen tragischen Helden mit Hilfe derselben Begriffe verstehen kann, die wir sonst bei zeitgenössischen psychoanalytischen Patienten verwenden. Die griechische Tragödie – das möchte ich besonders hervorheben – stellt Menschen dar, deren innerpsychische Probleme wir durchaus begreifen. Sie repräsentieren Archetypen, denen wir im Verlauf einer Psychoanalyse wiederbegegnen. Hippolytos ist der Archetyp einer narzißtischen Persönlichkeit.

In Sophokles' Tragödie *König Ödipus*, von der sich der Begriff Ödipuskomplex herleitet, geht es dagegen nicht um Liebe. Vielen Kritikern Freuds ist aufgefallen, daß Ödipus gar nicht in seine Mutter Jokaste verliebt ist, sondern sie lediglich heiratet, um auf den Thron zu gelangen. Zur Zeit der Entdeckung des Ödipuskomplexes war jedoch Freud intensiv mit der Traumdeutung befaßt und hätte sich durch dieses Argument keinesfalls überzeugen lassen: Wie in Träumen unterschied er auch in Mythen einen manifesten und einen latenten Inhalt. Es ist gar nicht notwendig, daß Ödipus seine Liebe zur Mutter-Gemahlin zeigt, denn aufgrund der Universalität des Ödipuskomplexes wird das Publikum diese Liebe unbewußt unterstellen. Hätte Sophokles Ödipus und Jokaste als Liebespaar dargestellt, so hätte die Tragödie womöglich den heftigsten Widerstand erregt. Nur indem er alle manifesten Liebesszenen zwischen den beiden eliminierte, konnte der Dramatiker darauf hoffen, Sympathie für Ödipus zu erregen – trotz des vollzogenen Inzests.

Die Beschreibung der Selbstblendung und die daran anschließende Rede des Ödipus gehört zum Schrecklichsten in der griechischen Tragödie überhaupt:

> Er rast, ein Schwert zu bringen heißt er uns und fragt,
> wo er die Frau, nicht Frau, das Saatfeld finde, das
> zwiefältig mütterlich ihn und die Kinder trug.
> Der Götter einer zeigt es ihm, dem Tobenden,

der Männer keiner, die wir standen nah dabei.
Doch grausig schreiend, wie geführt von irgendwem,
sprang er die Doppeltür an, bog aus seinem Halt
das hohle Schloß und stürzt' in das Gemach hinein
wir blickten hin und sehn die Frau nun: aufgehängt,
umschlungen von geflochtner Schnur. Doch er, wie er
sie sieht, der Arme, brüllt entsetzlich auf und löst
den aufgehängten Strick. Doch als die Unglücksfrau
am Boden lag, war's furchtbar, was nun kam, zu sehn.
Denn aus dem Kleide riß die goldgetriebenen,
die Nadeln er, womit sie immer schmückte sich,
holt' aus und stieß sie in die eignen Augen sich,
so etwa rufend: fürder würden nimmer sie
das sehn, nicht Übel, die er litt, noch die er tat,
vielmehr im Dunkel schaun, die nie sie hätten schaun
gedurft, die er ersehnte, kennen nie hinfort.

Nach seiner Erblindung erklärt Ödipus diese Tat:

Daß dies nun so nicht auf das beste sei getan,
das rede mir nicht ein! Berate mich nicht mehr
Ich weiß ja nicht, mit was für Augen ich dereinst
den Vater anschaun soll, komm' ich zur Totenwelt,
noch auch die arme Mutter, da an beiden ich
verübte Taten, schlimmer als des Stranges wert.
Indes der Kinder Anblick wäre lieblich doch,
erblühend, wie sie blühen, anzuschaun für mich?
Nein, wenigstens für meine Augen nimmermehr!
[...] tötet oder werft hinaus
ins Meer mich, wo ihr nie mich wiedersehen könnt!
Kommt! Überwindet euch: ergreift den Unglücksmann!
Gebt nach und fürchtet nichts! Denn meine Übel ist
kein Sterblicher imstand' zu tragen außer mir.

(Sophokles, *König Ödipus*, V. 1255ff., 1369ff., 1411ff.)

Aristoteles hat den Untergang des Ödipus als Folge eines Irrtums aufgefaßt, eines Irrtums, der nicht in charakterlicher Verworfenheit gründet, sondern in einer Unkenntnis der Umstände. Demzufolge sei die Tat auch verzeihlich. In der Tragödie selbst ist für Mord und Inzest letzten Endes das Orakel von Delphi verantwortlich, vor dem es kein Entrinnen gibt. Auch hier benutzten die Griechen eine äußere Macht, um etwas darzustellen, was Freud als unbewußte Wünsche bezeichnen würde.

Über Ödipus heißt es bei Freud: »Sein Schicksal ergreift uns nur darum, weil es auch das unsrige hätte werden können, weil das Orakel vor unserer Geburt denselben Fluch über uns verhängt hat wie über ihn. Uns allen vielleicht war es beschieden, die erste sexuelle Regung auf die Mutter, den ersten Haß und gewalttätigen Wunsch gegen den Vater zu richten; unsere Träume überzeugen uns davon« (1900, S. 267).

Das war neu und revolutionär. Vor Freud war der tragische Held stets eine Ausnahmefigur gewesen, und nun wurde er zum Herrn Jedermann. Ein bedeutsamer Unterschied bleibt allerdings: Der griechische Held stellt Ereignisse dar, die für die meisten Menschen bloße Wünsche sind, und zwar Wünsche, die der Verdrängung unterliegen. Ödipus bietet zwei verschiedene Ansichten: Im Mythos hat er seinen Vater ermordet und seine Mutter geheiratet; in der mythopoetischen Ausgestaltung des Sophokles jedoch wird er zum unermüdlichen Sucher der Wahrheit. In dem bekannten Brief an Goethe vom 11. November 1815 schreibt Schopenhauer: »Der Muth keine Frage auf dem Herzen zu behalten ist es der den Philosophen macht. Dieser muß dem Oedipus des Sophokles gleichen, der Aufklärung über sein eignes schreckliches Schicksal suchend, rastlos weiter forscht, selbst wenn er schon ahndet daß sich aus den Antworten das Entsetzlichste für ihn ergeben wird. Aber da tragen die Meisten die Jokaste in sich, welche den Oedipus um aller Götter willen bittet, nicht weiter zu forschen« (1992, S. 16).

Indem Sophokles den Ödipus-Mythos in eine Tragödie umformte, schuf er zum Inzest ein Gegengewicht: der Auftritt des Ödipus als ruheloser Wahrheitssucher. Und diese Eigenschaft war es auch, mit der Freud, als er den Ödipuskomplex entdeckte, sich selbst identifizierte. Man muß diese Entdeckung als einen Akt der Sublimierung auffassen – eine Sublimierung, aus der die Psychoanalyse entsprang.

Es ist jedoch auch nicht zu leugnen, daß Ödipus die Einbildungskraft der westlichen Welt niemals in seinen Bann geschlagen hat. Der wirkliche ödipale Held, der Titan, der den herrschenden Göttern die Stirn bot und der zu einer Unzahl von Bühnenwerken und Dichtungen inspirierte, war Prometheus. Warum beschäftigt er unsere Phantasie mehr als Ödipus? Ich glaube nicht, daß die größere Popularität des Prometheus zum Argument gegen Freuds Entdeckung taugt. Vielmehr vermute ich, daß sich nur sehr wenige mit einem Ödipus identifizieren konnten, der nach Wahrheit suchte und Rätsel löste. Die Geschichte vom ödipalen Verbrechen und seiner Bestrafung läßt die meisten Leser doch vor einer Identifizierung zurückschrecken. Prometheus dagegen – der Titan, der dafür bestraft wurde, daß er der Menschheit die Herrschaft über das Feuer verlieh – entsprach in geradezu perfekter Weise dem Bedürfnis nach Identifizierung mit einem starken, leidenden Rebellen. Prometheus' Widerstand gegen Zeus ist archetypisch für alle Kämpfer gegen die Tyrannei, und auf psychischer Ebene entspricht dieser Widerstand demjenigen Teil des Ödipuskomplexes, der häufig bewußt bleibt, während der andere Teil, das sexuelle Begehren nach der Mutter, der Verdrängung unterliegt. Erst im Zuge der neuesten »Umwertung aller Werte« in den sechziger Jahren hat Marcuse (1965, S. 160) das Bild des Prometheus als eines heldenhaften Rebellen verändert: Bei ihm ist er ein der harten Arbeit, der Produktivität und dem Fortschritt geweihter »Kulturheld«, eine mythische Figur, die nicht den Aufstand, sondern die repressiven Kräfte des Menschen verkörpert. Nicht Prometheus, sondern Orpheus, Narziß und Dionysos waren es, die Marcuse der Neuen Linken als Identifikationsobjekte anbot.

Als Freud im Jahr 1913 *Totem und Tabu* schrieb, wandte er sich der griechischen Tragödie mit einem neuen Verständnis zu. Den tragischen Helden betrachtete er jetzt als Vaterfigur, den Chor dagegen als Repräsentanten des mordgierigen Sohnes. Dieser war es, der sich vor Urzeiten schuldig gemacht hatte; erst in der griechischen Tragödie nahm er die Rolle des Beobachters und Kommentators von Ereignissen an, in die er selbst nicht mehr verstrickt ist. Der Chor der griechischen Tragödie – so können wir hinzufügen – repräsentiert das, was die Psychoanalyse als beobachtendes Ich bezeichnet. Gelegentlich identifizieren wir uns mit dem tragischen Helden, und dann wieder suchen wir ihm zu entkommen, indem wir uns mit dem griechischen Chor identifizieren. An diesem Punkt vermochte Freud eine Synthese zwischen griechischer Tragödie und paulinischem Christentum herzustellen. Beide entsprechen dem gleichen Vorgang: In der Tragödie wird der Vater zum schuldigen Helden, und die Söhne werden zu Beobachtern. In der christlichen Theologie wird der Sohn für Verbrechen hingerichtet, die er nie begangen hat. Gleich, ob wir dem Muster der griechischen Tragödie oder dem christlichen Modell folgen – nach Freuds Auffassung inszenieren wir unbewußt noch immer jenes Drama, in dem eine Bande aufsässiger Söhne den Vater tötet, ein Drama, das uns aus der Vorzeit überliefert ist.

7

*Der römische Beitrag: die Entdeckung des Narziß**

Als Rom an die Stelle Athens als kulturelles Zentrum trat, kam es – wie Foucault in seiner Geschichte der Sexualität gezeigt hat – zu einer weitgehenden Verlagerung des Interesses an Liebe und Sexualität. Die Griechen waren nach Ansicht Foucaults vor allem damit beschäftigt, passive Homosexualität und Männlichkeit miteinander in Einklang zu bringen. Im Römischen Kaiserreich, wo die Gemeinschaft der Männer nicht mehr Mittelpunkt des öffentlichen Lebens war, richtete sich das Interesse auf die Harmonie zwischen Ehegatten, das heißt auf die heterosexuelle Liebe als ein Ideal innerhalb der Ehe. Bei Plutarch, Plinius, Seneca und Lukian läßt sich erkennen, in welchem Ausmaß die eheliche Liebe zum Brennpunkt dieses neuen Interesses geworden ist. Die Ehe ist nun der natürliche Zustand, aus dem Liebe erwächst, denn diese allein ist der Fortpflanzung förderlich.

Zahlreiche römische Dichter schrieben über die Liebe; hier zwei Zeilen aus dem Refrain eines anonymen Gedichts mit dem Titel *Pervigilium Veneris*, in dem Venus und die Ankunft des Frühlings in Rom gefeiert werden:

Cras amet qui nunquam amavit,
Quinque amavit cras amet.

Künftig soll lieben, wer niemals geliebt hat,
Und wer geliebt hat, soll auch künftig lieben.

Catull (87–57 v. Chr.), ein Zeitgenosse des Lukrez, stieß als erster auf die Ambivalenz jenes schmerzlichsten menschlichen Gefühls:

* Eine gekürzte Version dieses Kapitels habe ich am 31. März 1984 vor der *Michigan Association for Psychoanalysis* als *Seventh Annual Richard and Edith Sterba Lecture* vorgetragen, wobei Dr. Richard Sterba als Diskussionsteilnehmer anwesend war. Als eigenständiger Essay erschien das Kapitel in *American Imago*, Winter 1984, 41 (4), S. 389–411.

Lesbia schimpft mich und schmäht mich und findet darin kein Ende:
doch treff der Schlag mich gleich, wenn sie mich nicht immer noch liebt.
Wer mir das sagt? Ihr Schicksal. 's ist meines. Ich verwünsche sie ständig:
doch treff der Schlag mich gleich, wenn ich sie nicht immer noch lieb.

Und schließlich das berühmte *odi et amo*:

Hassen und lieben zugleich. Warum? Du fragst mich vergebens,
Denn nur, daß es so ist, fühl ich und martre mich ab.
(Catull 1980, S. 203 u. 199)

Als Bleuler im Jahr 1910 den Begriff der Ambivalenz prägte, war dies zunächst ein neuartiger psychiatrischer Ausdruck, der in der Psychoanalyse noch eine bedeutende Rolle spielen sollte. Blicken wir jedoch auf die Dichtung Catulls zurück, so finden wir, daß bereits hier – 2000 Jahre zuvor – die Ambivalenz eingehend erforscht worden ist.

Dido und Aeneas

Der Vorrat an abendländischen Liebesgeschichten wurde im Römischen Reich durch eine Dichtung vermehrt, die in der Folgezeit noch beträchtlichen Einfluß auf die Anschauungen von der Liebe ausüben sollte: die *Aeneis*, die Geschichte des Aeneas, Vergils letztes Werk, das durch seinen Tod im Jahr 19 v. Chr. unvollendet blieb. Das 4. Buch erzählt von der tragischen Liebe zwischen Dido und Aeneas, eine Geschichte, die zu einem beliebten Sujet in der Malerei wurde. Der von Rubens dargestellte Selbstmord Didos (das Bild befindet sich im Louvre) ist wahrscheinlich das bekannteste Gemälde zu diesem Thema.

Nähert man sich dieser Geschichte aus psychoanalytischer Perspektive, so bemerkt man zunächst, daß beide Liebende in Trauer sind, als sie sich begegnen. Aeneas hat soeben seinen Vater verloren, den er auf seinem Rücken aus dem brennenden Troja getragen hat – das einprägsame Symbol eines Rollentauschs zwischen Vater und Sohn. Treue gegenüber dem Vater und das Gefühl der Verpflichtung gegenüber dem Schicksal sind wesentliche Charakterzüge des Aeneas. Dieser typisch römische Held überwindet die Liebe im Namen der Pflicht. Während die Griechen die unbezwingliche Macht der Liebe idealisierten, verherrlichten die Römer das gegen alle Erotik resistente Pflichtgefühl.

Auch Dido ist in Trauer, und zwar um ihren Ehemann Sychaeus, der von der Hand ihres Bruders getötet wurde. In seinem Namen weist sie die neue Liebe zurück. Wie wir noch sehen werden, heben Psychoanalytiker die Verbindung von Liebe und Trauer besonders hervor. In Didos Fall obsiegt die Liebe über die Trauer:

Aber die Königin, längst schon wund von quälendem Sehnen,
Nährt mit Herzblut die Wunde, verzehrt von heimlichem Feuer,
Sieht immer vor sich im Geiste des Mannes herrlichen Mut, den
Adel der Abkunft, es haftet im Herzen innig sein Antlitz
Und sein Wort, nicht gönnt den Gliedern Ruhe das Sehnen.

Die traditionelle Ratgeberin der zaudernden Liebenden ist in diesem Falle Didos Schwester Anna, die sie dazu überredet, sich auf die neue Liebe einzulassen.

Sprach's und entflammte das Herz, das so schon brannte vor Liebe,
Hoffnung gab sie dem schwankenden Sinn, die Scham aber nahm sie.
(Vergil, *Aeneis*, 4. Buch, V. 1ff. u. 54f.)

Wie T. S. Eliot (1958) gezeigt hat, ist Aeneas ein neuer Heldentypus, in dem bereits das christliche Ideal aufscheint. Seine Liebesbeteuerungen klingen unglaubwürdig; viel überzeugender sind seine Worte, wenn es darum geht, der Liebe zu widerstehen. Die Liebesfähigkeit ist, wie Eliot beobachtet, ein wichtiges Moment, das bei Vergil fehlt. Aeneas ist ein Mensch von Tugend, der das Gefühl hat, die Bestimmung erfüllen zu müssen, welche die Götter über ihn verhängt haben – und das bedeutet in diesem Fall, nicht Karthago, sondern Rom zur Weltherrschaft zu führen. Er ist Seefahrer, wie Odysseus, doch dies bedeutet für ihn nicht, seine Zeit in fremden Häfen zu vertändeln. Erotische Abenteuer »hinterlassen kein Krebsgeschwür in seinem Bewußtsein«. Nach einer Nacht hochzeitlicher Freuden wird er von Zeus dazu aufgefordert, Dido zu verlassen.

> Aber wenngleich Aeneas sich gedrängt fühlt, tröstend ihr Leid zu
> Lindern und Kummer und Gram mit freundlichem Wort zu verscheuchen,
> Wenn er auch seufzt, schon wankend gemacht durch den Ansturm der Liebe,
> Handelt er fromm doch nach Göttergeheiß und mustert die Flotte.
> (Ebd., V. 393ff.)

> Und wie wenn einen Eichbaum, stark aus uraltem Kernholz,
> Alpenstürme von Nord bald hierhin im Winde, bald dorthin
> Ganz zu entwurzeln sich mühn: da knirscht und kracht es; – von oben
> Regnen zur Erde hinab beim Beben des Baumes die Blätter.
> Er aber haftet im Fels, so hoch sein Wipfel in Himmels-
> lüfte ragt, so tief zum Tartarus greift seine Wurzel.
> Ebenso wird der Held bald hier, bald dort von der Worte
> Sturm durchpeitscht und fühlt im tiefsten Herzen den Kummer.
> Stark aber steht sein Sinn; nur nichtige Tränen entrollen.
> (Ebd., V. 441ff.)

Zahlreiche Generationen haben die männliche Stärke des Aeneas und seinen Gehorsam gegenüber dem Schicksal bewundert. Wenn diese Bewunderung heute etwas nachgelassen hat, so deshalb, weil seit Eichmann jeder blinde Gehorsam gegenüber Befehlen etwas Widerwärtiges hat.

Dido hat man als die edle Verkörperung leidenschaftlicher Liebe bezeichnet. Das Urteil des Psychoanalytikers würde sie einer nicht ganz so eindrucksvollen Kategorie zuordnen. Die Schnelligkeit, mit der sich ihre Liebe in Haß verwandelt – und zwar in einen Haß, der selbst noch bei der Begegnung der Liebenden im Hades andauert –, sowie die Tatsache, daß sie sich geradezu blitzartig in den Selbstmord stürzt, mag der Schilderung Dramatik verleihen. Doch wirft all dies einen Schatten auf ihre tatsächliche Liebesfähigkeit. Viel zu häufig schon hat man die rasche Verwandlung von Liebe in Haß und Selbsthaß als Zeichen tiefer Liebe interpretiert. Aus psychoanalytischer Perspektive läßt ein derartiger Wesenszug erkennen, daß leidenschaftliche Liebe hier eher ein verzweifeltes Intermezzo zwischen Melancholie und Selbstmord ist.

Zu Recht hat Eliot betont, daß es Vergil selbst an der Fähigkeit mangelte, Liebe darzustellen. Doch wir können noch einen Schritt weiter gehen und feststellen, daß er seine Charaktere überhaupt nicht von innen zu erhellen vermochte. Eine Analyse, wie ich sie bei Hippolytos unternahm, wäre weder mit Aeneas noch mit Dido möglich. Vergil beruft sich auf die Moral, nicht auf die Tätigkeit des menschlichen Geistes.

Was die Erweiterung unserer Vorstellung von Liebe betrifft, so war Ovid nach Platon der wichtigste Autor und zugleich dessen Gegenspieler in vielerlei Hinsicht. Er lebte – 400 Jahre nach Platon – in der leichtlebigen Gesellschaft des kaiserlichen Roms, und so verhielt er sich gegenüber der Liebe eher spöttisch als idealisierend. In seinen *Liebeselegien (Amores)* und in der *Liebeskunst (Ars Amatoria)* geht es ihm um eine Belehrung der Liebenden: wie man zu einer harmonischen Übereinstimmung gelangt, aus der beide Partner dieselbe Lust gewinnen, jedoch ohne zuzulassen, daß das eigene innere Gleichgewicht durch den anderen allzusehr in Mitleidenschaft gezogen wird. Einige der Ratschläge, die er erteilte, gehören nach wie vor zur Weisheit der Liebe. Vermeide Kritik, sagt er, und betone gegenüber dem Partner stets dessen positivste Charakterzüge. Zögere nicht, diese Eigenschaften zu verherrlichen, selbst über das hinaus, was du selbst glaubst.

In diesem Kapitel soll es um drei von Ovid geschaffene quasimythologische Figuren gehen: Narziß, Pygmalion und Hermaphrodit. Quasimythologisch nenne ich sie deshalb, weil man nicht an sie glauben muß und sie daher auch keine authentischen mythischen Schöpfungen sind. Dennoch hatten sie auf die folgenden Generationen beträchtlichen Einfluß.

Der Mythos von Narziß

Ovid* zufolge war Narziß ein Jüngling von wunderbarer Schönheit. Seine Mutter, die Nymphe Leiriope, war von dem Flußgott Kephissos durch kreisende Strömungen eingeschlossen und dann vergewaltigt worden. Leiriope fragt den Seher Teiresias, ob Narziß ein hohes Alter erreichen werde, worauf sie zur Antwort erhält: »Wenn er sich selbst nicht kennt.« Edwards (1977) hat auf die Bedeutung dieser Worte hingewiesen: »Si se non noverit« ist nämlich Ovids ironische Umkehrung des klassischen griechischen Leitsatzes »Erkenne dich selbst«, der am Tempel von Delphi zu lesen war.

Viele bemühen sich um den schönen Jüngling: Männer, Frauen, Wasser- und Bergnymphen. Doch alle läßt er abblitzen. Einer der abgewiesenen Freier betet zu Nemesis, der Rachegöttin, und fleht sie an, sie möge Narziß den gleichen Schmerz zufügen, den er all denen antat, die ihn liebten. Nemesis erfüllt diesen Wunsch. Unter denen, die in Liebe zu Narziß entbrannt sind, befindet sich auch die unglückliche Nymphe Echo, deren Geschichte für diesen Mythos von besonderer Bedeutung ist. Als Jupiter einmal mit einigen Nymphen schäkerte, suchte Juno nach ihm, getrieben von Eifersucht. Dabei wurde sie von Echo mit langem Gerede aufgehalten, so daß sich Jupiter rechtzeitig davonmachen konnte. Als Strafe verdammte Juno sie dazu, kein Gespräch mehr führen zu können: Niemals mehr sollte sie das erste Wort ergreifen können, aber sie sollte auch unfähig sein zu schweigen, wenn jemand anderes sprach. – Nun schildert Ovid ihre Begegnung mit Narziß:

> [...] sie tritt heraus aus dem Walde,
> Eilt, um den Hals, den ersehnten, die Arme zu schlingen. Doch jener
> Flieht und ruft im Fliehn: »Nimm weg von mir deine Hände!

* Ovid gehörte nicht zu Freuds Lieblingsautoren. Nur einmal zitiert er ihn, als es um den Aspekt der Wunscherfüllung in Träumen geht (1916–17, S. 219): »Ut desint vires, tamen est laudanda voluntas.« [»Wenn es an Kräften gebricht, so ist doch der Wille zu loben.«] Der große Dichter der römischen Dekadenz, der respektlose Spötter, der die Götter entthronte, fand bei dem eher ernsthaften jungen Freud vermutlich wenig Anklang.

Eher möchte ich sterben, als daß ich würde dein Eigen!«
Da gab nichts sie zurück als: »Daß ich würde dein Eigen!«
(Ovid, *Metamorphosen*, 3. Buch, V. 388ff.)

Der Leser wird bemerken, daß der Nymphe wenigstens noch die Entscheidung darüber geblieben ist, an welcher Stelle ihr Echo einsetzt. Diese Fähigkeit schöpft sie bis zum äußersten aus, um ihre Gefühle mitzuteilen, und nur das, was sie mitteilen will, wiederholt sie auch.

Zurück von der Jagd und ermattet von der Sommerhitze, kommt Narziß zu einer Quelle, deren Wasser spiegelblank ist; niemals ist es von Mensch oder Tier getrübt worden. Er blickt in das blanke, silberhelle Wasser, und während er seinen Durst löscht, kommt ein neuer, anderer Durst in ihm auf: Denn von nun an ist er von Liebe befallen zu dem Bild, das ihn aus dem Wasser ansieht. Anfangs erkennt er das Bild gar nicht als sein eigenes, doch dann kommt der Moment der Wahrheit: »Ich bin er«, lautet der entscheidende Satz. Er weiß nun, daß er in sein eigenes Spiegelbild verliebt ist, und doch kann er sich nicht losreißen. Selbst noch an den Ufern des Styx (der Fluß, der in der griechischen Mythologie den Aufenthaltsort der Toten von dem der Lebenden trennt) starrt er auf sein eigenes Bild im Wasser. Vor seinem Tod erscheint nochmals Echo, doch sie ist nicht imstande, ihn von dem Bild im Wasser loszureißen. Als dann diejenigen, die Narziß liebten, ihn auf angemessene Weise bestatten wollen, entdecken sie eine Blume mit safrangelbem Rand und weißen Blütenblättern, die am Ort seines Todes erschienen ist. Diese Blume ist noch heute nach ihm benannt. Bunker (1947) hat auf die etymologische Beziehung zwischen »Narziß« und »narkotisch« hingewiesen. Man glaubte, diese Blume habe eine betäubende Ausdünstung, die in todesähnlichen Schlaf versetzen könne. Das englische Wort *daffodil* (Gelbe Narzisse) geht nach Bunker auf das griechische *asphodel* zurück: der Ort, an dem sich die Seelen Verstorbener aufhalten.

Hervorzuheben ist, daß Narziß nicht von der Liebesgöttin Aphrodite, sondern von Nemesis, der Göttin der Rache, bestraft wird. Auf diese Weise rückte Ovid die Selbstliebe in die Sphäre der Aphrodite, das heißt, er betrachtete sie als eine Form der Liebe. Und dabei ist es bis in spätere Zeitalter geblieben. Dem Erbe Ovids ist es zuzuschreiben, daß für Shakespeare die Selbstliebe zwar eine sündhafte Form von Liebe, aber eben überhaupt eine Form von Liebe ist (Sonett 62). Narziß vermag nur sein eigenes Spiegelbild im Wasser zu lieben, ein Bild, das den Liebenden zwar nachahmen, doch nicht nach ihm greifen und ihn umarmen kann. Es gehört demnach zu einem Typ von Liebesobjekt, der bis zu einem gewissen Grad teilnahmslos bleibt.

Wieseler (1856) zufolge errichtete man in römischer Zeit Statuen des Narziß an Gewässern und auf Gräbern. Bisweilen stand daneben noch eine Statue des Eros, der zum Zeichen des Todes eine Fackel mit der Spitze nach unten trug.

In einer anderen Version (die sich nicht bei Ovid findet) tötet sich Narziß aus Schuldgefühl. Einem seiner Freier gegenüber war er besonders grausam gewesen: Er hatte ihm ein Schwert geschickt, und damit hatte sich jener vor der Tür des Narziß das Leben genommen. Hier verwandelt sich der Mythos in eine Geschichte mit Moral.

Einer weiteren Version zufolge ist Narziß der Sohn des Endymion und der Mondgöttin Selene. Endymion hat von seinem Vater Jupiter eine besondere Gunst erlangt: nämlich erst dann zu sterben, wenn er selbst dies will. Auf diese Weise begünstigt, verliebt sich Endymion in Juno und verkehrt sogar mit ihrem Widerschein auf einer Wolke. Für dieses ödipale Vergehen wird er in den Hades geschickt. Da jener Gnadenerweis jedoch nicht rückgängig gemacht werden kann, wird er mit der Fähigkeit geschlagen (oder gesegnet, wie man es nimmt), in alle Ewigkeit schlafen zu können. Von daher auch seine Beziehung zum Mond. Für Dichter war die Liebe zwischen Endymion und der Mondgöttin von hohem Reiz; so hat zum Beispiel Keats ein langes Gedicht zu diesem Thema verfaßt. Erträumte oder imaginierte Liebe stand ja für Dichter von jeher in starker Rivalität zur Liebe im wirklichen Leben.

Die Tatsache, daß Narziß Endymion zum Vater hat, läßt Wieseler vermuten, daß er eine Personifizierung des Todes ist. Wie der Tod ist er kalt und gleichgültig gegenüber allen, die ihn lieben. Und daß Narziß der Sohn eines ewigen Schläfers ist, paßt gut zu der Auffassung Freuds, daß wir während des Schlafs in Richtung eines primären Narzißmus regredieren.

Von noch einer weiteren Version des Mythos berichtet der berühmte Reisende und Geograph Pausanias (geboren ca. 115 n. Chr.), von dem uns zehn Bände mit Beschreibungen seiner Reisen durch Griechenland erhalten sind. Nach dieser Version weiß Narziß zunächst nicht, daß er sein eigenes Spiegelbild betrachtet, denn er betrauert den Verlust einer geliebten Zwillingsschwester, mit der er zusammen aufgewachsen ist. Die Geschwister hielten sich gegenseitig für Spiegelbilder, sie trugen die gleiche Kleidung und den gleichen Haarschnitt. So glaubt Narziß anfangs, er habe im Wasser das Bild der Schwester wiedergefunden, und die Entdeckung, daß er in Wahrheit sich selbst betrachtet, bedeutet für ihn in seiner Trauer eine gewisse Ablenkung. Einige Schriftsteller haben die Auffassung vertreten, diese Version des Mythos sei schwächer als die von Ovid. Wir werden jedoch sehen, daß Varianten eines Mythos, richtig gedeutet, zum Verständnis des Mythos selbst beitragen.*

* Bei der psychoanalytischen Arbeit erleben wir immer wieder Fehlerinnerungen an Mythen und Märchen bzw. Verdichtungen zweier oder mehrere Geschichten in eine. Man kann dies als private Variationen des jeweiligen Mythos auffassen. Für den Psychoanalytiker sind derartige Entstellungen von besonderem Interesse, denn sie signalisieren ihm, daß bei dem Analysanden ein Bedürfnis vorliegt, das sich mit dem psychischen Bedürfnis des Mythenerzählers nicht völlig deckt. Der Analysand erfindet dann seine eigene Version, ohne sich der von ihm vorgenommenen Entstellung bewußt zu sein (Bergmann 1953). Ein Beispiel einer derartigen Entstellung dürfte auch im vorliegenden Kontext interessant sein.

Während er frei assoziierte, erzählte mir ein Analysand, Rom sei von den Zwillingen Romulus und Regulus gegründet worden. Von diesen beiden, fuhr er fort, habe nur Regulus überlebt; denn dieser sei in seinen täglichen Gewohnheiten – einschließlich des Gangs zur Toilette – derart ordentlich und pünktlich gewesen, daß seine Eltern ihm erlaubten, weiterzuleben.

Unbewußt hatte mein Analysand Remus durch Regulus ersetzt, der in Wahrheit römischer Konsul gewesen war. Er wurde von den Karthagern zunächst gefangengenommen und dann vorläufig freigelassen, um eine Botschaft nach Rom zu überbringen – unter der Bedingung, daß er in die Gefangenschaft zurückkehren müsse, wenn die in dem Schreiben genannten Vorschläge nicht akzeptiert würden. Als er nach Rom kam, bestand er gegenüber seinen Landsleuten darauf, daß die Vorschläge abgelehnt würden, obgleich dies seinen eigenen Tod bedeutete. Entsprechend seiner Zusage kehrte er nach Karthago zurück, wo er gefoltert und getötet wurde. Dieses heldenhafte und aufopferungsvolle Verhalten mußte meinen Analysanden beeindruckt haben. In seinem Unbewußten jedoch wurde aus der masochistische Moral des Konsuls die Pünktlichkeit beim Gang zur Toilette – von daher die Fehlerinnerung.

Wenn Dichter einen Mythos variieren, der ihnen überliefert wurde, so tun sie damit das, was beim Analysanden unbewußt geschieht. Ihre eigene Version befriedigt ihre psychischen Bedürfnisse besser als der ursprüngliche Mythos.

Mit dem Bruder, der in ewiger Trauer um seine verlorene Schwester verharrt (oder umgekehrt – ein Thema, das Shakespeare häufig aufgegriffen hat), mischt sich Hermaphrodit in die Geschichte des Narziß. Dieser verkörpert die archetypische Liebe zum eigenen Körper, Hermaphrodit dagegen den Wunsch, zu beiden Geschlechtern zu gehören. Die Tatsache, daß Pausanias das Thema des Hermaphroditismus in den Mythos von Narziß einführt, indem er ihn den Verlust seiner Zwillingsschwester betrauern läßt, beweist, daß man auch schon in der Antike – wie in der Psychoanalyse unseres Zeitalters – einen psychologischen Zusammenhang erkannte zwischen der Liebe zu sich selbst und dem Wunsch, beiden Geschlechtern anzugehören. Ich möchte dazu zwei psychoanalytische Konzepte vorstellen, wobei es mir zum einen darum geht, den Mythos selbst zu erhellen, zum anderen aber auch darum, den Leser, der mit der Terminologie der Psychoanalyse nicht vertraut ist, mit zwei für die Geschichte der Liebe wichtigen theoretischen Vorstellungen bekannt zu machen. Erst in der von Pausanias geschaffenen Version des Mythos ist Narziß überhaupt fähig zu narzißtischer Liebe; denn als seine Zwillingsschwester stirbt, regrediert er von narzißtischer Liebe zu einem Narzißmus im eigentlichen Sinne. Und noch eine weitere Unterscheidung können wir treffen: In Ovids Version stirbt Narziß an primärem Narzißmus (denn er hat niemals jemand anderen geliebt als sich selbst); in der Version des Pausanias dagegen stirbt er an sekundärem Narzißmus, der daraus resultiert, daß die Libido nach dem Verlust eines narzißtischen Liebesobjekts zurück ins Selbst fließt.

Die ersten, die den Mythos von Narziß in den Dienst der Philosophie stellten, waren die Neuplatoniker. Für Plotin (205–270 n. Chr.), den Begründer des Neuplatonismus, war Narziß das Beispiel eines jungen Menschen, der sich durch die täuschende Schönheit der Erscheinung von göttlicher Schönheit hatte fortlocken lassen. Er hatte noch nicht gelernt, vor der Schönheit des Körpers die Augen zu verschließen und sie vor der Schönheit der Seele zu öffnen. In den Schriften von Ficino, des führenden Neuplatonikers der Renaissance, erscheint Narziß als die Seele eines kühnen, jedoch unerfahrenen Jünglings, der zu Unrecht den schwächlichen Körper verehrt und im fließenden Gewässer nach dessen Spiegelbild sucht. Sein Schicksal ist eine Warnung an die Seele, nicht der eigenen Schönheit untreu zu

X primäres und sekundäres Narzißmus

werden und vergeblich zu versuchen, ihrer in der unwirklichen Gestalt eines Körpers habhaft zu werden.

Freuds Theorie der narzißtischen Liebe vermag einige der Rätsel zu lösen, die mit dem Mythos von Narziß in Zusammenhang stehen. Sie ermöglicht uns etwa, die Beziehung zwischen Narziß und Echo zu verstehen, eine Beziehung, die, soweit mir bekannt ist, die Mythographen bisher nicht erklärt haben. Echo vermag weder eine Unterhaltung zu beginnen noch kann sie still bleiben, wenn ein anderer aufgehört hat zu sprechen. Das erstere bringt auf symbolische Weise zum Ausdruck, daß Echo kein unabhängiges Selbst hat. Daß sie zu einem »Kommentar« gezwungen ist, sobald ein anderer spricht, bedeutet symbolisch, daß sie sich anklammert und nicht lösen kann. Es belastet den Narzißten weniger, eine Frau ohne eigenständiges Selbst zu lieben, als sich den Anforderungen einer Frau mit unabhängiger Persönlichkeit und eigenem Willen zu stellen. Wie Bunker (1947) bemerkt, war Narziß noch nicht einmal zu einer narzißtischen Objektwahl fähig – und dies führte ihn ins Verderben.

In der meisterhaften Kurzgeschichte *Das Herzchen* hat Čechov eine solche Frau beschrieben. Sie heiratet mehrere Male, und mit jeder neuen Liebe wandeln sich ihre Interessen und ihre Weltanschauung grundlegend, ohne daß Spuren eines inneren Kampfes zu bemerken wären. Čechovs »Herzchen« ist eine reizende Erscheinung, doch in der klinischen Praxis begegnen wir ihr in Gestalt eines »Als ob«, wie Helene Deutsch dies genannt hat. Es stellt sich heraus, daß dieses Herzchen eine ziemlich gestörte Person ist.

»Der Gesamtheit der lebendigen Beziehungen der Person mangelt es an Authentizität, und dennoch funktionieren sie äußerlich, als seien sie vollständig. Selbst ein Laie, der einem solchen ›Als ob‹-Patienten begegnet, wird früher oder später fragen, was mit ihm oder ihr eigentlich nicht stimmt.

Dem Analytiker ist bald klar, daß in all diesen Beziehungen keine Spur von Wärme ist, daß jeder Ausdruck von Gefühl bloßer Schein ist und das gesamte innere Erleben völlig ausgeschlossen bleibt. Es ist wie der Auftritt eines Schauspielers, der zwar technisch gut ausgebildet ist, dem es aber am zündenden Funken fehlt, um die verkörperte Person lebendig zu machen« (Deutsch 1942, S. 263ff.)

Aus dem mythischen Echo wird das klinische »Als ob«, das wir als Entwicklungsstörung begreifen: Die Internalisierung, das Ausbilden einer eigenständigen psychischen Struktur durch Identifizierung ist mißglückt.

Der Mythos von Pygmalion

Ovid erzählt noch eine andere alte Geschichte, bei der es auch um das Thema der narzißtischen Liebe geht, die jedoch glücklich endet. Es ist die Geschichte von Pygmalion, die aus hellenistischer Zeit stammt und sich bei Philostephanus findet. Dieser Version zufolge war Pygmalion ein König oder Priesterkönig von Kypros (Zypern), der sich in eine Statue Aphrodites verliebte. Ovid veränderte diese Geschichte und machte aus Pygmalion einen Bildhauer, den das Benehmen der Priesterinnen der Aphrodite derart abstößt, daß er beschließt, keusch zu bleiben. Diese Priesterinnen haben die Göttlichkeit der Aphrodite geleugnet und sind dafür von ihr mit dem Verlust allen Schamgefühls bestraft worden, so daß sie sogar Inzest begehen.

Zur Verehrung der Fruchtbarkeitsgöttin gehörte im ganzen Mittleren Osten auch die kultische Prostitution. Sowohl die Hebräer als auch die Griechen empfanden jedoch diese Institution als moralisch anstößig. Dies spiegelt sich wider im Mythos des Pygmalion: Die geweihten Prostituierten, ursprünglich Priesterinnen der Aphrodite, werden hier zu Empörerinnen gegen die Göttin.

Nachdem Pygmalion beschlossen hat, keusch zu bleiben, fertigt er aus Elfenbein die Statue der Galatea, die alle lebendigen Frauen an Schönheit übertrifft. Er verliebt sich in diese Statue, liebkost und küßt sie, schenkt ihr Blumen und Schmuck und bedeckt sie mit kostbaren Gewändern. Auch nennt er sie seine Ehefrau. Bei einem Fest zu Ehren Aphrodites bringt ihr Pygmalion schüchtern ein Opfer dar und betet zu ihr: »Vermögt ihr Götter alles zu geben, so sei meine Gattin – ›die Elfenbeinjungfrau‹ wagte er nicht und sprach – meiner elfenbeinernen ähnlich.« Aphrodite erfüllt diese Bitte. Unter seinen Küssen und Liebkosungen erwacht die Statue zum Leben. »Wieder nähert den Mund er, betastet die Brust mit der Hand, da wird das betastete Elfenbein weich« (Ovid, *Metamorphosen*, 10. Buch, V. 274ff. u. 282f.). So erfüllt Aphrodite, was Pygmalion vorbewußt wünscht, aber nicht zu erbitten wagt. Er erlangt das Recht, seine Liebe selbst zu erschaffen und sie im sexuellen Akt zum Leben zu erwecken.

Die volle Dynamik dieser Geschichte wird deutlich, wenn wir die beiden Versionen miteinander kombinieren: Aphrodite erfüllt Pygmalion – der vielleicht einmal ihr Priester war – den Wunsch nach geschlechtlichem Verkehr mit ihr selbst, indem sie ihre eigene Statue zum Leben erweckt. Wenn Kunst und Religion tatsächlich Sublimierungen des Sexualtriebs sind, wie Freud annahm, so ist das Geschenk der Aphrodite ein Beispiel für Desexualisierung. Im Mittleren Osten wurde Aphrodite durch die geweihten Prostituierten symbolisiert und ersetzt. Der Grieche Pygmalion lehnt diesen Kompromiß ab und lebt keusch. Indem er aber die symbolische Repräsentation der Göttin zurückweist, erlangt er – durch Desexualisierung seines Kunstwerks – die Göttin selbst.

Was in der Geschichte des Narziß noch tragisch ist, findet bei Pygmalion ein gutes Ende. Solange Pygmalion nur eine Statue liebt, deutet Ovid an, ist diese Beziehung masturbatorisch. Als sie zum Leben erwacht, wird daraus eine narzißtische Beziehung. Narziß wie auch Pygmalion sind Narzißten; doch während Narziß nicht einmal Echo zu lieben vermag, kann Pygmalion immerhin seine eigene Schöpfung lieben. Wahrscheinlich gibt es in dieser Geschichte des Pygmalion auch latente hermaphroditische Wünsche. Wir können annehmen, daß Galatea die weiblichen Anteile des Künstlers selbst repräsentiert – es ginge demnach um den Versuch, die eigenen weiblichen Wünsche zum Leben zu erwecken. Der hermaphroditische Wunsch ist ein stärkerer schöpferischer Antrieb als die Selbstversunkenheit des Narziß, und es ist offensichtlich, daß Liebe nach Art des Pygmalion in vielen Beziehungen eine Rolle spielt: Der Geliebte wird dann nicht idealisiert, sondern einer der Partner versucht, den anderen so zu formen und zu verändern, daß er zum Ichideal wird. In abgeschwächter Form sind solche Pygmalion-Wünsche unter heutigen Liebenden weit verbreitet: Man möchte, daß der Partner anders spricht oder sich anders kleidet.

Weissman hat gezeigt, in welchem Ausmaß derartige Phantasien unter heutigen Männern und Frauen lebendig sind. Er schildert den Fall eines Konzertpianisten, der als Jugendlicher, »wenn er allein zu Hause war – und auf solche Gelegenheiten freute er sich immer schon – nackte weibliche Figuren zeichnete, die er dann während der Masturbation als ›reale‹ Liebesobjekte berührte und streichelte. In späteren Jahren beschäftigten ihn während seiner Konzerte ähnlich intensive, halluzinatorische und wahnhafte Phantasien. Er stellte sich dann vor, daß eine Frau, die er aus dem Publikum ausgewählt hatte, ihn liebte und anbetete, daß sie bereit war, alle seine sexuellen Wünsche zu befriedigen – eine Phantasie von realistischer Intensität.« Bei einem weiteren Patienten handelte es sich um »einen Schauspieler, der häufig sehr gefühlvolle Hauptrollen spielte. Wiederholt kam es vor, daß er im wirklichen Leben seine letzte Theaterrolle agierte, und zwar mit genau der Schauspielerin, mit der er sie tatsächlich gespielt hatte. Interessant dabei ist, daß die vier Schauspielerinnen, zu denen er beruflich wie persönlich in enger Beziehung stand, über die gleichen halluzinatorischen Fähigkeiten verfügten, um aus einer unwirklichen, erfundenen Rolle eine wirkliche Rolle zu machen« (Weissman 1969, S. 114f.).

Ihr künstlerisches Gegenstück finden diese von Weissman erörterten Fälle in Woody Allens Film *The Purple Rose of Cairo*. Schon viele Männer und Frauen haben im Zustand der Verliebtheit versucht, aus ihrem Leben »wegzugehen«, um dann festzustellen, daß die Rückkehr zur Realität schwierig und manchmal überhaupt nicht mehr möglich ist.

Das psychoanalytische Verständnis der Perversionen eröffnet noch einen anderen Weg zu einer Interpretation des Pygmalion-Mythos. Denn was Pygmalion zustößt, ist das genaue Gegenteil dessen, was bei Fetischismus und Transvestismus geschieht. Bei diesen Perversionen liegt eine Enttäuschung vor, die so tief ist, daß das unbelebte Objekt mehr gilt als die Person. Anders als der lebende Partner verändert sich der Fetisch nicht, er hat keine eigenen Wünsche und stellt keine Ansprüche. Möglicherweise war Pygmalion ein Fetischist, bevor sein Wunsch in Erfüllung ging, und Aphrodite war gleichsam die magische Therapeutin, die ihn vom Fetischismus zur Heterosexualität führte. Ovid nennt keine weiteren Einzelheiten. Ist aus Galatea eine wirkliche Frau geworden mit eigener Persönlichkeit, oder ist sie eine Statue geblieben, ausgestattet mit sexueller Empfänglichkeit und der Fähigkeit, sich zu bewegen? Und wenn aus ihr tatsächlich eine Frau wurde, wird dann Pygmalion fähig sein, ihre Individualität zu akzeptieren? Wird dieses Wunder ihn dazu befähigen, eine menschliche Beziehung zu entwickeln, die er zuvor nicht ertragen konnte? Ist die Statue nur zum Leben erwacht oder auch zu menschlicher Autonomie? Kann man überhaupt erwarten, daß sie ihren Schöpfer lieben wird, oder wird sie selbst einen Mann finden müssen, sobald sich ihre Weiblichkeit entfaltet hat? Die Antworten auf all diese Fragen läßt Ovid offen. Bernard Shaw hat in seiner eigenen Gestaltung des Pygmalion-Mythos demonstriert, daß es nicht unbedingt göttlicher Intervention bedarf, um narzißtische Liebe hervorzurufen: In seiner Komödie *Pygmalion* bewerkstelligt das die von Professor Higgins forcierte Verwandlung eines Gassenmädchens in eine Herzogin. Die Einsicht, daß Pygmalion eine Variation des Narziß-Themas ist, haben wir Shaw zu verdanken; seine Figur des Professor Higgins vereint Elemente von beiden.

Als Freud seine Studie über Leonardo schrieb (1910a), nahm er an, dieser habe auf den Lippen der Mona Lisa das Lächeln seiner verlorenen Mutter wiedergefunden. Gewöhnlich, so Freud, führt eine derartige Entdeckung dazu, daß der Künstler sich in sein Modell verliebt. Doch Leonardo, dessen Liebesfähigkeit gehemmt war, verliebte sich nicht in das Modell, sondern in das Gemälde. Er konnte sich einfach nicht von ihm trennen (Bergmann 1973). Gombrich (1960, S. 95) zitiert dazu Leonardo: »Wenn der Maler Schönheiten sehen will, um sich in sie zu verlieben, so liegt es in seiner Macht, sie hervorzubringen [...] er ist ihr Herr, ihr Gott. Es ist mir passiert, daß ich ein religiöses Gemälde anfertigte, und der Käufer liebte es derart, daß er alle religiösen Verweise wieder entfernt sehen wollte, um es küssen zu können, ohne Verdacht zu erregen.« Wie wir wissen, kam Leonardo das Verhalten dieses Mannes keineswegs sonderbar oder unnatürlich vor, und man muß wohl diese Passage als das verschleierte Bekenntnis lesen, daß auch er selbst die Wünsche des Pygmalion hegte. In der Folge hat Leonardo jenes geheimnisvolle Lächeln nicht nur weiteren Frauen, sondern auch Männern verliehen, wie zum Beispiel Johannes dem Täufer, dessen Bildnis im Louvre hängt. Allmählich wurde ein zweigeschlechtiges Lächeln daraus.

Ein ziemlich abschreckendes Gegenstück zu Pygmalion findet sich in Robert Brownings Gedicht *My Last Duchess* (»Meine letzte Herzogin«). Der Herzog führt einem Besucher ein Porträt der Herzogin vor, auf dem sie aussieht, »als sei sie lebendig«. Ihr Verbrechen war es, ein Herz gehabt zu haben, »das zu rasch von Freude erfüllt, zu leicht zu beeindrucken war. Was sie auch anblickte, gefiel ihr, und ihre Blicke waren überall [...] Kein Zweifel, Sir, sie lächelte, wann immer ich an ihr vorüberging; doch wer ging an ihr vorüber ohne genau dieses Lächeln?« Um sie ganz und gar zu besitzen und jenem »wahllosen« Lächeln ein Ende zu bereiten, tötet er sie. Ihr Bildnis gehört ihm nun ganz allein. Pygmalion gelangte vom Unbelebten zum Belebten, weil Liebe ihn dazu trieb. Beim Herzog dagegen ist es Eifersucht, die ihn das Unbelebte bevorzugen läßt.

Unter der Geschichte des Pygmalion, die Ovid so reizend erzählt, gibt es eine tiefere Schicht, die Angst erweckt. Denn ein unbelebtes Objekt, das zum Leben erwacht, läßt ein Gefühl des Unheimlichen aufkommen. In seinem Aufsatz über das Unheimliche befaßt sich Freud (1919) mit E. T. A. Hoffmanns Erzählung *Der Sandmann*, in der sich der Student Nathanael, der bereits mit einer wirklichen Frau verlobt ist, in die mechanische Puppe Olimpia verliebt. Nach Auffassung Freuds repräsentiert dieser Automat (der von einer guten und einer bösen Vaterfigur gemeinsam hergestellt wird) die femininen Wünsche des Studenten gegenüber seinem Vater. Da diese passiven Wünsche übermächtig sind, verfällt er Olimpia in »unsinnig zwanghafter Liebe«. Freud folgert, daß die Preisgabe wirklicher Liebe zugunsten einer Puppe, welche die Weiblichkeit Nathanaels repräsentiert, eine Form narzißtischer Liebe ist. »Wie psychologisch richtig es aber ist, daß der durch den Kastrationskomplex an den Vater fixierte Jüngling der Liebe zum Weibe unfähig wird, zeigen zahlreiche Krankenanalysen, deren Inhalt zwar weniger phantastisch, aber kaum minder traurig ist als die Geschichte des Studenten Nathanael«, schreibt Freud (1919, S. 256 Fn.).

Psychoanalytiker haben festgestellt, daß der schöpferische Impuls bei Männern in bedeutendem Maße eine Sublimierung ihres Gebärneids gegenüber Frauen ist. Wird dieser Neid zu intensiv, so kann in dem Künstler durchaus der Wunsch aufkommen, sein Werk möge zum Leben erwachen – ein Zeichen partieller oder vollendeter Sublimierung. Einer der Gründe dafür, warum die Gemälde van Goghs allgemein bewundert werden, ist die Tatsache, daß sie die Intensität wirklichen Lebens vermitteln. Dennoch klagte er: »Warum bin ich ein derart armseliger Künstler, daß ich ständig bedaure, daß meine Bilder nicht leben?« (zit. n. Gross/Rubin 1973, S. 353).

Nach einem psychotischen Zusammenbruch baute der Maler Edvard Munch (1863–1944) seine Werke wie Wachtposten auf, die ihn vor der Außenwelt schützen sollten. Er mißhandelte sie, indem er sie der kalten Witterung aussetzte, doch er konnte es nicht ertragen, von ihnen getrennt zu sein. In Munchs Psychose erwachte die unbelebte Welt zum Leben.

Von dem Gefühl des Unheimlichen, das entsteht, wenn Unbelebtes sich belebt, ist in der Erzählung Ovids keine Spur geblieben. Die Demarkationslinie zwischen Belebtem und Unbelebtem erreichen wir hier ganz allmählich im Verlauf der Handlung. Gelingt es jedoch einem Künstler, uns etwas Unbelebtes so vor Augen zu führen, als sei es lebendig, so empfinden wir dies als unheimlich. In der Kindheit ist diese Grenze noch fließend. Kestenberg (1968, S. 468f.) berichtet von einem neunjährigen Mädchen, das zu ihm sagte: »Ich glaube, daß Puppen Dinge tun können, von denen sie uns nichts wissen lassen. Emily (eine Puppe) kann vielleicht lesen, sprechen und gehen, doch das wird sie nur tun, wenn niemand im Zimmer ist. Es ist ihr Geheimnis. Wenn die Leute wüßten, daß Puppen Dinge tun können, würden sie sie arbeiten lassen. Vielleicht haben sie sich deshalb gegenseitig versprochen, es als Geheimnis für sich zu behalten. Wenn du in dem Zimmer bleibst, sitzt Emily einfach da und schaut. Doch wenn du rausgehst, wird sie vielleicht anfangen zu lesen, oder sie geht zum Fenster und schaut hinaus. Wenn sie dann jemanden von uns kommen hört, läuft sie schnell zurück, springt auf ihren Stuhl und tut so, als sei sie die ganze Zeit dort gewesen.«

Man könnte dieses Thema noch weiter verfolgen: Auch die Erschaffung des Golem durch einen Prager Rabbi des 12. Jahrhunderts und Mary Shelleys Geschichte vom Monster Frankenstein gehören in diesen Zusammenhang. Viel weniger aber hat man darüber geschrieben, wie es Galatea im wirklichen Leben ergangen ist. Es gibt viele junge Frauen, deren Liebhaber zugleich ihre Mentoren sind. Unter günstigen Umständen kann dies zu einer glücklichen Beziehung führen. Da jedoch viele dieser Liebhaber-Mentoren bedeutend älter sind, sind derartige Beziehungen anfällig. Zerbricht die Liebesbeziehung, so steht die junge Frau vor der zusätzlichen Aufgabe, dasjenige, was sie während der Beziehung gelernt und sich angeeignet hat, von dem Mann, den sie liebte, zu trennen. Eine Analyse solcher Fälle zeigt die enge Verbindung zwischen Pygmalion, dem Mentor-Liebhaber, und einer frühen Repräsentanz eines oder beider Eltern. Die von den Eltern unerledigte Aufgabe führt der Mentor fort.

Der Mythos von Hermaphrodit

Ich habe bereits darauf hingewiesen, daß Narziß und Hermaphrodit in einem sowohl mythologischen als auch psychologischen Zusammenhang stehen.

Auch die Geschichte von Salmakis und Hermaphrodit stammt von Ovid. Die Wassernymphe Salmakis hat keinerlei Interesse an der Jagd; lieber betrachtet sie sich im spiegelnden Wasser und kämmt ihr schönes Haar. Hermaphrodit, der Sohn von Hermes und Aphrodite, ist ein hübscher Knabe von fünfzehn Jahren. Wie Narziß kommt auch er zu einem Teich, der durchsichtig ist bis auf den Grund – derselbe Teich, in dem sich Salmakis in ihrer Selbstliebe zu spiegeln pflegt. Sie erblickt Hermaphrodit, bewundert seine Schönheit, begehrt ihn und bittet ihn inständig um einige Küsse. Hermaphrodit jedoch sträubt sich. Sie lockt ihn ins Wasser und windet sich wie eine Schlange um ihn. Von den Göttern erbittet sie, »daß ihn von mir keine Stunde und mich von ihm keine Stunde kann trennen« – und sie wird erhört. Ihre Körper verschmelzen miteinander, sie werden zu einer Person, die Mann und Frau zugleich ist. Während sie ihr Glück in dieser Vereinigung findet, betet Hermaphrodit darum, daß jeder, der in das verwünschte Wasser steigt, daraus mit nur noch halber Manneskraft wieder emportauche. Offenkundig variiert diese Geschichte die Sage, die in Platons *Symposion* wiedergegeben ist, doch dort war es der Wille beider Liebender, zu einer Person zu werden. In Ovids Version ist es nur die Frau, die durch die Verschmelzung glücklich wird, während der Mann sich kastriert fühlt. Bevor Hermaphrodit erschien, war Salmakis Narzißtin. Mit der männlichen Gestalt vereint, wird sie zum hermaphroditischen Paar.

Dieser Mythos enthält auch ein homosexuelles Moment. Beide, die

Nymphe wie auch Hermaphrodit, sind Narzißten; nachdem jedoch die Frau den Mann erblickt und dadurch vermutlich ihren eigenen kastrierten Zustand erkannt hat, will sie mit ihm auf Dauer vereint sein. Hermaphrodit, der beiden Geschlechtern angehört, vermag allerdings ihre Liebe nicht zu erwidern.

Die Figur des Hermaphrodit hat ihren Ursprung in der griechischen Kultur, und sie erwuchs dort aus einer ausgeprägten Bisexualität und aus der allgemeinen Angst griechischer Männer vor der Frau. In vielen Teilen Griechenlands gab es den Brauch, daß am Hochzeitstag Braut und Bräutigam die Kleidung tauschten. An anderen Orten war es üblich, daß die Braut das Hochzeitsbett in männlicher Kleidung bestieg. Auf Zypern wurde Aphrodite als bärtige Göttin verehrt. Es gibt eine ganze Reihe von Geschichten, in denen sich Männer in Frauen verwandeln und umgekehrt, darunter als bekannteste die Geschichte von Iphis und Teiresias. Statuen des Hermaphrodit fanden im 4. Jahrhundert weite Verbreitung, und gewöhnlich stellte man ihn als vollbusige junge Frau mit Penis dar.

Grundlegende Themen des Psychischen – also das, was Jung als Archetypen bezeichnete – unterliegen im Lauf der Geschichte nur geringfügiger oder überhaupt keiner Veränderung. Sibelius vertonte ein Gedicht aus dem 19. Jahrhundert, in dem dasselbe Thema wiederkehrt:

Die Locken
Er sagte zu mir: »Letzte Nacht träumte ich.
Deine Locken lagen um meinen Hals.
Ich trug deine Locken wie eine dunkle Kette
Um meinen Hals und über meiner Brust.
Ich streichelte sie und sie waren mein.
Und so waren wir für immer vereint
Durch dieselben Locken, Lippen auf Lippen,
Wie oftmals zwei Lorbeerbäume nur eine Wurzel haben.
Und allmählich, so schien mir,
Umschlangen sich unsere Glieder so sehr,
Daß ich du wurde,
Oder daß du, wie mein Traum, in mich eintratst.«
Als er geendet hatte,

Legte er sanft seine Hände auf meine Schultern,
Und er schaute mich an mit so zärtlichem Blick,
Daß ich die Augen niederschlug und erbebte.

Die meisten Leser, so vermute ich, werden auf einen derart unverblümten Ausdruck hermaphroditischer Liebe negativ reagieren. Vielleicht finden sie es sogar anstößig. Das Gedicht veranschaulicht jedoch auf überzeugende Weise, daß die hermaphroditische Liebe tatsächlich eine Form von Liebe ist.

In sublimierter Form finden wir denselben Wunsch in den *Sonetten aus dem Portugiesischen* von Elizabeth Barrett Browning (1850, S. VIII):

Geh fort von mir. So werd ich fürderhin
in deinem Schatten stehn. Und niemals mehr
die Schwelle alles dessen, was ich bin,
allein betreten.
[...]
Und was ich tu und träume, schließt dich ein:
so sind die Trauben überall im Wein.
Und ruf ich Gott zu mir: Er kommt zu zwein
und sieht mein Auge zweier Tränen tragend.

Elizabeth Brownings Gefühle der Liebe können wir eher akzeptieren, denn obgleich sie sich mit ihrem Geliebten vereint fühlt, sind beide nicht zu einer Person verschmolzen.

Während Narziß gleichsam im Zentrum des psychoanalytischen Gebäudes wohnt, nimmt Hermaphrodit nur eine Position am Rande ein. Diese Differenz geht auf ein zufälliges Ereignis in der Geschichte der Psychoanalyse zurück. Unter dem Einfluß von Fließ und noch bevor er den Ödipuskomplex entdeckt hatte, war Freud nahe daran, der Bisexualität die entscheidende Rolle in der Ätiologie der Neurosen wie auch der Perversionen zuzuschreiben. Hätte sich diese Auffassung durchgesetzt, so hätte Hermaphrodit als mythologisches Bild den Ehrenplatz eingenommen, den heute Ödipus besetzt. In den *Drei Abhandlungen zur Sexualtheorie* (Freud 1905b) kehren einige jener frühen Formulierungen wieder. Über den Neurotiker heißt es hier, er leide unter der Verdrängung der zweiten Hälfte seines hermaphroditischen Selbst, während der Perverse sich in dem hoffnungslosen Versuch erschöpft, das Undurchführbare auszuleben. In einem bekannten Abschnitt (1905b, S. 52ff.) lehnt Freud zwar den psychischen Hermaphroditismus als grundlegende Erklärung für Neurose und Psychose ab. Dennoch bleibt die Bisexualität eine bedeutende Komponente jeder Neurose. 1908 betonte Freud, man müsse bei der psychoanalytischen Behandlung stets auf die bisexuelle Bedeutung eines Symptoms vorbereitet sein (1908b, S. 195). Insbesondere die Masturbation bleibt für viele deshalb die bevorzugte Form sexuellen Ausdrucks, weil sie das Gefühl zuläßt, beide Geschlechter zu sein. Freud erwähnt den Fall einer Frau, die mit der einen Hand ihr Gewand an den Leib preßt, um sich gegen einen sexuellen Angreifer zu wehren, während sie mit der anderen Hand die Rolle des Mannes spielt und es wegzureißen versucht (1908b, S. 194f.).

In ihren Memoiren erinnert sich Helene Deutsch (1975, S. 118) an einen Traum aus ihrer Analysezeit bei Freud: Sie hatte geträumt, sowohl ein männliches als auch ein weibliches Organ zu besitzen. »Freud sagte mir, der Traum zeuge von dem Wunsch, sowohl ein Junge als auch ein Mädchen zu sein. Erst nach der Analyse wurde mir klar, wie stark meine ganze Persönlichkeit von dem Kindheitswunsch geprägt ist, sowohl die hübscheste Tochter als auch der gescheiteste Sohn meines Vaters zu sein.«

Dies ist ein interessantes Beispiel von Selbstanalyse nach Abschluß der Analyse bei Freud: Helene Deutsch ordnet hier ihre bisexuellen Wünsche dem Ödipuskomplex unter. Sie wollte, wie sie sagt, sowohl Junge als auch Mädchen sein, um die ungeteilte Liebe ihres Vaters zu erobern. Ist also Bisexualität der Wunsch oder der machtvolle Impuls, vom Vater geliebt zu werden? Folgte sie damit einer impliziten Anregung Freuds?

1974 veröffentlichte Kubie einen längeren Aufsatz mit dem Titel »The Drive to Become Both Sexes« (»Der Trieb, zweigeschlechtig zu werden«). Bereits der Titel als solcher ist interessant, denn Psychoanalytiker sprechen nicht so ohne weiteres von Trieben. Da Triebe psychische Kräfte sind, die unter der Oberfläche wirksam werden und in der psychoanalytischen Beziehung niemals direkt zum Vorschein kommen, hat es der Psychoanalytiker immer nur mit Abkömmlingen von Trieben zu tun, die in Gestalt von Wünschen und Träumen erscheinen. Dem Wunsch nach Zweigeschlechtigkeit den Status eines Triebes zu verleihen, war demnach von seiten Kubies eine Herausforderung an die traditionelle Form psychoanalytischer Theoriebildung.* Dabei wählte er als grundlegenden Text Virginia Woolfs Roman *Orlando* (1928). Orlando besitzt die Fähigkeit, in einen Trancezustand zu verfallen und dann als Frau wiedergeboren zu werden. Nach dieser Geschlechtsumwandlung – so zeigt Kubie – lebt »sie« als Frau *und* als Mann. »Durch diese phantastische Vermählung mit sich selbst gelingt ihr jene Mutation, nach der beim Sex und in der Ehe so häufig und in tragischer Vergeblichkeit gesucht wird, insbesondere bei Neurosen und Psychosen.«

Man könnte annehmen, daß sich die geschlechtliche Identität im Laufe der Entwicklung dauerhaft einprägt, doch stößt jeder Psychoanalytiker auf die Tatsache, daß selbst heterosexuelle Männer und Frauen den Wunsch hegen (um nicht zu sagen: den Trieb), zu beiden Geschlechtern zu gehören. Bei sämtlichen Perversionen spielt dieser Wunsch eine beherrschende Rolle (Kubie 1974, S. 355). Kubie schließt mit der Bemerkung, der Mensch sei dazu prädestiniert, sein ganzes Leben lang nach dem Idealbild einer bisexuellen Vater-Mutter-Figur zu suchen, die dann an die Stelle der Eltern treten soll. Jeder hegt in seinem Unbewußten den Wunsch, für alle Zeiten das bisexuelle Kind zu bleiben, das von jenem imaginären bisexuellen Partner umsorgt wird, und wie wir noch sehen werden, stellt dieser Wunsch gegenüber der Liebe ein ernsthaftes Hindernis dar.

Wie zuvor schon Platon hat auch Ovid seine psychologischen Einsichten in Gestalt von Sagen formuliert. Die Vorstellung einer »narzißtischen« Liebe ermöglicht es uns, bei Ovid Ähnlichkeiten zwischen einer ganzen Reihe von Sagen zu erkennen, bei denen man sonst kein gemeinsames Thema vermutet hätte. In den meisten Versionen des Mythos von Narziß verbirgt sich im Hintergrund ein narzißtisches Liebesobjekt, dessen mythische Gestalt zum Beispiel Echo oder eine

* Der Wunsch, zweigeschlechtig zu sein, tritt bei Perversionen äußerst machtvoll in Erscheinung, und selbst Neurotiker geben ihn nur unter den größten Schwierigkeiten auf; die Neuformulierung Kubies enthält also zumindest einen wahren Kern. Möglicherweise hat Freud die Rolle der Bisexualität nach seinem Bruch mit Fließ bagatellisiert.

verlorene Zwillingsschwester ist. Der Wohnsitz der Nymphe Salmakis ist dem des Narziß derart ähnlich, daß sich Ovid zumindest vorbewußt darüber im klaren gewesen sein muß, wieviel diese beiden Geschichten gemeinsam haben. Die Liebe, um die es hier geht, nenne ich hermaphroditisch.

Die Tatsache, daß die Mutter des Narziß die Wassernymphe Leirope ist, brachte McDougall (1985) auf den Gedanken, das Quellwasser, in das Narziß vergeblich starrt, könne seine teilnahmslose Mutter repräsentieren. Aus dieser Teilnahmslosigkeit Leiropes resultierte ein Defizit an Liebe, und Narziß muß zunächst einmal diesen Liebesverlust wettmachen, indem er sich selbst liebt, bevor er jemand anderen lieben kann. Die Sage würde dann den gescheiterten Versuch einer Selbstheilung darstellen. Eine meiner Analysandinnen erzählte, während langer Phasen ihrer einsamen Kindheit habe sie sich nach einer Zwillingsschwester gesehnt. Vor allem, wenn sie allein in einer Menschenmenge oder etwa im Kino war, hoffte sie, ihre Zwillingsschwester werde feste Gestalt annehmen und rufen: »Ich habe dich schon überall gesucht!« Und dann würden sie sich gegenseitig lieben und glücklich sein. Wann immer die Patientin sich einsam fühlte, nahm sie Zuflucht zu diesem Tagtraum.

8

Narzißmus und Ichideal in der jüdischen und griechischen Kultur

Die westliche Kultur ist aus der Konfrontation und aus dem Zusammenfließen zweier im Grunde unvereinbarer Kulturen hervorgegangen: der hellenischen und der jüdischen. In diesen beiden Kulturen herrschten völlig verschiedene Ansichten über die Liebe, und sie reagierten auch verschieden gegenüber dem Phänomen der Homosexualität. Diese Unterschiede sind bestens bekannt; dennoch sollte man sie sich nochmals in Erinnerung rufen. Die Juden waren Ikonoklasten; ihnen war verboten, Götzenbilder zu verehren, und darum zerstörten sie sie. Die Griechen dagegen schufen eine Kunst, welche die gesamte Kunstgeschichte des Abendlands prägte, eine Kunst, die »edler Schlichtheit und heiterer Erhabenheit« geweiht war (Winckelmann). Aus der jüdischen Kultur gingen Propheten hervor, aus der griechischen dagegen Dichter.

In diesem Kapitel werde ich von der griechisch-römischen Ideenwelt zur jüdisch-christlichen übergehen, und dabei möchte ich genauer untersuchen, wie sich die beiden Kulturen hinsichtlich ihrer Haltung gegenüber der Liebe unterscheiden. Dabei stütze ich mich auf eine von Freud im Jahr 1914 entwickelte und als »Ichideal« bezeichnete Vorstellung: eine Instanz der Persönlichkeit, die einerseits den Narzißmus des Kleinkinds beerbt, andererseits aber das Ergebnis einer Identifizierung mit den Eltern ist.*

Es ist schon häufiger bemerkt worden, daß die griechische Kultur

* Überich und Ichideal hängen zwar miteinander zusammen, werden von den Psychoanalytikern aber doch unterschieden. Das Überich ist eine Verbotsinstanz, welche die Aufgabe hat, das Inzesttabu durchzusetzen. Das Ichideal dagegen, das mit narzißtischen Strebungen verbündet ist, verlangt nach persönlicher Leistung. Jede Kultur akzentuiert ihre eigenen, für sie charakteristischen Forderungen des Überichs, aber jede Kultur erschafft auch ihr eigenes Ichideal. In meinem Kapitel über Freud werde ich zeigen, wie wichtig das Ichideal für Freuds Verständnis der Liebe war.

sich darum eine gewisse Vitalität und Flexibilität bewahrte, weil die Griechen eher von Dichtern als von Priestern unterwiesen wurden (Cornford 1950). Die Priesterschaft tendiert dazu, hinsichtlich der Befolgung von Ritualen immer strenger und zwanghafter zu werden. Dichter dagegen sprechen mit persönlicher Stimme. Mit Homer als ihrem Lehrer und den Helden der *Ilias* und der *Odyssee* als Ichidealen hatten es die Griechen leichter, ein Ich und ein jeweils eigenes Ichideal zu entwickeln und dem Joch eines strafenden kulturellen Überichs zu entkommen.

Die Griechen nahmen an, die Götter spielten nach Belieben mit dem Leben der Menschen. Paradoxerweise führte diese Haltung zu einem würdevollen Pessimismus gegenüber dem Tod. In einem Gesang des Lyrikers Bakchylides heißt es:

> »[...] Der Götter Sinn
> zu wenden, ist schwer
> für die erdbewohnenden Menschen.
> [...]«
>
> Im Kampf unterscheidet ja nicht den Freund
> der wütige Ares,
> sondern blind eilt das Geschoß aus der Hand
> gegen das Leben des Feindes
> und bringt Tod,
> wem der Gott will.
>
> »Für Menschen ist das Beste, nicht geboren zu werden
> und nicht das Licht der Sonne zu schauen. Jedoch, es
> führt ja zu nichts, hierüber zu jammern:
> das soll man sagen, was man auch vollenden wird.
> [...]«
>
> (Bakchylides, *Siegeslieder*, 5, V. 94ff., 130ff., 160ff.)

Mit ihren Mythen schufen die Griechen die Familie der Olympier. Zumindest bei Homer, wenn nicht sogar in einigen Tragödien des Aischylos, sind diese Götter amoralisch und narzißtisch; sie führen ein sorgenfreies Leben, in dem fast jedes Begehren befriedigt wird. Die griechischen Götter unterhalten sexuelle Beziehungen zu Sterblichen und bringen damit die Gattung der Helden hervor, die zwischen Göttern und Menschen stehen. Die Götter haben ihre eigenen Günstlinge, die sie fördern und gegen die Günstlinge anderer Götter in Schutz nehmen. Die Juden dagegen kannten nur einen Gott, der – genaugenommen – überhaupt keine persönliche Mythologie hatte. Dieser Gott kennt zwar Eifersucht, Zorn und Liebe, doch keine sexuelle Leidenschaft. Liebe und Eifersucht sind bei ihm desexualisiert und durchdrungen von moralischem Eifer. Er hat eine ambivalente Beziehung zu seinem auserwählten Volk Israel sowie – dem Neuen Testament zufolge – eine eindeutige Beziehung zur Kirche. Vor allem nach der von den Propheten initiierten Revolution straft und belohnt der Gott der Juden jeden Menschen nach seinem Verdienst.

Obwohl sich die Kinder Israels tatsächlich für Auserwählte Gottes hielten, wurde dieser Begriff dennoch in einer gleichsam metaphorischen Weise gebraucht. Als Jesus behauptete, er sei buchstäblich Gottes Sohn, betrachteten die Juden dies als blasphemische Äußerung. Das Evangelium führte lediglich eine in Griechenland längst vertraute Vorstellung in den jüdischen Denkhorizont ein.

Sowohl die Juden als auch die Griechen hielten sich gegenüber ihren Nachbarn für überlegen; die Juden, weil sie sich unter den Völkern der Erde als auserwählt glaubten, auserwählt von dem einen und einzigen Gott. Die Griechen dagegen fühlten sich überlegen gegenüber den anwohnenden Barbaren, weil sie eine höhere Kultur entwickelt hatten, die ihren Ausdruck fand in Dichtung, Kunst, Leibesübungen, Naturwissenschaft und Philosophie. Beide Kulturen standen daher vor der Frage, wie sie mit dem exzessiven Narzißmus umgehen sollten, der ihnen aus dem Gefühl der Überlegenheit erwuchs. Die Juden lösten dieses Problem, indem sie ihren Narzißmus einem strengen moralischen Kodex unterwarfen, den Freud mit einer Zwangsneurose verglich.

Jahwe war zunächst Schicksalsgott gewesen; nach dem babylonischen Exil jedoch und nach der von den Propheten initiierten ethischen Revolution wurde er zu einem allumfassenden Gott. Anders als die griechischen Götter spielt Jahwe nicht nach Belieben mit dem Schicksal der Menschen; vielmehr unterhält er zu den Sterblichen eine moralische, auf Verträge gegründete und verläßliche Beziehung. Er belohnt die Rechtschaffenen und bestraft das Laster. Darin bestand im Kern der religiöse Umbruch, den die Propheten in Gang setzten: »Nur euch habe ich erwählt aus allen Stämmen der Erde; darum ziehe ich euch zur Rechenschaft für alle eure Vergehen« (Amos 3: 2). Den Narzißmus der Auserwähltheit bewältigten und kontrollierten die Juden, indem sie sich selbst ein strenges moralisches Regelwerk auferlegten. Antisemiten, die den Juden ein Überlegenheitsgefühl bei gleichzeitigem Fehlen eines moralischen Kodex unterstellen, lassen dabei außer acht, welche Wirkung die Lehren der Propheten hatten.

Die Griechen hingegen versuchten, ihren Narzißmus durch Identifizierung mit dem tragischen Helden im Zaum zu halten. Das Erlebnis der Katharsis, auf das nach Aristoteles die Tragödie abzielt, war zugleich eine Möglichkeit, den Narzißmus zu bewältigen, den die griechische Hybris hervorbrachte. Dabei hatte der Begriff Hybris sowohl eine religiöse als auch eine weltliche Bedeutung. Nach Dover (1983, S. 39ff.) war damit die anmaßende Überzeugung gemeint, man könne andere Menschen behandeln, wie man wolle, und man könne der Strafe entgehen, welche die Verletzung der von der Gemeinschaft akzeptierten moralischen Gesetze nach sich zieht. Im religiösen Bereich fand Hybris ihren Ausdruck in dem Glauben, man komme einem der Götter gleich oder sei ihm in bestimmter Hinsicht sogar überlegen – eine Anmaßung, die streng bestraft wurde. Hybris war demnach eine Sünde, die sich nicht nur auf die Beziehung zwischen Mensch und Gott, sondern auch auf die Beziehungen *zwischen* den Menschen bezog. Die Häufigkeit, mit der in der griechischen Mythologie Selbstüberhebung bestraft wird, läßt erkennen, daß der Narzißmus in der griechischen Kultur stets eine latente Gefahr war.

Man kann vermuten, daß die in Griechenland stärkere Betonung des Ichideals gegenüber dem Überich es den Griechen auch ermöglichte, der Homosexualität toleranter zu begegnen als die angrenzenden Kulturen. Die griechische Idealisierung einer bestimmten Art von Homosexualität – nämlich die zwischen Eronemos, dem eher passiven Jüngling, und Erastes, dem aktiven Liebhaber mittleren Alters (Dover 1983) – stellt jedoch viele Beobachter vor ein Rätsel. Platon wählte die homosexuelle Liebe als Ausgangspunkt für die Entfaltung seiner metaphysischen Theorie der Liebe.

Eine interessante Frage ist, ob die eher permissive Haltung gegenüber der Homosexualität in irgendeinem Zusammenhang mit der ungewöhnlichen Kreativität der Griechen steht. Bemerkenswert ist, daß in der griechischen Mythologie Verletzungen des Inzesttabus in nahezu allen Variationen vorkommen. Selbst Zeus, der Vater der Götter, nimmt die Gestalt eines Adlers an oder sendet einen Adler zur Erde, um den schönen Knaben Ganymedes zu ergreifen und zu seinem Mundschenk zu machen – eine kaum verschleierte Anspielung auf seine Homosexualität.*

Im Gegensatz dazu wird in der Bibel jede Form von Inzest, Ehebruch und Homosexualität ausdrücklich verboten und verurteilt. Das 18. Kapitel des Buchs Levitikus beginnt mit der Erklärung: »Ich bin der Herr, euer Gott.« Sodann werden die Juden ermahnt, nicht den Bräuchen derjenigen zu folgen, deren Land sie erobern werden, sondern sich an die Vorschriften ihres Herrn zu halten. Es folgt ein strenger Katalog sexueller Verbote:

> »Niemand von euch darf sich einer Blutsverwandten nähern, um ihre Scham zu entblößen. Ich bin der Herr.«
> »Der Frau deines Stammesgenossen darfst du nicht beiwohnen; du würdest dadurch unrein.«
> »Du darfst nicht mit einem Mann schlafen, wie man mit einer Frau schläft; das wäre ein Greuel.«
> »Alle nämlich, die irgendeine dieser Greueltaten begehen, werden aus der Mitte ihres Volkes ausgemerzt.«
> (Levitikus 18: 6, 20, 22, 29)

Den sexuellen folgen soziale Gebote: den Sabbat einzuhalten; keine Nachlese im Weinberg zu halten, sondern die übriggebliebenen Trauben den Armen zu lassen; nicht falsch zu schwören. Dieses ethische System kulminiert in der Forderung: »Du sollst deinen Nächsten lieben wie dich selbst« (19: 18).

In einer bekannten Fußnote, die Freud 1910 den *Drei Abhandlungen zur Sexualtheorie* anfügte, heißt es: »Der eingreifendste Unterschied zwischen dem Liebesleben der Alten Welt und dem unsrigen

* Wie tief Ovid das Wesen des Narzißmus verstanden hat, zeigt eine Stelle in den *Metamorphosen*: »Für Ganymedes entbrannte in Liebe der Himmlischen König / Einst, und etwas war gefunden, was Jupiter lieber / Sein wollt' vor dem, was er war« (10. Buch, V. 155ff.).

liegt wohl darin, daß die Antike den Akzent auf den Trieb selbst, wir aber auf dessen Objekt verlegen. Die Alten feierten den Trieb und waren bereit, auch ein minderwertiges Objekt durch ihn zu adeln, während wir die Triebbetätigung an sich geringschätzen und sie nur durch die Vorzüge des Objekts entschuldigen lassen« (Freud 1905b, S. 60). Wie ich jedoch in dem Kapitel über Aphrodite gezeigt habe, lagen die Dinge nicht ganz so einfach, denn die Griechen wußten nur zu gut, was die Glorifizierung eines Objekts bedeuten kann. In meiner eigenen Arbeit treffe ich eine ähnliche Unterscheidung: Wird der Trieb als solcher gefeiert, so spreche ich von sinnlicher Dichtung; wird das Objekt idealisiert, so nenne ich es Liebesdichtung.

Freud brachte die Homosexualität der Griechen mit seinen eigenen Ideen über Bisexualität in Verbindung:

»Bei den Griechen, wo die männlichsten Männer unter den Invertierten erscheinen, ist es klar, daß nicht der männliche Charakter des Knaben, sondern seine körperliche Annäherung an das Weib sowie seine weiblichen seelischen Eigenschaften, Schüchternheit, Zurückhaltung, Lern- und Hilfsbedürftigkeit, die Liebe des Mannes entzündeten. Sobald der Knabe ein Mann wurde, hörte er auf, ein Sexualobjekt für den Mann zu sein, und wurde etwa selbst ein Knabenliebhaber. Das Sexualobjekt ist also in diesem Falle, wie in vielen anderen, nicht das gleiche Geschlecht, sondern die Vereinigung beider Geschlechtscharaktere, der Kompromiß etwa zwischen einer Regung, die nach dem Manne, und einer, die nach dem Weibe verlangt, mit der festgehaltenen Bedingung der Männlichkeit des Körpers (der Genitalien), sozusagen die Spiegelung der eigenen bisexuellen Natur« (Freud 1905b, S. 56).

Bei Freud gibt es auch interessante Bemerkungen zur Sublimierung homosexueller Empfindungen in eine Sorge um das öffentliche Wohl: Viele Homosexuelle – so Freud – entwickelten eine ungewöhnlich intensive Anteilnahme am Schicksal anderer. Diese gesteigerte Anteilnahme schreibt er der Tatsache zu, daß Homosexuelle schon frühzeitig in ihrem Leben Gefühle der Rivalität zugunsten der Liebe gegenüber Männern aufgeben (1920, S. 228). Auch heterosexuelle Personen sublimieren ihre latente Homosexualität durch Hingabe an gemeinnützige Interessen. Psychologisch betrachtet läßt sich auch die Radikalität vieler junger Leute aus dem starken Bedürfnis erklären, in einem Alter, da die geschlechtliche Identität noch nicht völlig gefestigt ist, homosexuelle Bestrebungen zu sublimieren. Freud nahm an, daß selbst bei Homosexuellen ein Teil der homosexuellen Impulse sublimiert wird. Auf dem Höhepunkt der antiken griechischen Zivilisation war ein Gefühl für die *polis* im höchsten Maße ausgeprägt.

In der griechischen Kunst bleibt die geschlechtliche Identität selbst dann sehr ausgeprägt, wenn es um die Darstellung von Hermaphroditen geht. Die Statue in den Uffizien von Florenz zeigt keinen verweiblichten, sondern einen bisexuellen Mann. Man muß bis zur Renaissance gehen, um auf Kunstwerke zu stoßen, die nicht die Genitalien, sondern die Wesenszüge beider Geschlechter miteinander kombinieren. Man denke etwa an den David von Donatello in Florenz oder an den heiligen Johannes von Caravaggio in Rom. Janson (1963, S. 85) beschreibt den David des Donatello als »*le beau garçon sans merci*, nur der eigenen Schönheit bewußt ... kein Ideal, sondern ein Objekt der Begierde, seltsam androgyn in seiner Verbindung von muskulöser Straffheit und weiblicher Weichheit und Fülle«.

Interessant ist hier ein Vergleich der griechischen mit der indischen Mythologie. Wie das griechische enthält auch das indische Pantheon eine größere Anzahl von Göttern, die jedoch in fortwährende Kämpfe um die Vorherrschaft verwickelt sind. Die Anhänger Sivas kennen zahlreiche Legenden, welche die Überlegenheit ihres Gottes über seine Rivalen klar erweisen. Die Anhänger Vishnus wiederum beweisen mit Leichtigkeit, daß *ihr* Gott der Überlegene ist. Worauf es mir hierbei ankommt, ist die Tatsache, daß Homer und Hesiod eine Mythologie zu erschaffen vermochten, deren Götter in höchstem Maße narzißtisch sind und dennoch die jeweils besonderen Privilegien anderer Götter respektieren. Damit war die griechische Mythologie auch ein Lehrstück: Sie zeigte, wie narzißtische Individuen miteinander auskommen können. Von besonderem Interesse in diesem Zusammenhang ist die Tatsache, daß ein Gott wie Zeus sich in einen Stier verwandeln konnte, um Europa zu entführen, oder sogar in einen Goldregen, um die sterbliche Danae zu schwängern, daß er dabei jedoch seine Geschlechtsidentität stets behielt. Im Gegensatz dazu sind die indischen Götter von vornherein auf die menschliche Gestalt nicht beschränkt; sie können viele Arme haben, aber auch zahlreiche Köpfe. Die theomorphen Aspekte gehen hier also nicht verloren. Diese Götter sind nicht einmal auf die Identität eines einzigen Geschlechts beschränkt: Der Gott Siva beispielsweise kann Mann oder Frau sein.

Während die Bibel besonders hervorhebt, daß der Mensch nach dem Bilde Gottes geschaffen wurde, war es für die Griechen eine schlichte Tatsache, daß die Götter menschliche Gestalt haben. Ihrer Psychologie zufolge sind die Götter nicht anders als Männer und Frauen auch – außer, daß sie weder Alter noch Tod kennen.

Der Unterschied zwischen dem jüdischen und dem griechischen Standpunkt manifestiert sich letzten Endes in einer unterschiedlichen Haltung gegenüber dem Menschen. »Es gibt viele Wunder, doch nichts ist wunderbarer als der Mensch«, heißt es bei Sophokles. So dachten freilich nicht alle Griechen, doch hat meines Wissens keine biblische Gestalt jemals das Wesen des Menschen bestaunt. Im Gegenteil, für den Verfasser der Psalmen ist der Mensch »ein Hauch«: »Was ist der Mensch, daß du an ihn denkst«, »ein Traum, der beim Erwachen verblaßt, dessen Bild man vergißt, wenn man aufsteht«. Die griechische Haltung verfolgte ein psychologisches Interesse am Wesen des Menschen, der jüdischen dagegen ging es um dessen moralische Entwicklung.

Es gibt keinerlei Anzeichen dafür, daß die Griechen vor dem Einzug Alexanders des Großen in Jerusalem schon irgend etwas über die Juden gewußt hätten. Der bedeutende Historiker und Reisende Herodot kam bis nach Tyre, doch ein Besuch Jerusalems lohnte seiner Ansicht nach nicht – eine recht lehrreiche Episode hinsichtlich des Unvermögens selbst großer Figuren, das weltgeschichtlich Bedeutsame vorauszusehen. Nach der Eroberung durch Alexander machte die jüdische Assimilation an die griechische Sprache und Kultur rasche Fortschritte, vor allem in der Oberschicht. Juden nahmen griechische Namen an, in jüdischen Städten wurden Gymnasien erbaut, und in Alexandria lehrten hellenistisch-jüdische Philosophen wie Philon. Assimilierte Historiker wie Josephus schilderten die jüdische Geschichte nach griechischen Vorbildern. Auch die Kunst der Schriftauslegung erlernten die Juden von den Griechen – ein Zweig jüdischer Gelehrsamkeit, der durch die ganze jüdische Geschichte hindurch von höchster Bedeutung bleiben sollte. Griechische Inschriften waren in Judäa weit verbreitet, und der Talmud spricht von 500 Studenten der »griechischen Weisheit« und ebenso vielen Studenten der »jüdischen Weisheit« (Momigliano 1981).

Ein berühmter Abschnitt des Talmud berichtet von vier Rabbis, die den Orangenhain des Hellenismus betraten: Der erste starb, der zweite erblindete, der dritte wurde abtrünnig, und nur der große Rabbi Akiba betrat und verließ den Hain in Frieden. Diese Geschichte bezeugt die Angst, die der hellenistische Einfluß bei den jüdischen Rabbis auslöste. Als unmittelbare Reaktion auf diesen Einfluß untersagten die Rabbis jegliche gnostische Spekulation: »Wer immer über die folgenden vier Dinge spekuliert, für den wäre es besser, er wäre nicht auf die Welt gekommen: Was ist droben? Was ist drunten? Was war vor der Zeit? Und was wird danach sein?«

Das Ausmaß des hellenistischen Einflusses auf die Juden wäre von geringerem Interesse, wenn nicht auch Paulus, der allgemein als der Begründer des Christentums betrachtet wird, ein hellenisierter Jude gewesen wäre. Paulus erklärte die jüdischen Gesetze für veraltet. Sämtliche Speisevorschriften wurden abgeschafft, und die Beschneidung – für die Juden das Zeichen des Bundes mit Gott – wurde durch die Taufe ersetzt. Die heidnische Welt wurde ganz und gar verdammt, wobei jedoch das Alte Testament seine Gültigkeit insofern bewahrte, als dort die Ankunft Christi vorausgesagt wurde. Mathidius (270–309), einer der frühen Kirchenväter, schrieb dem »alten Gesetz« den Fortschritt des Menschen vom Inzest zur Monogamie zu (Steinberg 1983, S. 156).

Der Psychoanalytiker Kohut, dessen Terminologie von der in der Psychoanalyse geläufigen ein wenig abweicht, hat die Ansicht vertreten, das Christentum zügle zwar alle Manifestationen des grandiosen Selbst (jenes Selbst also, das im Akt der Hybris aktiviert wird), es erlaube jedoch als Kompensation eine weitgehende Verschmelzung mit dem omnipotenten Bild des göttlichen Christus (1975, S. 209). Der unmittelbare Kontakt zwischen dem Gläubigen und Christus wird durch den Akt des Abendmahls hergestellt.

Nach Butcher (1904, S. 43) waren die Juden aus Sicht der Griechen Barbaren, und die Griechen waren für die Juden Götzenanbeter. Das antike Hellas wurde erst *nach* seinem Ende als unabhängige Nation zu einer bewegenden Kraft der Weltgeschichte. Sowohl für die Griechen als auch für die Juden erwies sich der Augenblick ihrer politischen Demütigung als Ausgangspunkt eines neuen spirituellen und intellektuellen Aufbruchs.

Die meiste Zeit über befanden sich diese beiden Kulturen miteinander im Kriegszustand; doch in einem seltenen Moment der Synthese erzeugten sie einen Nachkommen von hybrider Vitalität, wie Genetiker dies nennen würden. (Von einer solchen Vitalität spricht man, wenn nach Kreuzung verwandter Arten die Nachkommen stärker sind als beide Eltern.) Der Nachkomme war das Christentum, welches das Heidentum besiegte und das Judentum erneut zu einer Paria-Religion des Abendlands machte, und die Synthese, die gleichzeitig eine Rebellion gegen *beide* Kulturen bedeutete, vollzog sich im Kopf des hellenisierten Juden Paulus. »Wir dagegen verkündigen Christus als den Gekreuzigten: für Juden ein empörendes Ärgernis, für Heiden eine Torheit« (1. Korinther 1: 23). Auch die Ansichten, die Paulus über die Liebe hatte, gewannen in der Folge gewaltigen Einfluß auf die Auffassung der Liebe in der gesamten westlichen Welt.

Da Latein zur Weltsprache der Kirche wurde, dauerte der griechische und römische Einfluß selbst noch während des Mittelalters an. Einige der berühmtesten Kirchenväter kämpften vergeblich gegen den Zauber der griechischen Kultur und Sprache an. Hieronymus, der die Bibel ins Lateinische übersetzte, bekannte, daß der grobschlächtige Stil der Propheten ihm lange Zeit geradezu schmerzlich war, selbst nach einer Nacht qualvoller Reue. Er mußte dann immer nach den Werken des römischen Theaterdichters Plautus greifen, so wie ein Mann nach seiner Pfeife greift (Waddell 1955). Nichtsdestoweniger erklärte er, leidenschaftliche Liebe selbst zur eigenen Ehefrau sei Unkeuschheit. Waddell führt den Brief eines Abts aus dem 19. Jahrhundert an, der erschrocken war, als er bemerkte, daß er zu häufig den römischen Dichter Vergil zitierte. Dieser Brief dokumentiert die Ambivalenz gegenüber der griechischen Kultur:

»Wir wollen uns abwenden von ihm, mein Vater, wir wollen uns abwenden von diesem Lügner, der mit Apollo und den Musen im stinkenden Morast des Styx versunken ist. Dort soll er Persephone umarmen und dem Orpheus lauschen, der vor den Göttern der Unterwelt um seine Eurydike klimpert [...] Der König des Himmels hat dergleichen verflucht [...] Warum spreche ich dann dauernd von ihnen [...] Wie übler Dung, über die Felder verstreut, diese zu reicher Ernte befruchtet, so sind die unflätigen Werke heidnischer Dichter ein mächtiger Beistand göttlicher Beredsamkeit« (Waddell 1955, S. XXII).

Vielleicht hat der gute Abt sich selbst davon überzeugt, daß er ein frommer Christ ist und daß er annehmbare Gründe dafür hat, die Klassiker zu zitieren – sein von griechischer Mythologie gesättigter und polierter Stil spricht eine andere Sprache. Auch Dante, der auf dem Höhepunkt mittelalterlichen Christentums lebte, machte Vergil zu seinem Führer bei einer durchaus christlichen Reise, die ihn in die Unterwelt, ins Purgatorium und ins Paradies führte.

Panofsky (1955) hat gezeigt, daß Dürer der erste Künstler des Nordens war, der gegenüber den Griechen »ein Pathos der Distanz« empfand. Dürers Haltung gegenüber der klassischen Kunst war weder die eines Erben noch die eines Imitators, sondern – wie Panofsky es sehr schön formuliert – viel eher die eines Konquistadoren. Auch viele andere zur Zeit der Renaissance und noch späterhin empfanden das griechische Erbe als eine Eroberung.

Die stilistische Differenz zwischen Homer und der Bibel hat zahlreiche Beobachter fasziniert. Heinrich Heine bemerkt dazu:

»Im Homer, dem anderen großen Buche, ist die Darstellung ein Produkt der Kunst, und wenn auch der Stoff immer, eben so wie in der Bibel, aus der Realität aufgegriffen ist, so gestaltet er sich doch zu einem poetischen Gebilde, gleichsam umgeschmolzen im Tiegel des menschlichen Geistes; er wird geläutert durch einen geistigen Prozeß, welchen wir die Kunst nennen. In der Bibel erscheint auch keine Spur von Kunst; das ist der Styl eines Notizenbuchs, worin der absolute Geist, gleichsam ohne alle individuelle menschliche Beyhülfe, die Tagesvorfälle eingezeichnet, ungefähr mit derselben thatsächlichen Treue, womit wir unsere Waschzettel schreiben. Ueber diesen Styl läßt sich gar kein Urtheil aussprechen, man kann nur seine Wirkung auf unser Gemüth konstatiren« (Heine 1840, S. 44).

Hundert Jahre später vergleicht Auerbach (1946) die Rückkehr des Odysseus zu seiner Ehefrau Penelope nach zwanzigjähriger Abwesenheit mit dem biblischen Bericht über die Opferung des Isaak durch Abraham. Auch er registriert, daß Homers Erzählung genau ist bis ins kleinste Detail: So erfahren wir zum Beispiel, daß Odysseus, der sein Geheimnis nicht entdeckt sehen möchte, die alte Amme mit der rechten Hand an der Kehle faßt, während er sie mit der linken Hand zu sich heranzieht. Der homerische Stil, so Auerbach, läßt das, was er thematisiert, niemals im Halbdunkel, sondern alles wird veräußerlicht. Die homerischen Helden machen dem Innersten ihres Herzens Luft, indem sie sprechen, und was sie anderen nicht mitteilen, sagen sie laut zu sich selbst. Bei Homer geschieht viel Entsetzliches, doch kaum etwas geschieht schweigend. Der Stil Homers, so schließt Auerbach, kennt lediglich einen gleichmäßig ausgeleuchteten Vordergrund. Im Gegensatz dazu steht die Szene, da Gott Abraham ruft, und dieser antwortet: »Hier bin ich.« (Im Hebräischen ist dies nur ein Wort: *hineni.*) Wir erfahren weder, was Abraham gerade tut, als Gott ihn ruft, noch wissen wir, woher Gott kommt, und es wird auch nicht gesagt, ob die Begegnung drinnen oder im Freien stattfindet; all diese Äußerlichkeiten sind unwichtig, sie verblassen vor der Erhabenheit der Begegnung selbst. Allerdings geht Auerbach meiner Ansicht nach mit diesem Interpretationsmuster zu weit, denn es gibt andere Szenen in der Genesis, bei denen Gott nicht unmittelbar beteiligt ist und die weniger karg geschildert sind, zum Beispiel die erste Begegnung zwischen Jakob und Rachel. Ein fundamentaler stilistischer Unterschied zwischen Homer und der Bibel ist jedoch nicht zu leugnen. Derselbe Impuls, der die Juden davon abhielt, sich Götzenbilder zu schaffen, wirkte sich auch auf ihre Sicht der Welt aus: Diese war auf Gott hin geordnet, und damit verlor die äußere Realität an Bedeutung.

Warum zeigen monotheistische Religionen untereinander weniger Toleranz als polytheistische? Im Gegensatz zum Westen zeigt die indische Religionsgeschichte, wie leicht verschiedene religiöse Traditionen miteinander verschmelzen und eine neue Mythologie hervorbringen können. Warum war das in der westlichen Welt nicht ebenfalls möglich? Indem er andere Götter eliminiert und einen bestimmten Gott zum einzigen Gott erklärt, scheint der Monotheismus zugleich religiösen Fanatismus zu entfachen. Diesen Fanatismus hat auch das Judentum hervorgebracht und an seine Tochterreligionen, das Christentum und den Islam, weitergegeben – eine Art von Eifersucht, die in dem Gefühl der Auserwähltheit gründet und die sich in der Überzeugung manifestiert, man sei allein im Besitz der Wahrheit. Offenbar war diese Auserwähltheit eine Kompensation dafür, daß sich der monotheistische Gläubige einem allmächtigen Gott und dessen irdischen, innerpsychischen Repräsentanten – einem mächtigen Überich – unterwarf. Auf diese Weise führte der Monotheismus zu religiösem Fanatismus.

Die Folgerung scheint unausweichlich: Wird ein zu großer Anteil des Sexualtriebs in Form von Liebe auf Gott gerichtet, so finden Aggressionen ihr Ventil in der Verfolgung derjeniger, die sich einer anderen monotheistischen Variante verschrieben haben. Offenbar kann man von den Menschen nicht verlangen, ihr Streben nach irdischer Liebe, zu welchen Enttäuschungen es immer führen mag, in zu hohem Maße auf göttliche Liebe zu lenken, ohne damit die Aggressionen gegen ihre Mitmenschen zu vermehren.

9

Liebe im Alten Testament

Die Juden fühlten sich von ihrem Gott Jahwe auserwählt und geliebt. In der heutigen Welt jedoch glauben sie, es existiere eine Kluft zwischen Gott und seinem Volk. Diese Kluft wird nicht – wie in der christlichen Theologie – auf die Sünde Adams zurückgeführt, sondern auf das Unvermögen des Volkes Israel, seinen Gott mit ganzem Herzen, ganzer Seele und ganzem Wesen zu lieben. Doch dieser Zustand der Trennung wird eines Tages enden, und die Harmonie zwischen Jahwe und seinem auserwählten Volk wird wiederhergestellt werden.

Jahwe hat strenggenommen keine Mythologie. Frazer (1918) und in neuerer Zeit Ranke-Graves und Patai (1963) haben versucht, die biblischen Geschichten anderen Mythologien gegenüberzustellen. Mit ihrer Auffassung, daß die Juden eigene Mythen hatten wie andere Völker auch, stützen sich Ranke-Graves und Patai auf außerbiblische Quellen, insbesondere auf rabbinische und talmudische Lehren. Richtig ist, daß Jahwe am Beginn der biblischen Geschichte persönliche Beziehungen zu den Erzvätern hat. Eine besonders enge Beziehung unterhält er zu Moses, und König David genießt seine besondere Gunst. Zu einer Frau jedoch gibt es keine derartige Verbindung, nicht einmal in desexualisierter Form.

Mit dem von den Propheten herbeigeführten Umbruch wurden die persönlichen Beziehungen in eine desexualisierte Liebe zwischen Gott und Israel sublimiert. So heißt es im Buch Hosea: »Als Israel jung war, gewann ich ihn lieb, ich rief meinen Sohn aus Ägypten« (11: 1). In einer wundervollen Passage spricht Gott zu Hosea:
»Ich traue dich mir an um den Brautpreis meiner Treue: Dann wirst du den Herrn erkennen. An jenem Tag – Spruch des Herrn – will ich erhören: Ich will den Himmel erhören, und der Himmel wird die Erde erhören, und die Erde erhört das Korn, den Wein und das Öl, und diese erhören Jesreel. Und ich säe sie aus in meinem Land. Ich habe

Erbarmen mit Lo-Ruhama [›kein Erbarmen‹], und zu Lo-Ammi [›nicht mein Volk‹] sage ich: Du bist mein Volk!, und er wird sagen: Du bist mein Gott!« (Hosea 2: 22–25).

In poetischen Passagen wie diesen gibt Gott durch den Mund der Propheten seinem Volk das Versprechen einer kosmischen Liebe ohne jegliche Ambivalenz, in der jeder Teil des Universums in einem Zustand universellen Einsseins für jeden anderen Teil empfänglich ist. Der zitierte Abschnitt pulsiert geradezu von kosmischer Empfänglichkeit, und im hebräischen Original hat diese Passage sogar noch deutlichere sexuelle Konnotationen, die durch die Übertragung abgeschwächt wurden. Denn was die Übersetzer mit »erhören« wiedergeben, wäre genauer mit »empfänglich sein« zu umschreiben.* Kein Zweifel, daß dies eine Form von Liebe ist – desexualisiert zwar und an moralische Forderungen geknüpft, aber doch Liebe.

In der Bibel wird die irdische Liebe erstmals im Buch Genesis erwähnt: »Darum verläßt der Mann Vater und Mutter und bindet sich an seine Frau, und sie werden *ein* Fleisch« (2: 24). Das darauffolgende Kapitel bezieht sich jedoch auf eine andere Tradition und steht zu dieser Aussage in Widerspruch: Nun müssen Adam und Eva zunächst einmal den Sündenfall durchmachen, ehe sie den genitalen Verkehr entdecken. Erst nachdem Adam – mit katastrophalen Folgen – vom Baum der Erkenntnis gegessen hat, und erst nach der Vertreibung aus dem Garten Eden »erkennt« er seine Frau (Genesis 4: 1). Die biblische Wissensmetapher, die den Geschlechtsverkehr bezeichnet, macht deutlich, daß dieser bereits als tiefe emotionale Erfahrung aufgefaßt wird.

Ranke-Graves und Patai (1963) zitieren eine armenische Quelle, in der es heißt, Adam habe drei Stunden lang gegen die Versuchung angekämpft, sich Eva anzuschließen und den Apfel zu essen; doch schließlich sagt er zu ihr: »Chawah, lieber möchte ich sterben, als dich überleben.« Die Ähnlichkeit zwischen diesem armenischen Bericht und der Schilderung der entsprechenden Szene in Miltons *Verlorenem Paradies* ist erstaunlich. Im Midrasch, einer nachbiblischen jüdischen

* Bergmann bezieht sich hier auf die englische Standardübersetzung der Bibel, die sog. *King James Version*. Dort heißt es an der betreffenden Stelle: »I will hear«; das Verb »erhören« in der deutschen Einheitsübersetzung hebt demgegenüber die sexuelle Bedeutung stärker hervor (A. d. Ü.).

Quelle, wird erzählt, daß Adam die Nacktheit seiner Gefährtin zu bedecken suchte, indem er von etlichen Bäumen Blätter pflückte; die Bäume aber jagten ihn davon und schrien: »Fort, du Dieb, der du deinem Schöpfer ungehorsam warst! Von uns wirst du nichts bekommen!« (Ranke-Graves/Patai 1963, S. 95) Nur der Baum der Erkenntnis hatte Erbarmen mit ihnen, da sie doch das Wissen der Unsterblichkeit vorgezogen hatten, und er überließ ihnen die Feigenblätter, die sie benötigten.

Das Buch Genesis erzählt, Gott habe Eva aus einer Rippe Adams erschaffen. Dieser Mythos widerspricht in eklatanter Weise der alltäglichen Erfahrung, daß der Mann aus der Frau kommt und nicht umgekehrt. Aus psychoanalytischer Sicht könnte man annehmen, daß dieser Mythos aus dem Neid des Mannes auf die Gebärfähigkeit der Frau erwachsen ist – eine Art von Neid, die klinisch nachgewiesen ist (Jacobson 1950; Leeuwen 1966).*

Die Geschichte des Sündenfalls und der Vertreibung aus dem Paradies enthält zahlreiche Widersprüche. Wie war es möglich, daß ein allwissender Gott den Sündenfall nicht vorhergesehen hat? Warum hat er das erste Paar derart arglistig einer Versuchung ausgesetzt? Beunruhigender noch ist die Vorstellung, daß eine gütige Gottheit uns für unseren Wissensdurst bestraft. Aus psychoanalytischer Sicht ist der Sündenfall jedoch weit weniger rätselhaft, wenn wir annehmen, daß nicht Gott vom Menschen enttäuscht war, sondern daß umgekehrt der Mensch von Gott enttäuscht war, als seine kindlichen Wünsche nicht Wirklichkeit wurden. Der Psychoanalyse zufolge erlebt nahezu jedes Kleinkind das Paradies – ein Zustand, welcher der Trennung von der Mutter vorangeht und den die Psychoanalyse als symbiotische Phase bezeichnet (Mahler u. a. 1968; 1975). Weiterhin muß jedes Kind die Erfahrung machen, daß es nicht für alle Zeit an der imaginierten Allmacht seiner Eltern teilhaben kann. Wenn es heranwächst, wird das Kind zur Empfindung

* Eine ganze Anzahl schöner Metaphern geht auf diesen Mythos zurück. Eine, die ich besonders schätze, findet sich in Prousts Roman *In Swanns Welt*: »Manchmal entstand in meinem Schlaf aus einer falschen Lage wie Eva aus der Rippe Adams eine Frau. Während sie aus der Lust hervorgegangen war, die ich erlebte, bildete ich mir ein, daß diese mir erst durch sie zuteil geworden sei. Mein Leib verspürte in dem ihren seine eigene Wärme und drängte zu ihr, ich wachte auf« (Proust 1913, S. 11).

einer geschlechtlichen Identität gelangen, und dies beinhaltet auch das Akzeptieren einer fortdauernden Differenz zwischen den Geschlechtern. Das Paradies bedeutet, »alles« zu haben, und dieses »alles« bedeutet Bisexualität. Wann und wie stark die Enttäuschung über die eigene Nicht-Allmacht und die der Eltern eintritt, darüber entscheiden die Wechselfälle der individuellen Lebensgeschichte. Geschieht das zu früh und mit zu großer Vehemenz, so wird dadurch die Liebesfähigkeit beeinträchtigt, wie die psychoanalytische Erfahrung gezeigt hat. Die erste und wichtigste Person im Leben jedes Menschen ist die Mutter; insofern ist die biblische Anklage gegen Eva, wie ungerecht sie immer ist, tief im Psychischen verankert. Nach Freuds Auffassung (1927b) verlagert der religiöse Mensch sein fortdauerndes Bedürfnis nach einer allmächtigen Elternfigur vom irdischen Vater oder der irdischen Mutter auf eine entsprechende himmlische Gestalt.

Von zärtlichen Gefühlen zwischen Mann und Frau berichtet die Bibel ziemlich selten. Hier ein Beispiel: »Jakob hatte Rachel lieb, und so sagte er: ich will dir um die jüngere Tochter Rahel sieben Jahre dienen [...] Jakob diente also um Rahel sieben Jahre. Weil er sie liebte, kamen sie ihm wie wenige Tage vor« (Genesis 29: 18–20). Im Mittelalter wurde diese Passage von Minnesängern recht häufig als Vorbild dessen zitiert, was sie als »Liebesdienst« bezeichneten. Sollte jemals ein jüdischer Draufgänger Stürmen getrotzt haben, um zu seiner Geliebten zu gelangen, wenn er jemals um ihrer Hand willen Ungeheuer besiegen mußte oder wenn er sozial geächtet wurde, weil das geliebte Mädchen einer fremden Religion angehörte, so hat das die Bibel der Überlieferung offenbar nicht für wert befunden. Die von Jahwe geforderte Liebe setzte sich an die Stelle jeder anderen Art von Liebe. Der jüdische Geist verzehrte sein eigenes Liebesverlangen in dem Versuch, Liebe zu sublimieren: in Liebe zu dem einen und einzigen Gott.

Der Bibelleser lernt wahrscheinlich eher die destruktiven Momente sinnlicher Begierde kennen, als daß er etwas über die heilende Kraft der Liebe erfährt. Da gibt es zum Beispiel die Geschichte von Davids Sünde mit Batseba (2. Buch Samuel), ein Thema, das viele Maler von Rembrandt bis Picasso fasziniert hat: Batseba ist die Frau eines besonders tüchtigen Offiziers, des Hetiters Urija. David erblickt sie beim

Baden; er nimmt sie zur Geliebten, und später gebärt sie ihm Salomon, seinen Nachfolger als König. Um ihren Ehemann loszuwerden, befiehlt David, Urija bei einer Schlacht ganz vorn aufzustellen und ihn dann im Angesicht des Feindes im Stich zu lassen; so findet er den Tod. Nun tritt Natan auf, der erste einer langen Reihe von Propheten, die dem Gewissen Stimme verleihen werden. David wird bestraft; er muß es ertragen, daß sein geliebter Sohn Abschalom gegen ihn rebelliert. Abschalom schläft sogar mit den Nebenfrauen des Königs, doch diese jüdische Version des ödipalen Mythos endet mit dem Sieg des Vaters und mit seiner Trauer um den Verlust des aufsässigen Sohns.

Beliebt war auch die in den Apokryphen erzählte Geschichte von Susanna und den beiden Ältesten. Diese waren begierig nach ihr, und als sie nicht zu ihrem Ziel kamen, bezichtigten sie sie des Ehebruchs (Daniel 13). Auch diese Episode war unter Malern ein recht beliebtes Thema. Degas soll ausgerufen haben: »Wenn ich daran denke, daß es den Malern der Vergangenheit vergönnt war, die keusche Susanna zu malen ...! Ich dagegen bin dazu verdammt, eine Hausfrau in ihrer Badewanne zu malen ...!« (Licht 1985, S. 93).

Die Bibel kennt auch die Gefahren des Narzißmus; zum Beispiel, wo sie davon berichtet, warum sich Joseph gegenüber seinen Brüdern überlegen fühlte:

»Israel liebte Joseph unter allen seinen Söhnen am meisten, weil er ihm noch in hohem Alter geboren worden war. Er ließ ihm einen Ärmelrock machen. Als seine Brüder sahen, daß ihr Vater ihn mehr liebte als alle seine Brüder, haßten sie ihn und konnten mit ihm kein gutes Wort mehr reden.

Einst hatte Joseph einen Traum. Als er ihn seinen Brüdern erzählte, haßten sie ihn noch mehr. Er sagte zu ihnen: Hört, was ich geträumt habe. Wir banden Garben auf dem Feld. Meine Garbe richtete sich auf und blieb auch stehen. Eure Garben umringten sie und neigten sich tief vor meiner Garbe« (Genesis 37: 3–7).

Zur rechten Zeit wird Joseph auch zum Helden einer abgewiesenen Liebe:

»Nach einiger Zeit warf die Frau seines Herrn ihren Blick auf Joseph und sagte: Schlaf mit mir! Er weigerte sich und entgegnete der Frau seines Herrn: Du siehst doch, mein Herr kümmert sich, wenn ich da bin, um nichts im Haus; alles, was ihm gehört, hat er mir anvertraut. Er ist in diesem Haus nicht größer als ich, und er hat mir nichts vorenthalten als nur dich, denn du bist seine Frau. Wie könnte ich da ein so großes Unrecht begehen und gegen Gott sündigen?« (Genesis 39: 7–9)

Ranelagh (1979, S. 4) hat darauf hingewiesen, daß die Ehefrau Potiphars in dieser Geschichte eigentlich nebensächlich ist. Betont werden Josephs Gehorsam gegenüber Gott und die Frau als das schlechthin Böse. Die Darstellung ist flach, ohne jede Sinnlichkeit und Erotik. Paradoxerweise haben sich dennoch zahlreiche Maler für die Geschichte interessiert und ihr jene erotische Qualität verliehen, die ihr in der Bibel fehlt.

Im späteren jüdischen Schrifttum wird die Geschichte recht geschickt wiedergegeben; vor allem im Midrasch, einem nachbiblischen jüdischen Text, fühlte man die Notwendigkeit, sie auszuschmücken. Die Unwiderstehlichkeit Josephs wird stärker zur Geltung gebracht: Nicht nur Potiphars Frau, sondern auch alle ihre Freundinnen sind nun von Liebe zu ihm ergriffen. Im Midrasch wird Potiphar als Eunuch dargestellt, wodurch die Untreue seiner Frau verständlicher wird. Joseph wird sowohl von der Ehefrau als auch von ihrem Mann begehrt, denn Potiphar hat ihn gekauft, um mit ihm Unzucht zu treiben.*

Der Koran enthält eine Sure mit dem Titel *Yūsuf* (Joseph), die das Thema auf interessante Weise variiert:

»Und sie liefen beide zur Tür, und sie zerriß sein Hemd von hinten; und sie trafen auf ihren Herrn bei der Tür. Sie sprach: ›Was ist der Lohn dessen, der gegen deine Familie Böses im Schilde führt, das Gefängnis oder schmerzliche Strafe?‹

* Sowohl vom Vater als auch von der Mutter sexuell begehrt zu werden ist eine Phantasie, die einem in der psychoanalytischen Praxis häufig begegnet. Oft hat sie ihren Ursprung darin, daß das Kind Zeuge des elterlichen Geschlechtsverkehrs wird und sich ausgeschlossen fühlt.

Er sprach: ›Sie stellte mir nach.‹ Und es bezeugte ein Zeuge aus ihrer Familie: ›Wenn sein Hemd vorn zerrissen ist, so hat sie die Wahrheit gesprochen, und er ist ein Lügner. Ist sein Hemd jedoch von hinten zerrissen, so hat sie gelogen, und er hat die Wahrheit gesprochen.‹

Und da er sein Hemd hinten zerrissen sah, sprach er: ›Siehe, das ist eine eurer Listen! Siehe, eure List ist groß! Joseph, wende dich ab hiervon, und du, o Weib, bitte ihn für deine Schuld um Verzeihung; siehe, du hast gesündigt.‹« (Koran, Sure 12, 25–29).

Thomas Mann hat die Geschichte Josephs neu erzählt und dabei die Entwicklung von dessen Charakter recht genau rekonstruiert: Sie führt vom reinen Narzißmus zu einem Narzißmus im Dienste der Gemeinschaft. Ich bin überzeugt, daß Thomas Manns Behandlung der Narzißmus-Thematik wiederum Kohut beeinflußt hat, der dem Narzißmus eine eigene Entwicklungslinie zuschreibt.

In der Bibel kommen auch eine ganze Anzahl von Frauen vor, welche die Psychoanalyse als »kastrierend« bezeichnen würde: Deliah, die Samson seinen Feinden ausliefert, nachdem sie ihm die Haare geschnitten und damit symbolisch entmannt hat; Jaël, die den schlafenden Sisera tötet, einen Feind der Juden, der auf der Flucht bei ihr Unterschlupf gesucht hat; schließlich Judith, die den Holofernes enthauptet. Daß diese kastrierenden Frauen auf das Unbewußte eine starke Anziehung ausüben, läßt sich daraus erkennen, wie häufig diese in der Bibel doch eher marginalen Szenen in der Kunst thematisiert wurden.

Doch gibt es *ein* Buch in der Bibel, in dem die Freuden der sexuellen Liebe offen und ohne Schuldgefühl geschildert werden: Das Hohelied, auch als »Lied Salomos« oder als »Lied der Lieder« bezeichnet, eine Sammlung von Liebes- und Hochzeitsliedern. Jedem scharfsichtigen Bibelleser wird auffallen, daß die Atmosphäre dieser Dichtung zum Tenor der Bibel als ganzer im Widerspruch steht, und tatsächlich stand das Hohelied in Gefahr, aus dem Alten Testament ausgeschlossen zu werden. Gerettet wurde es nur dadurch, daß man es allegorisch interpretierte, und verkleidet als Allegorie erlangte es kanonische Geltung. Es wurde als Liebeslied zwischen Gott und Israel aufgefaßt, und die Christen sahen darin einen Liebesgesang zwischen Christus und der Kirche. Der jüdische Gelehrte Rozelaar (1954) hat eindrücklich und zweifelsfrei bewiesen, daß das Hohelied zu einer hellenistischen Tradition erotischer Dichtung gehört. Welche Verzückung der Liebe hier zum Ausdruck kommt, zeigen etwa die folgenden Sätze: »Seine Linke liegt unter meinem Kopf, seine Rechte umfängt mich [...] Auch mächtige Wasser können die Liebe nicht löschen; auch Ströme schwemmen sie nicht weg. Böte einer für die Liebe den ganzen Reichtum seines Hauses, nur verachten würde man ihn« (Hohelied 8: 3, 7).

In der jüdischen Tradition wurde das Hohelied mit der Begrüßung des Sabbat in Verbindung gebracht, den man als Braut personifizierte. Folgerichtig wurde in der christlichen Tradition der sonntägliche Geschlechtsverkehr gutgeheißen. Origenes (185–253) hielt das Hohelied für ein Epos, das die Inkarnation in der Brautkammer der Jungfrau Maria feiert. Seiner Ansicht nach ist das Hohelied ein Drama mit vier Beteiligten: Bräutigam, Braut, Chor der Begleiter des Bräutigams (Engel und Heilige) sowie Chor der Braut (die Gläubigen der Kirche). Die Kirchenväter waren mit der griechischen Dichtung durchaus noch hinreichend vertraut, um deren Ähnlichkeit mit dem Hohelied zu bemerken. Da es jedoch ein biblisches Buch war, nahmen sie an, die Kunst der Liebesdichtung sei von den Juden an die Griechen weitergegeben worden und nicht umgekehrt.

In der Apsis der im römischen Stadtteil Trastevere gelegenen Kirche Santa Maria, die aus dem 12. Jahrhundert stammt, gibt es ein Mosaik, auf dem Maria und Christus als Paar im Himmel thronen. Maria zeigt eine Schriftrolle, auf der jener Liebesvers aus dem Hohelied geschrieben steht: »Seine Linke liegt unter meinem Kopf, seine Rechte umfängt mich.« Der mittelalterliche Künstler fand es also durchaus annehmbar, eine Mutter-Sohn-Beziehung durch ein verdeckt sexuelles Vokabular zu umschreiben. Bernhard von Clairvaux, der ebenfalls im 12. Jahrhundert lebte, widmete dem Hohelied nicht weniger als 86 Predigten. Er zitierte dieselbe Passage und verwandelte sie in eine Allegorie: »Glücklich die Seele, die an Christus' Brust liegt und in den Armen des Wortes ruht« (zit. n. Steinberg 1983). Kein Versuch der Allegorisierung vermag die sinnliche Qualität derartiger Sätze zu überdecken.

Wer nun jener hellenisierte Jude war, der entweder griechische Liebesdichtung ins Hebräische übertrug oder unter griechischem Einfluß originäre hebräische Liebesdichtung schuf, wissen wir nicht. Und wir kennen auch nicht die tieferen Gründe dafür, warum diejenigen, welche die Bibel zusammenstellten, dieses Gedicht in die Heilige Schrift aufnahmen. Doch weil es auf diese Weise überdauerte, konnten sich Generationen von Juden und Christen gegenüber einem Liebesgedicht empfänglich zeigen, ohne das Gefühl haben zu müssen, ihre Seelen zu gefährden und sie von Satan umgarnen zu lassen. Zahlreiche Psalmen in anderen Teilen der Bibel sind ebenfalls dichterisch, doch steht dort der poetische Impuls im Dienste der Verherrlichung Gottes, der Bitte um dessen Beistand und dem Streben nach seiner Liebe und Vergebung. Das Hohelied ist eine kostbare Ausnahme.

10

Liebe im Neuen Testament

Was das Thema Liebe im Neuen Testament anbelangt, so muß man zunächst unterscheiden zwischen den Evangelien, die insgesamt dem jüdischen Ethos näherstehen, und dem großen Umbruch, der auf dem Weg nach Damaskus einsetzte, als Saulus zu Paulus wurde. Um mit den Evangelien zu beginnen: Einer der Unterschiede zwischen Altem und Neuem Testament wird deutlich, wenn Jesus – als Antwort auf eine Provokation der Pharisäer – auf eine Stelle in der Genesis verweist und sie neu interpretiert: »Habt ihr nicht gelesen, daß der Schöpfer die Menschen am Anfang als Mann und Frau geschaffen hat und daß er gesagt hat: Darum wird der Mann Vater und Mutter verlassen und sich an seine Frau binden, und die zwei werden ein Fleisch sein? Sie sind also nicht mehr zwei, sondern eins« (Matthäus 19: 4–6). Diese Unterscheidung zwischen »zwei« und »eins«, die uns von Platon her vertraut ist, ist im jüdischen Denkhorizont etwas Neues. Aus dem Postulat des Einsseins in der Genesis zieht Jesus eine recht strenge Konsequenz – er verbietet die Ehescheidung: »Was aber Gott verbunden hat, das darf der Mensch nicht trennen.« Und weiter sagt er im selben Kapitel: »Manche sind von Geburt an zur Ehe unfähig, manche sind von den Menschen dazu gemacht, und manche haben sich selbst dazu gemacht – um des Himmelreiches willen. Wer das erfassen kann, der erfasse es« (19: 12).

Religiöse Selbstkastration im Zusammenhang mit dem Kult einer Fruchtbarkeitsgöttin war im Nahen Osten ein allgemein bekannter Ritus, den Priester im Zustand der Ekstase ausübten. Den Juden war das ein Greuel; schließlich hatte Gott den Menschen befohlen, sich zu vermehren. Es muß daher den jüdischen Zuhörern höchst sonderbar vorgekommen sein, daß Jesus die Selbstkastration rühmte. Selbstverständlich war dieser Ausspruch nicht wortwörtlich, sondern metaphorisch gemeint. Dennoch, der Jungfräulichkeitskult und die Annahme, der Geschlechtsverkehr als solcher sei etwas Schmutziges, waren Doktrinen, welche die frühen Christen von der Mehrheit der Juden unterschieden.

Von besonderer Bedeutung im Zusammenhang mit unserem Thema ist die Begegnung Jesus mit einer Frau, die man beim Ehebruch erwischt hat:

»Da brachten die Schriftgelehrten und die Pharisäer eine Frau, die beim Ehebruch ertappt worden war. Sie stellten sie in die Mitte und sagten zu ihm: Meister, diese Frau wurde beim Ehebruch auf frischer Tat ertappt. Moses hat uns im Gesetz vorgeschrieben, solche Frauen zu steinigen. Nun, was sagst du? [...] Als sie hartnäckig weiterfragten, richtete er sich auf und sagte zu ihnen: Wer von euch ohne Sünde ist, werfe als erster einen Stein auf sie. [...] Als sie seine Antwort gehört hatten, ging einer nach dem andern fort, zuerst die Ältesten. Jesus blieb allein zurück mit der Frau, die noch in der Mitte stand. Er richtete sich auf und sagte zu ihr: Frau, wo sind sie geblieben? Hat dich keiner verurteilt? Sie antwortete: Keiner, Herr. Da sagte Jesus zu ihr: Auch ich verurteile dich nicht. Geh und sündige von jetzt an nicht mehr!« (Johannes 8: 3–11)

Die Schriftgelehrten stellen Jesus auf die Probe: Sie wollen wissen, ob er dem mosaischen Gesetz treu ist. Jesus weicht dieser Herausforderung aus, doch sein moralischer Impuls überschreitet das geschichtliche Moment. Die Szene ist eine der eindringlichsten im Neuen Testament und wurde daher von Malern besonders gern dargestellt: »Wer ohne Sünde ist, der werfe den ersten Stein.« Die neue ethische Konzeption, die in dieser Aufforderung enthalten ist, hat dem westlichen Denken ihren Stempel aufgedrückt. Es ist eine Erklärung des Mitgefühls, die impliziert, daß niemand frei von Sünde ist und daher niemand berechtigt ist, über einen andern Gericht zu halten. Doch aus jenem Satz folgt noch mehr: Diejenigen, die Ehebruch begehen, und diejenigen, die ihn in ihrem Herzen begehen, werden als gleich schuldig betrachtet. Eine derart erweiterte Bedeutung des Begriffs Sünde läßt das Neue Testament an etlichen Stellen erkennen – ein Verwischen des Unterschieds zwischen Wunsch und Tat, wodurch das strafende Überich gestärkt wird. Die Psychoanalyse hat immer wieder gezeigt, daß Schuldgefühle überwiegend nicht aus begangenen Taten erwachsen, sondern aus Wünschen, die unter dem Druck des Überichs verdrängt wurden. In jeder psychoanalytischen Therapie geht es wesentlich darum, unbewußte Schuldgefühle bewußt zu machen und dem Analysanden dabei zu helfen, zwischen Wunsch und Tat zu unterscheiden; dies wiederum führt zu einer größeren Toleranz gegenüber bisher unannehmbaren Wünschen, die nicht mehr verdrängt zu werden brauchen.

Viele Aussprüche Jesus vermitteln die Botschaft der Liebe und der Vergebung der Sünde; einige sind jedoch auch berüchtigt wegen ihrer Härte. Der folgende verdient eine besondere Erörterung:

»Wenn dich deine Hand oder dein Fuß zum Bösen verführt, dann hau sie ab und wirf sie weg! Es ist besser für dich, verstümmelt oder lahm in das Leben zu gelangen, als mit zwei Händen und zwei Füßen in das ewige Feuer geworfen zu werden. Und wenn dich dein Auge zum Bösen verführt, dann reiß es aus und wirf es weg! Es ist besser für dich, einäugig in das Leben zu gelangen, als mit zwei Augen in das Feuer der Hölle geworfen zu werden« (Matthäus 18: 8–9).

Zum Glück haben die meisten Christen diese Warnung eher metaphorisch als buchstäblich aufgefaßt. Jedoch gibt es in der psychiatrischen Literatur Fälle von Psychosen, bei denen es aufgrund der Vorstellung, das sündige Organ müsse beseitigt werden, zu Selbstverstümmelungen kam. Die in einem Akt der Selbstbestrafung vollzogene Abtrennung eines Organs, das den bösen Penis symbolisiert, wird gewöhnlich Schuldgefühlen zugeschrieben, die aus dem Ödipuskomplex erwachsen. Der Psychoanalytiker Kohut (1975, S. 222f.) hat eine andere Deutung vorgeschlagen: Bei der Schizophrenie kommt es zu einem Zerfall des Körper-Selbst. Jedes Organ für sich repräsentiert dann mit seinen Eigenschaften einen Teilaspekt der eigenen Persönlichkeit. Das abgetrennte Organ hat seine narzißtische Bedeutung eingebüßt und wird nicht mehr als Teil des Selbst betrachtet. Daher kann es fallengelassen werden, als sei es ein fremder Körper.

Als im 19. Jahrhundert die Vormacht der christlichen Religion zu schwinden begann, konnte die Gleichsetzung von Wunsch und Tat bereits als Mittel der Verführung eingesetzt werden, wie zum Beispiel in einem Gedicht von Thomas Moore (1779–1852):

Oft schon sagten mir gelehrte Mönche,
Daß Wunsch und Verbrechen eines sind
Und daß der Himmel Begierden bestraft,
So schwer, als seien die Taten vollbracht.
Wenn schon der Wunsch uns verdammt, dann sind du und ich
Verdammt zu allem, was unsre Herzen bergen;
So komm und laß uns wenigstens
Für unsre Strafe ein wenig Lust genießen!

Als Jesus lehrte, stand der jüdische Tempel noch, und um ihn zu reinigen, warf er die Geldwechsler hinaus. Daß Gott es zuließ, daß sein Tempel niedergebrannt wurde, war ein Schock für die Juden wie auch für die frühe jüdisch-christliche Sekte. Um diesen Schock zu bewältigen, ersetzten die Juden das Opfer durch das Gebet. Psychoanalytisch gesprochen war dies ein Versuch, den Schock durch Internalisierung und durch Stärkung des Überichs zu überwinden. Denn das Opfer ist ja ein greifbarer Vorgang, der den Gläubigen ohne weiteres davon zu überzeugen vermag, er habe für seine Sünden gebüßt. Das Gebet erfüllt den gleichen Zweck, doch ist es eher etwas Geistiges und bedarf größerer psychischer Anstrengung.

Auch Paulus reagierte auf den Schock der Tempelzerstörung; er machte aus dem Körper denjenigen Tempel, der *eigentlich* zerstört worden war: »Der Leib ist aber nicht für die Unzucht da, sondern für den Herrn, und der Herr für den Leib« (1. Korinther 6: 13). In den Schriften des Paulus werden sämtliche Formen der Sexualität mit einer Vehemenz verdammt, die bei den Juden wie bei den Griechen ohne Beispiel ist. »Wißt ihr denn nicht, daß Ungerechte das Reich Gottes nicht erben werden? Täuscht euch nicht! Weder Unzüchtige noch Götzendiener, weder Ehebrecher noch Lustknaben, noch Knabenschänder [...] werden das Reich Gottes erben« (1. Korinther 6: 9–10). Götzendienst, Unzucht, Homosexualität, Onanie – alles verurteilt Paulus mit gleicher Schärfe.

Die Griechen kannten zwei jungfräuliche Göttinnen, Artemis und Athene, doch Keuschheit als solche war weder bei den Griechen noch bei den Juden ein Symbol der Vollkommenheit. Erstmals in der Geschichte des Abendlands wurde nun Keuschheit zu einer Tugend, sexuelle Enthaltsamkeit zu einem Zeichen der Frömmigkeit. Paulus selbst kämpfte geradezu heldenhaft gegen sexuelle Versuchungen: »Ich stoße also auf das Gesetz, daß in mir das Böse vorhanden ist, obwohl ich das Gute tun will. Denn in meinem Innern freue ich mich am Gesetz Gottes, ich sehe aber ein anderes Gesetz in meinen Gliedern, das mit dem Gesetz meiner Vernunft im Streit liegt und mich gefangenhält im Gesetz der Sünde, von dem meine Glieder beherrscht werden. Ich unglücklicher Mensch! Wer wird mich aus diesem dem Tod verfallenen Leib erretten?« (Römer 7: 21–24)

Paulus hatte von Platon niemals gehört; anders jedoch Augustinus. Dieser stimmte der Prämisse Platons zu, der Mensch sehne sich nach dem Guten und sei begierig darauf, dieses Objekt seiner Sehnsucht in Besitz zu nehmen. Nur Gott selbst ist von vollkommener Erhabenheit, und darum kann er allein das menschliche Verlangen nach Liebe befriedigen. Dabei ist Gott zwar etwas Abstrakteres als ein sterblicher Partner, doch er ist weniger abstrakt als das Gute bei Platon. Und für Mystiker ist Gott sogar ein recht konkretes Liebesobjekt.

Freud hatte seine eigene Erklärung dafür, warum das Christentum sich durchsetzte. Seine Deutung beruhte auf Ideen, die er bereits 1913 in *Totem und Tabu* formuliert hatte. Zu größerer Klarheit gelangten diese Ideen dann in seinem letzten Werk, *Der Mann Moses und die monotheistische Religion* (1938). In diesem Buch deutet Freud das Judentum als eine Vaterreligion, das Christentum dagegen als die Religion des Sohnes. Die Entthronung des Vaters durch den Sohn hielt er für den latenten Inhalt des Christentums, das heißt die Erfüllung des ödipalen Wunsches in verkleideter Form. Die Idee, den ödipalen, vatermörderischen Sohn in einen Erlöser zu verwandeln, geht Freud zufolge auf Paulus zurück. Diese Maskierung macht aus dem rebellischen Sohn ein unschuldiges Opfer. Freigesprochen von eigener Schuld, kann er für die Schuld derjenigen büßen, die an ihn glauben. Anders als in der griechischen Mythologie werden im Christentum alle vatermörderischen Impulse rücksichtslos verdrängt. Was bleibt, ist allein die Schuld. Das Abendmahl, bei dem der Gläubige Fleisch und Blut des Erlösers in sich aufnimmt, deutete Freud als Wiederholung der Totemmahlzeit, die nun von allen kannibalistischen und aggressiven Bestrebungen gereinigt ist.

Dazu sei noch das Folgende angemerkt: In der jüdischen Gedankenwelt hielt man jede sexuelle Verbindung zwischen Gott und einem

Sterblichen für Blasphemie. Die unbefleckte Empfängnis ist ein eindrucksvolles, schlagendes Beispiel für einen Kompromiß zwischen diesen beiden Welten, denn hier hat ein Geschlechtsverkehr zwischen Gott und einer Sterblichen stattgefunden und gleichzeitig nicht stattgefunden. Wie Ernest Jones (1914) gezeigt hat, ist bei der unbefleckten Empfängnis das Ohr an die Stelle der Vagina getreten. (Arlow hat 1964 den Fall einer religiös eingestellten Frau geschildert, die während der Psychoanalyse eine Empfängnis durch die Augen erlebte.) Die unbefleckte Empfängnis ist ein Beispiel für »primärprozeßhaftes Denken«, wie Freud dies nannte. Es erfüllt den grundlegenden Wunsch des Kindes nach einer Mutter, die *keinen* Verkehr mit dem Vater hatte.

Die Geschichte von der Geburt Christi und insbesondere die christliche Ikonographie bieten weitere Einsichten. Die Angst des Königs Herodes vor dem Kleinkind Jesus und sein Befehl, alle in Bethlehem geborenen Säuglinge umzubringen, zeigt, daß wir es hier mit einer ödipalen Geschichte zu tun haben. Ein weiterer Beleg ist die unterwürfige, knechtische Rolle, die Joseph, der weltliche Vater Jesus, in diesem Drama spielt. Die Heiligen Drei Könige sind hohe Repräsentanten des Vaters, die Jesus ihre Reverenz erweisen. Jesus hat keine Geschwister; seine Mutter ist eine Jungfrau, die ausschließlich für ihn lebt. Im Himmel wird sie von ihm gekrönt werden und wie eine Gemahlin an seiner Seite herrschen. Michelangelo hat dieses Geheimnis intuitiv erahnt, als er Mutter und Sohn in der großen Pietà in Rom so darstellte, als seien sie gleichaltrig. Auf der Grundlage einer grausam unterdrückten Sexualität, mit einer Mutter und einem Sohn, die frei von Sünde sind, und mit der Kreuzigung als Strafe hat das Christentum die Erfüllung des ödipalen Wunsches erlaubt – in verschleierter Form, wohlgemerkt.

In seiner monotheistischen Begeisterung unterdrückte das Judentum jeglichen Bezug auf eine weibliche Gottheit. Lediglich die Anhänger der Kabbala ließen eine weibliche Emanation Gottes (Schechina) fortbestehen, doch selbst hier nahm sie die niedrigste Stufe der göttlichen Emanationen ein (die im Hebräischen *Sephiroth* heißt). Im Christentum, vor allem im Mittelalter, ist Maria als mächtige, eigenständige Göttin wiedererstanden. Ihr sind die schönsten Kirchen der westlichen Christenheit geweiht, wie zum Beispiel die Kathedrale von

Chartres. In seinem kurzen Aufsatz ›»Groß ist die Diana der Epheser«‹ (1911b) hat Freud auf diese Wiederkehr der Muttergottheit angespielt.

In einer jüngeren Publikation hat der Kunsthistoriker Leo Steinberg (1983) eine erstaunliche Fülle von Beweismaterial zusammengetragen, das verdeutlicht, daß die christliche Kunst vom 12. Jahrhundert bis zur Gegenreformation den Phallus von Jesus besonders hervorgehoben hat, und zwar sowohl in Darstellungen des Kindes als auch in den Kreuzigungsszenen. Psychoanalytiker dürften diese Funde als weiteren Beweis dafür werten, daß Freud durchaus recht hatte, als er Jesus mit Ödipus gleichsetzte.

11

Romantische und narzißtische Liebe vom Mittelalter bis zu Shakespeare und Milton

Im Mittelalter wurde eine neue Art von Liebe erfunden, durch die sich das Vokabular der Liebe erweiterte – die romantische Liebe. Hatte man es bis dahin für selbstverständlich gehalten, daß die Reise zweier Liebender deren Begegnung zum Ziel habe – das heißt ihre sexuelle Vereinigung –, so wurde nun, mit dem Aufkommen der romantischen Liebe, die unerfüllte Liebe idealisiert. Als Muster diente der Ritter, der eine verheiratete Frau höheren sozialen Ranges liebt und um ihretwillen Not leidet. Seine Liebe bleibt entweder unerwidert, oder es türmen sich – gewöhnlich von den Liebenden selbst geschaffene – Hindernisse auf, welche die Erfüllung dieser Liebe verhindern. Ein wesentliches Moment der romantischen Liebe besteht darin, daß die Liebenden ohne einander nicht leben können. Die Vereinigung, zu der sie im Leben nicht gelangen, finden sie erst im gemeinsamen Tod. Dieser »Liebestod« tritt an die Stelle des Orgasmus in der gewöhnlichen Liebe. Damit sexualisiert die romantische Liebe den Tod und lädt im Gegenzug die Liebe mit Aggression auf. Aus klinischer Sicht läßt sich sagen, daß die romantische Liebe heute als eine bestimmte Form neurotischer Liebe fortdauert.

Nachdem die romantische Liebe sich einmal artikuliert hatte, blieb sie ein bestimmendes Moment westlicher Empfindsamkeit. Andrew Marvell (1621–1678) hat ihr Wesen in seinem Gedicht *The Definition of Love* (Die Begriffsbestimmung der Liebe) prägnant erfaßt:

Wie mein Gefühl entstand, ist rar,
So wie bei jedem hohen Ding:
Da die Verzweiflung Vater war,
Von dem Unmöglichkeit empfing.

Nur Großmut im Verzweifeln litt,
Das mir so göttlich schien und hold,

Wo Hoffnung niemals flog, nur mit
Den Schwingen schlug aus Flittergold.

Doch rasch käm ich zu jenem Teil,
Wo ausgestreckt die Seele hängt,
Doch Schicksal treibt den Eisenkeil
Und hat sich zwischenein gedrängt.

Das Schicksal blickt voll Eifersucht
Hin aufs vollkommne Liebes-Zwei,
Wärn sie vereint, wär es verflucht
Und Ohnmacht seine Tyrannei.
(Marvell 1962, S. 35)

Im Mittelalter ließ die romantische Liebe die Minne aufkommen, laut C. S. Lewis eine »Liebesreligion«. Lewis, dessen Buch *The Allegory of Love* (1936) die Deutung der höfischen Liebe wesentlich beeinflußte, definierte sie als eine außerordentlich spezialisierte Form der Liebe, in der sich Demut, Höflichkeit, Ehebruch und Liebesreligion miteinander verbinden. Diese Lehre wird in einem angeblichen Brief der Gräfin Marie de Champagne formuliert, die im 11. Jahrhundert die Liebesresidenz von Poitiers beherrschte. Besonders bemerkenswert sind die folgenden Liebesgebote: »Keine Frau, auch nicht die verheiratete, wird die höchsten Weihen des Königs der Liebe empfangen, wenn sie nicht außerhalb der Grenzen des Ehestands dem Dienst an der Liebe oblegen hat.« Die Liebe wird definiert als »ein ungezügeltes Verlangen danach, voller Leidenschaft eine heimliche, verstohlene Umarmung zu erfahren«. »Das Eheversprechen beschränkt die beiden Partner darauf, das Begehren des jeweils anderen zu stillen, und damit beseitigt es die Freiheit, derer die Liebe bedarf.« Und noch zwei weitere Regeln verdienen Beachtung: »Niemand vermag zwei Männer zu lieben« und »Wer nicht eifersüchtig ist, liebt auch nicht« (zit. n. Kelly 1975, S. 37f.).

Andreas Capellanus ist der Theoretiker der höfischen Liebe. Für ihn ist sichtbare Schönheit deren einzige Quelle. Darum glaubte er auch fälschlich, Blinde seien zur Liebe unfähig. Für eine gewisse Zeit nahm die »Religion der Liebe« beinahe ketzerische Züge an. Im englischen Sprachraum inspirierte sie Dichter wie Wyatt, Sidney, Spenser und Raleigh zu Liebesdichtungen von großer Schönheit und Intensität.

Dante (1265–1321), der große Dichter des Mittelalters, schuf aus den verschiedenen ihm zugänglichen Ideologien der Liebe eine eigene Synthese. Er ist der Dichter einer Liebe, die auf höhere Ziele gelenkt wird. Damit gehört er zwar in die Tradition der romantischen Liebe, doch gleichzeitig steht sein Werk auch in der schöpferischen Nachfolge von Platons *Symposion*. Dante, der große Dichter einer zielgehemmten Liebe, spielte in der abendländischen Geschichte der Liebe eine überragende Rolle: Er zeigte, daß die Liebe zu einer Frau, genau wie religiöse Liebe, auch in reiner Form existieren kann, ganz und gar erfüllt von der Gegenwart und der Persönlichkeit der Geliebten. Auch wenn diese einen Namen hat, so muß man hier fast von einer Liebe ohne Liebesobjekt sprechen.

Dante war neun Jahre alt, als die Liebe in sein Leben eintrat, und von da an beherrschte sie seine Seele. Er fühlte sich derart von Liebe erfaßt, daß er lediglich die Worte niederzuschreiben brauchte, welche die Liebe ihm diktierte – genau wie die Evangelisten aufzeichneten, was der Heilige Geist ihnen eingab. Für Dante war selbst der Name der Geliebten ein Geheimnis, das bewahrt werden mußte, und wenn sie ihn gelegentlich grüßte, so gelangte er bereits an die Grenzen reiner Glückseligkeit. »Wenn sie mir irgendwo begegnete, so hätte ich, dieweil ich ihren wundersamen Gruß erhoffte, keinem Menschen mehr feind bleiben mögen; vielmehr erfaßte mich eine Glut der Liebe, welche mich jedem, der mich beleidigt haben mochte, verzeihen hieß« (Dante, S. 18f.).

Liebende kennen keine Aggression – eine Auffassung, die später Shakespeare szenisch umgesetzt hat: Romeo lehnt es ab, mit Tybalt zu kämpfen. Doch war sich Shakespeare darüber im klaren, daß es kein Leben gibt, wo jegliche Aggression beseitigt ist, und darum ließ er diese Szene mit Mercutios Tod tragisch enden.

Im 18. Gesang des *Purgatoriums* erfährt Dante von Vergil, was Liebe eigentlich ist: Der Mensch liebt, weil ihm »der Trieb zu lieben eingeboren«. In dem Augenblick, da seine Seele einem Objekt begegnet, das ihr angenehm ist, gerät er sofort in tätige Bewegung. Das ist vielleicht die schlichteste aller möglichen Liebestheorien, doch Vergil läßt noch eine Komplikation folgen: Die Seele erschafft in sich selbst ein Abbild der geliebten Person, und erst indem sie dieses innere Bild erzeugt, wird sie von Liebe erfaßt. Diese Einsicht gehört zu den bedeutendsten innerhalb der gesamten Geschichte dieses Problems. Dante weiß, daß man sich nicht in eine Person der realen Welt verliebt, wenn man nicht zuvor schon – bevor man jener Person überhaupt begegnet ist – ein innerpsychisches Bild geschaffen hat. Auf die Beziehung zwischen diesem inneren Bild und der realen Person werde ich im folgenden noch mehrfach zurückkommen.

Dante lebte noch, als Petrarca im Jahr 1304 geboren wurde. Petrarca war ein bedeutender Lyriker und zugleich der erste Humanist. Er entwickelte ganz neue Bilder und Metaphern der Liebe und fand zu einem Vokabular, das der Verherrlichung einer melancholisch gestimmten Liebe diente.

Daß der Mythos des Narziß einen unbewußten Bedeutungsgehalt transportiert, läßt sich auch daran erkennen, daß er im christlichen Zeitalter Generationen von Schriftstellern fasziniert hat. Die erste christliche Version dieses Mythos stammt von einem namentlich nicht bekannten normannischen Dichter des 11. Jahrhunderts. Frederick Goldin (1964) hat diese Version sehr schön nacherzählt; seiner Schilderung möchte ich folgen, obgleich sich meine Deutung der Geschichte von der Goldins – in dessen Büchern der Name Freud nicht vorkommt – unterscheidet.

In dieser mittelalterlichen Version also ist Narziß ein gewöhnlicher Sterblicher, und anstelle der Nymphe Echo tritt eine Prinzessin namens Dane auf. Zunächst weiß Dane gar nicht, daß sie verliebt ist, sondern leidet nur an Schlaflosigkeit. Weil sie das Gefühl hat, ihr Bett sei zu hart, weckt sie ihre Amme, damit diese die Bettücher wechsle. Allmählich wird ihr klar, daß ihre Krankheit in Wahrheit Liebe ist und daß Narziß das einzige Heilmittel dagegen ist. Sie fleht ihn an, ihre Liebe zu erwidern, doch sie wird abgewiesen; so betet sie zum Gott der Liebe, Narziß möge das gleiche erleiden wie sie selbst. Die Strafe, die über Narziß dann tatsächlich verhängt wird, kommt also nicht von Nemesis, sondern unmittelbar vom Liebesgott Amor (wodurch sein Schicksal dem des Hippolytos ähnlicher wird). Er wird bestraft, weil er sich der Liebe verweigert hat. Für den christlichen Dichter ist Selbstliebe überhaupt keine Form von Liebe, sondern bloßer Ungehorsam gegenüber deren Geboten.

Narziß kommt zu einer Quelle und verliebt sich in ein Bild, das er für das der Quellnymphe hält. Das homosexuelle Motiv bei Ovid ist also hier zu einem heterosexuellen geworden. Narziß vermag die Augen von diesem Bild nicht mehr abzuwenden: »Ihr« Gesicht, ihre Figur, ihre Hände, jeder Teil ihres Köpers bezaubert ihn. Mit Worten, die unmittelbar von Ovid übernommen sind, spricht er zu dem Bild im Wasser: »Komm her! Warum bist du so zurückhaltend? Warum bist du so hochnäsig zu mir? Ich bin wohl kaum weniger schön als du. Viele verlangten nach meiner Liebe, und jetzt fühle ich ganz deutlich, wie es ihnen erging ... Nun los, sprich mit mir Unglücklichem! ... Sie hört nicht, was ich sage ... Ihre Lippen bewegen sich, doch ich höre nicht, was sie sagen ... Wenn ich seufze, wenn ich weine, so tut sie das gleiche ... Entweder will sie mich nachäffen oder sie kann wirklich nicht kommen ...«

Es folgt der Augenblick der Erkenntnis. »Ich weiß genau, der Seher hat die Wahrheit gesprochen, mein Tod ist nahe ... Verrückt ist es, wohin ich meine Liebe wandte ... Nun, da ich die Wahrheit kenne, gibt es für mich keine Hoffnung mehr ... Zuvor war mir wenigstens der Anblick eine Lust ... jetzt, da ich es weiß, sehe ich nichts mehr ... Ich liebe mich selbst, es ist Wahnsinn.«

An diesem Punkt tritt der Unterschied zwischen der heidnischen und der christlich-mittelalterlichen Sicht deutlich hervor. Narziß fährt in seinem Monolog fort:

»Warum weiß meine Mutter nichts von alldem? Käme sie, so könnte sie mich wenigstens bedauern und um mich weinen.

Vielleicht könnte sie mich irgendwie trösten – wenigstens gibt es noch das Mädchen, die ich neulich so schön fand ... die mich bat, sie zu lieben ... und ich war so hartherzig und gemein ... vielleicht könnte sie mich retten, eher noch als meine Mutter, mein Vater oder meine Schwester, wenn ich ihr nur mein Herz zuwenden könnte, wenn ich mein Herz an sie binden und so diesen Wahnsinn vergessen könnte ... Hätte ich [im Wasser] nicht mich selbst, sondern jemand anderen gesehen, so wäre ich nicht in dieser mißlichen Lage ... Käme sie doch jetzt zufällig vorbei! Sie könnte ganz sicher sein, meine Liebe zu gewinnen, und sie würde mich aus dieser Ermattung reißen« (Goldin 1964).

Dane eilt herbei, doch sie kommt zu spät; Narziß ist ohnmächtig geworden. Außerdem hat er seine Sprache verloren (in dieser Version erleidet er das Schicksal Echos). Mit Gesten gibt er ihr zu verstehen, daß er seine Grobheit bereut; er streckt seine Arme aus und bewegt seine Lippen, um ihr zu zeigen, daß er jetzt fähig ist, zu lieben. Dane jedoch kann den Gedanken nicht ertragen, daß ihr eigenes schreckliches Gebet seinen Tod herbeiführt. Sie ist untröstlich, und darum muß sie mit ihm sterben. Es sind die Motive der Schuld, der Reue und des Liebestods, die den mittelalterlichen Narziß von seinem klassischen Vorbild unterscheiden. In wahrhaft christlicher Manier stirbt er als reuiger Sünder.

Eine weitere mittelalterliche Version des Mythos von Narziß findet sich im *Rosenroman* des Guillaume de Lorris. Der Held dieser Geschichte geht im Traum in einem Garten spazieren und entdeckt dort die Quelle des Narziß, von dessen Tod eine Gedenktafel kündet. Der Träumende wird von einem Pfeil des Amor getroffen. Da er die Geschichte des Narziß kennt, entrinnt er dem Tod, allerdings erst nach langem innerem Kampf. »Dies ist der verderbliche Spiegel, in dem der hochmütige Narziß sein Angesicht betrachtete ... In einem schmerzlichen Moment erblickte ich hier mich selbst, welch ein Jammer! Wie oft habe ich schon geseufzt, seit ich dessen gewahr wurde.« Wie Goldin (1964) sehr schön zeigt, sahen eine ganze Anzahl von Minnedichtern durchaus die Ähnlichkeit zwischen der Verehrung ihrer »Dame« und bloßem Narzißmus. Sie erkannten, daß diese Verehrung nichts als Selbstliebe war.

»Ach, ich glaubte so viel über die Liebe zu wissen, und weiß doch in Wahrheit so wenig! Denn ich kann mich nicht davon abbringen, sie zu lieben, von der ich doch keinen Lohn zu erwarten habe. Ihr gehört mein ganzes Herz, ich, sie selbst und die ganze Welt; und wenn sie mir alles genommen hat, so läßt sie mich zurück mit nichts als Verlangen und Sehnsucht des Herzens. Ich hatte keine Macht mehr über mich, ich gehörte mir nicht mehr von dem Augenblick an, da sie mich in ihre Augen blicken ließ, in einen Spiegel, der mich entzückte, bis heute. Seitdem ich mich in dir erblickte, haben tiefe Seufzer mich getötet, denn ich habe mich selbst verloren, wie der schöne Narziß sich in der Quelle verlor« (Bernard de Ventadorn, zit. n. Goldin 1964, S. 95).

Die Augen der Geliebten waren der trügerische Spiegel, in dem er nichts als sich selbst erblickte.

Die Geschichte des Narziß setzt sich fort bis in die Renaissance. Edmund Spenser (1552–1599) erzählt im 3. Buch seiner *Feenkönigin* die Geschichte der Britomart, eines weiblichen Ritters der Keuschheit. Unschuldig blickt sie in einen verzauberten Spiegel, den der Magier Merlin ihrem Vater gegeben hat. Dieser Spiegel hat die Macht, alles zu zeigen, was ein Liebender sich wünscht. Zunächst sieht Britomart nur ihr eigenes Bild; doch als sie daran denkt, was einmal ihr eigen sein wird, erscheint im Spiegel das Bild eines unbekannten Ritters, Artegal. In diesem Augenblick trifft sie »der hinterhältige Schütze«, jedoch so verstohlen, daß bereits Anzeichen von Liebe erscheinen, bevor sie überhaupt die Wunde spürt: Sie wird unruhig und schwermütig, ohne jedoch zu erkennen, daß sie liebt. Wieder einmal ist es eine alte Amme, die diese Symptome richtig deutet; sie versucht, Britomart zu trösten, doch diese behauptet beharrlich, ihre Situation sei hoffnungslos. Die Art und Weise, wie sie dies begründet, zeigt, daß sich der Autor über das narzißtische Moment zutiefst im klaren ist: Seine Britomart ist ohne Hoffnung, weil ihr Ritter nichts als ein Spiegelbild ihrer eigenen Phantasie ist. Sie ist ihrem geliebten Ritter niemals begegnet, sondern hat nur seine Gestalt im Spiegel erblickt – Spenser weiß um die Gefahren des Narzißmus.

Ein Analysand, der von der erwählten Frau enttäuscht worden war, bemerkte einmal wehmütig: »Wenn ich mich verliebte, habe ich immer das ganze Drehbuch allein geschrieben und erst dann nach der Besetzung gesucht.«

Narziß und Hermaphrodit bei Shakespeare

Shakespeare wird seit langem als der herausragende Dichter der Liebe betrachtet. Liebe – so will es das traditionelle Urteil – sei für ihn etwas Starkes und Natürliches gewesen, so daß es schon der Intervention einer fremden Macht bedürfe, um das Glück vollkommener Erfüllung zu verhindern. Anders als Dante und dessen eher intellektuelle Liebe wird Shakespeare als der Dichter irdischen Liebesglücks geschätzt. Doch dieser heiteren Perspektive stellen sich Shakespeares Sonette als

Problem entgegen. Kritiker wie etwa Croce glaubten, auf der spiegelblanken Oberfläche der Theaterstücke seien die Sonette eine nur vorübergehende Trübung (Murray 1921), doch gab es schon immer einige Stücke, die mit einer derart optimistischen Auffassung nur schwer zu vereinbaren sind, so zum Beispiel *Hamlet*, *Maß für Maß* und *Troilus und Cressida*, um nur die herausragendsten zu nennen. Mit dem Aufkommen der Psychoanalyse und deren strikter Trennung von manifestem und latentem Inhalt wurde dieses Shakespeare-Bild in Frage gestellt (Holland 1966). In meinen Untersuchungen zum Werk Shakespeares möchte ich vor allem die Beziehung zwischen Liebe und Narzißmus genauer betrachten – ein Thema, das bisher nicht die ihm gebührende Aufmerksamkeit gefunden hat.

Venus und Adonis. Der Leser wird sich daran erinnern, daß ich im 3. Kapitel Ovids Geschichte von Venus und Adonis als eine Entthronung der einst mächtigen Liebesgöttin interpretierte. Ovid brachte Venus wieder dorthin, wo sie herkam, das heißt, er machte sie wieder zu dem, was sie in der Vorzeit gewesen war, bevor der griechische Geist sie in eine Göttin der Liebe verwandelte: die Göttin der Fruchtbarkeit, die um den Verlust ihres Geliebten trauert. Shakespeare treibt diese Erniedrigung der Venus noch einen Schritt weiter. In seinem Kleinepos *Venus und Adonis* läßt sie sich nicht nur dazu herab, selbst zu lieben – sie vermag noch nicht einmal ihren Sohn Cupido dazu zu veranlassen, den geliebten Jüngling zur Erwiderung ihrer Liebe zu zwingen. So spricht sie zu Adonis:

> Wie ich um dich, so hat um mich gefreit
> Der fürchterliche, rauhe Gott des Krieges,
> Der seinen Nacken bog in keinem Streit,
> Der, wo er wandelt, sich erfreut des Sieges;
> Doch hab' ich ihn zu Füßen mir gesehn,
> Erflehend das, was dir wird ohne Flehn.
> (Shakespeare 1978, S. 237)

Es gehört zur Strategie der Verführung, wenn Venus warnend den Mythos von Narziß beschwört: Falls Adonis sie nicht liebe, werde er enden wie Narziß. Wir haben ja bereits gesehen, daß der Mythos von

Narziß schon in der Antike als moralisches Exempel gegenüber denen angeführt wurde, die sich der Liebe verweigern. Venus mahnt:

Versah dein Herz an deinen Augen sich?
Kann deine Linke lieben deine Rechte?
Wirb um dich selbst dann, selbst verschmähe dich,
Und mache dich zu deinem eignen Knechte.
So ging Narziß der eignen Schöne nach,
Und starb vor Sehnsucht, als er stand am Bach.

Das Schicksal des Narziß dient Venus als Argument für die Fortpflanzung:

Die Sprossen sünd'gen, die für sich nur sprießen:
Saat stiftet Saat, Schönheit der Schönheit Licht;
Du wardst gezeugt, und Zeugen ist dir Pflicht.
[...]
Sieh, die Natur gebietet dir, zu zeugen,
Daß dein Geschlecht lebt, wenn du selbst gestorben:
So wirst du ganz nicht in den Tod gegeben,
Dein Bild ja lebt, und in ihm wirst du leben!
(Ebd., S. 241)

Das ist Shakespeares Standardargument gegen den Narzißten, der die sexuelle Begegnung meidet. In der *Zwölften Nacht* (I/5) wendet es Viola gegen Olivia:

Fräulein, Ihr seid die Grausamste auf Erden,
Wenn diese Reize Ihr zu Grabe tragt
Und laßt der Welt kein Abbild!

Dem gleichen Argument werden wir auch in den Sonetten begegnen.

Panofsky (1969) ist der Ansicht, daß Shakespeare unter dem Einfluß eines Gemäldes von Tizian, das damals in England zu sehen war, aus der »Abschied nehmenden Venus« einen »flüchtenden Adonis« gemacht hat. Dieses Gemälde, das jetzt im Prado hängt, zeigt eine nackte Venus, die sich an einen völlig bekleideten Adonis klammert, während dieser an einer Leine zwei Hunde hält, die der Jagd entgegenfiebern. Warum sich allerdings Tizian, der heterosexuell war, vom Vorbild Ovids entfernt haben sollte, erklärt Panofsky nicht.

Auf der Grundlage sumerischer Texte habe ich im 2. Kapitel eine Unterscheidung getroffen zwischen der Poesie der Verführung und der Poesie der Liebe, und ich vermutete, daß die Poesie der Verführung wahrscheinlich die ältere ist. *Venus und Adonis* ist ein Gedicht der Verführung; man lese, wie Venus ihre eigenen sexuellen Reize rühmt:

Geh' nach Gelüst hier deiner Weide nach!
Fang' auf den Lippen an! wenn *die* versiegen,
Dann tiefer, wo die lust'gen Quellen liegen!
Genug des Süßen gibt's in diesem Reiche;
Gras in den Gründen, anmutvolle Höhn;
Gewölbte Hügel, Buschwerk und Gesträuche,
Die vor dem Regen und des Sturmes Wehn
Dich schützen werden; drum sei mein Hinde,
Und fürchte nicht, daß hier ein Hund dich finde!
(Shakespeare 1978, S. 245)

Nicht weniger verführerisch sind die folgenden Zeilen:

[...] zum Lohn von tausend Dingen
Erfährst du auch, so süßen als geheimen.
O, komm – dies Moos birgt keiner Schlange Tücke! –
Daß ich mit meinen Küssen dich ersticke.
(Ebd., S. 233)

Das sind wunderbare Metaphern: In dem Satz *Then be my deer* wird *deer* (Hirsch, Hinde) mit *dear* (Liebster) lautlich verdichtet, und die Vagina erscheint als ein Ort der Zuflucht, voll von süßen Geheimnissen und sicher vor Hunden und Schlangen. Diese Metaphern sollen der Kastrationsangst des zur Homosexualität neigenden Adonis entgegenwirken. Venus scheitert, doch ihren Mißerfolg kleidet Shakespeare in eine herrliche Sprache.

Venus wendet sich noch an eine weitere narzißtische Furcht: die Furcht vor Langeweile.

Und fürchte nicht, verhaßte Sattheit müsse
Den Mund dir schließen; nein, im Überfluß
Soll er noch hungern, wundgeküßt.
(Ebd.)

Diese Metapher kennen wir bereits aus einem anderen Zusammenhang, wo sie Bewunderung für Kleopatra zum Ausdruck bringen soll:

[...] das Alter kann sie
Nicht welk machen, noch die Gewohnheit schal
Ihre unendliche Vielfalt! – Andre Frauen
Verleiden das Verlangen, das sie nähren,
Doch sie macht hungrig, wo sies gänzlich stillt.
(*Antonius und Kleopatra*, II/3)

In dem Gedicht *Venus und Adonis* bleibt die Verführung strikt innerhalb heterosexueller Grenzen. In *Der verliebte Pilger* schreckt Venus nicht davor zurück, gegenüber Adonis auch homosexuelle Mittel der Verführung einzusetzen. Sie verwandelt sich in Mars:

Die schöne Venus unter Myrtenzweigen
Saß kosend bei Adonis; sie erzählt
Wie sich der wilde Mars tät zu ihr neigen,
Sie stellt ihm nach, wie er ihr nachgestellt.
»So«, sagte sie, »so pflegt' er mich zu küssen«;
Und damit schlang sie ihre Arm um ihn.
»So hat er oft den Gürtel mir entrissen«:
Als sollt er gleichen Liebesdienst vollziehn.
»So drückt' er seine Lippen mir auf meine«:
Denselben Druck gibt sie den seinigen.
Und wie sie Odem schöpft, entspringt der Kleine;
Von ihren Wünschen will er nichts verstehn.
(Shakespeare 1978, S. 199)

Auch in diesem Gedicht hat Venus keinen Erfolg, denn der Jüngling fürchtet, von ihr »gestutzt« zu werden. Wie ich noch zeigen werde, teilte Shakespeare all diese Ängste des Adonis, doch er war Dichter, und als solcher vermochte er das Werben der tragischen Venus in eine ästhetische Sprache zu kleiden.

Das Narzißmus-Thema in Shakespeares Komödien. In dem Stück *Viel Lärm um Nichts* treten zwei narzißtisch Liebende auf, Benedick und Beatrice. Durch ein bewußt inszeniertes soziales Komplott werden sie dazu gebracht, eine Liebesbeziehung miteinander einzugehen: Jedem wird versichert, der andere sei ganz vernarrt in ihn. So ist jeder von ihnen überzeugt, er werde angebetet, und auf diese Weise überwinden sie ihre Vorbehalte gegen die Liebe. Shakespeare macht sich hier über die Liebe lustig, indem er deren narzißtische Grundlage offenlegt.

In der *Zwölften Nacht* wird dieses Thema noch weiter ausgeführt und vertieft. In diesem Stück wird ein hermaphroditisches Zwillingspaar durch ein Unwetter voneinander getrennt. Viola, die Schwester, verkleidet sich als Mann und tritt in den Dienst des Herzogs Orsino. Dieser bedient sich ihrer, um Olivia den Hof zu machen, doch ist die Gräfin eher für den Boten und die Schönheit seiner Botschaft empfänglich als für den Herrn. Homosexuelle Liebe tritt hier an die Stelle hermaphroditischer Liebe. Sebastian, der Bruder, wird durch einen Kapitän gerettet, wodurch sich ein weiteres homosexuelles Paar ergibt. Sich in den Mann zu verlieben, den man rettet, ist die homosexuelle Version eines alten heterosexuellen Themas: der Mann, der sich in die von ihm »gerettete« Frau verliebt. Zwietracht entsteht, weil die beiden Zwillinge miteinander verwechselt werden, doch schließlich wird die Verkleidung entdeckt, und alles endet gut.

Diese Zwillinge sind das hermaphroditische Paar aus Platons *Symposion*: Auch sie werden auf traumatische Weise voneinander getrennt, und der Sturm auf dem Meer ist der Ausdruck dieses Traumas. In den heterosexuellen Zwillingsgeschwistern überlagern sich zwei Symbole. Zum einen ist der Zwillingsbruder oder die Zwillingsschwester – psychologisch gesehen – ein Ersatz für die Mutter, von der sich das Kind trennen muß. Doch darüber hinaus symbolisieren sie auch das hermaphroditische Verlangen nach dem eigenen Spiegelbild, ein Verlangen, das aufgegeben werden muß, wenn ein erwachsenes Liebesobjekt gefunden werden soll. Erst der Schiffbruch – dann das homosexuelle Liebespaar. Die Worte, die Viola an Olivia richtet, sind so viel authentischer als alles, was der melancholische Orsino tatsächlich für Olivia empfindet, daß es nicht weiter erstaunlich ist, daß sich Olivia in den Boten verliebt.

Viola: Hätt ich Euch lieb mit meines Herren Glut
Und litte so dran, so den Tod im Leben,
Fänd ich in Eurer Weigerung keinen Sinn;
Nein, ich verstünd sie nicht!
Olivia: Was tätet *Ihr*?
Viola: Mir eine Weidenhütte baun an Eurem Tor
Und in dem Haus sprechen mit meiner Seele!
Fromme Kanzonen der verschmähten Liebe schreiben
Und laut sie singen mitten in der Nacht.
(*Zwölfte Nacht oder Was ihr wollt*, I/5)

Orsino selbst ist von seiner Liebe zu Olivia viel zu sehr eingenommen, als daß wir sie ernst nehmen könnten:

Nein, keines Weibes Brust
Kann solche starke Leidenschaft ertragen,
Wie *mein* Herz fühlt; kein Frauenherz faßt so viel.
Keins ist so groß; sie könnten es nicht halten.
Ach, ihre Liebe ist nur Appetit,
Bewegt den Gaumen nur, nicht Herz und Nieren,
Leidet drum leicht an Sattheit, Fülle, Ekel;
Und doch mein Herz ist so hungrig wie das Meer
Und kann so viel verschlingen! Drum vergleich nicht
Die Liebe, die ein Weib zu mir könnt fühlen,
Mit meiner zu Olivia!
(Ebd., II/4)

Innerhalb der Liebesmetaphorik fallen auch hier die eindringlichen oralen Bilder auf. Doch Orsino mag verliebt sein in die Liebe – Olivia liebt er jedenfalls nicht. Es spielt einfach zuviel Narzißmus hinein, als daß wir dies glauben könnten. Er ist von seiner Liebe so durchdrungen und zugleich so argwöhnisch gegenüber der weiblichen Liebesfähigkeit, daß wir eher mit Olivia sympathisieren, die dieses narzißtische Liebesangebot von sich weist. Liebe entfaltet sich in der *Zwölften Nacht* zwischen Viola und Olivia – homosexuelle Liebe.

An ganz anderem Ort und scheinbar ohne jeden Zusammenhang mit der Haupthandlung gibt Shakespeare dem Publikum Gelegenheit, seine Aggressionen wieder loszuwerden, die sich angesichts des Kampfes gegen narzißtische und inzestuöse Liebe aufgestaut haben. Das gelingt ihm, indem er einen Mann zum Gespött macht, der liebt, weil er fälschlich glaubt, geliebt zu werden. Malvolio ist der Narzißt, wie er leibt und lebt, zu keiner Liebe fähig außer zu sich selbst. Maria beschreibt ihn als »so eingenommen von sich, so gestopft voll von trefflichen Eigenschaften, meint er, daß seine Glaubensregel ist, alle, die ihn nur ansehen, müssen ihn lieben« (ebd., II/3).

Auch hier nutzt Shakespeare wieder das Mittel des Spotts gegenüber einer Figur, die nur liebt, weil sie sich geliebt glaubt. Doch worin besteht eigentlich der Unterschied zwischen erstens Orsino, der Viola für Olivia eintauscht, zweitens Olivia selbst, die Sebastian anstelle von Viola nimmt, und schließlich Malvolio? Oberflächlich gesehen ist es nur Malvolio, den der Spott trifft. In einer tieferen Schicht ist es jedoch die Liebe selbst, die von Shakespeare auf subtile Weise ins Lächerliche gezogen wird. Shakespeares Botschaft ist eindeutig: Wir Narren lieben nicht das, was ist, sondern das, was wir uns einbilden.

Die Sonette. John Dover Wilson, einer der bekanntesten Interpreten der Sonette, bezeichnet sie als die bedeutendste Liebesdichtung der Weltliteratur. Ähnlich der von ihm zitierte C. S. Lewis: Die Sonette seien nicht nur einzigartig in der englischen Literatur der Renaissance, sondern *die* überragende Liebesdichtung überhaupt. Shakespeares Sprache – so Wilson weiter – sei »der eines Liebhabers zu ähnlich, um die Sprache gewöhnlicher männlicher Freundschaft zu sein ... Zu einer derartigen Sprache zwischen Freunden habe ich im 16. Jahrhundert keine wirkliche Parallele gefunden. Doch andererseits scheint dies auch nicht die Dichtung einer Päderastie in voller Blüte zu sein« (Wilson 1966, S. 15).

Freud war der Ansicht, die Sonette seien »Selbstbekenntnisse« (Jones 1960–62, Bd. 3, S. 526). Ich denke, man kann sie als ein großartiges Beispiel für die Spaltung zwischen homosexueller Liebe und heterosexueller Geschlechtlichkeit lesen. Homosexuelle Liebe muß stets auf Nachkommenschaft verzichten; die Sonette lassen jedoch erkennen, daß der Dichter ein starkes Verlangen nach Kindern hatte. Der männliche Liebhaber wird als Narzißt beschrieben; der Appell an ihn, sich fortzupflanzen, ist daher so formuliert, als gehe es um seine Schönheit, die anders nicht bewahrt werden kann. Der Versuch, dieses Problem durch gleichgeschlechtliche Liebe und gegengeschlechtlichen Sex zu lösen, hat selbst wiederum etwas Tragisches, und die Sonette verbildlichen dieses Dilemma.

Shakespeares Sonette wurden schon zahllose Male durchpflügt. Gelehrte haben Jahre darauf verwendet, sie zu entziffern und neu zu ordnen – immer in der Hoffnung, daß wir ihr Geheimnis lüften könnten, wüßten wir nur erst die tatsächliche Reihenfolge, in der sie verfaßt wurden. Meiner Ansicht nach haben es diese Gelehrten versäumt, noch eine andere Möglichkeit in Betracht zu ziehen: Vielleicht spiegelt sich in den Sonetten gar nicht eine Abfolge von Ereignissen in der Außenwelt, sondern periodisch wiederkehrende Stimmungen des Dichters selbst.

Das soll nicht heißen, daß meine Interpretation der Sonette die biographische Realität Shakespeares repräsentiert. Was ich behaupte, ist, daß wir die Sonette in anderem Licht sehen, wenn wir das Wesen des Narzißmus verstehen sowie den bisexuellen Konflikt, der mit ihm einhergeht. Im Zusammenhang dieser Darstellung gilt unser Interesse weniger Shakespeares Biographie als vielmehr der Art und Weise, wie er Ovids Erbe rekonstruiert und neu geformt hat.

Bei den Sonetten unterscheidet man üblicherweise die ersten 126, bei denen es sich um Liebessonette an einen jungen Mann von höherem sozialen Rang handelt, und eine zweite Gruppe von 26 Sonetten, die an eine Frau gerichtet sind, die sogenannte *dark lady*. In seiner psychoanalytischen Untersuchung der Sonette kommt Silver (1983) zu dem Ergebnis, daß Shakespeares Liebe zu jener *dark lady* ein Wiederfinden der eigenen, depressiven Mutter bedeutete. Bekannt ist, daß Shakespeares Mutter als Kleinkind ihre eigene Mutter und mit acht Jahren auch den Vater verlor. Außerdem starben ihr vier Töchter, zwei vor der Geburt des Dichters und zwei danach. Es scheint plausibel, daß – wie Silver behauptet – nicht nur die *dark lady* für die Depression der Mutter steht, sondern daß diese Depression auch mit Gefühlen der Eifersucht und der Untreue verdichtet wurden, die durch die Schwangerschaften hervorgerufen worden waren. Die Tatsache, daß die Töchter nicht überlebten, dürfte Shakespeare auf den Gedanken gebracht haben, daß es die Allmacht seiner eigenen Todeswünsche war, die seine Geschwister sterben ließ (ganz so, wie heutige Analysanden auf ähnliche Ereignisse reagieren), was wiederum seine Schuldgefühle steigerte.

Wilson glaubt, daß Shakespeare zumindest eine Zeitlang glücklich gewesen ist. Einem jungen Mann von aristokratischer Herkunft brachte er eine desexualisierte und hochgradig idealisierte Liebe entgegen; daneben hatte er eine Geliebte. Dann jedoch passierte die Katastrophe: »Der junge Mann lernte die Geliebte kennen, die der Dichter innig liebte, und die beiden hintergingen ihn« (Wilson 1966, S. LIV). Als Beleg für diese Untreue zitiert Wilson Sonett 33, das mit einem Ton des Frohlockens beginnt:

Oft sah den Morgen ich aus Finsternissen
sich glänzend über Berge überheben,
das Grün der Welt mit goldnem Antlitz küssen
und seinen Strahl den bleichen Strom beleben.

Die Glückseligkeit der Liebe erscheint in diesen Zeilen ins Poetische verwandelt. Gegen Ende verdunkelt sich jedoch das Sonett: »Doch ach! nur eine Stunde schien das Glück ...« Es ist durchaus möglich, daß es hier nicht nur um die erotische Untreue von Erwachsenen geht, sondern – wie Silver vermutet – auch um die Enttäuschung des Kindes gegenüber der Mutter.

Im Zustand der Liebe schiebt sich das psychische Zeitgefühl gegenüber der realen Zeit in den Vordergrund – das Glück dauert daher *immer* nur eine knappe Stunde. In Sonett 144 findet sich laut Wilson ein weiterer Beleg für jenes Unglück:

Zwei Lieben lenken mich zu Glück und Leid,
vollführen geisterhaften Zeitvertreib:
ein Jüngling steht im Licht; zum Widerstreit
mit ihm als böser Geist ein dunkles Weib.

Um sichrer in die Hölle mich zu bringen,
lockt sie den lichten Geist mir von der Stelle,
versuchend, ihn satanisch zu durchdringen,
und leitet so den Heiligen zur Hölle.

Ob ganz mein Engel schon mir kam abhanden,
kann ich nicht wissen, doch ich mag's vermuten;
da beide, mir entfernt, einander fanden,
so scheint's, er brenne schon in Höllengluten.

Gewißheit aber wird, wenn ohne Zweifel
mein Teufel meinen Engel jagt zum Teufel.

Die Lektüre dieses Sonetts bringt mich auf eine Vermutung, die sich auch in der psychoanalytischen Erfahrung sogenannter bisexueller Liebe recht häufig bestätigt: daß nämlich Shakespeare unter einer Spaltung zwischen Liebe und Sexualität gelitten hat. Seine Sexualität war heterosexuell, seine Liebe homosexuell. Zu dieser Form von »Treubruch« kommt es bei bisexuellen Männern und Frauen häufig unbewußt. Sollten ihn Liebhaber und Geliebte tatsächlich hintergangen haben, so wird die Schuld dafür höchst ungleich zugemessen: Shakespeare gibt sich alle Mühe, den Mann freizusprechen und der Frau die alleinige Schuld zu geben. Häufig lassen Bisexuelle sowohl in dem Mann als auch in der Frau, mit der sie in enger Beziehung stehen, ein Gefühl der Eifersucht aufkommen, und durch ihr eigenes Verhalten fordern sie es geradezu heraus, daß die beiden zusammenkommen und »Verrat« an ihnen üben. Die psychoanalytische Praxis hat gezeigt, daß bisexuelle Männer und Frauen die Urszene des elterlichen Geschlechtsverkehrs wiederholen, wobei nun jedoch die bisexuelle Person nicht mehr das ausgeschlossene Kind ist, sondern die zentrale Figur des Dreiecks. Bisexualität ist eine Möglichkeit, die Wut und die Eifersucht des Kindes, das Zeuge sexueller Beziehungen zwischen den Eltern war, zu bewältigen; sie ist eine Antwort auf den Schmerz und die Demütigung angesichts der Urszene. Umgekehrt ist dann die Untreue eine unbewußte Rückkehr zu jenem Trauma (vgl. Grunberger 1971; McDougall 1985; Chasseguet-Smirgel 1974, 1986).

Das Sonett 143 zeigt, daß Shakespeare keineswegs immer abgeneigt war, seine Geliebte mit dem jungen Mann zu teilen. Sobald er sie als Mutter sah und den Liebhaber als Bruder, vermochte er seine Eifersucht zu bezwingen.

Sieh, wie sich eine gute Hausfrau hetzt
nach einem Huhn, das ihrem Hof entlaufen,
in Hast ihr kleines Kind zu Boden setzt,
dem Flüchtling nachsetzt, ohne zu verschnaufen,

und das verlaßne Kind, es läuft ihr nach
und heult und hängt an ihr, die nur will fangen,
nichts fühlt als des Verlustes Ungemach
und nicht bedenkt des armen Kindes Bangen:

so folgst du dem, der deiner Hut entflohn,
für mich, der dich verfolgt, der Sorge ledig.
O komm, hast jenen du, zu deinem Sohn;
sei Mutter und mit einem Kuß mir gnädig!

Kehr doch zurück, mach lauten Schmerz mir still;
dann bete ich: es werde dir dein *Will*!

Nach der Interpretation von Wilson deutet »dein Will«* darauf hin, daß der Rivale ebenfalls William hieß. Man kann das Sonett 143 als Ausdruck eines zeitweiligen Waffenstillstands zwischen homo- und heterosexuellen Konflikten lesen, als Ausdruck der Bereitschaft, sich mit einer Dreiecksbeziehung abzufinden.

In der Figur der Kleopatra hat Shakespeare eine Frau dargestellt, die ihren Liebhaber Antonius sowohl liebt als auch hintergeht. Aus dem Blickwinkel des Sonetts 143 können wir die Konstellation Kleopatra–Antonius als einen Versuch betrachten, jene doppelte Natur der Frau verständlich zu machen.

Entgegen der von Wilson vorgeschlagenen Deutung gelange ich zu einem anderen Ergebnis. Ich meine, das grundlegende Problem Shakespeares war seine Unfähigkeit, die eigene Selbstliebe zu überwinden. Meiner Auffassung nach ist das Sonett 62 das entscheidende: Die Gefahr, der sich Narziß gegenübersieht, ist hier sehr schön zum Ausdruck gebracht.

* Bei Shakespeare steht »thy Will«, was sowohl Wille als auch William bedeuten kann; nebenbei klingt noch die Bedeutung »Leidenschaft, Gier« mit an (A. d. Ü.).

Die Eigenliebe, eingeseßne Sünde,
den Sinn hält sie, das Innre mir gebunden,
und übel ist's, daß ich kein Mittel finde,
um von dem Übel endlich zu gesunden.

Kein Antlitz scheint mir schön wie mein Gesicht,
ich bin an Form und Inhalt ohnegleichen;
und wenn ich selbst bestimme mein Gewicht,
vermag wohl nichts an mich heranzureichen.

Nur wenn ich manchmal mich im Spiegel schau,
so matt und mürbe, müd und abgetrieben,
dann wird auch meine Eigenliebe lau,
da wär' es Laster, so sich selbst zu lieben!

Mein Selbst bist du: dir bleibe meine Liebe,
daß meinem Alter deine Jugend bliebe.

Shakespeare kämpfte geradezu heldenhaft gegen die Gefahren der Selbstliebe, und eine der Lösungen, die er fand, war das, was dann Freud (1914) als narzißtische Liebe bezeichnete. Daß diese narzißtische Lösung bei Shakespeare ausgesprochen bisexuelle Züge hat, läßt das Sonett 20 erkennen:

Ein Fraungesicht hat dir Natur geschenkt,
du Herr zugleich und Herrin meiner Seele;
ein Frauenherz, das doch nicht treulos denkt,
wie es dem Wechsel stets nur sich vermähle;

Das Sonett endet mit einem Verzicht Shakespeares auf das sexuelle Moment seiner Liebe zu dem jungen Mann:

So ausgestattet, Frauen zu erlaben –
laß mir die Liebe, wenn die Lust sie haben!

Shakespeare trifft diese Unterscheidung zwischen Liebe und Sex mit der größten Eloquenz. Sein Zorn gegen die *dark lady* in den Sonetten läßt jedoch erkennen, daß sein Versuch, homosexuelle Liebe von heterosexuellem Sex zu trennen, gescheitert ist.

Es fällt auf, daß die Aufforderung an den Narzißten, sich fortzupflanzen, in den Bühnenwerken Shakespeares von Frauen vorgebracht wird, und in der heterosexuellen Sphäre ist dies ja auch sinnvoll. Die Frau bietet dem Narzißten die Gelegenheit, sich selbst zu reproduzieren – und dafür erhält sie die Chance, *sein* Kind zur Welt zu bringen. Im homosexuellen Kontext jedoch hat dieses Argument keinen Sinn. Es ist wirklich erstaunlich, daß sich die Shakespeare-Experten niemals ernsthaft mit dem Problem befaßt haben, warum ein Mann, der in einen anderen Mann verliebt ist, diesen drängen sollte, sich fortzupflanzen. Es sind zwei Erklärungen möglich. Die erste wäre, daß sich Shakespeare mit einer Frau identifizierte und daher gegenüber seinem Liebhaber so argumentierte, als *sei* er eine Frau. Die zweite und in meinen Augen überzeugendere Erklärung ist, daß Shakespeare seine Forderung gar nicht an den männlichen Liebhaber, sondern an den narzißtischen Anteil seiner selbst richtet, und zwar mit dem Ziel, eine heterosexuelle Verbindung einzugehen oder zu festigen, die Leben hervorbringt, auch wenn sie ohne Liebe ist.

Ganz anders als Ovid benutzt Shakespeare den Spiegel, um seine Selbstliebe unter Kontrolle zu halten. Der Spiegel ist es, der ihn dazu zwingt, dem eigenen Alter ins Auge zu blicken, und der Spiegel ist es auch, der den Liebhaber dazu drängt, sich fortzupflanzen, denn er kann nicht ewig jung bleiben. Genau der gleiche Spiegel, der Narziß zum Verhängnis wurde, kann nach Shakespeare dazu dienen, den Narzißmus zu zügeln.

In *Julius Cäsar* wiederum wird der Spiegel als ein Mittel empfohlen, den eigenen Narzißmus noch zu steigern. Den deprimierten Brutus, der, wie er bekennt, mit sich selbst auf Kriegsfuß steht, fragt Cassius:

Könnt Ihr Euer Gesicht sehn, lieber Brutus?
Brutus: Nein, Cassius, denn das Aug sieht nie sich selbst,
Wenn's nicht ein andrer Körper spiegelt.
Cassius: Stimmt!
Und das gibt reichlich Grund zur Klage, Brutus,
Daß Ihr nicht solche Spiegel habt, die Euren
Verborgnen Wert Euch recht vor Augen halten

(*Julius Cäsar*, I/2)

Shakespeare nimmt hier die psychoanalytische Einsicht vorweg, daß ein gesunder Narzißmus vor Depression schützt.

Aus psychoanalytischer Perspektive kann man vermuten, daß zwischen dem Sonett 144, in dem sich eine geradezu paranoide Haltung gegenüber einer Frau zeigt, und der Tragödie *Othello*, die auf so packende Weise schildert, wie ein Mann der Paranoia erliegt, eine Verbindung besteht. Unser Verständnis des *Othello* hat sich wesentlich vertieft, seit Freud den Zusammenhang zwischen unterdrückter Homosexualität, Eifersucht und Paranoia aufzeigte. In seinem Aufsatz ›Über einige neurotische Mechanismen bei Eifersucht, Paranoia und Homosexualität‹ unterscheidet Freud drei Arten von Eifersucht: 1. die konkurrierende oder normale, 2. die projizierte, 3. die wahnhafte Eifersucht. Othellos Eifersucht ist wahnhaft. Um jedoch die projektive Eifersucht zu illustrieren, zitiert Freud Desdemona: »Ich nannt' ihn: Du Falscher. Was sagt er dazu? / Schau ich nach den Mägdlein, nach den Büblein schielst du« (Freud 1920, S. 220, Anm.). Freud bemerkt dazu, daß eine in dieser Weise eifersüchtige Person auf einen Flirt reagiert, als sei er schon ein Akt der Untreue.

Wangh (1950) hat gezeigt, daß das Geheimnis des *Othello* in einem Subtext liegt: Jago ist eifersüchtig auf Desdemona, weil er unbewußt homosexuelle Gefühle für Othello hegt. Othello und Jago sind durch ein unbewußtes homosexuelles Band aneinander gefesselt, das Desdemona das Leben kostet – eine Einsicht, um die sich psychoanalytische Literatur von beträchtlichem Umfang aufgehäuft hat.

Unglücklicherweise verfügen wir über keinerlei verläßliche Daten, die uns die Frage beantworten könnten, ob das Sonett 144 vor oder nach *Othello* verfaßt wurde. Zieht man die Publikationsdaten heran, so scheint es wahrscheinlicher, daß das Sonett das ältere Werk ist; in diesem Fall wäre es Ausdruck dessen, daß Shakespeare die Gefahren der Paranoia erkannt hat, die aus einer homosexuellen Bindung resultieren. Ist jedoch *Othello* früher entstanden als das Sonett, so wäre dies ein Zeichen dafür, daß das Schauspiel den Dichter keineswegs von seinem Mißtrauen gegen Frauen zu kurieren vermochte.

Einigen Interpreten zufolge gibt es bei Shakespeare Andeutungen auf eine Impotenz Othellos. So gibt zum Beispiel Othello eine merkwürdige Begründung für seinen Wunsch, auf seiner Reise nach Zypern Desdemona mitzunehmen:

Ich bitte nicht drum, um den Gaumen meiner
Lust zu erfreun, noch um die Glut zu stillen
Der ersten Jugend, die bei mir vorbei ist.
Doch ihrer Seele will ich ganz begegnen.
(*Othello*, I/3)

Shakespeare läßt uns auch in Zweifel darüber, ob die Ehe überhaupt jemals vollzogen wird. In Venedig hat Othello für Desdemona »nur eine Stunde der Liebe«, und ihre Hochzeitsnacht auf Zypern endet im Streit.

Othello hätte niemals geheiratet, wenn sich nicht Desdemona in ihn verliebt hätte, als sie ihn von seinen Abenteuern erzählen hörte:

Sie wünschte, sie hätts nicht gehört, doch wünschte,
Der Himmel hätte einen solchen Mann
Aus *ihr* gemacht. Sie dankte mir und bat mich,
Falls je ein Freund von mir sie lieben solle,
Ich müßt' ihn nur lehren, meine Geschichte
So zu erzählen, dann wär sie ihm sicher.
(Ebd.)

In meinem Kapitel über Freud werde ich zeigen, daß auch die Liebe Desdemonas zu Othello eine Variante dessen ist, was Freud (1914) als narzißtische Liebe bezeichnete; denn sie liebt ihn, weil er das *ist*, was sie selbst gern gewesen wäre.

Die Wahl des Mohrs zum Liebesobjekt ist auch noch in anderer Hinsicht interessant. Um nochmals den Abschnitt über Freud vorwegzunehmen: Für eine Frau ersetzt der Ehemann den Vater, jedoch – so Freud – muß es sich um eine Art von Ersatz handeln, die nicht das Inzesttabu auf den Plan ruft. Nach der Anzahl seiner Lebensjahre ist Othello nicht weit von Desdemonas Vater entfernt, doch seiner schwarzen Hautfarbe wegen ist er das gerade Gegenteil einer inzestuösen Wahl. In der Liebe zu ihm lassen sich demnach zwei eigentlich unvereinbare Wünsche miteinander in Einklang bringen: den Vater wiederzufinden und der Schuld des Inzests zu entgehen.

Eine zentrale Szene im *Othello* ist diejenige, in der es um das Taschentuch mit den eingestickten Erdbeeren geht. Meiner Ansicht nach hat die Bedeutung dieses Taschentuchs von seiten der Psychoanalytiker bisher noch nicht die verdiente Aufmerksamkeit erfahren. Zunächst erfahren wir, daß dieses Taschentuch nichts gegen Othellos Kopfschmerzen vermag (III/3) – ein symbolischer Hinweis darauf, daß Desdemona Othellos Wünsche nicht befriedigen kann. Nachdem dann Jago in den Besitz des Taschentuchs gelangt ist, ist ihre Ehe – symbolisch gesehen – bereits am Ende.

Weiter fällt auf, daß Othello von dem in dem Taschentuch verborgenen Zauber nicht erzählt, als er es Desdemona schenkt, sondern erst, nachdem sie es verloren hat:

> Schlimm: Dies Taschentuch
> Gab einst eine Ägyptrin meiner Mutter,
> 'ne Zauberin, fast Gedankenleserin.
> Sie sagte ihr, solange sie das Tuch
> Behalte, werde es sie reizvoll machen
> Und werde meinen Vater ganz und gar
> Der Liebe zu ihr unterwerfen, aber
> Falls sies verliere oder es verschenke,
> Würd sich meines Vaters Aug mit Abscheu
> Wenden von ihr, und er würde gleich sinnen
> Auf andre Fraun. Sie gab mirs, als sie starb,
> Und hieß mich, wenn mein Schicksal mir ein Weib
> Zuführen sollt, es der dann geben. Gut,
> Das hab ich auch getan. Du hüt es nun
> Wie deinen Augapfel. Es zu verlieren
> Oder verschenken wäre so verderblich
> Wie nichts sonst sein könnt.
>
> (*Othello*, III/4)

Uns bleibt der Verdacht, daß diese Geschichte erst nachträglich erfunden wurde. Es wäre doch sonderbar, wenn eine Mutter dieses Tuch ihrem Sohn schenkte, außer, sie wollte ihn zum Gefangenen seiner Ehefrau machen, die ihn beherrschte, solange sie das magische Tuch seiner Mutter besäße. Ich glaube, daß Shakespeare hier einen Fall von Fetischismus beschreibt. Solange der Zauber des Fetischs in Kraft bleibt, vermag er heterosexuell zu bleiben. Der Verlust des Fetischs jedoch hebt die fetischistische Heterosexualität auf und öffnet das Tor zu Homosexualität und Paranoia.

In dem Abschnitt über Aphrodite habe ich darauf hingewiesen, daß es in der Literatur nur wenige männliche Figuren gibt, die man als Anhänger dieser Göttin bezeichnen könnte. Einer von ihnen ist sicherlich Romeo, in dessen Prolog in der berühmten Balkonszene wiederum das Thema Eifersucht anklingt, wenngleich in abgemilderter Form:

Doch, still! Was für ein Licht bricht dort durchs Fenster?
Osten ist dort, und Julia ist die Sonne.
Auf, schöne Sonne! töt die neiderfüllte
Mondsichel, die schon krank ist, blaß vor Kummer,
Daß du viel schöner bist – du, ihre Jungfrau! –
Als sie. Drum dien als Jungfrau ihr nicht länger!
Ihre Vestalinnentracht ist kränklich-grünlich,
(*Romeo und Julia*, II/2)

Warum sollte ein Liebhaber gerade dann, wenn er die Geliebte erblickt, derart von Eifersucht erfüllt sein? Es folgt eine Andeutung von Fetischismus:

Seht, wie sie ihre Wange auf die Hand stützt!
Oh, daß ich Handschuh wär auf dieser Hand
Und sie berühren könnte, diese Wange!

Im anschließenden Monolog Julias geht es um die Bedeutung eines Namens:

Julia: O Romeo, Romeo! Warum bist du Romeo!
Verleugne deinen Vater, deinen Namen,
Oder wenn nicht, schwör nur, daß du mich liebst,
Dann will ich keine Capulet mehr sein.
[...]
Denn nur dein Name ist es, der mein Feind ist.
Du bist du selbst, auch ohne Montague.
Was ist das: Montague? Nicht Hand, nicht Fuß,
Nicht Arm und nicht Gesicht, noch sonst ein Teil, der

Zu einem Mann gehört. O heiß doch anders! –
Was heißt das: Heißen? Was wir nennen *Rose*,
Das duftet grad so süß mit anderm Namen.
Und Romeo, wenn er auch nicht Romeo hieße
Er wär doch ganz so teuer und vollkommen
Auch ohne Namen. – Romeo, laß den Namen
Und nimm für deinen Namen, der nicht du bist,
Mein ganzes Ich.
Romeo: Ich nehme dich beim Wort.
Tauf mich aufs neue: nenn mich nur Geliebter,
Und niemals wieder will ich Romeo sein.

Romeos Antwort läßt erkennen, daß er bereit ist, sich im Namen der Liebe taufen zu lassen. Die Szene verweist auf eine symbolische Gleichsetzung von Liebe und Wiedergeburt – und ist bei dieser Wiedergeburt nicht Julia die neue Mutter? Geliebte und Mutter werden auf der symbolischen Ebene miteinander identifiziert.

Selbst in einer derart unschuldigen Liebesszene klingen bei Shakespeare dunkle Untertöne an. Ist der Name für die eigene Identität wirklich bedeutungslos? Und an welches Organ denkt Julia, wenn sie sagt, »... noch sonst ein Teil, der zu einem Mann gehört«?* Sie grübelt darüber, ob der Entzug des Namens gleichbedeutend ist mit Kastration oder nicht. Romeos Bereitschaft, seinen »Namen« aufzugeben, läßt erkennen, daß er auch willens wäre, um der Liebe willen seine Identität zu wechseln.

Auffallend ist, daß die beiden Liebenden ganz unterschiedliche Befürchtungen hegen. Julia fürchtet, den Geliebten zu verlieren:

Hast *du* mich lieb? Ich weiß, nun sagst du ja,
Und ich glaub deinem Wort. Doch, wenn du schwürst
Und treulos wärest! Jupiter, heißt's, lacht nur
Der falschen Liebesschwüre. Liebster Romeo,
Wenn du mich liebst, so sag es ohne Falsch,

* Der Eigenname als Körperteil tritt im englischen Text der ersten Folioausgabe (1623) weit deutlicher hervor als in der deutschen Übertragung: »It is nor hand, nor foot, / Nor arm, nor face nor any other part. O, be some other name / Belonging to a man« (A. d. Ü.).

Und glaubst du, ich bin allzu rasch gewonnen,
Will ich stirnrunzelnd nein sagen, mich zieren,
Damit du mich umwirbst, nicht um die Welt sonst!
In Wahrheit, schöner Montague, ich bin zu
Verliebt, drum glaubst du gar noch, ich bin leicht.
Doch glaub mir, Mann, ich will mich treuer zeigen
Als die mehr Kunst besitzen, fremd zu tun.

Romeos Befürchtung ist von ganz anderer Art:

O Glück, Glück dieser Nacht! Ich habe Angst,
Im Dunkeln hier, daß all dies nur ein Traum ist,
Zu süß, zu schmeichelnd, um auch wahr zu sein.

Im Kapitel über Freud werde ich ausführlicher darauf zu sprechen kommen, warum Liebe und Traum so häufig gleichgesetzt wurden. An dieser Stelle möchte ich zunächst zwischen zwei Ängsten unterscheiden, die häufig mit der Liebe in Verbindung gebracht werden: Es gibt zum einen die Angst, die Liebe des Partners zu verlieren – eine Angst, die häufiger von Frauen empfunden wird –, und zum anderen die Angst, daß die Liebe, die unbekannten psychischen Quellen entsprungen ist, ebenso plötzlich wieder verschwinden könnte.

Romeo hat allen Grund, das plötzliche Verschwinden der Liebe zu fürchten, denn noch am Tag zuvor war er in Rosalinde verliebt. Diese Rosalinde ist eine vertraute Figur, der wir bereits früher begegnet sind: die narzißtische Gestalt, die in Shakespeares Werk allgegenwärtig scheint.

Romeo: [...] *sie* ist nicht so zu treffen,
Weiß Amors Pfeil mit Dianas List zu äffen.
Mit starker Keuschheit ist sie wohlgerüstet,
Wenn Amors Pfeil schwach, kindisch nach ihr lüstet.
Dem Kampf der Liebe stellt sie sich nicht, auch nicht
Dem Ansturm kecker Augen, noch auch schließt sie
Den Schoß dem Gold auf, das selbst Heilige lockt.
An Schönheit ist sie reich; arm nur, weil einst verdirbt
Mit ihr der Schönheit Zukunft, wenn sie stirbt.

(*Romeo und Julia*, I/1)

Obgleich Romeo von Liebe spricht, sind seine Metaphern doch von Aggression erfüllt. Rosalinde ist eine Festung, seine Augen bestürmen sie – doch alles vergebens.

In einer neueren Publikation hat MacCary die Phänomenologie des Begehrens in Shakespeares Komödien untersucht, wobei sich seine Deutung der von Freud und Lacan vorgeschlagenen Methoden bedient. MacCary weist darauf hin, daß die Liebhaber in Shakespeares Komödien recht jung sind; sie zeigen daher die ganze Bandbreite jugendlicher Liebe – einer Liebe, die häufig einer noch unsicheren Identität entspringt. Seiner Ansicht nach durchlaufen diese jungen Männer bei Shakespeare vier Stadien der Objektwahl. Zunächst lieben sie nur sich selbst, dann Spiegelbilder ihrer selbst. Von da gehen sie zu transvestierenden jungen Frauen über, ehe sie schließlich lernen, Frauen mit all ihren einzigartigen und komplexen Eigenschaften zu lieben (MacCary 1985, S. 5).

MacCary versucht eine Deutung, die, wie wir noch sehen werden, stark von Freuds »zweiter Liebestheorie« beeinflußt ist (wie ich sie nennen werde). Wenn ich diese Deutung ablehne, so deshalb, weil sie Shakespeare zu einem zeitgenössischen Entwicklungspsychologen macht. Ein wirkliches inneres Wachstum oder ein Bewältigen innerpsychischer Probleme vermag ich bei Shakespeares jungen Liebhabern nicht zu erkennen, und ich glaube auch nicht, daß Shakespeare einen psychischen Konflikt darstellt, den er selbst vor langer Zeit gelöst hat. Es ist zwar richtig, daß die Komödien alle glücklich enden, doch wie mir scheint, handelt es sich niemals um eine echte Lösung. Wenn ich einmal Shakespeare selbst paraphrasieren darf, so würde ich sagen, daß der Ausgang seiner Komödien den Unerfahrenen zum Lachen bringt, den psychologisch Gewitzten dagegen traurig macht.

Narzissa im Paradies

Zur Zeit der Renaissance gab Alberti (1404–1472) dem Mythos des Narziß eine grundlegend neue Deutung: »Was ist Malen anderes als ein Umarmen der Wasseroberfläche mit den Mitteln der Kunst?« (zit. nach Schneider 1985, S. 63). Mit dieser Erkenntnis bringt Alberti erneut den Narziß mit Pygmalion in Verbindung: Der Künstler als

Narzißt, der durch seine Kreativität dem Tod entkommt. Zahlreiche Gemälde der Renaissance – zum Beispiel von Tizian, Tintoretto und Velázquez – zeigen Venus, die in einen Spiegel blickt, den Cupido ihr vorhält. Meines Wissens haben die Kunsthistoriker diesem Detail keine Beachtung geschenkt, doch die Botschaft ist eindeutig: Auch die Selbstliebe ist eine Form der Liebe, und zwar diejenige Form, die der Göttin der Liebe am angemessensten ist. Panofsky zufolge weckte der Neuplatonismus ein neues Interesse an der Liebe (1969, S. 109). »Keine historische Epoche«, so konstatiert er, »hat eine derartige Fülle von Diskursen ›Über die Liebe‹ hervorgebracht wie die erste Hälfte des 16. Jahrhunderts.«*

Milton hat den Mythos von Narziß seinem Epos *Paradise Lost* (*Das verlorene Paradies*) einverleibt und dabei Eva die Rolle der Narzißtin zugeschrieben. Das war eine bedeutsame Neuerung, denn bis dahin waren narzißtische Charaktere in der Literatur stets Männer gewesen. Diese Verlagerung des Mythos von Narziß in die Geschichte des Sündenfalls dürfte wohl einer der kühnsten Versuche sein, die griechische in die jüdische Kultur einzubringen. Milton muß zwischen beiden Geschichten eine latente Ähnlichkeit gesehen haben: Wie Narziß länger hätte leben können, wenn er nicht versucht hätte, sich selbst zu »erkennen«, so hätte auch Adam im Paradies verweilen können, hätte Eva ihn nicht dazu verleitet, vom Baum der Erkenntnis zu essen (und sie damit gleichfalls zu »erkennen«). Eva gesteht Adam** ihre Selbstliebe:

> [...] Oft
> Gedenk ich jenes Tages, da vom Schlaf
> Ich erstmals aufgewacht und um mich sah,
> Wie ich auf Blumen unter Schatten lag,

* Zur Zeit der Renaissance erschien ein berühmtes Buch über die Liebe, verfaßt von dem exilierten spanischen Juden Don Juda Abarbanel (was insofern merkwürdig ist, als die Juden damals vom Hauptstrom westlicher Kultur noch abgeschnitten waren). Der Autor, dessen Name uns als »Leone Hebreo« überliefert ist, war religiös überzeugter Jude, als Philosoph jedoch Vertreter des Neuplatonismus. Als Jude konnte er die platonische Lehre auslegen, ohne Repressalien von der Kirche fürchten zu müssen; für einen Christen wäre ein derart offener Platonismus gefährlich gewesen.

** Interessanterweise ist es in der gnostischen Literatur Adam, der seiner Selbstliebe wegen das Paradies verliert.

Und nicht begriff, wo oder was ich sei,
Woher gekommen und wie hergebracht;
Nicht ferne quoll aus einer Höhle dort
Ein Murmellaut von Wassern und verlief
In flüssige Glätte, welche unbewegt
Und rein erstarrte, wie das Himmelszelt;
Dort ging ich hin, mit unerfahrnen Sinnen,
Und legte mich am grünen Ufer nieder,
Um in den ebenen, klaren See zu schauen,
Der mir ein zweites Firmament erschien.
Und wie ich mich zum Schauen niederbeugte,
Da zeigte sich im Wasserschimmer drin
Eine Gestalt, die sich herniederließ,
Um mich zu schauen; und ich wich zurück,
Sie wich zurück; doch freudig kehrt' ich wieder,
Sie kehrte freudig auch, mit gleichen Blicken
Von Mitgefühl und Liebe, wieder her;
Dort stünd' ich noch mit hingebannten Augen
Und eitlen Sehnsuchtsqualen, hätte nicht
Mich eine Stimme so gewarnt: ›Was du
Erblicktest, dort erblicktest, hold Geschöpf,
Das bist du selbst; es kam und geht mit dir:
Doch folge mir, ich bringe dich dahin,
Wo dir kein Schattenspiel dein Kommen hemmt,
Und nicht dein sanft Umarmen dir verwehrt –
Er, dessen Bild du bist, ihn sollst du als
Den deinigen genießen, unzertrennlich,
Ihm sollst du Völkerscharen deinesgleichen
Gebären und hinfort geheißen werden
Der Menschheit Mutter.‹ Konnt' ich anders als
Unsichtbar so geführt, behende folgen?
Bis ich dich, schlank und schön fürwahr, erblickte
Unter Platanenzweigen, doch mich deuchte,
Nicht ganz so schön, nicht so gewinnend weich,
So liebenswürdig sanft wie jenes Bild
Im glatten Wasser; und ich kehrte um;

(*Das verlorene Paradies*, 4. Buch, V. 604–643)

Daß Milton recht gut verstand, wie gefährlich der Narzißmus der Liebe werden kann, zeigt schon die Art und Weise, wie Gott Eva zur Überwindung ihres Narzißmus überredet. Zunächst einmal macht er ihr klar, daß das geliebte Spiegelbild eine Erscheinung des Tages ist, die nachts wieder verschwindet; heterosexuelle Liebe dagegen dauert fort bis in die Nacht. Dann appelliert er an ihren hermaphroditischen Wesenszug – »er, dessen Bild du bist« –, er spricht vom symbiotischen Glück der Unzertrennlichkeit und gibt das Versprechen der Mutterschaft. Doch selbst jetzt verliebt sie sich nicht ganz und gar in Adam, wie wir aus dem weiteren erfahren; es bleibt ein narzißtischer Kern. Und genau dieser narzißtische Rest ist es, der sie für die Versuchung Satans empfänglich macht. Milton hat nicht nur Narziß ins Paradies versetzt und sein Geschlecht umgewandelt; er führt auch den Sündenfall auf jenen narzißtischen Kern zurück, den die Liebe nicht zu überwinden vermochte. In Miltons Version ist Satan eine Projektion von Evas Narzißmus, der keine Umbildung erfahren hat.

Noch bevor Eva dem Versucher begegnet, hat sie einen die Zukunft vorwegnehmenden Traum, in dem sie vom Baum der verbotenen Erkenntnis ißt. Voller Angst erwacht sie aus diesem Traum, den sie nun Adam berichtet:

Denn diese Nacht (wie ich noch keine so
Zuvor erlebt bis heute) träumte mir,
Wenn ich nur träumte, nicht wie öfter schon,
Von dir und von dem Werk vergangnen Tags
Oder vom Plan des nächsten, sondern, ach,
Von Widerwärtigem und Missetat,
Was nie mein Geist vor dieser leiden Nacht
Gekannt [...]
(*Das verlorene Paradies*, 5. Buch, V. 39–46)

Im Traum spricht Satan die Sprache der griechischen Hybris:

Hier, glückliches Geschöpf, du engelgleiches,
Nimm, holde Eva, auch davon; obgleich
Du glücklich bist, kannst du noch glücklicher,

Nur würdiger nicht werden: Koste dieses
Und unter Göttern werde du fortan
Selbst eine Göttin, irdisch nicht beschränkt.
(Ebd., V. 95–100)

Nun folgt eine interessante Diskussion über die Funktion von Träumen. Adam ist der Ansicht, was man träume, brauche man nicht zu tun, denn Träume seien der Ersatz für wirkliches Handeln.

Böses in Gottes und des Menschen Geist
Mag wohl sich zeigen und verschwindet wieder;
Da nicht gebilligt, hinterbleibt davon
Kein Makel oder Flecken; und das macht
Mich zuversichtlich, daß du, was im Schlaf
Dich gräßlich dünkte, nur davon zu träumen,
Nie willens wärest, wachend je zu tun.
(Ebd., V. 150–156)

Anders als Adam weiß Milton, daß Träume durchaus das Vorspiel von Taten sein können. In der Sprache der Psychoanalyse würde man sagen: Das Resultat hängt ab vom Kräfteverhältnis zwischen Ich und unbewußtem Wunsch. Ist das Ich stark genug, so können Träume die nützliche Funktion übernehmen, für eine Abfuhr der verbotenen Wünsche zu sorgen; ist jedoch der Wunsch so stark, daß er das Ich zu überwältigen vermag, so bekommt der Traum vorwegnehmenden Charakter und leitet über zur Tat.

Als Eva schließlich Satan begegnet, wird sie von ihm dazu überredet, von der verbotenen Frucht zu essen. Satan appelliert an ihren Narzißmus, den ihre Liebe zu Adam nicht zu überwinden vermochte; er erregt sie, indem er sie eine »Göttin unter Göttern« nennt, »angebetet und zugedient von Engeln sonder Zahl, die deiner warten sollten jeden Tag« (9. Buch, V. 686ff.). Nachdem sie den verbotenen Apfel gegessen hat, packt sie die narzißtische Versuchung erneut – denn nun sind ihr Gefühle weiblicher Unzulänglichkeit zu Bewußtsein gelangt.

Doch wie mag ich vor Adam nun erscheinen?
Soll ich ihm schon von meiner Wandlung sagen

Und mit ihm teilen von dem vollen Glück,
Oder wohl lieber nicht und, was ich ihm
An Wissen nun voraus, für mich behalten,
Die Macht alleine hütend? So die Schwäche
Des weiblichen Geschlechtes auszuwetzen
Um ihn noch mehr zu fesseln und mich ihm
Mehr anzugleichen noch und wohl vielleicht,
Was nicht so unerwünscht, zuweilen ihn
Zu übertreffen gar; denn wer ist frei,
Solang er untertan? Wohl möglich wär's.
Doch wie, wenn Gott gesehen hätte und
Der Tod erfolgte? Dann wär' ich nicht mehr,
Und eine andere Eva Adams Frau,
Mit der er sich des Lebens freut, ich tot.
Ein tötender Gedanke! Also bin
Ich fest entschlossen, Adam soll mit mir
Das Leid und auch die Freude ferner teilen:
Ich lieb ihn so, daß ich mit ihm zusammen
Den Tod auf alle Arten könnt' ertragen,
Doch nicht das Leben leben ohne ihn.
(9. Buch, V. 1027–1048)

Evas Wunsch, Adam am Glück des Baumes der Erkenntnis teilhaben zu lassen, ist eine Mischung aus Eifersucht gegenüber der künftigen Eva, Neid auf seine Unsterblichkeit und wirklicher Liebe. Milton verleiht ihr nach dem Sündenfall ein Selbstgefühl, das sie zuvor nicht hatte. Vorher war sie damit zufrieden, die fügsame und bezaubernde Gespielin Adams zu sein; danach jedoch entdeckt sie, daß sie eine eigenständige Persönlichkeit ist.

Adams Liebe gegenüber Eva ist anderer Natur, und die Parallelisierung dieser beiden Arten von Liebe steigert die literarische Bedeutung des *Verlorenen Paradieses*.*

Denn mein Entschluß ist fest, mit dir zu sterben;
Wie kann ich leben ohne dich? Wie missen

* Ich danke Dr. Slochower, der darauf bestand, daß ich den Unterschied zwischen literarischem Werk und klinischem Fall hervorhebe (vgl. auch Slochower 1970).

Den süßen Umgang und den Liebesbund
Mit dir, so teuer mir, um einsam wieder
In dieser Waldeswüstenei zu leben?
Schüfe mir eine zweite Eva Gott
Aus einer zweiten Rippe auch, es wollte
Mir dein Verlust nie wieder aus dem Sinn,
Nein, nein! Mich ziehn die Bande der Natur;
Fleisch bist du meines Fleisches, Bein von Bein,
Und nimmermehr soll etwas dein Geschick
Von meinem scheiden, weder Glück noch Leid.
(Ebd., V. 1139–1150)

Milton kannte seinen Platon – und Sokrates hätte hier sicherlich zugestimmt. In den folgenden Zeilen erwacht das *Symposion* zu neuem Leben:

[...] wie vermag
Ich dich, du Schöpfer dieser Welt und all
Des Guten für den Menschen, anzubeten?
Zu dessen Heil du alles überreich
Versehen hast, mit gabenfreier Hand:
Nur, wer mit mir soll teilen, seh ich nicht.
Was für ein Glück besteht in Einsamkeit?
Wer kann allein genießen oder wer,
Alles genießend, so zufrieden sein?
[...]
In dir selbst
Bist du vollkommen, und in dir kein Fehl.
Nicht so der Mensch, er ist nur relativ;
Drum drängt es ihn, vereint mit seinesgleichen,
Sein Unvollkommnes zu ergänzen oder
Sich drin zu trösten. Dich treibt keine Not,
Dich fortzupflanzen, der du allbereits
Unendlich bist und, absolut, doch eins;
Doch muß der Mensch seine Vereinzelung
Bezeugen durch die Zahl der Zugezeugten
Aus seinesgleichen, und sein Ebenbild

Ergibt, vermehrt, ein unvollständig Ganzes,
Das Nächstenliebe braucht und Freundesliebe.
(8. Buch, V. 432–440, 498–510)

Wenn es Narzißmus war, der Eva dazu nötigte, vom Baum der verbotenen Erkenntnis zu essen, so sind es auf seiten Adams symbiotisches Verlangen und übermächtige Trennungsangst, die ihn dazu zwingen, ihr zu folgen. Milton gelingt in diesen Versen eine Verdichtung psychischer Bedürfnisse, wie wir sie auch in anderen großen Werken der Literatur antreffen. Im griechischen Denken war eine ganz bestimmte Art des Narzißmus, die man Hybris nannte, von jeher die größte Sünde, weil sie den Menschen vergessen ließ, daß er den Göttern nicht ebenbürtig ist. Den in der Bibel verbotenen Wunsch nach Erkenntnis verwandelt Milton in die Sünde des Narzißmus. Verglichen mit der griechischen Hybris ist jedoch der Narzißmus Evas poetischer Natur; sie ist eitel und erliegt der Schmeichelei, doch ihr Narzißmus ist eher der eines unschuldigen Kindes als eines trotzigen Helden.

Miltons Vorurteil, der Narzißmus sei bei den beiden Geschlechtern ungleich ausgeprägt, teilte auch Freud:

»Anders gestaltet sich die Entwicklung bei dem häufigsten, wahrscheinlich reinsten und echtesten Typus des Weibes. Hier scheint mit der Pubertätsentwicklung durch die Ausbildung der bis dahin latenten weiblichen Sexualorgane eine Steigerung des ursprünglichen Narzißmus aufzutreten, welche der Gestaltung einer ordentlichen, mit Sexualüberschätzung ausgestatteten Objektliebe ungünstig ist. Es stellt sich besonders im Falle der Entwicklung zur Schönheit eine Selbstgenügsamkeit des Weibes her, welche das Weib für die ihm sozial verkümmerte Freiheit der Objektwahl entschädigt. Solche Frauen lieben, strenggenommen, nur sich selbst mit ähnlicher Intensität, wie der Mann sie liebt. Ihr Bedürfnis geht auch nicht dahin zu lieben, sondern geliebt zu werden, und sie lassen sich den Mann gefallen, welcher diese Bedingung erfüllt« (Freud 1914a, S. 55).

Der zeitgenössische Leser wird dieser Auffassung Miltons und Freuds nicht zustimmen. Wie die klinische Erfahrung zeigt, ist der Narzißmus zwischen den Geschlechtern wohl gleichgewichtig verteilt.

Innerhalb der langen humanistischen Tradition, der ich in diesem Kapitel nachgegangen bin, steht Narziß für eine Krankheit der Seele – und zwar eine Krankheit, die sich als tödlich erweisen kann und die daher durchaus ernst zu nehmen ist. In der psychiatrischen Literatur des 19. Jahrhunderts wurde der Narzißmus zu einer Perversion, und in diesem Sinne bezieht sich auch Freud auf ihn, wenn er im ersten Abschnitt seines Aufsatzes ›Zur Einführung des Narzißmus‹ schreibt:

»Der Terminus Narzißmus entstammt der klinischen Deskription und ist von P. Näcke 1899 zur Bezeichnung jenes Verhaltens gewählt worden, bei welchem ein Individuum den eigenen Leib in ähnlicher Weise behandelt wie sonst den eines Sexualobjekts, ihn also mit sexuellem Wohlgefallen beschaut, streichelt, liebkost, bis es durch diese Vornahmen zur vollen Befriedigung gelangt. In dieser Ausbildung hat der Narzißmus die Bedeutung einer Perversion, welche das gesamte Sexualleben der Person aufgesogen hat, und unterliegt daher auch den Erwartungen, mit denen wir an das Studium aller Perversionen herantreten« (Freud 1914a, S. 41).

Nachdem der Narzißmus erst einmal ins Reich der Perversionen verwiesen war, ging von ihm keine allgemeine Gefährdung mehr aus. Der viktorianische Bürger, der in Krafft-Ebings *Psychopathia Sexualis* darüber las, konnte dies mit der Zuversicht tun, nicht betroffen zu sein.

Sterba (1984) hat das narzißtische Moment in der Gottesvorstellung der Bibel erläutert. Er verweist darauf, daß Gott mit dem, was er erschuf, beständig zufrieden war. Als er Adam nach seinem Bilde erschaffen hatte, sah er, daß dies »sehr gut« war. Gott schuf jedoch den Menschen aus einem Klumpen Lehm: Da man sich ihn als männliches Wesen vorstellt, sind die einzigen Babys, die er hervorbringen kann, »analen« Ursprungs. Nach Sterbas Auffassung entspricht Gottes schöpferische Kraft der des Pygmalion.

Freud machte von der langen Tradition, die uns von Ovid ausgehend überliefert ist, keinen Gebrauch; vielmehr stehen seine Einsichten über das Wesen des Narzißmus unter dem Einfluß Heines. Scharfsichtig erkannte Heine das narzißtische Element in der Erzählung der Genesis: die Selbstzufriedenheit Gottes angesichts des eigenen Werks und das narzißtische Vergnügen, das es ihm bereitet, den Menschen nach seinem eigenen Bild zu erschaffen.

Der biblische Schöpfungsbericht stärkte das Selbstgefühl der Menschen, doch er stellte die Beziehungen zwischen Mensch und Gott zugleich auf eine narzißtische Grundlage. Heine parodierte den traditionellen Lobpreis der Schöpfung in sieben kurzen Gedichten. In seiner Version der Genesis erschafft Gott zuerst die Sonne und dann – aus dem Schweiß auf seiner Stirn – den Ochsen. Er erschafft Löwen und nach deren Bild hübsche kleine Kätzchen. Er erschafft den Menschen und nach dessen Bild wiederum einen höchst interessanten Affen. Im letzten dieser Gedichte gibt Gott das Geheimnis der Schöpfung preis, und Freud (1914a, S. 52) zitiert diese Verse:

Krankheit ist wohl der letzte Grund
Des ganzen Schöpferdrangs gewesen;
Erschaffend konnte ich genesen,
Erschaffend wurde ich gesund.

»Ein starker Egoismus schützt vor Erkrankung«, bemerkt dazu Freud, »aber endlich muß man beginnen zu lieben, um nicht krank zu werden« – eine Art produktiven Mißverständnisses, mit dem sich Freud hier auf Heines Verse bezieht. Denn für Heine bedeutet Kreativität die Auflösung des Narzißmus, während Freud diese Zeilen fälschlich so interpretiert, daß wir lieben müssen, um gesund zu bleiben. Gewiß ist auch die Liebe eine Krankheit, doch eine schwerere und weitaus hartnäckigere Erkrankung ist der Narzißmus – zu dieser Schlußfolgerung gelangte Freud bestimmt nicht aufgrund klinischer Beobachtungen an narzißtischen Patienten. Vielmehr erklärt er damit sehr schön den Sieg seiner Libido über den eigenen Narzißmus, und diese tiefsinnige Äußerung ist ein Ausdruck seiner Lebensphilosophie.

Ich habe in diesem Kapitel die Geschichte und die Psychologie dreier Sagen verfolgt, die in einer besonderen Beziehung zur Liebe stehen. Alle drei sind Schöpfungen Ovids. Narziß war in sich selbst verliebt, Pygmalion konnte nur lieben, was er selbst erschaffen hatte, und Hermaphrodit symbolisiert jene Art von Liebe, bei der das Paar gemeinsam für eine bisexuelle Person steht. Alle drei Figuren repräsentieren Hindernisse auf dem Weg zur vollen Liebesfähigkeit, doch wie ich im letzten Kapitel zeigen werde, repräsentieren sie auch bestimmte Formen der Liebe.

Sterba untersucht diese Archetypen und schlägt vor, einen vierten Typus hinzuzufügen: den des Cherubino in Mozarts *Hochzeit des Figaro*. Schon Hagstrum (1980) bemerkte, daß die unstete, jugendliche Sexualität des Cherubino auf Frauen eine besondere Anziehung ausübt. Wie Sterba weiter ausführt, bringt die Zartheit des Cherubino einen schönen musikalischen Kontrast zur männlichen Erotik des Grafen und Figaros hervor. Der heftige Ansturm auf seine Psyche, dem sich Cherubino unter hormonellen Einflüssen und aufgrund der endokrinen Veränderungen der Pubertät gegenübersieht, stürzen ihn in Verwirrung (Sterba 1984, S. 416). Tag und Nacht spricht er von Liebe, er redet zum Wasser, zu seinem Schatten, zu den Bergen und zu den Blumen. Auch zum Echo seiner eigenen Stimme spricht er, und all diese Worte erscheinen in dem rasch dahinjagenden Allegro vivace ins Musikalische übertragen. Diese atemlose Suche nach einem Objekt seiner Liebesgefühle mündet in ein stockendes Adagio, sobald Cherubino bemerkt, daß niemand ihm zuhört. Er projiziert seine Liebe in die ganze Welt, doch gibt es kein besonderes Objekt, in das er verliebt wäre. Verächtlich nennt Figaro ihn einen »verliebten Schmetterling« (*farfallone amoroso*). Auch »kleiner Narziß« und »kleiner Adonis« nennt er ihn. Der Militärdienst ist schließlich das Heilmittel gegen seinen jugendlichen Aufruhr.

Falls man Cherubino tatsächlich als vierten Archetypus den drei von Ovid geschaffenen hinzugesellen kann, so würde er recht gut auf die jugendlichen Liebhaber passen, die MacCary als typisch für Shakespeares Komödien gesehen hat.

12

Liebe in einer entzauberten Welt: vom 17. zum 19. Jahrhundert

Eines der bedeutendsten Bücher über die Liebe, das zur Zeit Shakespeares und Miltons verfaßt wurde, ist Robert Burtons *Anatomy of Melancholy*; es erschien 1631, als Burton fünfundvierzig Jahre alt war. Der abschließende dritte Band dieses Werks ist der Liebe gewidmet – und zugleich der Melancholie.

Burton war ein Meister des Zitats. Mit seinen Entlehnungen bestehle er niemanden, beteuerte er, und er zerstöre auch nichts, wie ja auch die Bienen keinen Schaden anrichten, wenn sie den Honig aus den Blüten saugen. Was das Plagiieren betraf, so nahm man es in seinem Zeitalter weniger genau als in unserem. Das Zitieren aus dem Gedächtnis war erlaubt – und häufig, wenn mich wegen allzu vieler Zitate das Gewissen plagt, erscheint sein Bild vor meinen Augen.

Zwischen dem Zeitalter Burtons und dem der griechischen Tragödie liegen zweitausend Jahre; dennoch haben beide Epochen vieles gemeinsam. Zum zweitenmal in der Geschichte des Abendlands wurde es möglich, das Widervernünftige und Pathologische im menschlichen Wesen zu untersuchen, ohne das Böse einer äußeren Macht wie zum Beispiel Satan zuzuschreiben. Burton lebte zu einer Zeit, da die Welt des christlichen Mittelalters verlosch, ohne doch schon gänzlich untergegangen zu sein. Das griechische Erbe und die Lehren der Bibel galten als gleich bedeutsam, und Burton war in der Welt der Kirche genauso zu Hause wie in der Welt der griechischen Philosophie und der lateinischen Dichtung. Seine Epoche nährte sich sowohl von der jüdisch-christlichen als auch von der hellenistischen Überlieferung.

Burton faßt die Liebe als eine Art von Melancholie auf. Er beschreibt sie als einen fließenden Zustand, der die Lust des Besitzwunsches ebenso umfaßt wie die Unlust der Gier und der schließlich in die Glückseligkeit tatsächlichen Besitzes einmündet (S. 618). Diese Auffassung der Liebe steht im Gegensatz zu jenem berühmten Satz aus

Goethes *Faust*: »So tauml' ich von Begierde zu Genuß, und im Genuß verschmacht' ich nach Begierde.«

In Burtons Welt ist Liebe allgegenwärtig und keineswegs auf die Menschen beschränkt. Noch immer klagt die Mondgöttin darüber, in Enymion so hilflos vernarrt zu sein. Palmen sind zu höchst leidenschaftlicher Liebe fähig, Bäume legen ihre Äste umeinander, in einer Geste der Umarmung strecken sie ihre Zweige aus und küssen einander. Burton zitiert sogar Berichte, denen zufolge Bäume einander heiraten sollen. Fische verschmachten aus Liebe und magern ab.

Auch Liebe *zwischen* den Spezies kommt bei Burton vor. Wenn Myrte und Olivenbaum nahe beieinander wachsen, so umschlingen sie sich mit Wurzeln und Zweigen. Besondere Sympathie und daraus entspringende Liebe gibt es auch zwischen Ulme und Weinstock*, Weinstock und Kohl sowie Weinstock und Olivenbaum. Die Liebe ist nicht einmal auf die organische Welt beschränkt, denn Liebe ist es, die den Magneten das Eisen anziehen läßt. Auch der Lauf der Sonne und der Sterne folgt dem Zug der Liebe – ein Echo der letzten Zeile von Dantes *Göttlicher Komödie*: »... Liebe, die führt die Sonne und die andern Sterne«.

Burton weiß von Delphinen, die Jungen lieben: Stirbt der Geliebte, so verläßt der Delphin seinen natürlichen Lebensraum und geht zugrunde. Und um das Gleichgewicht zwischen den Geschlechtern zu wahren, erzählt Burton auch die Geschichte eines Pfaues, der ein junges Mädchen so sehr liebte, daß er sich nach ihrem Tod das Leben nahm. Wenn ein Bär eine Frau liebt und Söhne mit ihr zeugt, so entspringen seinen Lenden Könige des Nordens. Wenn jedoch eine Frau wilde Tiere, Pferde oder Stiere liebt, so ist das Resultat weniger ersprießlich, denn aus solchem Beischlaf gehen Ungeheuer hervor, welche die Menschheit in Angst und Schrecken versetzen.

Burton berichtet von einer Frau in Konstantinopel, die eine andere Frau liebte und etwas Unglaubliches wagte: Verkleidet als Mann,

* Schon zuvor war bei Philip Sidney (1554–1586) die Liebe zwischen Ulme und Weinstock ein Symbol ewiger Liebe. In einem Hochzeitsgedicht heißt es:

Der rechtschaffne Bräutigam und die scheue Braut
Für immer soll ihre Liebe dauern
Wie die Ulme und der Wein
Zu einer Ranke sich umschlingen.

überstand sie eine Hochzeitszeremonie (S. 653). Schlimmer noch, manche verkehren sogar mit schönen Leichnamen, wie Burton weiß, und selbst die Ehe ist gegen Perversionen nicht gefeit: »Gebraucht wird auch ein dem legitimen entgegengesetzter Körperteil. Manchmal bleibt überhaupt keine Öffnung, die nicht besudelt und schändlicher Begierde überlassen wäre.«

Eine häufige Ursache der Melancholie ist die »heroische« Liebe – ein Begriff, der bei Burton für den Inzest steht. Für diese Art der Liebe kennt er zahllose Beispiele. Er zitiert Avicenna, den mittelalterlichen Philosophen und Arzt aus Persien; dieser definierte die Leidenschaft als »ein Leiden, bei dem der Geist in Melancholie, Kummer oder Schmerz verfällt, bei dem der Mann unablässig über die Schönheit, die Gebärden und das Betragen der Geliebten grübelt und sich darüber grämt«. Daraus folgert er, daß diese ständige gedankliche Beschäftigung keine Spielart der Liebe, sondern deren Symptom ist. Freud vorwegnehmend, fährt Burton fort: »Wir denken genauso beständig an das, was wir hassen und verabscheuen, wie an das, was wir lieben; und vieles ersehnen und begehren wir ohne die geringste Hoffnung, es zu erlangen« (S. 657f.).

Doch Burton kennt auch die glückliche Liebe, die Liebe Abrahams zu Sarah, die Liebe des Seneca zu Paulina und des Orpheus zu Eurydike. Diese glückliche Liebe beschreibt er in poetischer Weise: »Es gibt etwas in der Frau, das jenseits allen irdischen Vergnügens ist, eine magnetische Kraft, etwas Bezauberndes, einen magischen, machtvollen Antrieb. Ihr Ehemann ist der Kopf, der über sie bestimmt, doch sie wiederum befiehlt seinem Herzen, er ist ihr Sklave, sie seine einzige Lust und Freude. Kein Glück im Leben kommt diesem gleich, keine Liebe ist so tief wie die zwischen Mann und Frau« (S. 54).

Shakespeare wurde 1564 geboren, Burton 1578 und Milton 1608; die drei Männer waren Zeitgenossen. Brownlee (1960) hat die Ansicht verfochten, bei Shakespeare und Burton handle es sich um ein und dieselbe Person, und um diese Hypothese zu beweisen, zitierte er einander entsprechende Äußerungen beider Autoren. Meines Wissens hat er damit niemanden überzeugt; doch daß beide vom gleichen intellektuellen Flair und von den gleichen herrschenden Ansichten umgeben waren, hat Brownlee auf bewundernswerte Weise zeigen können. Die grundlegende Vorstellung einer Liebes-Melancholie war beiden wichtig, und beide sahen die Ursache für dieses Leiden in einer ausufernden Phantasie.

Für Burton ist die Liebe eine besondere Form der Melancholie – ein Gedanke, der zur Zeit der Renaissance sehr verbreitet war und den wir auch bei Shakespeare finden. Die Wurzel dieser Krankheit liegt in einer überhitzten Einbildungskraft:

Verliebte sind wie Narren hitzigen Geistes
Und schwärmerischen Sinnes, der mehr schaut,
Als je die kühlere Vernunft begreift.
Mondsüchtige, Verliebte und Poeten
Sind eitel Phantasie. Der eine sieht
Mehr Teufel, als die weite Hölle faßt;
Das ist der Narr. – Der Liebende, nichts klüger,
Sieht ein Zigeunerweib als Schöne Helena.
Des Dichters Auge rollt in edlem Wahnsinn,
Mißt Himmel, Erde und dann wieder Himmel;
Die Kraft der Einbildung verkörpert ihm
Das Unbekannte, und des Dichters Feder
Gibt allem Form und leiht dem Nichts aus Luft
Auf Erden einen Wohnsitz, einen Namen.
(*Ein Sommernachtstraum*, V/1)

Die Ähnlichkeit von Liebe und Verrücktheit gehörte zur klassischen Tradition – man denke an Plutarchs *Moralia* –, doch diesen auch noch den Dichter zuzugesellen war Shakespeares eigener Beitrag. Weder bei Burton noch bei Shakespeare findet sich ein Hinweis darauf, daß der Mensch als einziges Wesen weiß, was Liebe ist – wie er auch als einziger weiß, daß er sterben muß. Die Vorstellung, die ganze Natur befinde sich in einem Rausch, ist im 17. Jahrhundert noch immer präsent, doch irgendwann vor dem 19. Jahrhundert erfolgte ein Bruch. Danach durften sich nur noch Dichter und Liebende in dem Glauben wiegen, wenn sie liebten, nehme die ganze Natur an ihren Gefühlen Anteil.

Eine jener revolutionären Einstellungen, denen wir in der Geschichte der Liebe nachgehen, setzte sich nach Stone (1985) im späten 17. Jahrhundert durch: Von nun an wurde zunehmend die Forderung erhoben, die Ehe müsse auf Liebe beruhen. Hagstrum (1980) schreibt Milton eine zentrale Rolle bei dieser »Umwertung der Werte« zu; er zeigt, daß das Urpaar Adam und Eva, das Milton im *Verlorenen Paradies* darstellte, zu einem neuen Ideal wurde. Die Liebe vor der Ursünde war nun ein Amalgam von Sex und Sinnlichkeit. Man kann dieses Ideal aus Haydns *Schöpfung* heraushören, aus Glucks *Orpheo* und *Alceste* sowie aus Mozarts *Zauberflöte*. Die Kehrseite dieser Auffassung war, daß eine Ehe geschieden werden sollte, wenn zwischen Mann und Frau keine Freundschaft mehr besteht. Aus der Liebe, wie Milton sie sich vorstellte, geht die Ehe hervor, wie die Sonne den Tag erschafft, und wenn die Liebe untergeht, wird es Nacht. Offenbar wurde diese Ansicht nicht von allen gutgeheißen; doch die griechische Lösung, bei der das Reich der Aphrodite von dem der Hera für immer getrennt bleibt, war für die Männer und Frauen des Abendlands als Ideal nicht mehr befriedigend. Die Psychoanalyse hat dann diesen Gedanken auf ihre eigene Weise übernommen: Sie betont nachdrücklich, daß der Zustand der Verliebtheit die normale Grundlage ist, um eine dauerhafte Liebesbeziehung zu schaffen.

Ich komme nun auf den Dichter Percy Bysshe Shelley (1792–1822) zu sprechen, der nicht nur über Liebe geschrieben hat, sondern sie auch in seiner eigenen Biographie tief verankert hat. In jeder Epoche gibt es hervorragende Männer und Frauen, die in den Augen späterer Generationen für die Zeit stehen, in der sie leben. Dies bedeutet nicht, daß sie auf irgendeine Weise typisch wären für die Menschen ihrer Zeit; im Gegenteil veranschaulichen sie ihre Epoche gerade dadurch, daß in ihrem Leben alles, was damals virulent war, im Übermaß zutage tritt. Wenn ich also an die Liebe im 19. Jahrhundert denke – die gelebte ebenso wie die zum Ausdruck gebrachte Liebe –, dann denke ich an den Dichter Percy Bysshe Shelley, der kurz vor Vollendung seines dreißigsten Lebensjahrs bei einem Unglück auf See ums Leben kam.*

Im Jahr 1813 veröffentlichte der 21jährige Shelley sein erstes längeres Gedicht *Queen Mab* als Privatdruck. Auch die Aufzeichnungen, die als Hintergrund zu diesem Gedicht entstanden, sind erhalten. Hier

* Marjorie Goodman bin ich zu Dank dafür verpflichtet, daß sie mich auf Shelleys Ansichten über die Liebe aufmerksam machte.

äußert sich der junge Shelley empört über die Unterdrückung der Liebe:

»Nicht einmal der Verkehr der Geschlechter ist frei vom Despotismus der bestehenden Ordnung. Das Gesetz maßt sich an, selbst das unbezähmbare Schweifen der Leidenschaften zu regieren, den klarsten Schlüssen der Vernunft Fesseln anzulegen und durch den Appell an den Willen die spontanen Regungen unserer Natur zu unterjochen. Die Liebe folgt unvermeidlich auf die Wahrnehmung der Schönheit. Sie welkt dahin unter dem Zwang: die Freiheit ist ihr eigentliches Wesen. Sie ist weder mit Gehorsam noch mit Eifersucht noch mit Furcht vereinbar: sie ist dort am reinsten, vollkommensten und ohne Grenzen, wo ihre Anhänger in Vertrauen, Gleichheit und Rückhaltlosigkeit miteinander leben.

Wie lange also sollte die geschlechtliche Bindung dauern? Welches Gesetz sollte das Ausmaß des Grolls gegeneinander bestimmen, das ihrem Bestand die Grenze setzt? Mann und Frau sollten so lange verbunden sein, wie sie einander lieben: jedes Gesetz, das sie auch nur für einen Augenblick zum Zusammenleben zwingt, nachdem ihre Zuneigung erloschen ist, wäre völlig unerträgliche Tyrannei und unwürdigste Duldsamkeit« (Shelley 1990, S. 497f).

In keiner geschichtlichen Epoche – und nicht einmal unter der Gerichtsbarkeit des mittelalterlichen »Liebeshofs« von Poitiers – wurde die Oberhoheit der Liebe über die Gesellschaft mit derartiger Absolutheit behauptet. Unter dem Einfluß der Aufklärung beginnt hier ein Kampf um die Befreiung der Liebe von den Fesseln der Religion und der Ursünde.

Im wirklichen Leben führte Shelleys Bekenntnis zu einer Tragödie. Er heiratete die 16jährige Wirtstochter Harriet Westbrook, während er sich gerade von seiner Liebe zu Harriet Grove erholte, eine Kusine, die sich seiner Ketzereien wegen ängstigte. Mit einundzwanzig wurde Shelley Vater. Wenige Monate nach der Geburt dieses Kindes verliebte er sich in Mary Wollstonecraft Godwin, die spätere Autorin des *Frankenstein*. Sie war siebzehn Jahre alt, als Shelley sie in die Schweiz entführte. Zurück in England stellte er fest, daß er von Harriet noch ein zweites Kind hatte. Er bat sie, sich ihnen anzuschließen, was eine *ménage à trois* bedeutet hätte. Harriet lehnte jedoch ab; ein Jahr später beging sie Selbstmord.

Im Jahr 1818 schrieb Shelley einen kurzen Essay über die Liebe, der in Zusammenhang mit seinem langen Gedicht *Epipsychidion* zu lesen ist. Darin beschreibt er die Liebe folgendermaßen:

»Wenn wir unsere Gedanken erschließen, möchten wir verstanden sein; wenn wir etwas ersinnen, möchten wir, daß die luftigen Kinder unserer Phantasie in der eines anderen neu geboren werden; wenn wir fühlen, möchten wir, daß mit den unseren auch die Nerven anderer mitschwingen, daß der Glanz ihrer Augen sich sogleich entzünden, sich mit dem unseren vermengen und verschmelzen möge; daß eiserstarrte Lippen nicht den bebenden und vom teuersten Herzblute glühenden antworten dürften. Das ist Liebe. Das ist das Band und das Siegel, das den Menschen nicht nur dem Menschen, sondern auch allem, was da ist, verbindet.

Wir sind in die Welt hineingeboren, und von dem Augenblicke an, da wir leben, ist etwas in unserem Inneren, dem mehr und mehr nach seinesgleichen dürstet. [...]

Daher lieben wir in der Einsamkeit (oder in jener Verlassenheit, da wir von Menschen umgeben sind, die doch nicht mit uns fühlen) die Blumen, das Gras, die Wasser und den Himmel. In der Bewegung selbst der Frühlingsblätter, in der blauen Luft, findet sich dann ein geheimer Zusammenklang mit unserem Herzen. Beredsamkeit ist im stummen Winde und eine Melodie in den fließenden Bächen und im Rauschen des Uferschilfes« (Shelley 1946, S. 7ff).

Shelley verfaßte den Essay, nachdem er eine Übersetzung von Platons *Symposion* abgeschlossen hatte, und der Einfluß Platons ist greifbar. In einer anderen Äußerung Shelleys tritt er noch stärker zutage: »Ich glaube, man liebt immer irgend etwas; der Irrtum besteht darin, daß man in einem sterblichen Bild die Gestalt von etwas sucht, das vielleicht ewig ist.« Diese Erklärung für die Komplikationen der Liebe könnte ebensogut von Diotima in Platons *Symposion* stammen.

Das Gefühl, die Natur nehme an der Liebe des Menschen tätigen Anteil, hat zahlreiche schöne Gedichte inspiriert; eines davon ist Shelleys *Philosophie der Liebe*:

I
Zum Flusse einen sich die Quellen,
Auf daß im Meer der Strom sich finde,
Und immerdar in süßen Wellen
Vermischen sich des Himmels Winde;
Nichts in dieser Welt ist einsam;
Göttliches Gesetz herrscht hier,
Alles ist im Geist gemeinsam.
Warum denn nicht wir?

II
Sieh den Berg den Himmel küssen.
Es umfangen sich die Wogen;
Die Blume würd es büßen müssen,
Wär sie dem Bruder nicht gewogen.
Der Strahl des Mondes küßt das Meer,
Die Erde atmet Sonnenlicht:
All diese Süße wäre leer,
Küßtest du mich nicht.
(Shelley 1990, S. 131f.)

Im 19. Jahrhundert sind es zwei Denker – ein Philosoph und ein Romancier –, die unser Verständnis des Wesens der Liebe in ganz besonderer Weise bereichert und auch verändert haben. Die Art und Weise, wie Schopenhauer und Stendhal über die Liebe schrieben, wäre in keinem vorhergehenden Jahrhundert denkbar gewesen. Schopenhauer wiederum hatte beträchtlichen Einfluß auf Freud, dessen Haltung dazu jedoch ambivalent blieb. Sowohl Schopenhauer als auch Stendhal betonten die Einzigartigkeit dessen, in den man sich verliebt. Jahrhundertelang waren Cupidos Pfeile die Metapher für den Zufall gewesen, der die Liebe bestimmt, und solange diese Metapher vorherrschte, spielten die Individualität und die Persönlichkeit des Geliebten keine Rolle.

Seit Platon und Paulus gab es die Tendenz, Liebe und Sexualität voneinander zu trennen, und das Christentum – so formulierte es Kierkegaard – setzte das Religiöse an die Stelle des Eros. Schopenhauer ragt als derjenige vorfreudianische Denker heraus, der den größten Nachdruck auf die Untrennbarkeit von Liebe und Sexualität legte.

Das 44. Kapitel des zweiten Bandes von *Die Welt als Wille und Vorstellung* (1844) ist hierfür die entscheidende Quelle. Dieses Kapitel beginnt mit der üblichen zweischneidigen Hymne an die Macht des Eros:

»Denn alle Verliebtheit, wie ätherisch sie sich auch geberden mag, wurzelt allein im Geschlechtstriebe, ja, ist durchaus nur ein näher bestimmter, specialisirter, wohl gar im strengsten Sinn individualisirter Geschlechtstrieb. Wenn man nun, dieses fest haltend, die wichtige Rolle betrachtet, welche die Geschlechtsliebe in allen ihren Abstufungen und Nüancen, nicht bloß in Schauspielen und Romanen, sondern auch in der wirklichen Welt spielt, wo sie, nächst der Liebe zum Leben, sich als die stärkste und thätigste aller Triebfedern erweist, die Hälfte der Kräfte und Gedanken des jüngern Theiles der Menschheit fortwährend in Anspruch nimmt, das letzte Ziel fast jeden menschlichen Bestrebens ist, auf die wichtigsten Angelegenheiten nachtheiligen Einfluß erlangt, die ernsthaftesten Beschäftigungen zu jeder Stunde unterbricht, bisweilen selbst die größten Köpfe auf eine Weile in Verwirrung setzt, sich nicht scheut, zwischen die Verhandlungen der Staatsmänner und die Forschungen der Gelehrten, störend, mit ihrem Plunder einzutreten, ihre Liebesbriefchen und Haarlöckchen sogar in ministerielle Portefeuilles und philosophische Manuscripte einzuschieben versteht, nicht minder täglich die verworrensten und schlimmsten Händel anzettelt, die werthvollsten Verhältnisse auflöst, die festesten Bande zerreißt, bisweilen Leben, oder Gesundheit, bisweilen Reichthum, Rang und Glück zu ihrem Opfer nimmt, ja, den sonst Redlichen gewissenlos, den bisher Treuen zum Verräther macht, demnach im Ganzen auftritt als ein feindsäliger Dämon, der Alles zu verkehren, zu verwirren und umzuwerfen bemüht ist; – da wird man veranlaßt auszurufen: Wozu der Lerm? Wozu das Drängen, Toben, die Angst und die Noth? Es handelt sich ja bloß darum, daß jeder Hans seine Grethe finde: weshalb sollte eine solche Kleinigkeit eine so wichtige Rolle spielen und unaufhörlich Störung und Verwirrung in das wohlgeregelte Menschenleben bringen?«

Diese uralte Klage beantwortet nun Schopenhauer auf eine Weise, die typisch ist für das 19. Jahrhundert und bereits darwinistische Züge trägt. Gott verbirgt die Wahrheit nicht mehr – der Geist der Wahrheit selber ist es, der zum Philosophen spricht:

»Aber dem ernsten Forscher enthüllt allmälig der Geist der Wahrheit die Antwort: Es ist keine Kleinigkeit, warum es sich hier handelt; vielmehr ist die Wichtigkeit der Sache dem Ernst und Eifer des Treibens vollkommen angemessen. Der Endzweck aller Liebeshändel, sie mögen auf dem Sockus, oder dem Kothurn gespielt werden*, ist wirklich wichtiger, als alle andern Zwecke im Menschenleben, und daher des tiefen Ernstes, womit Jeder ihn verfolgt, völlig werth. Das nämlich, was dadurch entschieden wird, ist nichts Geringeres, als *die Zusammensetzung der nächsten Generation*. Die *dramatis personae*, welche auftreten werden, wann wir abgetreten sind, werden hier, ihrem Daseyn und ihrer Beschaffenheit nach, bestimmt, durch diese so frivolen Liebeshändel« (Schopenhauer 1988, Bd. II, S. 618–620).

Schopenhauers Wiedervereinigung von Liebe und sexueller Lust, die eine lange Tradition voneinander geschieden hatte, ist geradezu erfrischend; für Freud lieferte sie die allgemeine philosophische Basis seiner Ansichten über die Liebe. In jene traditionelle Auffassung führte Schopenhauer einen für das 19. Jahrhundert typischen Aspekt ein, nämlich die raffinierten Mittel der Natur, ihre eigenen Ziele durchzusetzen – die Fortpflanzung der Spezies. In seinen Augen ist die Liebe ein Wahn, der dem Menschen von der Natur auferlegt ist. Während der einzelne Mann davon überzeugt ist, daß es Liebe ist, die ihn zu einer bestimmten Frau streben läßt, ist die Natur an nichts anderem interessiert als an der Erhaltung der Art. Die Liebe ist ein schlauer Trick der Natur, um für die folgende Generation die optimale Selektion sicherzustellen – was an die von Hegel postulierte »List der Vernunft« denken läßt, eine tätige Kraft, die sich hinter dem Fluß der Geschichte verbirgt. Auch hat Schopenhauers Auffassung für unsere

* Der Soccus war ein leichter, niedriger Schuh, den die Komödienschauspieler der Antike trugen. Der Kothurn dagegen war ein Halbstiefel mit besonders dicken Sohlen und gehörte zum traditionellen Kostüm der griechischen Tragödie.

Ohren darwinistische Anklänge. Die beiden waren Zeitgenossen. Darwins Fahrt mit der ›Beagle‹ fand zwischen 1831 und 1836 statt, die Ergebnisse dieser Reise publizierte er zwischen 1839 und 1842. Vor der Veröffentlichung des zweiten Bandes von *Die Welt als Wille und Vorstellung* hat Schopenhauer diese Schriften jedoch wohl kaum zur Kenntnis genommen.

Doch Schopenhauers Beitrag zum Thema Liebe besteht auch in einer nachdrücklichen Betonung der Einzigartigkeit des Geliebten, wie sie meines Wissens in der gesamten früheren Literatur nicht zu finden ist.

»So unerklärlich die ganz besondere und ihm ausschließlich eigenthümliche Individualität eines jeden Menschen ist; so ist es eben auch die ganz besondere und individuelle Leidenschaft zweier Liebenden; – ja, im tiefsten Grunde ist Beides Eines und dasselbe: die Erstere ist *explicite* was die Letztere *implizite* war« (ebd., S. 622f).

»Je vollkommener nun die gegenseitige Angemessenheit zweier Individuen zu einander, in jeder der so mannigfachen, weiterhin zu betrachtenden Rücksichten ist, desto stärker wird ihre gegenseitige Leidenschaft ausfallen. Da es nicht zwei ganz gleiche Individuen gibt, muß jedem bestimmten Mann ein bestimmtes Weib, – stets in Hinsicht auf das zu Erzeugende, – am vollkommensten entsprechen« (ebd., S. 624).

Die Hervorhebung der individuellen Natur der Liebeserfahrung setzt voraus, daß der Liebende selbst bereits ein hohes Maß an Individualität erlangt hat. Typisch für das 19. Jahrhundert ist hier die Annahme, daß wir aufgrund unserer einzigartigen Persönlichkeit nach einem einzigartigen Geliebten zu suchen haben, der unseren psychischen Bedürfnissen entspricht. Diese Auffassung Schopenhauers konnte nur in einer Gesellschaft Fuß fassen, in der Individualität bereits hochgeschätzt wurde. Wenn man jedoch sieht, wie schwierig und manchmal unmöglich es vielen Männern und Frauen ist, den ersehnten Lebensgefährten zu finden, so fragt man sich, ob wir nicht vielleicht die Wertschätzung der eigenen Einzigartigkeit bis zu einem Punkt getrieben haben, wo die Suche nach einem Partner überaus problematisch wird. Doch das sind *unsere* Zweifel. Schopenhauer hatte noch volles

Vertrauen in die Macht der Liebe, die einzig mögliche Ehe zwischen zwei höchst individuellen Personen auch tatsächlich zustande zu bringen.

Damit gelangt Schopenhauer zu einer Definition der Liebe, die ich für eine der schönsten in der gesamten Literatur zu diesem Thema halte: »Die Sehnsucht der Liebe, der μεϱος, welchen in zahllosen Wendungen auszudrücken die Dichter aller Zeiten unablässig beschäftigt sind und den Gegenstand nicht erschöpfen, ja, ihm nicht genug thun können, diese Sehnsucht, welche an den Besitz eines bestimmten Weibes die Vorstellung einer unendlichen Säligkeit knüpft und einen unaussprechlichen Schmerz an den Gedanken, daß er nicht zu erlangen sei [...]« (ebd., S. 640f.). Das einzige, was die Schönheit dieser Definition in *unseren* Augen beeinträchtigt, ist die Tatsache, daß Schopenhauer als Mann des 19. Jahrhunderts stets den Mann als den Liebenden und die Frau als Empfängerin der Liebe betrachtet.

Roland Barthes schreibt: »Ich begegne in meinem Leben Millionen von Leibern; von diesen Millionen kann ich nur einige Hundert begehren; von diesen Hunderten aber liebe ich nur einen« (1984, S. 38). Das ist eine Replik auf Schopenhauer; was bei Barthes hinzukommt, ist die zeitgenössische Sorge um das Problem der Identität. Die Liebe zu einer einzigartigen Person leistet auch etwas für den, der liebt: Sie läßt ihn seine eigene Einzigartigkeit erfahren, und zwar in einer Art und Weise, die ihm zuvor nicht möglich gewesen wäre. Bevor wir lieben, hat die menschliche Sexualität das Stadium der Individuation noch nicht erreicht – zumindest in diesem Sinne hatte Platon recht. Die Liebe trägt dazu bei, daß wir uns als unverwechselbare Individuen fühlen können.

Stendhal

Stendhal, der Autor des vielgelesenen Romans *Rot und Schwarz*, dessen wirklicher Name Henri Beyle war, veröffentlichte 1842 ein Buch mit dem Titel *Über die Liebe*. Wie Schopenhauer wollte auch Stendhal die Liebe in objektiver, wissenschaftlicher Weise untersuchen. Mit einer trügerischen Einfachheit, die in Frankreich recht selten ist, beginnt sein Buch wie eine wissenschaftliche Abhandlung über eine bestimmte Art von Verrücktheit oder seelischer Erkrankung. »Wissenschaftlich« schreiben, bedeutete im 19. Jahrhundert vor allem klassifizieren – etwa so, wie Linné die Pflanzenwelt klassifiziert hatte –, und tatsächlich führt Stendhal vier Arten der Liebe an. Die erste ist die leidenschaftliche Liebe, wie sie in der Literatur von Héloïse und Abélard bis zu Goethes Werther vorkommt. Die zweite ist die gepflegte oder galante Liebe (*l'amour goût*), die im damaligen Frankreich wahrscheinlich häufiger vorkam. »Während uns die leidenschaftliche Liebe auch gegen unsere Interessen in Verzückung stürzt, weiß sich die galante Liebe ihnen anzupassen.« Bei der galanten Liebe, belehrt uns Stendhal, achtet eine Frau, die sich einen Liebhaber nimmt, mehr auf die Meinung anderer Frauen über ihn als auf ihre eigene. Nach Singer (1984) geht es bei der galanten Liebe mehr ums Taxieren als um wirkliche Wertschätzung. Die dritte Art ist die rein sinnliche Liebe, die wir heute als Sex bezeichnen würden. Die vierte Art schließlich ist die Liebe aus Eitelkeit, bei der die geliebte Person lediglich als Mittel zur Steigerung des Selbstwertgefühls dient.

Stendhals Beitrag zur Theorie der Liebe ist der Begriff Kristallisation. Er unterscheidet zwei Stadien der Kristallisation. Liebe beginnt stets mit Bewunderung; danach entsteht ein Glücksgefühl. Dieses Gefühl wiederum läßt Hoffnung aufkommen. In diesem Stadium, rät Stendhal, sollte die Frau sich hingeben, um das größtmögliche sinnliche Vergnügen zu erlangen; denn sobald Hoffnung da ist, erstrahlen die Augen selbst der sittsamsten Frau, und sie genießt, was die Hoffnung sie vorwegnehmen läßt. Es entsteht Liebe, und es kommt zur ersten Kristallisation. Danach, so Stendhal weiter, erwachen unvermeidlich Zweifel. Man empfindet das heftige Bedürfnis nach einem Freund, doch ein Liebhaber, der sich auf dem Höhepunkt seiner Liebe befindet, hat keine Freunde, wie Stendhal scharfsichtig bemerkt. Die Zweifel nehmen bei Männern und Frauen verschiedene Formen an. Der Mann fragt sich: »Werde ich ihr gefallen? Wird sie mich lieben?« Die Frau dagegen: »Sagt er etwa nur im Scherz, daß er mich liebt? Ist er verläßlich? Kann er für die Dauerhaftigkeit seiner Gefühle bürgen?«

Das Überwinden des Zweifels und ein Gefühl der Sicherheit, zu lieben und geliebt zu werden, führen dann zur zweiten Kristallisation. In dieser Phase haben die Liebenden das Gefühl, sie müßten zugrunde gehen, wenn sie nicht geliebt werden. Gibt sich die Frau zu früh hin, bleibt die zweite Kristallisation aus. Andernfalls aber sieht der Liebende nichts mehr so, wie es wirklich ist. Der Mann setzt seine eigenen Vorzüge herab und übertreibt die unwesentlichsten Reize der Geliebten. Für Stendhal spielt sich Liebe vor allem in der Phantasie ab. Jedesmal, wenn eine Frau ihren Liebhaber trifft, findet sie ihr Vergnügen nicht an dem, was er tatsächlich ist, sondern an dem Bild, das sie sich von ihm macht. Ein anderes Resultat sieht Stendhal bei keiner Liebesbeziehung – es sei denn, bittere Enttäuschung.

Was den Prozeß des Verliebens betrifft, so liefert dieses Buch eine scharfsichtige Beschreibung; nach dem Übergang von der Verliebtheit in eine dauerhafte Beziehung hält man jedoch vergebens Ausschau. Letzten Endes ist Stendhals Definition der Liebe identisch mit der Schopenhauers: »Mit dieser Frau könnte ich Freuden erfahren, die sie und niemand sonst mir bieten kann.« Wer wirklich liebt, träumt lieber von der geringsten Chance, die Geliebte künftig zu gewinnen, als sich von einer beliebigen Frau alles zu holen, was sie zu bieten hat. Stendhal ist der Ansicht, daß man Liebe nur dann mit voller Leidenschaft erfahren kann, wenn sie mit Furcht verknüpft ist. Wenn die Furcht, den geliebten Menschen zu verlieren, verschwunden ist, dann sind Vertrauen und bequeme Vertraulichkeit der Tod der Leidenschaft. »Liebe ist wie ein Fieber; es kommt und geht, ohne daß der Wille irgend einen Anteil daran hätte.« Das gilt insbesondere für die leidenschaftliche Liebe und macht einen prinzipiellen Unterschied aus zwischen ihr und der galanten Liebe. Frauen, die darauf bestehen, die Liebe müsse ihrem Selbstgefühl schmeicheln, wissen nicht, was wahre Liebe ist. Liebe und Eitelkeit sind miteinander unvereinbar.

Eines der interessantesten Kapitel bei Stendhal ist das über den Gegensatz von Werther und Don Juan. Der Don Juan-Typus zeigt Mut, geistige Wendigkeit, Lebhaftigkeit und Kaltblütigkeit angesichts von Gefahr. Doch in seinem Leben gibt es auch schreckliche Augenblicke der Leere, und sein Alter ist bitter. Er leugnet alle Pflichten, die ihn an die Menschheit binden. Auf dem großen Markt des Lebens ist er der unredliche Händler, der immer nur nimmt und nie bezahlt. Doch er erkennt nicht, daß das, was er bekommt, nicht das gleiche ist wie das, was der Liebende empfängt – selbst wenn er es von derselben Frau erlangt. Der Liebende erbebt jedesmal, wenn er sich seiner Gebieterin nähert. Don Juan erbebt nicht, sondern langweilt sich. Die Freuden der Liebe stehen immer im Verhältnis zu den Ängsten, welche die Liebe heraufbeschworen hat.

Anders als Don Juan ist Stendhal ständig verliebt. Was er nicht ertragen kann, ist die Phase *nach* der Intensität der Verliebtheit. Sein Buch zeugt von einem Unbehagen, das eher an die Bestrafung des Tantalus erinnert – von einem permanenten, lebenslangen Zustand der Verliebtheit. Er ist der Ewige Jude der Liebe, dazu verurteilt, niemals zur Ruhe zu gelangen. Zwar muß Stendhal, um diesen Zustand der Verliebtheit aufrechtzuerhalten, seine Partnerinnen nicht so häufig wechseln wie Don Juan – aber wechseln muß er sie doch.

Während Stendhal, der im diplomatischen Dienst tätig war, in den Aristokratien Europas empirisches Material über die Liebe sammelte, veränderten sich die sozialen Bedingungen und brachten in ganz Europa einen neuen Frauentypus hervor. Der Wohlstand des Bürgertums wuchs, und eine der ersten Folgen davon war eine Entlastung der Ehefrauen von der Plackerei der Hausarbeit und von den Mühen der Kinderaufzucht. Diese Aufgaben wurden nun an Dienst- und Kindermädchen delegiert. Doch im Gegensatz zu den Frauen der aristokratischen Schichten hatte man den bürgerlichen Frauen nicht beigebracht, was sie mit ihrer neu erlangten Freizeit anfangen sollten, und an die Prinzipien des *noblesse oblige* konnten sie sich auch nicht halten. Um die Leere in ihrem Leben auszufüllen, wandten sich diese Frauen zunehmend der Liebe, das heißt außerehelichen Beziehungen zu. Die Religion hatte noch eine bedeutende Rolle in ihrer Erziehung gespielt, doch über ihr Verhalten vermochte sie wenig; immerhin war ihr Einfluß noch stark genug, um innere Konflikte hervorzurufen. Das große literarische Denkmal dieses Frauentyps ist Flauberts *Madame Bovary*.

Der Roman spielt in den Jahren 1827 bis 1856, verfaßt wurde er zwischen 1851 und 1856. Emma ist die Tochter eines Landwirts, wird jedoch in einem Kloster für Damen von Stand erzogen. Ihr Ehemann Charles Bovary ist Landarzt; die zahlreichen Bände eines medizinischen Wörterbuchs, die in seinem Sprechzimmer stehen, sind unaufgeschnitten. Emmas träumerische Suche nach Liebe läßt in ihrem langweiligen und schwerfälligen Ehemann wirkliche Liebe aufkommen und macht sie zeitweilig auch in den Augen zweier Liebhaber attraktiv. Auf großartige Weise zeigt Flaubert, wie das Fehlen sowohl eines inneren Kerns als auch jeglichen Gefühls der Zugehörigkeit Emma unfähig macht, irgendeine bedeutsame Beziehung einzugehen. Es sind nur Seitensprünge, die ihr unterlaufen, Beziehungen, die von Phantasien beherrscht werden. Wachsende Schuld und schließlich Suizid sind die Folgen. Die hysterischen Frauen, die Breuer und Freud aufsuchten, hatten eine bessere Bildung genossen als Emma; nicht die französisch-katholische Kultur, sondern eher die Kultur Wiens und des Judentums hatte sie geprägt. Doch auch bei diesen Frauen, die das Gefühl hatten, ohne Anker dahinzutreiben, hatte das Säurebad des 19. Jahrhunderts seine Spuren hinterlassen.

Liebe steigert das sexuelle Erleben – diese Auffassung Schopenhauers und Stendhals markiert den Höhepunkt dessen, was man im 19. Jahrhundert über die Liebe wußte. Und wenn man die Ansichten dieser Autoren als Hintergrund gegenwärtig hat, so ist es weit eher möglich, auch den Beitrag Freuds einzuschätzen.

Thomas Hardys Roman *The Well Beloved*, der 1890 veröffentlicht wurde, ist eine klinische Studie der Schwärmerei, die bei Freud und Jung auf das größte Interesse stieß (Werman/Jacobs 1983). Pierston, der Held dieses Romans, lernt eine entfernte Kusine namens Avis Caro kennen und schlägt ihr vor, sie zu heiraten; wenig später jedoch wird er von Zweifeln befallen. Es war – so empfindet er es jetzt – eine aberwitzige Annahme zu glauben, die ideale Frau seiner Träume sei ausgerechnet diese Avis Caro. Gegen Ende des Sommers jedoch wiederholt sich die gleiche Erfahrung, die gleiche anbetende Liebe mit einer anderen Frau. Die vorige Liebe ist vollständig verschwunden und durch die neue ersetzt worden. Nachdem auch diese Beziehung gescheitert ist, verliebt sich der Protagonist prompt in Avis' Tochter und später sogar in deren Enkeltochter. Diese Art von Schwärmerei, die gewöhnlich als das Gegenteil von Liebe oder als deren fingierter Ersatz eingeschätzt wird, würde ich eher als eine besondere Spielart der Liebe betrachten.

Die Handlung dieses Romans mag uns ziemlich unbeholfen und gekünstelt vorkommen, doch das Thema war im 19. Jahrhundert sehr verbreitet, wie Ellenberger (1970, S. 952) dargelegt hat. Das Buch hatte auch Einfluß auf Jung, der die Begriffe ›Schatten‹ und ›Anima‹ daraus übernahm. Proust las ebenfalls Hardy (im Jahr 1910) und stand, seinem Biographen zufolge, stark unter dessen Einfluß (Painter 1965, S. 242ff.). Wir lieben einen Menschen nicht – so lautet die Botschaft –, sondern wir bleiben im Bann eines selbst erschaffenen, flüchtigen Bildes, dem wir unser ganzes Leben lang nachjagen.

Diesen Gedanken des 19. Jahrhunderts über die Liebe möchte ich die zweier zeitgenössischer Autoren gegenüberstellen. Francesco Alberonis Buch *Verliebt sein und lieben* (1986) ist sowohl in den Vereinigten Staaten als auch in Europa beifällig aufgenommen worden. Es ist das jüngste Beispiel für eine Art von Büchern über die Liebe, die in der Tradition Stendhals stehen. Das Verlieben definiert Alberoni als das »Frühstadium einer Bewegung, an der zwei Individuen beteiligt sind«. Solange das Leben gleichförmig verläuft, begleitet uns die ganz gewöhnliche Sexualität so wie Essen und Trinken. Liebe dagegen ist für Alberoni Sexualität im Ausnahmezustand: »wenn das Leben die Grenzen des Möglichen erkundet«.

Singers Buch *The Nature of Love* (1984) gründet auf der Unterscheidung zwischen Taxierung und Wertschätzung: Der Grundstücksmakler taxiert den Marktwert eines Hauses; derjenige aber, der das Haus kauft oder verkauft, bringt auch seine eigene, subjektive Wertschätzung mit ein, die Bedeutung, die das Haus *für ihn* hat, was sich für ihn mit dem Haus verbindet oder welche Erinnerungen sich daran knüpfen. Diese Differenz ist für Singers Deutung der Liebe entscheidend. Liebe besteht ausschließlich aus Wertschätzung. Jeder Analytiker, der mit einem alleinstehenden Patienten arbeitet, kennt die Macht des Taxierens auf jenem unsichtbaren Markt, auf dem die junge Frau höher bewertet wird als die alte, der Reiche höher als der Arme und der beruflich Erfolgreiche höher als der Versager. Die individuelle Wertschätzung jedoch kann in einzelnen Fällen diesen »Wert« mehr oder weniger verändern.

Ich glaube, mit dieser scharfen Unterscheidung hat Singer uns allen einen Dienst erwiesen. Als Analytiker jedoch muß man fragen, wie es kommt, daß wir jemandem diesen zusätzlichen Wert verleihen. Was in unserem Wesen sorgt dafür, daß wir so glücklich sind, wenn wir lieben und unsere Liebe erwidert wird, und was macht uns im anderen Falle unglücklich? Der Psychoanalytiker arbeitet mit dem Unbewußten, und damit ist ihm ein Gelände vertraut, das dem Philosophen – selbst wenn er offen ist gegenüber psychoanalytischen Ideen – so gut wie unbekannt ist. Im zweiten Teil dieses Buchs wird es um psychoanalytische Theorien der Liebe gehen.

Wir sollten hier auf einen Gegensatz zwischen dem 19. und dem 20. Jahrhundert achten. Sowohl Schopenhauer als auch Stendhal beschreiben die Liebe als ein Ereignis, das sich innerhalb *einer* Person abspielt. Es ist Liebe – gleich, ob sie erwidert wird oder nicht. Für Alberoni und Singer dagegen ist Liebe wesentlich eine Objektbeziehung, die sich *zwischen* zwei Menschen herstellt. Im Grunde gehört die Liebe ins Gebiet der Gruppenpsychologie, auch wenn die Gruppe hier auf zwei begrenzt ist.

Ich möchte dieses Kapitel mit Auszügen aus zwei Briefen beschließen, die Freud im Jahr 1882 kurz vor seiner Heirat an seine Braut geschrieben hat. Ich denke, sie werden beim Leser keinen Zweifel daran lassen, daß der 26jährige Freud zu dieser Zeit ein typischer Bürger war, ein wahrer Sohn des 19. Jahrhunderts.

»Bist Du dann vor aller Welt meine teure Hausfrau und trägst meinen Namen, so werden wir im stillen Glück für uns und erster Thätigkeit für die Menschheit unser Leben verbringen, bis wir die Augen schließen müssen zum ewigen Schlaf und ein Andenken, an dem sich jeder erfreuen muß, von uns in dem Kreise der Unserigen überlebt.«

So ein Brief vom 4. August. Zwei Wochen später, am 18. August, schreibt er:

»Wir brauchen doch zwei oder drei Zimmerchen um darin zu wohnen u. zu essen u. einen Gast zu empfangen u. einen Herd, auf dem das Feuer für die Malzeiten nicht ausgeht. Und was da alles drinnen sein soll. Tische u Stühle, Betten, Spiegel, eine Uhr, die die Glücklichen an den Lauf der Zeit erinnert, ein Lehnstuhl für eine Stunde behaglicher Träumerei, Teppiche, damit die Hausfrau leicht den Boden rein halten kann, Wäsche mit zierlichen Bändern gebunden im Kasten u Kleidchen von neuem Schnitt u Hüte mit künstlichen Blumen, Bilder an der Wand, Gläser für alltägliches Wasser u festlichen Wein, Teller u Schüssel, eine kleine Vorratskammer, wenn uns plötzlich der Hunger oder ein Gast überfällt, ein großer Schlüsselbund, der hörbar klirren muß, und es giebt soviel, woran man sich freuen kann, die Bücherei u das

Nähtischchen und die vertrauliche Lampe und alles muß im guten Stand gehalten werden, sonst sträubt sich die Hausfrau, die ihr Herz in kleine Stückchen getheilt hat, für jedes Geräte eins. Und dieß Ding muß von der ernsten Arbeit zeugen, die das Haus zusammenhält, dieß andere vom Kunstsinn, von theuren Freunden, an die man sich gerne erinnert, von Städten, die man gesehen, von Stunden, die man gerne zurückrufen möchte. Dieß alles eine kleine Welt von Glück, von stummen Freunden u Zeugen edler Menschlichkeit« (Jones 1960–62, Bd. 1, S. 171f.)

Euphemistisch beschreibt Freud die zunehmende Domestizierung seiner Liebe als den Übergang von einer »lyrischen Zeit« in eine »neue epische Form«. Nicht die leiseste Andeutung weist darauf hin, daß der Autor dieser Briefe an der Schwelle zum 20. Jahrhundert die ideellen Grundlagen erschüttern wird für das, was die vorige Epoche sich unter Liebe vorstellte.

II

Der Beitrag der Psychoanalyse

Vorbemerkung

Wir haben gesehen, daß das Thema Liebe schon über Jahrtausende vor Freud untersucht und diskutiert wurde. Wenn Psychoanalytiker den Anspruch erheben, neben Dichtern, Romanciers, Philosophen und Historikern ebenfalls zu diesem Gegenstand gehört zu werden, so darum, weil wir seit Freud die Liebe mit anderen Augen betrachten. Außerdem wissen die Psychoanalytiker um eine besondere Form von Liebe, die eingehender untersucht wurde als alle übrigen: die Übertragungsliebe.

Es gibt aber noch einen dritten Grund dafür, warum Psychoanalytiker zum Thema Liebe etwas Neues beizutragen haben: Das psychoanalytische Gespräch dürfte die wahrhaftigste menschliche Beziehung sein, die wir überhaupt kennen. Freilich hat sich in der Praxis erwiesen, daß die von Freud so genannte »Grundregel« – nämlich die Forderung, daß der Analysand alles frei heraus sagt, was ihm in den Sinn kommt, daß er nichts wegzensiert, auch wenn es ihm unwichtig oder nicht zur Sache gehörig erscheint – viel schwieriger einzuhalten ist, als Freud erwartet hat. Eissler ist der Ansicht, daß der Analysand, wenn überhaupt, erst am Ende der Psychoanalyse frei assoziiert, also dann, wenn er keine Furcht mehr vor dem Analytiker empfindet und sich auch nicht mehr schämt für das, was aus seinem Unbewußten zum Vorschein kommt. Doch selbst unter diesen Einschränkungen ist das psychoanalytische Gespräch etwas Außerordentliches, denn es kommt der Wahrheit viel näher als Briefe, Tagebücher, Autobiographien und andere Quellen, die dem Erforscher der Liebe sonst offenstehen.

Dem Leser, der mit psychoanalytischen Schriften noch nicht vertraut ist, möchte ich zunächst einige Hinweise geben.

Die Psychoanalyse ist eine vielschichtige Disziplin; sie umfaßt unmittelbare Beobachtungen, die gewöhnlich verifizierbar sind. So bringen zum Beispiel kleine Jungen offen die Phantasie zum Ausdruck, später einmal, wenn sie erwachsen sind, die eigene Mutter zu heiraten. Verallgemeinert man diese Beobachtung, so erwächst daraus eine klinische Theorie, derzufolge sowohl Jungen als auch Mädchen »ödipale Wünsche« haben, wie Freud dies genannt hat. Während der Latenzperiode – das heißt etwa zwischen dem sechsten und dem zwölften Lebensjahr – werden diese Wünsche verdrängt. Diese Verdrängung ödipaler Wünsche – so lautet nun Freuds klinische Hypothese – erfolgt beim Jungen aus Angst vor Kastration. Es ist dies eine Hypothese, die aus Träumen und freien Assoziationen von Analysanden hergeleitet wurde, und obgleich sie bei den Psychoanalytikern allgemein akzeptiert ist, lassen sich Annahmen dieser Art durch direkte Beobachtung nicht bestätigen.

Die Sache wurde noch komplizierter dadurch, daß Freud seine zahlreichen Beobachtungen zu einer metapsychologischen Theorie verschmolz. Diese behauptete die Existenz einer sogenannten »Libido«, die im Verlauf einer bestimmten Abfolge psychosexueller Phasen einen Entwicklungsprozeß durchläuft. Die hypothetische Libido stellte man sich als etwas Wandlungsfähiges vor; so kann sich etwa narzißtische Libido in Objektlibido verwandeln und damit Selbstliebe in wirkliches Verliebtsein übergehen. Die heutigen Psychoanalytiker finden die Metapsychologie nicht durchweg nützlich, doch ist sie die Sprache, in der Freud seine Theorien der Liebe formuliert hat. Wer seinen Beitrag zum Problem der Liebe verstehen will, muß seine metapsychologische Theorie oder zumindest seine Libidotheorie beherrschen.

Hinter dieser neuen, psychoanalytischen Auffassung der Liebe steht eine neue Auffassung des Menschen, die ich hier nur knapp umreißen kann, auf die ich jedoch später noch ausführlicher eingehen muß. Ihr zufolge versuchen Männer und Frauen nicht nur, die geliebten Objekte ihrer Kindheit wiederzuerlangen, wie Freud glaubte, vielmehr suchen sie auch nach neuen Liebesobjekten, welche die von den Eltern zugefügten Verletzungen heilen sollen.

Es gibt psychische Kräfte, die in Richtung des Wachstums wirken. Viele Kinder wünschen sich geradezu brennend, erwachsen zu sein und die Vorrechte ihrer Eltern zu genießen. Aus psychoanalytischer Sicht ist es dieser Druck, der dafür sorgt, daß die »genitale Stufe« erreicht wird. Es gibt jedoch auch eine Kraft, die in entgegengesetzter

Richtung wirkt und hartnäckig auf dem Recht besteht, für immer ein Kind bleiben zu dürfen. Die eine Kraft wirkt in Richtung einer Individuation, die entgegengesetzte Kraft in Richtung einer Verschmelzung. Über die familiären Beziehungen, die dafür sorgen, daß die eine oder die andere Kraft an Stärke gewinnt, hat man in den letzten Jahrzehnten viel herausgefunden.

Auch das Verlieben und die Wahl des Lebensgefährten werden durch das Zusammenspiel dieser Kräfte gesteuert. Die Liebe drängt uns, erwachsen zu werden, Verantwortung für andere zu übernehmen, eine Familie zu gründen. Doch sie dient auch dazu, das verlorene Glück der Kindheit wiederzuerlangen und die Grenze zwischen dem eigenen und dem anderen Selbst aufzuheben.

Die Grenzen des Selbst zu verlieren kann fürchterlich sein und im Falle psychischer Erkrankung entsetzliche Angst auslösen. Hier wirkt eine Kraft, die sich der Liebe entgegenstellt. Frau P., eine nahezu psychotische Patientin von Jacobson, hat diese Angst sehr schön beschrieben:

»Im Verlauf dieses Gesprächs zog mich Frau P. zu sich auf die Couch, auf die sie sich gesetzt hatte. Sie war nur mit einem zerrissenen Nachthemd bekleidet und glich einer pathetischen, schönen Ophelia. ›Kommen Sie ganz nahe zu mir‹, sagte sie, ›ich muß Ihnen von einer großen philosophischen Entdeckung erzählen, die ich gemacht habe. Wissen Sie, worin der Unterschied zwischen Nähe, Ähnlichkeit, Gleichheit und Einssein besteht? Nähe, das ist jemandem nahe sein, wie jetzt mit Ihnen. Wenn man jemandem ähnlich ist, so ist man doch nur *wie* der andere. Im Falle der Gleichheit sind Sie dem anderen gleich, aber er ist noch immer er und Sie bleiben Sie; aber im Einssein gibt es keine zwei Personen mehr – es ist eins, nur noch eins, und das ist entsetzlich!‹ Sie wiederholte: ›Das ist schrecklich!‹ Dann sprang sie in plötzlicher Panik auf und schrie: ›Kommen Sie mir nicht zu nahe, gehen Sie von der Couch runter – ich will nicht mit Ihnen eins sein!‹ Sie wurde handgreiflich und stieß mich von sich« (Jacobson 1971, S. 317f.).

Wir können Frau P. beipflichten: Sie ist tatsächlich zu einer bedeutenden philosophischen Einsicht gelangt. Mit einer Klarheit, wie sie häufig mit psychotischen Zusammenbrüchen einhergeht, hat sie die verschiedenen Grade menschlicher Nähe erkannt.

Vielleicht mit Ausnahme von Dantes Francesca und Paolo haben seit Platon sämtliche Philosophen und Dichter das Eins-Sein in den höchsten Tönen gepriesen. Die Psychoanalytiker nach Freud haben entdeckt, daß das Verlangen nach Einheit stets mit der Angst vor Verschmelzung einhergeht. Die Dynamik der Liebe kann man als einen Kampf zwischen diesen beiden entgegengesetzten Kräften betrachten.

1

Was Freud Platon verdankt: das Problem der Sublimierung

Freuds Beziehung zu der von Aristophanes wiedergegebenen Sage ist interessant. Zweimal erwähnt er sie; das erstemal in den *Drei Abhandlungen zur Sexualtheorie*: »Der populären Theorie des Geschlechtstriebes entspricht am schönsten die poetische Fabel von der Teilung des Menschen in zwei Hälften – Mann und Weib –, die sich in der Liebe wieder zu vereinigen streben. Es wirkt darum wie eine große Überraschung zu hören, daß es Männer gibt, für die nicht das Weib, sondern der Mann, Weiber, für die nicht der Mann, sondern das Weib das Sexualobjekt darstellt« (Freud 1905b, S. 48). Offenbar hat sich Freud an diese Sage nur undeutlich erinnert, denn nach Platon gehen durchaus nicht aus allen Menschen, die in zwei Hälften zerschnitten wurden, heterosexuelle Paare hervor.

Die zweite Erwähnung findet sich in *Jenseits des Lustprinzips* (1920, S. 266f.). Dort wird die Sage als poetische Bekräftigung der Annahme zitiert, »daß die lebende Substanz bei ihrer Belebung in kleine Partikel zerrissen wurde, die seither durch die Sexualtriebe ihre Wiedervereinigung anstreben«.

Als junger Mann bezieht sich Freud auf die Sage, um der Verlobten seine Liebe zu erklären: »ich bin ja nur ein halber Mensch im Sinne der alten platonischen Fabel, die Du gewiß kennst, und meine Schnittfläche schmerzt mich, sobald ich außer Beschäftigung bin. Wir gehören doch schon zusammen« (Brief vom 28. August 1883, Freud 1968, S. 55). Auch bei den folgenden Sätzen muß Freud an Platon gedacht haben: »Auf der Höhe eines Liebesverhältnisses bleibt kein Interesse für die Umwelt übrig; das Liebespaar genügt sich selbst, braucht auch nicht das gemeinsame Kind, um glücklich zu sein. In keinem anderen Falle verrät der Eros so deutlich den Kern seines Wesens, die Absicht, aus mehreren eines zu machen, aber wenn er dies, wie es sprichwörtlich geworden ist, in der Verliebtheit zweier Menschen zueinander erreicht hat, will er darüber nicht hinausgehen« (1930, S. 237). Und zuvor schon hatte Freud (1921) gezeigt, daß der Eros größere Gruppen und vor allem Massen zusammenhalten kann, wenn er in Gestalt des Patriotismus oder des religiösen Fanatismus erscheint.

Daß Freuds Libidobegriff mit dem platonischen Eros vieles gemeinsam hat, ist schon von Nachmanson (1915), Pfister (1921) und Simon (1978) erwähnt worden. Nachmanson verweist darauf, daß der Begriff »Libido« die lateinische Übersetzung des griechischen »Eros« ist. Er beklagt allerdings diese Latinisierung, denn hätte Freud den ursprünglich griechischen Begriff beibehalten, so wäre auch der historische Zusammenhang mit Platon gewahrt geblieben. Vor 1920 benutzte Freud den Begriff »Eros« lediglich in seinem *Leonardo*-Essay: »Sie weichen allem Sexuellen so entschieden aus, als wäre allein der Eros, der alles Lebende erhält, kein würdiger Stoff für den Wissensdrang des Forschers« (1910a, S. 97).

Strachey bemerkt dazu, daß die Kennzeichnung des Eros als Erhalter allen Lebens bereits den Gebrauch dieses Begriffs in *Jenseits des Lustprinzips* (1920) vorwegnimmt. Nach 1920 hat Freud die Begriffe »Libido« und »Eros« nicht mehr synonym verwendet.* Unter »Eros« faßt er nun eine Lebenskraft, die bestrebt ist, »das Organische zu immer größeren Einheiten zusammenzufassen« (1920, S. 252)**. Diese neue Auffassung hätte den Teilnehmern des *Symposion* durchaus zugesagt. Historisch gesehen bedeutet Freuds duale Triebtheorie von 1920 die erstaunliche Wiederkehr einer in der griechischen Philosophie vorherrschenden Lehre in unserem Jahrhundert.

In Platons *Phaidros* findet sich die bekannte Allegorie vom Wagenlenker. Jede Seele besteht aus drei Teilen, nämlich zwei Pferden und ihrem Lenker. Das rechte Pferd ist weiß, hochnackig und hat eine gebogene Nase; es liebt die Sittsamkeit, das Ehrgefühl und die Besonnenheit. Die Peitsche braucht es nicht, denn es läßt sich allein durch Ermahnung lenken. Sein Gefährte dagegen ist schwarz, mit kurzem

* Dr. Harold Blum, der meine Aufmerksamkeit auf diese Unterscheidung gelenkt hat, bin ich zu Dank verpflichtet.

** In seltenen Augenblicken kann man sogar eine libidinöse Bindung an die gesamte Menschheit verspüren, wie etwa in der Neunten Symphonie Beethovens, wo die Schillerschen Worte erklingen: »Seid umschlungen, Millionen!« Gagarin, der erste Astronaut und damit der erste Mensch, der sich vom Planeten löste, berichtete, während des Flugs habe er Sehnsucht nach der Erde empfunden.

Hals und stumpfer Nase, ein krummes, massiges Tier, voller Frechheit und Hochmut, das sich nur mit knapper Not der Peitsche fügt. Wenn nun der Wagenlenker ein Bild der Liebe erblickt, so ist seine Seele von Verlangen erfüllt. Das gehorsame Roß hält sich zurück, denn es wird von Schamgefühl beherrscht, während das andere nach vorne stürmt. Aufgrund der gegensätzlichen Veranlagung der Pferde verliert der Wagenlenker die Kontrolle, und für eine gewissen Zeit behält das schwarze Pferd die Oberhand. Schließlich wird es aber doch gezähmt. Von nun an folgt die Seele des Liebenden dem Geliebten in Bescheidenheit und heiliger Scheu.

Als Freud den Reiter und das Pferd als Metaphern für das Ich und das Es verwendete, erwähnte er Platon nicht. Doch ist Platons Allegorie der Freudschen Dreiteilung der Person in Überich, Ich und Es so verblüffend ähnlich, daß man einen unmittelbaren Einfluß annehmen muß.

In Platons Verbildlichung wird der Konflikt zwischen dem vernünftigen (*logistikon*) und dem begehrlichen Anteil (*epithumetikon*) der Person ausgetragen. Dabei ist der begehrliche Anteil der ältere, und er ist es auch, der wach bleibt, während wir schlafen oder träumen. Diese Beschreibung des triebhaften Anteils der Persönlichkeit ist wiederum Freuds Vorstellung eines »Primärprozesses« erstaunlich ähnlich.

Simon (1978) hat noch auf eine weitere Parallele hingewiesen: Sowohl Platon als auch Freud verwenden das Bild einer »Person in der Person«; das heißt, beide beschreiben den innerpsychischen Kampf so, als handle es sich um die Auseinandersetzung zwischen *zwei* Personen. Wie Simon weiter ausführt (S. 205), ist psychische Krankheit für Platon die Manifestation des wilden, primitiven Anteils der Seele, die auf diese Weise lauthals ihre Ansprüche geltend macht. Freuds Auffassung ist gewiß komplexer; verblüffend ist jedoch, daß er mit seiner ersten Formulierung des Wesens der Neurose Platon geradezu kopiert: diese sei die Folge einer Verdrängung unannehmbarer Wünsche.

Platon gehörte zu den ersten, die den Traum nicht als göttliche Botschaft, sondern als innerpsychisches Ereignis interpretierten. Ihm ist daher ein kulturgeschichtlicher Schritt von größter Tragweite zu verdanken: die Internalisierung des Traums. Der Traum als Botschaft ist noch Ausdruck eines mythologischen Standpunkts; seine Interpretation als Spiegelung der inneren Welt des Menschen gehört dagegen schon zur nachmythologischen Weltsicht (Bergmann 1966).

Auch Freuds Epigramm »Alles Finden ist Wiederfinden«, das seine Auffassung der Liebe zusammenfaßt, ist das unmittelbare Echo eines platonischen Lehrsatzes. Was jedoch bei Platon das Wiederfinden eines Glücks ist, das die Seele vor ihrer Geburt kannte, wird bei Freud zum Wiederfinden des frühen Liebesobjekts in der Liebe des Erwachsenen (1905b, S. 131). Und worin sich beide ganz wesentlich unterscheiden, ist ihre Auffassung der Homosexualität: Diese ordnete Platon dem höherwertigen Teil der Psyche zu, während er die Heterosexualität als bloßen Ausdruck des begehrlichen Anteils sah. Für Freud dagegen ist die Homosexualität die frühere und primitivere der beiden sexuellen Ausprägungen.

Das Problem der Sublimierung

»Sublimierung« meint einen Prozeß, bei dem etwas sublim wird. Wie wir bereits gesehen haben, befürwortet Platon die Ablenkung sexueller Liebe auf »höhere«, das heißt sublime Dinge. Das Wort hat eine interessante Geschichte. Abgeleitet vom lateinischen *sublimare* (erhöhen), wurde es im Mittelalter von Alchimisten benutzt, um Reinigung durch Verdampfung zu bezeichnen. Noch im Mittelalter nahm es eine metaphorische Bedeutung an und meinte nun jegliche veredelnde, reinigende Tätigkeit. Im 18. Jahrhundert verwendete Goethe den Begriff; seiner Ansicht nach kann man menschliche Gefühle und Vorkommnisse nicht in ihrem ursprünglichen, natürlichen Zustand auf der Bühne darstellen, sondern man muß sie in sublimierter Form präsentieren. Als erster wies dann Nietzsche der Sublimierung eine zentrale psychische Funktion zu. Er spricht von guten Taten, die sublimierte schlechte Taten seien, und vom Künstler, der sexuelle Wünsche sublimiert. Bei Nietzsche klingt bisweilen schon die Sprache der psychoanalytischen Metapsychologie an (vgl. Kaufman 1950, S. 192). Allerdings ging es ihm um eine Sublimierung des Willens zur Macht – psychoanalytisch gesprochen, um eine Sublimierung des Aggressionstriebs –, und weniger um die Sublimierung des Sexualtriebs.

In den Schriften Freuds taucht der Begriff Sublimierung erstmals in den *Drei Abhandlungen zur Sexualtheorie* auf:

»Mit welchen Mitteln werden diese für die spätere persönliche Kultur und Normalität so bedeutsamen Konstruktionen aufgeführt? Wahrscheinlich auf Kosten der infantilen Sexualregungen selbst, deren Zufluß also auch in dieser Latenzperiode nicht aufgehört hat, deren Energie aber – ganz oder zum größten Teil – von der sexuellen Verwendung abgeleitet und anderen Zwecken zugeführt wird. Die Kulturhistoriker scheinen einig in der Annahme, daß durch solche Ablenkung sexueller Triebkräfte von sexuellen Zielen und Hinlenkung auf neue Ziele, ein Prozeß, der den Namen *Sublimierung* verdient, mächtige Komponenten für alle kulturellen Leistungen gewonnen werden« (1905b, S. 85).

Man ist in Verlegenheit, anzugeben, wer diese Kulturhistoriker sein könnten – bis man sich daran erinnert, daß es Platon war, der das Turnen, die Landwirtschaft, die Töpferei, das Bogenschießen, die Dichtkunst und das Schmiedehandwerk unmittelbar von Eros herleitete. Und dieser vermag sogar – wie der Riese Pantagruel bei Rabelais humoristisch hinzufügt – die unvernünftigen Tiere in Künsten zu unterweisen, die gegen ihre Natur sind: Raben, Dohlen, krächzende Eichelhäher, Papageien und Stare kann er in Dichter verwandeln, und er kann sogar aus Elstern Poetinnen machen.

So überraschend es klingt, die Beobachtung, daß sich der Sexualtrieb zur Sublimierung eignet, war in der psychiatrischen Literatur vor Freud bereits allgemein akzeptiert. Diese Psychiater und Sexualwissenschaftler wiederum waren von Schopenhauer und Nietzsche beeinflußt, welche die Sexualität als das Fundament betrachteten, auf dem die Kultur errichtet worden sei (vgl. Sulloway 1982, S. 255, Anm. 9). – In seinem Aufsatz zum Fall Dora schreibt Freud:

»Ein Stückchen weit, bald hier, bald dort, überschreitet jeder von uns die fürs Normale gezogenen engen Grenzen in seinem eigenen Sexualleben. Die Perversionen sind weder Bestialitäten noch Entartungen im pathetischen Sinne des Wortes. Es sind Entwicklungen von Keimen, die sämtlich in der indifferenzierten sexuellen Anlage des Kindes enthalten sind, deren Unterdrückung oder Wendung auf höhere, asexuelle Ziele – deren *Sublimierung* – die Kräfte für eine gute Anzahl unserer Kulturleistungen abzugeben bestimmt ist« (1905a, S. 124f.).

Derartige Gedanken wurden schon 1872 von Henry Maudsley formuliert; zu Freud gelangten sie durch Krafft-Ebings Werk *Psychopathia sexualis*, das 1886 erschien und zahlreiche Auflagen erlebte. Die Sexualwissenschaftler aus Freuds Generation waren alle der Ansicht, das Sexualleben sei die ursprüngliche Basis von Ethik, Ästhetik und Dichtung sowie des religiösen Empfindens. Krafft-Ebing betonte darüber hinaus den Zusammenhang zwischen bestimmten religiösen Praktiken wie etwa Askese und Selbstgeißelung als sozial sanktionierte Formen von Perversion.

Daß das Sexualleben vieler »normaler« Menschen ein gewisses Maß an Perversion enthält, ist nach Sulloway (1982, S. 399) ebenfalls keine originäre Idee Freuds; der Psychiater Alfred Binet hatte diese Auffassung bereits 1887 vertreten. Und selbst die These, die sexuelle Veranlagung des Kindes sei undifferenziert, wurde schon 1888 von Max Dessoir vertreten. Das wirklich Neue bei Freud war die Behauptung, daß die Sublimierung ihre Energie aus der prägenitalen Sexualität bezieht.

Das Schicksal der prägenitalen Impulse interessierte Freud ganz besonders. Behalten sie ihre beherrschende Position bei, so führen sie zu Perversionen; werden sie verdrängt, so resultiert daraus ein gehemmtes Sexualleben; und wenn die Verdrängung fehlschlägt, so kann das wiederum zu Neurosen führen. Nach Freud gehört es zu den Aufgaben der Liebe, uns von prägenitalen Hemmungen zu befreien und das Prägenitale mit dem Genitalen zu verschmelzen. So heißt es etwa in seinem Aufsatz über Leonardo: »Die Neigung, das Glied des Mannes in den Mund zu nehmen, um daran zu saugen, die in der bürgerlichen Gesellschaft zu den abscheulichen sexuellen Perversionen gerechnet wird, kommt doch bei den Frauen unserer Zeit – und, wie alte Bildwerke beweisen, auch früherer Zeiten – sehr häufig vor und scheint im Zustand der Verliebtheit ihren anstößigen Charakter völlig abzustreifen« (1910a, 113).

Im Gegensatz zu Freud ist allerdings Eissler (1961) der Ansicht, das

Genie sublimiere *genitale* Impulse – was schwieriger sei als die Sublimierung prägenitaler Impulse. Beispiele hierzu entnimmt er den Biographien Leonardos und Goethes.

Freud spricht noch von einer anderen Art von Sublimierung – nämlich der Umformung in »Charakter«: »Da nun die Analerotik zu jenen Komponenten des Triebes gehört, die im Laufe der Entwicklung und im Sinne unserer heutigen Kulturerziehung für sexuelle Zwecke unverwendbar werden, läge es nahe, in den bei ehemaligen Analerotikern so häufig hervortretenden Charaktereigenschaften – Ordentlichkeit, Sparsamkeit und Eigensinn – die nächsten und konstantesten Ergebnisse der Sublimierung der Analerotik zu erkennen« (1908c, S. 27).

Diese Passage ist von historischer Bedeutung: Zum erstenmal bringt Freud eine psychosexuelle Fixierung mit dem Charakter in Zusammenhang. Nicht weniger bedeutsam ist jedoch Freuds Entschluß, Charaktereigenschaften als eine Form der *Sublimierung* psychosexueller Fixierungen zu betrachten. Diesem Zusammenhang war eine ganze Serie von Aufsätzen Freuds und Abrahams gewidmet, die mit ›Charakter und Analerotik‹ (1908c) eröffnet wurde.

Eine der überraschenden Einsichten, zu denen ich im Verlauf meiner Forschungen gelangte, war die, daß Freud im Rahmen seiner klinischen Arbeit von seinem Begriff der Sublimierung kaum Gebrauch machte. Am Prozeß der Sublimierung war er vor allem als Kulturphilosoph und als Biograph bedeutender Männer interessiert.

In seinem Aufsatz ›Die »kulturelle« Sexualmoral und die moderne Nervosität‹ von 1908 befaßt sich Freud mit den Schädigungen, die bei jungen Leuten durch sexuelle Abstinenz hervorgerufen werden können. Darin heißt es: »Das Verhältnis zwischen möglicher Sublimierung und notwendiger sexueller Betätigung schwankt natürlich sehr für die einzelnen Individuen und sogar für die verschiedenen Berufsarten. Ein abstinenter Künstler ist kaum recht möglich, ein abstinenter junger Gelehrter gewiß keine Seltenheit. Der letztere kann durch Enthaltsamkeit freie Kräfte für sein Studium gewinnen, beim ersteren wird wahrscheinlich seine künstlerische Leistung durch sein sexuelles Erleben mächtig angeregt werden« (1908a, S. 26). Warum die künstlerische Sublimierung durch sexuelle Aktivität und die wissenschaftliche Sublimierung durch Abstinenz gesteigert werden sollte, erklärt Freud allerdings nicht.*

Bei keinem anderen Werk befaßte sich Freud so intensiv mit dem Problem der Sublimierung wie im Zusammenhang mit seiner Leonardo-Studie (1910). Zu dieser Zeit interessierte er sich besonders für eine Entwicklungsphase, die er als Periode der »infantilen Sexualforschung« bezeichnete: jene Phase, in der sich das Kind intensiv mit der Frage befaßt, woher eigentlich die Babys kommen. Gewöhnlich läßt sich während der Latenzzeit nur eine Verdrängung sexueller Wünsche beobachten, doch kann es auch zu einem Erliegen der Wißbegierde und zu Denkhemmungen kommen. Bei anderen Kindern wiederum geht die infantile Forschung in Grübelei über. Das Denken selber wird mit Lust und Angst assoziiert. Forschen wird zu einer sexuellen Aktivität, Erklärung tritt an die Stelle sexueller Befriedigung. In seltenen Fällen wird schließlich die infantile Sexualität nicht verdrängt, sondern der Sexualtrieb wird in vollem Umfang sublimiert. Das einzige Gebiet, das die »Forschung« in solchen Fällen unangetastet lassen muß, ist das sexuelle (1910a, S. 105ff.).

In meinem Kapitel über Freud werde ich den Begriff des »Wiederfindens« erörtern, der in seinem Denken grundlegend zu jeglicher Liebe gehört. Im Leonardo-Aufsatz wendet Freud dasselbe Modell auf die Sublimierung an: Leonardo habe, als er Mona Lisa malte, das Lächeln seiner Mutter wiedergefunden. Ein gewöhnlicher Sterblicher würde sich unter solchen Umständen in sein Modell verlieben. Leonardo jedoch konnte sich von der *gemalten* Mona Lisa nicht trennen, und in seinen folgenden Gemälden erschuf er das gleiche Lächeln (Eissler 1961).

Leonardo übertrug seine Liebe aus der Erinnerung an seine Mutter auf die Leinwand – gleichsam ein umgekehrter Pygmalion. Offenbar gibt es eine besondere Form der Sublimierung, welche die Erinnerung an die Liebe zu etwas Belebtem in die Liebe zu Unbelebtem überführt.

In einem Brief an Marie Bonaparte schrieb Freud 1937, es gebe sowohl beim Sexual- als auch beim Destruktionstrieb Sublimierung.

* Bei Eissler (1961, 6. Kap.) findet sich eine interessante Gegenüberstellung von Ansichten, die Künstler von Dürer bis van Gogh zum Thema Abstinenz äußerten.

Beide müßten Hand in Hand gehen, damit die Sublimierung gelinge. Die Wißbegierde oder der Forschungstrieb seien Sublimierungen des Destruktionstriebs (Jones 1960–62, Bd. 3, S. 535f.).

Beim Künstler vermutet Freud »eine starke Fähigkeit zur Sublimierung und eine gewisse Lockerheit der den Konflikt entscheidenden Verdrängungen« (1916–17, S. 366). Rank (1907), einer der frühesten Anhänger Freuds, griff diese Lehre enthusiastisch auf. Der Künstler sei das genaue Gegenteil des Neurotikers, denn aufgrund seiner Fähigkeit zur Sublimierung könne er der Neurose entgehen.

Das ist ein Credo, das überhaupt zur Frühphase der Psychoanalyse gehört. Denn wie Rank glaubte auch der junge Freud, Sublimierung schütze vor der Neurose. In späteren Jahren, als Künstler sich der Analyse unterzogen und das Studium von Künstlerbiographien sich verfeinerte, wurde jedoch klar, daß künstlerische und literarische Werke ihre Schöpfer keineswegs vor Neurosen bewahren. Zu dieser Zeit hatte sich auch die psychoanalytische Theorie selbst schon gewandelt, und Freud hielt die Verdrängung nicht mehr für den entscheidenden Faktor innerhalb der Pathogenese. Ein bedeutender und zur Sublimierung in höchstem Maße fähiger Künstler kann durchaus psychisch krank sein.

Aus nicht leicht nachvollziehbaren Gründen war Freud vor allem von der Sublimierungsfähigkeit Homosexueller beeindruckt. In seiner Arbeit über den Fall Schreber heißt es, »daß gerade manifest Homosexuelle und unter ihnen wieder solche, die der sinnlichen Betätigung widerstreben, sich durch besonders intensive Beteiligung an den allgemeinen, an den durch Sublimierung der Erotik hervorgegangenen Interessen der Menschheit auszeichnen« (Freud 1911a, S. 185).

Auf klinischem Gebiet hat sich Freud meines Wissens ein einziges Mal mit dem Problem der Sublimierung befaßt, und zwar bei der Analyse des »Wolfsmannes« (Freud 1918b). In dieser Arbeit schildert Freud die religiöse Sublimierung bei einem Jungen von viereinhalb Jahren. Der Wolfsmann fürchtete die Wiederkehr jenes Alptraums, der dem Fall schließlich seinen Namen gab, und litt daher fortwährend unter Schlaflosigkeit. Freud zufolge entschloß sich seine Mutter, »ihn mit der biblischen Geschichte bekannt zu machen, in der Hoffnung, ihn so abzulenken und zu erheben« (1918b, S. 178). Die Folge war, daß an die Stelle des phobischen Zustands eine Zwangsneurose trat, die sich im rituellen Aufsagen von Gedichten, dem Küssen heiliger Bilder und in einem endlosen Sich-Bekreuzigen vor dem Schlafengehen manifestierte. Diese zwanghaften Rituale halfen der Schlaflosigkeit tatsächlich ab. Als guten Christen konnte man den Wolfsmann jedoch schwerlich bezeichnen, denn sogar schon als Kind war er mit dem Verhalten Gottes bei der Kreuzigung nicht einverstanden, und das Gebot, auch die andere Wange hinzuhalten, lehnte er ab. Er grübelte auch über die Frage nach, ob Christus einen Hintern gehabt habe. Diese Grübelei deutet Freud als die Verschiebung eines innerpsychischen Konflikts: Die homosexuellen Impulse, die auf den Vater gerichtet waren, wurden auf die Figur Christus gelenkt. Freud unterscheidet beim Wolfsmann drei auf den Vater zielende Sexualstrebungen: »Er war vom Traume an im Unbewußten homosexuell, in der Neurose auf dem Niveau des Kannibalismus; herrschend blieb die frühere masochistische Einstellung« (ebd., S. 181). Was Freud hier meint, ist nicht ganz leicht zu verstehen. Ich deute diese Aussage so: Die masochistische Haltung gegenüber dem Vater war die am wenigsten verdrängte; die kannibalistischen Wünsche erschienen in maskierter Form in der Angst, von den (Traum-)Wölfen gefressen zu werden; und die Homosexualität erscheint in Gestalt des Zweifels, ob Christus einen Anus gehabt habe. An diesem kritischen Punkt führt Freud den Begriff der Sublimierung ein: »Die Kenntnis der heiligen Geschichte gab ihm nun die Möglichkeit, die vorherrschende masochistische Einstellung zum Vater zu sublimieren. Er wurde Christus« (ebd.). Trotz der Zwangssymptome, welche die religiöse Bekehrung begleiteten und vollendeten, schätzte Freud die Sublimierung als erzieherischen Erfolg ein:

»Wenn wir von diesen pathologischen Phänomenen absehen, können wir sagen, die Religion hat in diesem Falle alles das geleistet, wofür sie in der Erziehung des Individuums eingesetzt wird. Sie hat seine Sexualstrebungen gebändigt, indem sie ihnen eine Sublimierung und feste Verankerung bot, seine familiären Beziehungen entwertet und damit einer drohenden Isolierung vorgebeugt, dadurch, daß sie ihm den Anschluß an die große Gemeinschaft der Menschen eröffnete. Das wilde, verängstigte Kind wurde sozial, gesittet und erziehbar.

[...] Als Christus durfte man den Vater, der nun Gott hieß, mit einer Inbrunst lieben, die beim irdischen Vater vergeblich nach Entladung gesucht hatte. Die Wege, auf denen man diese Liebe bezeugen konnte, waren von der Religion angezeigt, an ihnen haftete auch nicht das Schuldbewußtsein, das sich von den individuellen Liebesstrebungen nicht ablösen ließ. Wenn so die tiefste, bereits als unbewußte Homosexualität niedergeschlagene Sexualströmung noch drainiert werden konnte, so fand die oberflächlichere masochistische Strebung eine unvergleichliche Sublimierung ohne viel Verzicht in der Leidensgeschichte Christi, der sich im Auftrage und zu Ehren des göttlichen Vaters hatte mißhandeln und opfern lassen. So tat die Religion ihr Werk bei dem kleinen Entgleisten durch Mischung von Befriedigung, Sublimierung, Ablenkung vom Sinnlichen auf rein geistige Prozesse, und die Eröffnung sozialer Beziehungen, die sie dem Gläubigen bietet« (1918b, S. 225f).

Das ist himmelweit entfernt von der früheren optimistischen Auffassung, die Sublimierung sei eine Alternative zu Verdrängung und Neurose. Was im Fall des Wolfsmanns durch Sublimierung erreicht werden konnte, war lediglich der Übergang aus einem phobischen Zustand in eine Zwangsneurose. Freud wertete diesen Schritt als positiv, weil die Zwangsneurose sozial annehmbarer ist. Seit der Veröffentlichung dieses Falls wurde noch eine ganze Reihe weiterer Fälle dokumentiert, bei denen die Psychoanalyse nicht die Lösung des neurotischen Konflikts erreichte, sondern lediglich eine Überführung der Neurose in eine andere Form (Bornstein 1949).

Die religiöse Bekehrung bewahrte den Wolfsmann keineswegs davor, schon als junger Mann eine schwere Neurose zu entwickeln. Als er 1910 Freud aufsuchte, war er ein gänzlich lebensunfähiger Mensch. Wiederholte Versuche, ihn zu analysieren, führten nur zu Teilerfolgen. Was die Psychoanalyse schließlich erreichte, war etwas Analoges zu dem, was schon die Religion zustande gebracht hatte: Sie vermittelte ihm ein neues Identitätsgefühl. Als Kind war er Christ gewesen. Als Erwachsener blieb er Freuds berühmtester Patient. Gegenüber dem russischen Offizier, der ihn bei der Besetzung Wiens festnahm, stellte er sich als »der Wolfsmann« vor. Sein überhebliches Auftreten kam dem Offizier derart merkwürdig vor, daß er ihn für gestört hielt (Gardiner 1971; Blum 1974).

Bis 1923 betrachtete Freud die Sublimierung im wesentlichen als eine Verschiebung sexueller Energie. Dann trat mit *Das Ich und das Es* die Ich-Psychologie in Erscheinung, und Freud nahm nun an, daß sich Sublimierung stets durch das Medium des Ichs vollziehe. Sublimierung wird demnach möglich, wenn das Ich Objektlibido (das heißt die Bindung an eine andere Person) in narzißtische Libido verwandelt. Das Ich kann dann die neu erlangte narzißtische Libido dazu verwenden, die eigene Charakterstruktur aufzubauen. Denn wie Freud nun hervorhebt, formiert sich der Charakter auf der Grundlage aufgegebener Objektbeziehungen – was bedeutet, daß man der Person, die man verloren oder aufgegeben hat, mit der Zeit ähnlicher wird. Es ist, als sagte das Ich zum Es: »Sieh', du kannst auch mich lieben, ich bin dem Objekt so ähnlich« (1923b, S. 298). Möglich ist auch, daß das Ich die neuerworbene narzißtische Libido für weitere Sublimierungen verwendet. So kann zum Beispiel eine Liebesenttäuschung der Kreativität neuen Auftrieb verleihen. Freud postulierte die Existenz einer indifferenten, frei verschiebbaren Energie, die erotischen ebensogut wie zerstörerischen Strebungen zugeführt werden kann (ebd., S. 311). Dabei kann man desexualisierte Libido ebensogut als sublimierte Libido beschreiben, weil sie am Hauptziel des Eros, zu vereinigen und zu binden, noch immer festhält (ebd., S. 312). Diese Bemerkung, die in Freuds Denken keine wesentliche Rolle spielte, wurde zum Ausgangspunkt von Hartmanns Ich-Psychologie, die in der amerikanischen Psychoanalyse beherrschenden Einfluß gewinnen sollte.

Unter dem Einfluß Hartmanns unterschied Kris (1955) zwischen Neutralisierung und Sublimierung. Er schlug vor, den Begriff »Neutralisierung« dann zu verwenden, wenn offenkundig eine Umwandlung von Energie erfolgt ist; von »Sublimierung« dagegen sollte gesprochen werden, wenn das Ziel selber verschoben wurde. Mystiker und Dichter sublimieren, denn es ist keine neutralisierte Energie, die sie verwenden. Eissler (1963) behauptet, daß überhaupt kein leidenschaftliches Interesse mit neutralisierter Energie arbeitet. Bei ihm ist neutralisierte Energie gleichbedeutend mit der Energie gehemmter Ich-Funktionen.

Die Schwierigkeiten, die der Begriff der Sublimierung aufwirft, wurden in der Geschichte der Psychoanalyse schon früh erkannt. Bereits 1922 stand Bernfeld der kulturellen Tendenz, die Freud dem Begriff Sublimierung verlieh, kritisch gegenüber. Er schlug vor, jeden Vorgang, bei dem sexuelle Wünsche im Interesse des Ichs abgelenkt werden, als Sublimierung zu bezeichnen – ohne Rücksicht darauf, ob dieses Interesse wertvollen kulturellen Zwecken dient.

Für Melanie Klein leitet sich Sublimierung von Gefühlen der Lust und der Dankbarkeit her, die man an der Mutterbrust erfährt. Aus Dankbarkeit erwächst der Wunsch, die empfangene Lust zu vergelten. Sublimierung ist daher ein Akt der Wiedergutmachung (Klein 1957, S. 19).

Auf einen ungewöhnlichen Fall von Sublimierung stieß ich in dem Buch *Wilde Schimpansen* der berühmten Verhaltensforscherin Jane van Lawick-Goodall (1971, S. 9). Es heißt hier: »Vielleicht hatte es auch schon in meiner frühesten Kindheit begonnen. Ich war kaum mehr als ein Jahr alt, als mir meine Mutter einen von den großen, zottigen Spielzeugschimpansen schenkte, mit denen die Geburt des ersten Schimpansenbabys im Londoner Zoo gefeiert wurde. Die meisten Freunde meiner Mutter waren entsetzt und prophezeiten, daß die scheußliche Kreatur ihrer kleinen Tochter Alpträume bescheren werde. Aber Jubilee (so hieß das gefeierte Affenbaby) wurde zu meinem kostbarsten Besitz, den ich während meiner ganzen Kindheit mit mir herumschleppte. Und noch heute zählt der Veteran zu meinen Besitztümern.« Ihr ungewöhnliches Interesse an Schimpansen und die erstaunliche Geduld, die sie während stundenlanger Beobachtungen aufbringen konnte, führt Jane Lawick-Goodall mit traumwandlerischer Intuition auf etwas zurück, was die Analytiker »Übergangsobjekt« nennen. Ihr Fall, der meines Wissens wirklich außergewöhnlich ist, bietet ein Beispiel für die Sublimierung des Übergangsobjekts.

Wie die psychoanalytische Erfahrung zeigt, ist jedoch die Sublimierung anfällig gegenüber Rückfällen zu sexuellen oder aggressiven Zielen. Das interessante Beispiel einer durch Resexualisierung aufgehobenen Sublimierung findet sich bei Kohut (1977, S. 200f.)*. Er berichtet von einem Patienten X., der den Psychoanalytiker aufsucht, nachdem er keines seiner beruflichen Ziele hatte verwirklichen kön-

* Die deutsche Ausgabe (Kohut 1979) enthält diese Falldarstellung nicht (A. d. Ü.).

nen – nämlich entweder Geistlicher zu werden oder ins Peace Corps aufgenommen zu werden. X. war von seiner Mutter idealisiert worden, die seine grandiose Selbstdarstellung offen unterstützte. Er hatte sich mit dem Knaben Jesus identifiziert, der im Tempel die Gelehrten in Erstaunen versetzt (Lukas 2: 41–52). Als später das Abendmahl in seinen Masturbationsphantasien auftauchte, fühlte er sich verpflichtet, sein geistliches Amt aufzugeben. In dem Augenblick, da er die Hostie empfing, trat ihm sein eigener Penis vor Augen sowie der des Priesters, der über ihm das Kreuz schlug. Diese Phantasie führte zur Ejakulation.

Gross und Rubin (1973) verweisen darauf, daß die Sublimierung im Falle einer drohenden Psychose zu einem verzweifelten Versuch werden kann, die Verbindung mit der Realität aufrechtzuerhalten. Kurz vor Beginn des psychotischen Schubs beobachtet man hektische Sublimierungsversuche – die Autoren verweisen auf das wilde Malen van Goghs unmittelbar vor seinem psychotischen Zusammenbruch, und sie erwähnen den Fall des japanischen Schriftstellers Mishima, der sich an dem Tag das Leben nahm, da er seine Tetralogie vollendet hatte. Einige Monate zuvor soll Mishima geäußert haben, wenn er einmal seinen neuen Roman abgeschlossen habe, in den er all sein Können und all seine Erfahrung lege, dann bleibe ihm nichts mehr zu tun. Gross und Rubin sind der Auffassung, die Sublimierung habe Mishima vor den eigenen suizidalen Wünschen geschützt. Ich denke, hier läßt sich noch eine andere dynamische Konstellation beobachten. Schon viele Künstler hatten das Gefühl, von ihrem Werk ganz und gar absorbiert worden zu sein; nach Vollendung ihres künstlerischen Unternehmens fühlten sie sich erschöpft und deprimiert. Doch in Mishimas Fall scheint die Beziehung zwischen Selbst und Kunstwerk in einem tieferen Sinne pathologisch gewesen zu sein. Wie häufig bei Melancholikern mit strengem Überich projizierte er die Forderung, sich aufzuopfern, auf sein Kunstwerk – jedoch nicht nur im metaphorischen, sondern im wörtlichen Sinne. Hier scheint sich das Werk gegen seinen Schöpfer gewandt und dessen Tod verlangt zu haben.

Ich möchte mit einem klinischen Fall aus meiner eigenen Praxis schließen. Vor einigen Jahren suchte mich ein hochbegabter Ingenieur aus Europa auf und trug mir das folgende Problem vor. Sein fünfzehn Jahren hatte er eine glückliche Liebesbeziehung zu einer zwanzig Jahre älteren Frau. Mit ihr hatte er nicht nur Glück erfahren, sondern sie hatte ihn auch dazu beflügelt, seine intellektuellen Fähigkeiten zu entfalten. Doch als er in ein reiferes Alter kam, fühlte er sich von jüngeren Frauen angezogen. Der noch schlummernde Wunsch, Vater zu werden, machte sich jetzt geltend. Gegenüber seiner alternden Freundin entwickelten sich intensive Schuldgefühle, bis eine neue Liebesbeziehung den Konflikt in ein akutes Stadium führte. Zerrissen von diesem Konflikt, suchte er die Hilfe des Psychoanalytikers.

Während unserer Arbeit erzählte er mir auch von einer Erfindung, die er gemacht hatte. Er führte die Aufsicht über eine Fabrikanlage, in der die veralteten Maschinen zunehmend defekt wurden. Sollte die Firma diese Maschinen, die bereits zu viel Ausschuß produzierten, verschrotten und die gesamte Anlage überholen? Mein Patient löste das Problem auf kreative Weise. Man konnte dadurch, daß man einige der Mängel geradezu forcierte, ein neues Produkt herstellen, und darum brauchten auch die alten Maschinen noch nicht ausrangiert zu werden. Es wurden neue bestellt, und beide Modelle arbeiteten nun gemeinsam – was der Firma Freude und Gewinn bescherte.

Ich erwähnte bereits, daß mein Patient ein außergewöhnlich intelligenter Mann war. Und dennoch war er sich des Zusammenhangs zwischen seinem persönlichen Dilemma und jener brillanten technischen Lösung in keiner Weise bewußt. Die Lösung, die ihm in seinem Privatleben nicht gelang, schaffte er im Beruf. Doch so wichtig und erfreulich das auch war – zur Bewältigung seiner persönlichen Schwierigkeiten konnte es nichts beitragen. Es scheint, als habe das Problem, das ihn persönlich beschäftigte, sich gleichsam gegen das Ausrangieren der alten Maschinen gestemmt und auf diese Weise zu einer technischen Lösung geführt.

Was bleibt, ist eine historische Frage: Warum hatte es Freud nötig, gegenüber der Tatsache, daß er in Platons Schuld stand, eine geheime Amnesie zu entwickeln? Und warum wiederholte sich das gleiche in bezug auf die Werke Schopenhauers und Nietzsches? In psychoanalytischen Kreisen ist es Mode geworden, Platon als Vorläufer Freuds zu bezeichnen – und damit den direkten Einfluß zu leugnen, den Platon auf Freuds Denken ausübte. Mehrere mögliche Erklärungen bieten sich an.

Vor Künstlern und deren Fähigkeit zur Sublimierung hatte Freud den größten Respekt, doch gegenüber Philosophen war er weniger nachsichtig. Ihnen warf er vor, an der Illusion festzuhalten, »ein lückenloses und zusammenhängendes Weltbild liefern zu können«, und er hatte den Eindruck, daß die Philosophie »den Erkenntniswert unserer logischen Operationen überschätzt« (1933, S. 588). Seit der Veröffentlichung von Freuds Briefen an seinen Jugendfreund Eduard Silberstein (Freud 1989) ist uns diese Animosität gegenüber der Philosophie ein ganzes Stück verständlicher. Wir wissen jetzt, daß Freud unter dem Einfluß Brentanos erwogen hatte, selbst Philosoph zu werden. Der Entschluß zur medizinischen Laufbahn erfolgte unter dem Zwang, den eigenen Lebensunterhalt verdienen zu müssen, und seine Durchführung bedurfte neutralisierter Energie. Sein Leben lang blieb Freud gegenüber der Medizin ambivalent. Nachdem er der Medizin die Anerkennung der Psychoanalyse abgerungen hatte, kehrte Freud zu den Interessen seiner Jugendzeit zurück. Doch es blieb ein Vorurteil gegen jene, die einen Weg eingeschlagen hatten, den er leidenschaftlich gerne selbst gegangen wäre.

Freud wollte an der Seite jener großen Entdecker gesehen werden, welche die Menschheit aus ihrem narzißtischen Schlaf aufgestört hatten: Kopernikus, der unseren Dünkel zunichte gemacht hatte, die Erde sei die Mitte des Kosmos; Darwin, der uns dazu nötigte, zuzugeben, daß der Unterschied zwischen Mensch und Tier keineswegs so absolut ist, wie wir es gerne hätten. Freud sah sich als der Entdecker, der uns zu der Einsicht zwingt, daß wir nicht einmal unser eigenes Unbewußtes beherrschen. Er wollte nicht, daß man ihn als Schüler Platons, Schopenhauers oder Nietzsches in Erinnerung behielt. Die herrschenden Anschauungen, gegen die sich die Psychoanalyse als Zweig der Medizin entfaltete, wirkten einer Anerkennung ihres philosophischen Erbes entgegen. Es gab genügend Leute, die sich über die Psychoanalyse lustig machten, ohne eine andere Beschuldigung vorzubringen als die, Psychoanalyse sei aktualisierter, aufgewärmter Platonismus. Heute jedoch, da der Kampf um die Anerkennung gewonnen ist und Freud einen sicheren Platz in der Geschichte hat, kann die Psychoanalyse durch ein Bekenntnis zu ihren humanistischen Ursprüngen nur gewinnen.

Ein wesentlicher Unterschied zwischen Freud und Platon bleibt jedoch bestehen: Platon wollte die Liebe zu schönen Knaben sublimieren; Freud dagegen legt allen Nachdruck auf die Sublimierung des Sexualtriebs.

2

Was Freud über die Liebe herausfand

Kein Aspekt in Freuds Leben und Werk ist so wenig verstanden, ja, derart mißverstanden worden wie seine Beiträge zum Verständnis der Liebe – das kann man mit Fug und Recht behaupten. Teilweise liegt diese Schwierigkeit bei Freud selbst, denn seine vielfältigen Äußerungen zu diesem Thema gelangten nie zu einer vergleichbaren theoretischen Geschlossenheit wie seine Theorien über die Sexualität oder seine Traumtheorie. Es bedarf einiger Mühe, um Freuds Bemerkungen zum Thema Liebe in einen kohärenten Zusammenhang zu bringen – ich will es im vorliegenden Kapitel versuchen.

Die Traumtheorie war ein Triumph. Mit einer Mischung aus Frohlocken und skeptischem Vorbehalt richtete Freud an Fließ die schelmische Frage, ob er glaube, daß es eines Tages eine Gedenktafel geben werde mit der Inschrift: »Hier enthüllte sich am 24. Juli 1895 dem Dr. Sigm. Freud das Geheimnis des Traumes« (12. Juni 1900, Freud 1986, S. 458). Einen entsprechenden Augenblick, in dem er hätte glauben können, das Geheimnis der Liebe habe sich ihm enthüllt, gab es in Freuds Leben nicht. Die Einsichten über dieses widersprüchliche Phänomen kamen nach und nach, ohne den Jubel einer wirklichen Eroberung auszulösen. Als Freud 1910 bestimmte »Liebesbedingungen« entdeckte, entschuldigte er sich noch dafür, dieses den Dichtern vorbehaltene Gebiet zu betreten. Doch sei es »unvermeidlich«, daß die Wissenschaft sich dieses Themas annehme – wenn auch »mit plumperen Händen und zu geringerem Lustgewinne«. Die Psychoanalyse müsse dies um so mehr, argumentierte Freud, als die Dichter »den Stoff der Realität nicht unverändert darstellen« und »nur wenig Interesse für die Herkunft und Entwicklung solcher seelischer Zustände äußern« (1910b, S. 187).

Gould (1963) zählt Freud – neben Platon und Paulus – zu denjenigen drei Männern des Abendlands, die umfassende Theorien der Liebe schufen. Dennoch fährt er fort: »Was die Freudianer betrifft, so dürfte deren Leben noch trostloser sein als das der Christen und der Platoniker. Liebe und bloßes sexuelles Bedürfnis durcheinanderzubringen, ist so ziemlich der schlimmste Irrtum, der einem unterlaufen kann. Das sexuelle Bedürfnis ist eine Spannung, die leicht zu lösen ist und mit der Befriedigung verschwindet. Die Liebe ist exklusiv, unvorhersagbar, stets fordernd, und wenn sie sich erfüllt, stirbt sie nicht, sondern wächst eher noch.«

Was Gould über die Liebe sagt, ist poetisch, was er über Freud sagt, ist schlichtweg falsch. Nirgendwo in seinen Schriften verwechselt Freud Liebe mit Sex. Vielmehr folgte er Schopenhauer darin, die Liebe, eine menschliche Emotion, aus dem Blickwinkel des Sexualtriebs zu betrachten. Vielen ist jedoch ein ähnliches Mißverständnis unterlaufen, darunter auch Psychoanalytikern. Selbst Theodor Reik, ein früher Mitarbeiter und enger Freund von Freud, schrieb später, als er gegen den Meister rebellierte: »Doch Freud? Hat sich nicht die Psychoanalyse umfassend und eindringlich mit der Liebe befaßt? Das hat sie nicht, ihr Thema war Sex, und das ist etwas völlig anderes« (1944, S. 11).

Diese von Reik formulierte Auffassung ist weit verbreitet. So schreiben zum Beispiel Dicks und seine Mitarbeiter (1967, S. 6), die zum Problem der Liebe bedeutsame Beiträge geleistet haben: »Obwohl sich Freud die Libido sicherlich als etwas vorstellte, das nach einem Objekt sucht, wurde dieser mächtige Trieb doch im wesentlichen als eine Wirkung unpersönlicher neurophysiologischer oder hormoneller Vorgänge betrachtet – als ein Trieb, der Spannungen abzubauen sucht und auf das Ich einwirkt, damit dieses seinen Befehlen nachkomme. Freuds Psychologie war physiologisch orientiert, eine Psychologie der ›Reiz-Befriedigung‹. Das mag hinreichend gewesen sein, um zu untersuchen, wie sich die sexuelle Anziehung zwischen zwei Menschen entwickelt und schließlich zu einem geglückten Geschlechtsverkehr führt. Doch gleichgültig, wie stark die Wirkung des Geschlechtstriebs auch immer sein mag – wir wissen, daß dies keinesfalls ausreicht, um die ganze Skala der mit der Ehe verbundenen Phänomene zu erklären oder auch nur zu beschreiben.«

Auch Altman (1977), dessen Ton nicht ganz so kritisch ist, hat behauptet, Freud habe über Sex mehr zu sagen als über Liebe. Derartige Verallgemeinerungen lassen Freuds vielfältige Beiträge zum Problem der Liebe ganz außer acht. Nur weil Freud sich nachdrücklich mit Sexualität und Triebleben befaßt hat, grassiert das Vorurteil, er wisse über die Liebe wenig oder gar nichts. Daß dem keineswegs so war, ist das Thema dieses Kapitels.

Die infantilen Ursprünge der Liebe: Freuds erste Theorie

Freuds erste Theorie der Liebe war ein Nebenprodukt seiner Entdeckung der infantilen Sexualität, und konsequenterweise erscheint sie daher in seinen *Drei Abhandlungen zur Sexualtheorie* (1905b). In diesem Buch sowie in der *Traumdeutung* (1900) finden sich meiner Ansicht nach die wesentlichsten Bausteine der Psychoanalyse. Ohne diese beiden Werke hätte es keine Psychoanalyse gegeben; was darauf noch folgte, war bedeutsam, aber nicht mehr so grundlegend.

In den *Drei Abhandlungen* behauptet Freud, daß sich bei den Menschen, im Gegensatz zu den Tieren, die Sexualität in zwei Phasen entwickelt, und zwar als unmittelbare Folge ihrer verlängerten Kindheit. Die erste Phase ist die der infantilen Sexualität; sie ist der Form nach gewöhnlich prägenital und auf erogene Zonen wie den Mund oder den Anus zentriert. Nur selten erreicht sie ein Stadium, in dem das Ziel des Sexualtriebs bereits die Vereinigung der Genitalien ist. Ihren Höhepunkt erreicht die infantile Sexualität im Ödipuskomplex, wenn einer der beiden Elternteile begehrt wird und gegen den jeweils anderen Mordwünsche aufkommen. In der ödipalen Phase ist die Beziehung zu beiden Elternteilen ambivalent. Denn auch der Rivale wird geliebt, und homosexuelle Wünsche konkurrieren mit heterosexuellen. Andererseits wird der heterosexuelle Elternteil, also das Liebesobjekt, auch gehaßt, weil er dem Rivalen gehört. An diesem Punkt setzt die Latenzperiode ein; die infantile Sexualität wird verdrängt, und es kommt zu einer Amnesie. Während der Jugendzeit nimmt die Libido einen neuen Anlauf; sie sucht jetzt nach einem anderen, nichtinzestuösen Liebesobjekt, das dennoch in gewisser Weise an das alte erinnern soll. Um dieses »Fließen der Libido« zu verstehen, interpretierte es Freud mit seiner Lieblingsmetapher als Strömung.

Daß Freud so Bedeutendes über die Liebe herausfand, rührt daher, daß er an einem Ort nach ihr suchte, wo zuvor nur wenige Forscher gesucht hatten, nämlich in den Jahren der Kindheit. Vor Freud war Sexualität gleichbedeutend mit Genitalität und setzte daher erst mit der Pubertät ein. Das Studium von Träumen und neurotischen Symptomen führte Freud jedoch zu dem Schluß, daß Sexualität in einem weiteren Sinne bereits im Kleinkindalter einsetzt. Das Gestilltwerden an der Brust befriedigt nicht nur das Bedürfnis nach Nahrung, sondern es ist auch die Quelle einer Lust, die dazu bestimmt ist, eines Tages sexuelle Lust zu werden – einer Lust, die bis ins Erwachsenenalter fortdauert, wo sie sich beim Küssen, beim oralen Sex oder in anderen Formen des Vorspiels zeigt. Das Vorspiel wiederum hat die Funktion, die genitale Befriedigung zu steigern. Nachdem Freud einmal entdeckt hatte, daß die Wurzeln der Sexualität bis in die Kindheit zurückreichen, war es nur noch ein Schritt zu der Erkenntnis, daß dort auch die Ursprünge der Liebe zu finden sind.

Der zweite Grund dafür, warum Freud einige Geheimnisse der Liebe zu enträtseln vermochte, war seine Entdeckung der Übertragung (auf die ich später noch ausführlicher zu sprechen komme). Als Freud sich darum bemühte, die Übertragung unter Kontrolle zu bekommen, erfuhr er auch über die Liebe als solche viel Neues. Denn die Übertragungsliebe kann man als künstliche Liebe betrachten, gleichsam als eine Liebe im Treibhaus, die während der Analyse regelmäßig auftaucht und im Laufe der Behandlung behutsam genährt wird. Anfänglich warf das Auftauchen der Übertragung ein schwieriges Problem auf. Doch indem Freud lernte, mit der Funktion der Übertragung umzugehen, vertiefte sich auch sein Verständnis der Liebe. Beim Fall Dora (Freud 1905a) begann Freud, sich der Rolle der Übertragung in der Behandlung voll bewußt zu werden. Im selben Jahr wurde ihm klar, daß die Ursprünge der Liebe in frühinfantilen Vorbildern zu finden sind.

Die *Drei Abhandlungen zur Sexualtheorie* (1905b) enthalten bereits eine Theorie der Liebe. Diese Theorie besagt, daß sich in der frühen Kindheit sexuelle Wünsche auf einen der beiden Elternteile richten. Die Mutter (oder deren Stellvertreterin) ist sowohl die erste Liebe als auch das erste Sexualobjekt.

Die folgende Passage ist für unser Thema von besonderer Bedeutung. Zufällig ist sie eine der dunkleren Stellen bei Freud:

»Als die anfänglichste Sexualbefriedigung noch mit der Nahrungsaufnahme verbunden war, hatte der Sexualtrieb ein Sexualobjekt außerhalb des eigenen Körpers in der Mutterbrust. Er verlor es nur später, vielleicht gerade zur Zeit, als es dem Kinde möglich wurde, die Gesamtvorstellung der Person, welcher das ihm Befriedigung spendende Organ angehörte, zu bilden. Der Geschlechtstrieb wird dann in der Regel autoerotisch, und erst nach Überwindung der Latenzzeit stellt sich das ursprüngliche Verhältnis wieder her. Nicht ohne guten Grund ist das Saugen des Kindes an der Brust der Mutter vorbildlich für jede Liebesbeziehung geworden. Die Objektfindung ist eigentlich eine Wiederfindung« (1905b, S. 125f.).

Diese Aussage Freuds, die »Objektfindung« sei »eigentlich eine Wiederfindung«, halte ich für seinen scharfsinnigsten Beitrag zum Problem der Liebe. Man muß allerdings zugeben, daß der Zusammenhang, in dem diese Aussage steht, problematisch ist. Wenn Freud – wie später die Anhänger Melanie Kleins – tatsächlich glaubt, die Mutterbrust sei das erste Liebesobjekt des Kindes, dann wäre es ja nur ein Partialobjekt, das der spätere Erwachsene »wiederfindet«. Eine Unterscheidung zwischen zwei Frauen würde ihm dies noch nicht ermöglichen. Spätere Erkenntnisse haben jedoch bestätigt, daß das Kind vor Eintritt der Latenzzeit mehr von der Mutter im Bewußtsein behält als nur deren Brust. Doch selbst, wenn Freud zeitweilig zu der Annahme neigte, das Wiedergefundene sei jeweils ein bestimmtes Charakteristikum der Mutter, wie etwa ihr Lächeln oder ihre Augenfarbe, so hatte er doch recht mit seiner These, alles Finden sei Wiederfinden.

Während der Latenzperiode teilt sich der Strom zärtlicher und unmittelbar sexueller Regungen: Die sexuelle Strömung wird verdrängt, während die zärtliche im Bewußtsein bleibt. Dies ist zugleich der normale Weg, den Ödipuskomplex zu verdrängen. Während der Jugendzeit macht sich die sexuelle Strömung von ihrer Bindung an das inzestuöse Objekt frei und kann sich von nun an auf ein neues, nichtinzestuöses Objekt richten. Die neu erwählte Person muß der früheren in gewisser Weise ähneln, doch darf sie wiederum nicht die Schuldgefühle wecken, die mit dem inzestuösen, ödipalen Objekt in Zusammenhang stehen. Unter günstigen Bedingungen werden somit in der Adoleszenz die beiden Strömungen wieder zusammengeführt,

'zärtliche und unmittelbar sexuelle Regungen'

die während der Latenzzeit voneinander getrennt worden waren. Diese Ähnlichkeit zwischen der Liebe der Kindheit und der neuentdeckten Liebe veranlaßte Freud zu jenem platonischen Ausspruch: »Die Objektfindung ist eigentlich eine Wiederfindung.« Doch anders als Platon fügt Freud hinzu, »das Saugen des Kindes an der Brust der Mutter« sei »vorbildlich für jede Liebesbeziehung«, und unter günstigen Bedingungen bleibe »von dieser ersten und wichtigsten aller sexuellen Beziehungen [...] ein wichtiges Stück übrig, welches die Objektwahl vorbereiten, das verlorene Glück also wiederherstellen hilft« (1905b, S. 126).

Im Jahr 1909 unternahm Freud in Begleitung von Jung und Ferenczi eine Reise in die Vereinigten Staaten, um an der Clark University Vorlesungen zu halten. Dieses Ereignis ist wichtig für die Geschichte der Psychoanalyse, denn es bedeutete die erste akademische Anerkennung von Freuds Werk. In diesen Vorlesungen heißt es: »Es ist unvermeidlich und durchaus normal, daß das Kind die Eltern zu Objekten seiner ersten Liebeswahl macht. Aber seine Libido soll nicht an diese ersten Objekte fixiert bleiben, sondern sie späterhin bloß zum Vorbild nehmen und von ihnen zur Zeit der definitiven Objektwahl auf fremde Personen hinübergleiten« (1910c, S. 51).

Man sollte hier innehalten und auf die Sprache dieser beiden Passagen achten. Denn hinter diesen technischen, neutralen Formulierungen verbirgt sich das von Freud enträtselte Geheimnis des Liebesglücks. Liebe ist die Wiederherstellung eines verlorenen Glücks. Die Elternfiguren, einstmals Liebesobjekte, bleiben innerpsychisch »besetzt«, doch darf die Bindung an sie nicht so stark sein, daß sie die Wahl eines neuen Objekts verbietet. Wenn diese Bindung überwunden ist, hilft sie sogar dem Erwachsenen, die Wahl eines neuen Liebesobjekts vorzubereiten.

1905 nahm Freud noch an, für den Jungen sei das erste Liebesobjekt die Mutter, für das Mädchen der Vater. Auf die präödipale Liebe des Mädchens zur Mutter war Freud damals noch nicht gestoßen, ebensowenig auf den negativen Ödipuskomplex beider Geschlechter, das heißt auf die Liebe zum Elternteil gleichen Geschlechts. Diese Entdeckungen kamen viel später (Freud 1931b).

Unter glücklicher Liebe – oder »normaler« Liebe, wie er sie häufiger nannte – verstand Freud eine Liebe ohne Neurose. Einer der

Gründe dafür, warum seine Theorie der Liebe übersehen wurde, liegt darin, daß seine starke Hervorhebung der neurotischen Liebe diese Theorie überschattete. Schließlich war Freuds Beruf das Heilen – und nicht, wie im Falle Stendhals, das Erforschen der Liebe als rätselhafte Empfindung.

Was bei der neurotischen Liebe geschieht, ist das Gegenteil dessen, was wir bei der glücklichen Liebe beobachten. »Das Nichtzusammentreffen der beiden Strömungen«, schreibt Freud, »hat oft genug die Folge, daß eines der Ideale des Sexuallebens, die Vereinigung aller Begehrungen in einem Objekt, nicht erreicht werden kann« (1905b, S. 105f.). Bleiben die beiden Ströme voneinander geschieden, kommt es zu neurotischen Symptomen. Freud hat das in einem lakonischen Satz auf den Begriff gebracht: »Wo sie lieben, begehren sie nicht, und wo sie begehren, können sie nicht lieben« (1912a, S. 202). Eine weitere Folge ist das Bedürfnis, den Sexualpartner zu erniedrigen und gleichzeitig die geliebte Person, mit der keine sexuelle Beziehung möglich ist, zu überschätzen. Man achte darauf, welcher Wandel sich hier vollzogen hat: Die Unterscheidung zwischen der göttlichen Aphrodite und ihrem irdischen Gegenstück, die den Philosophen seit Platon lieb und teuer war, wird bei Freud zu einem neurotischen Symptom.

Diese Einsicht liefert auch eine Erklärung dafür, warum gewisse Männer und Frauen zu vollem sexuellem Genuß nur dann gelangen, wenn ihr Partner einer anderen Nationalität, Rasse oder sozialen Klasse angehört. Karl Abraham (1913), einer von Freuds frühesten Anhängern, bezeichnete dies als »neurotische Exogamie«. Ein Mann, der dieses Bedürfnis hat, meidet Frauen, die ihn an seine Mutter oder an seine Schwestern erinnern, und wendet sich statt dessen Frauen zu, die von seiner eigenen Familie so verschieden und damit so entfernt wie möglich sind. Es ist der Versuch, das Inzestproblem durch Flucht zu lösen, was jedoch selten zu einem befriedigenden Ergebnis führt. Sobald es zu einer festen Beziehung gekommen ist, taucht die Ähnlichkeit mit dem inzestuösen Liebesobjekt erneut auf, und es beginnt die Suche nach einem neuen Partner.

Für Freud ist der entscheidende Punkt die Wiedervereinigung der beiden libidinösen Strömungen im Jugendalter. Doch warum gelingt das bei einigen Menschen und bei anderen nicht? 1905 glaubte Freud, der Schuldige sei ein sich verführerisch verhaltender Elternteil oder ein anderer Erwachsener, der die genitalen Wünsche des Kindes vorzeitig weckt. Normalerweise ist das Kind noch im prägenitalen Stadium, wenn die Latenzzeit beginnt. Das sexuell übermäßig stimulierte Kind erreicht die Genitalität vor der Zeit, und darum ist bei ihm die Tendenz ausgeprägter, auf jenen Elternteil fixiert zu bleiben. Überbleibsel von Freuds früher Verführungstheorie blieben auf diese Weise erhalten, auch nachdem er die Verführung als Hauptursache der Neurose ausgeschlossen hatte.

Freud weist noch auf eine andere Gefahr hin. Wenn sich ein Mann oder eine Frau nach der Adoleszenz verliebt und diese Liebe nicht erwidert wird, so kommt es vor, daß die Libido zu ihrer früheren Fixierung zurückkehrt. Das typische Beispiel hierfür ist die Frau, die einmal liebte, abgewiesen wurde und sich von da an nur noch der Sorge um ihre Eltern widmet. Damit verwandelt sie den Ödipuskomplex in eine Pflicht, anstatt ihn zu lösen.

Man muß sich hier eine dynamische Denkweise zu eigen machen. Sind die prägenitalen Strebungen zu stark, kommt es zur Perversion; werden sie verdrängt, ist das Ergebnis eine Neurose. Nur wenn sie durch die genitalen Strebungen auf heilsame Weise gezähmt werden, arbeiten sie sozusagen für ihren Herrn und leisten einen Beitrag zur sexuellen Lust. Ähnlich ist es mit der Bindung an den Elternteil: Ist diese zu stark, wird aus der Fixierung eine Neurose; hat sie jedoch das zuträgliche Maß, so bereitet sie den Boden für ein reifes Liebesleben.

Halten wir hier inne, um zu überlegen, wie Freud auf der Grundlage der Theorie, die ich eben skizzierte, die Psychoanalyse als therapeutisches Verfahren ausarbeitete. Er stellte sich die Libido als eine Strömung vor, und zwar als eine Strömung, deren Lauf durch Hindernisse gehemmt werden kann. Diese Hindernisse nannte Freud »Fixierungen«, und er unterschied im wesentlichen zwei Arten. Im ersten Fall haftet die Libido am Bild der Eltern und weigert sich gleichsam, sich davon zu lösen; daher können auch keine neuen Liebesobjekte gefunden werden. Oder eine Person bleibt auf frühe Formen libidinöser Entwicklung fixiert, das heißt auf die orale, anale oder phallische Stufe. Gewöhnlich treten diese beiden Arten von Fixierung gemeinsam auf. Der Ödipuskomplex ist lediglich der Schlußpunkt einer ganzen Reihe prägenitaler Fixierungen.

In der psychoanalytischen Arbeit stößt man auf orale Fixierungen, die sich als Hemmungen gegenüber kannibalistischen Impulsen manifestieren, anale Fixierungen, die den Anus als bevorzugtes sexuelles Organ bestehen lassen, phallische Fixierungen, die sich in Gestalt von Kastrationsängsten oder Penisneid zeigen, sowie ödipale Fixierungen, die sich beim Erwachsenen als sexuelle Hemmungen auswirken, da jedes neue Objekt nur ein Ersatz des ödipalen Objekts ist. Psychoanalytiker sind auf das Erkennen derartiger Fixierungen spezialisiert. Sie machen sie bewußt und fördern damit die Fähigkeit der Libido, ihre Bewegung zur Genitalität und in Richtung nichtinzestuöser Liebesobjekte wiederaufzunehmen. Psychoanalytiker sind daher zuallererst Kartographen: Aus der Biographie des Analysanden und aus der Schilderung seines gegenwärtigen Liebeslebens erkennen sie die Haupt- und Nebenstraßen seiner libidinösen Entwicklung. Was die Biographie vermissen läßt oder nur in entstellter Form zu erkennen gibt, erscheint in der Übertragung in Gestalt libidinöser Wünsche gegenüber dem Analytiker. Die Analyse der Übertragung gibt dem Analytiker eine zweite Gelegenheit, den Analysanden zu verstehen. Das Bedürfnis, auf die wunden Punkte der Fixierung in der Übertragungssituation immer wieder zurückzukommen, lenkt die Aufmerksamkeit auf diese Probleme und beleuchtet sie auf eine Weise, wie das bloße Erzählen der Biographie dies niemals leisten könnte. Die Kämpfe, die das Ich früher ausgefochten und verloren hat, werden in der Übertragung mit Hilfe des Analytikers wiederaufgenommen – diesmal mit einer besseren Chance auf einen günstigen Ausgang.

Lange vor Freud gab es bereits Dichter, die einen Zusammenhang zwischen infantiler und reifer Sexualität mutmaßten. In seinem Gedicht *The Good Morrow* (*Der gute Morgen*) von John Donne (1986, S. 10f.) heißt es:

Ich frag mich nur, was taten du und ich,
Bis wir uns liebten? Warn wir nicht entwöhnt,
Und saugten kindisch Lust wie Ammenmilch?
Schnarchten wir in der Siebenschläferhöhle?
Ja! – was sonst Wonne schien, ist Phantasie:
War mir je eine andre Schönheit lieb,
Begehrt ich und besaß, wars nur ein Traum von dir.

Heute, da uns durch Freuds Entdeckung der starken Affinität zwischen infantiler und reifer Liebe die Augen geöffnet sind, kann man die intuitiven Fähigkeiten des Dichters nur bewundern: Er stellt diese Verbindung her, indem er sich der Metapher bedient und die Zeit eliminiert, die zwischen der Existenz im Mutterleib (der »Siebenschläferhöhle«), dem Stillen und dem Verlieben verstrichen ist. Nachdem diese Verbindung angedeutet ist, gewinnen die Liebe des Dichters und die der Geliebten eine Verankerung in der Vergangenheit und werden dadurch stärker. Und für Generationen von Lesern, die sich im Zustand der Verliebtheit dieses Gedicht gegenseitig vorlesen, leistet der Dichter etwas Ähnliches (ich komme in einem späteren Kapitel darauf zurück). Nur in einer Hinsicht hat Donne seiner Geliebten nicht die ganze Wahrheit gesagt. Wenn man liebt, empfindet man die beiden letzten Zeilen als wahr; doch tatsächlich wird die Geliebte in den früheren Liebesbeziehungen nicht im voraus »geträumt«, sondern sie wird wiedergefunden.

Der Dichter darf in Symbolen sprechen: »und saugten kindisch Lust wie Ammenmilch« oder »schnarchten wir in der Siebenschläferhöhle«. Der Gebrauch von Symbolen läßt dem Leser die Wahl, welchen Anteil der übermittelten Botschaft er deuten oder überhaupt zur Kenntnis nehmen will. Im Vergleich dazu ist der Psychoanalytiker geradezu brutal, denn in die Sprache der Psychoanalyse übersetzt besagt dieses Gedicht: »Bevor du liebtest, warst du in der Gebärmutter, und dann saugtest du an der Mutterbrust. Deine Liebe ist der Wunsch, diese kindlichen Freuden wiederzufinden.« Der Dichter darf die Geliebte an die erste Stelle setzen: Alles, was vor ihr war, »war nur ein Traum von dir«. Der Psychoanalytiker jedoch muß diese Reihenfolge umkehren, und bisweilen entdeckt er, daß die Geliebte kaum mehr als ein Traum der Vergangenheit ist.

Freud äußerte gegenüber Jung, für die Verbindung zwischen neuer und alter Liebe sei es nicht wünschenswert, ins Bewußtsein zu gelangen, denn dadurch könnte das Inzesttabu zu neuem Leben erwachen. Nachdem der Dichter die Assoziationen zur Kindheit heraufbeschworen hatte, tat er gut daran, sich und seiner Geliebten nochmals zu beteuern, alle seine früheren Liebesbeziehungen seien bloße Vorgriffe gewesen. Ein großer Psychologe ist der, der die ganze Wahrheit enthüllt. Auch der große Dichter gelangt intuitiv zu bedeutenden psychologischen Wahrheiten, doch gnädig übermittelt er nur einen Teil davon an seine Leser.

Die Schwierigkeiten bei der Überwindung des Inzesttabus führten Freud zu einer weiteren Entdeckung: Bei bestimmten neurotischen Männern und Frauen gibt es hinsichtlich der Liebe strenge Vorbedingungen. Manche Männer können sich nur in Frauen verlieben, die zu anderen Männern gehören, andere wiederum nur in promiskuitive Frauen. Es gibt auch Männer, bei denen die Frau »rettungsbedürftig« sein oder zumindest scheinen muß. Freud hat gezeigt, daß all diese Vorbedingungen Verfahren sind, durch die der Primärprozeß* die Frau in einen Muttterersatz verwandelt. Sie sind die Folgen einer Fixierung an die Mutter. Die Beispiele, die Freud anführt, beziehen sich ausschließlich auf Männer, doch sind sie auch auf Frauen übertragbar. Es gibt Frauen, die nur verheiratete Männer lieben können, ältere Männer oder solche, die sie zugleich verachten.

Vorbedingungen der Liebe oder sogar des Erwachens sexueller Wünsche können hochspezifisch sein. Auf eine derartige Liebesbedingung stieß Freud bei der Analyse des Wolfsmanns (1918b). Man wird sich erinnern, daß er in diesem Aufsatz rekonstruiert, daß der Wolfsmann im Alter von eineinhalb Jahren einen a terso vollzogenen Geschlechtsverkehr der Eltern beobachtete. Mit zweieinhalb Jahren sah er ein Kindermädchen, das in einer ähnlichen Körperhaltung den Fußboden scheuerte; dabei urinierte er ins Zimmer – eine Erinnerung, die Freud als männliche Identifizierung mit dem Vater deutet. Als Erwachsener verliebte sich der Wolfsmann in Bauernmädchen, die er in kniender Haltung erblickte. »Er verliebte sich in die Wäscherin augenblicklich und mit unwiderstehlicher Heftigkeit, obwohl er ihr Gesicht noch gar nicht sehen konnte« (1918b, S. 206). Jedesmal war es die Körperhaltung der Frau, die diese Verliebtheit hervorrief.

Ich hatte Gelegenheit, eine Frau zu beobachten, die nur durch Polizisten sexuell erregt wurde. Der Polizist stand für Recht und Ordnung, repräsentierte also das Überich. Eine sexuelle Beziehung zu einem Polizisten bedeutete für sie, einerseits von Schuld freigespro-

* Eine von Freuds großen Entdeckungen ist der Unterschied zwischen logischem Denken, dem sogenannten »Sekundärprozeß«, und jener Art von Logik, die Träume und neurotische Überzeugungen beherrscht; dieses Denken nennt er »Primärprozeß«.

chen zu sein, andererseits aber auch über das Gesetz zu triumphieren. Da diese Frau jedoch bei jedem Polizisten die gleiche Erregung verspürte, dürfte es sich um eine Vorbedingung sexueller Befriedigung und nicht um eine Liebesbedingung gehandelt haben.

Helene Deutsch (1930) beschreibt den Fall einer Frau, die sich nur dann verlieben konnte, wenn der Mann ein Witwer war, der noch immer um seine verstorbene Frau trauerte. Die Trauer des Witwers wirkte auf diese Patientin – der Schilderung von Deutsch zufolge – wie ein Liebestrank: Sie wollte so geliebt werden, wie die tote Frau geliebt worden war. Die Tatsache, daß die Rivalin bereits gestorben war, hatte für sie den Vorteil, daß sie nicht mehr zur Mörderin werden mußte. Diese defensive Phantasie, daß die Rivalin nicht mehr am Leben war, schützte sie aber keineswegs vor Schuldgefühlen, so daß sie schließlich doch auf all diese Witwer verzichten mußte.

Man kann unterscheiden zwischen erfolgreichen und nicht erfolgreichen Liebesbedingungen. Wenn eine solche Vorbedingung den innerpsychischen Konflikt nicht zu lösen vermag, so führt das zum Entstehen einer Schicksalsneurose. Sich einmal ausgerechnet in einen Witwer zu verlieben, zeugt von einer einfachen Liebesbedingung; das gleiche jedoch fortwährend zu wiederholen und dann auf die Witwer stets verzichten zu müssen ist das typische Beispiel einer Schicksalsneurose. Freuds Begriff der »Wiederfindung« meint, daß zwar das erwachsene Liebesobjekt das infantile stets wiedererweckt, daß man jedoch, wenn man nicht neurotisch ist, unter zahlreichen Merkmalen des infantilen Objekts die freie Wahl hat. Die Merkmale, die beiden gemeinsam sind, stellen die Brücke dar, die den Übergang der Libido erleichtert. Der Begriff »Vorbedingung« bringt jedoch zum Ausdruck, daß die Neurose die Wahlfreiheit erheblich eingeschränkt hat und nur noch *einen* Zugang offen läßt.

Schafer (1977) deutet Freuds »Liebesbedingungen« in einem weiteren Sinne. Jeder wählt sich seine Liebespartner nach bestimmten unbewußten Regeln. Werden diese Regeln in der psychoanalytischen Behandlung erkannt, so werden ausnahmslos auch infantile Urbilder der Liebe aufgedeckt. In diesem Sinne hat jeder seine eigenen Liebesbedingungen. Meiner Ansicht nach hat jedoch Freud diesen Begriff einer neurotisch bedingten Einschränkung der Wahlmöglichkeiten vorbehalten.

Ein Fallbeispiel: Wiederfinden als Vorbedingung der Liebe

In meiner eigenen Praxis begegnete mir ein Fall von »Wiederfinden«, der von besonderem Interesse ist. Herr A. wurde bis in sein drittes Lebensjahr ausschließlich von einem Kindermädchen versorgt, das dann wegen des Kriegsausbruchs das Land fluchtartig verlassen mußte und ihm noch nicht einmal Lebewohl sagte. Dieses Kindermädchen scheint eine kalte, herrische und penible Person gewesen zu sein. Sie kleidete das Kind sorgfältig, hielt es sauber, ruhig und abseits von der Gesellschaft anderer Kinder. Als sich der Patient als Erwachsener in Behandlung begab, war er peinlich korrekt gekleidet, eine geradezu spiegelblanke Erscheinung. Sich selbst und seiner Familie war er ein Rätsel. Er war ohne jeden Ehrgeiz, arbeitete selten, hatte einige Kumpane, jedoch keine Freunde. Nichts konnte er einem erzählen, was er nicht ebensogut jemand anderem hätte mitteilen können. Die Fähigkeit zur Intimität ging ihm völlig ab. Seine Sexualität beschränkte sich auf zwanghaftes Masturbieren, und immer wieder mußte er sich selbst vergewissern, daß er sich dadurch nicht geschädigt hatte. Seine Beziehung zum Therapeuten war erwartungsgemäß gut, doch mangelte es ihr an jeglicher wahrnehmbarer Intensität. Er kam und unterhielt sich sehr gern, doch verlangte er von der Analyse nichts anderes, als daß sie ihm half, leere Zeit auszufüllen. Auch beteuerte er, während der Sommerferien weder den Analytiker zu vermissen noch auch nur einen Gedanken auf die Analyse zu verschwenden. Seine Charakterstruktur und sein Verhalten in der Analyse entsprachen genau dem, was Gitelson (1958) als »Ichschwäche« bezeichnet hat. Seine Unfähigkeit, Intimität herzustellen, führte ich auf die Kälte seines Kindermädchens sowie auf deren plötzliches Verschwinden zurück, und mehrfach sprach ich diese Deutung auch aus.

Während der Zeit der Behandlung wurde ein Vetter geboren, mit dem sich der Patient fast unmittelbar identifizierte. Seine Beziehung zu diesem Baby war überhaupt die erste, in der ich so etwas wie Wärme zu erkennen vermochte. Er zeigte ein geradezu ungewöhnliches Interesse am Wohlergehen des Kindes. Er hütete es, spielte mit ihm und erfand sogar Geschichten für das Kind. Als der Junge das Alter erreichte, in dem er selbst von seinem Kindermädchen verlassen worden war, verliebte er sich in das Kindermädchen seines Neffen und ging mit ihr seine erste heterosexuelle Beziehung ein.

Vielleicht war der seelische Aufruhr damals so groß, daß der Prozeß des Wiederfindens in diesem Fall konkrete Form annehmen mußte. Wahrscheinlich war zunächst eine Phase der Identifizierung mit dem Kleinkind notwendig, ehe der Patient die Fähigkeit zurückerlangte, das verlorene Kindermädchen wiederzufinden. Freilich ist es schwierig auszumachen, ob die Behandlung dieses Wiederfinden erleichterte oder ob die große Ähnlichkeit zwischen der Situation des Kindes und der des Erwachsenen an sich schon genügte, um die Vorbedingung der Liebe zu erfüllen. Sollte es die Situation sein, welche die Wahl des Liebesobjekts bestimmt, dann können die persönlichen Merkmale des wiedergefundenen Liebesobjekts keine bedeutende Rolle spielen.

Es gibt viele Paare, die das Wiederfinden mehrfach durchspielen. Nach einer Liebesaffäre trennen sie sich, der Zufall bringt sie wieder zusammen, und erneut entdecken sie ihre Liebe, diesmal jedoch mit einer Intensität, die sie früher nicht kannten. Es gibt auch Paare, die heiraten, sich scheiden lassen und erneut heiraten. Auf derselben unbewußten Ebene sind die bekannten Verabredungen nach dem Motto »nächstes Jahr, selbe Zeit« eine weitere Form des Wiederfindens. Allerdings führt nicht jedes Wiederfinden zum Erfolg. Nicht selten versuchen ältere Leute, einen Liebsten zu treffen, mit dem sie eine Generation zuvor beisammen waren, doch die alte Flamme läßt sich nicht wieder entzünden.

Am Ende von Freuds Aufsatz ›Über die allgemeinste Erniedrigung des Liebeslebens‹ (1912a) finden sich einige philosophische Betrachtungen zum Thema Liebe, wobei der Tonfall und die düsteren Schlußfolgerungen bereits auf die Ideen verweisen, die in *Das Unbehagen in der Kultur* (1930) formuliert sind. Wir müssen mit der Möglichkeit rechnen, sagt Freud, daß etwas in der Natur des Sexualtriebs selber dem Zustandekommen der vollen Befriedigung ungünstig ist. Verantwortlich für diese immanente Nicht-Befriedigung sei der zweimalige Ansatz zur Objektwahl (das heißt in der frühen Kindheit und im Jugendalter), die Inzestschranke und schließlich die Tatsache, daß das

Liebesobjekt des Erwachsenen niemals das ursprüngliche, sondern nur dessen Ersatz ist (1912a, S. 208).

Nicht lange danach ging Freuds Idee des Wiederfindens bereits in die Literatur ein. Vielleicht der erste Roman, unter dessen Figuren sich auch ein Psychoanalytiker befindet, ist der 1924 erschienene *Zauberberg* von Thomas Mann. Vor Tuberkulosepatienten im Sanatorium hält ein Dr. Krokowski einen Vortrag, wobei er ihnen erklärt, auf welche Weise sexuelle Entbehrung in Krankheit umgewandelt wird. Auch die Liebeserklärung Hans Castorps an Madame Chauchat zeigt, daß der Autor vom psychoanalytischen Baum der Erkenntnis gegessen hat. Castorp sagt ihr nämlich etwas, dessen sich vor Freud nur wenige Liebende bewußt gewesen wären: Sie erinnere ihn an einen Schulkameraden, in den er während seiner Jugendzeit homosexuell verliebt war. Diesen Jungen habe er auf genau die gleiche Weise um einen Bleistift gebeten, wie jetzt Madame Chauchat. Diese Episode bietet ein Beispiel sowohl des Wiederfindens als auch des Übergangs der Libido von einer homosexuellen Fixierung zurück zur heterosexuellen Wahl – und zwar zu einer Frau, die nach Alter und Erfahrung die Mutter repräsentiert.

Im Roman *Der Zauberberg* werden die Theorien Freuds ins Literarische übertragen. Allerdings war Freud der Auffassung, daß der geschilderte Übergang der Libido sich nur unbewußt vollziehen kann. Im *Zauberberg* dagegen wird die entsprechende Verbindung bewußt hergestellt.

Liebe und Narzißmus. Freuds zweite Theorie

Im Museum of Art in Toledo hängt ein Poussin zugeschriebenes Gemälde, das Dido und Aeneas darstellt. Es zeigt den Augenblick, in dem sich Aeneas verliebt – man erkennt das daran, daß Cupido mit einem Pfeil auf ihn zielt. Der entzückte Aeneas betrachtet Dido. Sie jedoch ist ganz damit beschäftigt, sich im Spiegel zu betrachten, während Diener ihr bei der Toilette behilflich sind. Das ist die bildliche Umsetzung eines Gedankens von Freud – daß nämlich der Narzißmus einer anderen Person dazu herausfordert, sich in sie zu verlieben (vgl. Hagstrum 1980, der das Gemälde in anderer Weise deutet).

Die Entdeckung des Narzißmus ist der zweite Meilenstein in Freuds Erkundung der Liebe. Dabei handelt es sich um ein Theorem mit weitreichenden Folgen. Auf der narzißtischen Stufe beherrscht *His Majesty the Baby* (Freud 1914a, S. 57) ganz allein den Schauplatz – solange es sein Omnipotenzgefühl noch nicht eingebüßt, solange es den Tod noch nicht entdeckt hat und solange es sich der Grenzen noch nicht bewußt ist, die ihm seine geschlechtliche Identität auferlegen wird. In seiner Phantasie gibt es nur ein Geschlechtsorgan, nämlich den Phallus; Kastrationsangst und Penisneid sind noch unbekannt. Dieses majestätische Baby lebt in einem Zustand narzißtischer Selbstgenügsamkeit, die jedoch im Verlauf der folgenden Entwicklung erschüttert wird: Wenn das Kleinkind entdeckt, wie abhängig es vom Kommen und Gehen der Mutter ist und wie sehr es auf deren Liebe angewiesen ist, so kommt dies einer Entthronung gleich. Ist es ein Mädchen, wird es entdecken, daß ihr im Vergleich zu den Jungen ein Organ fehlt. Ist es ein Junge, so wird er fürchten, das kostbare Organ sei gefährdet und könne abgeschnitten werden – wie es den Mädchen offenbar geschehen ist, die er zu sehen bekommt. Die Entdeckung der Unterschiede zwischen den Geschlechtern wird zunächst geleugnet, später jedoch entwickelt das Kind verschiedene Phantasien, um sich diese Unterschiede zu erklären (Freud 1908b). Andere Schicksalsschläge der Kindheit, wie etwa die Geburt von Geschwistern, Krankheiten oder die Abwesenheit der Eltern vertiefen noch die narzißtische Wunde. Angst und Traurigkeit in ganz verschiedenem Ausmaß sind dann Anzeichen dafür, daß das Paradies der Kindheit verloren ist.

Ellenberger (1973) zufolge war der Mythos von Narziß vor allem in der neuromantischen Literatur beliebt, deren Blütezeit zwischen 1895 und 1900 lag – also gerade zu der Zeit, als Freud die *Studien über Hysterie* und *Die Traumdeutung* veröffentlichte. Im Jahr 1901, lange bevor er den Begriff »Narzißmus« einführte, schrieb Freud:

»Ein beständiger Strom von ›Eigenbeziehung‹ geht so durch mein Denken, von dem ich für gewöhnlich keine Kunde erhalte, der sich mir aber durch solches Namenvergessen verrät. Es ist, als wäre ich genötigt, alles, was ich über fremde Personen höre, mit der eigenen Person zu vergleichen, als ob meine persönlichen Komplexe bei jeder

Kenntnisnahme von anderen rege würden. Dies kann unmöglich eine individuelle Eigenheit meiner Person sein; es muß vielmehr einen Hinweis auf die Art, wie wir überhaupt ›Anderes‹ verstehen, enthalten« (1901, S. 30f.).

Der von Freud geprägte Begriff der »Eigenbeziehung« bezeichnet ein neues psychisches Territorium, auf dem wir uns selbst innerlich verhaftet bleiben – sogar dann, wenn wir einer Tätigkeit in der Außenwelt nachgehen. Später wird diese Wortschöpfung dann durch den vertrauten Begriff »Narzißmus« ersetzt.

Als Paul Näcke und Havelock Ellis den Narzißmus-Begriff in die psychiatrische Literatur einführten, bezeichnete er eine Perversion, bei der übersteigerte Selbstliebe mit der Unfähigkeit einherging, jemand anderen zu lieben. Meines Wissens war dies das erste Mal, daß ein psychischer Zustand nach einer mythischen Figur benannt wurde. Später prägte Freud auf analoge Weise den Begriff »Ödipuskomplex«.

Ein Vortrag von Isidor Sadger vor der Wiener Psychoanalytischen Vereinigung am 10. November 1909 gab Freud Anlaß zur ersten überlieferten Formulierung seines Narzißmus-Begriffs:

»Die Verliebtheit in die eigene Person (= in die eigenen Genitalien) sei ein notwendiges Entwicklungsstadium. Von da gehe man zu ähnlichen Objekten über. Der Mensch hat allgemein zwei ursprüngliche Sexualobjekte, und sein weiteres Leben hängt davon ab, bei welchem er fixiert bleibt. Diese beiden Sexualobjekte sind für jeden das Weib (die Mutter, Pflegerin etc.) und die eigene Person. Und es komme darauf an, beide loszuwerden und bei beiden nicht zu lang zu verweilen« (Nunberg/Federn 1976–81, Bd. 2, S. 282).

Zwei Fixierungen also bedrohen das Liebesleben jedes Menschen: die inzestuöse und die narzißtische Fixierung. 1914 sprach Freud im ersteren Fall von »Anlehnung«, im zweiten von narzißtischer Liebe. In den veröffentlichten Schriften erscheint der erste Hinweis auf das Modell des Narzißmus in einer bescheidenen Fußnote, die Freud 1910 den *Drei Abhandlungen* (1905b) hinzufügte, und zwar im Kontext der Objektwahl von Homosexuellen:

»Wir haben bei allen untersuchten Fällen festgestellt, daß die später Invertierten in den ersten Jahren ihrer Kindheit eine Phase von sehr intensiver, aber kurzlebiger Fixierung an das Weib (meist an die Mutter) durchmachen, nach deren Überwindung sie sich mit dem Weib identifizieren und sich selbst zum Sexualobjekt nehmen, das heißt vom Narzißmus ausgehend jugendliche und der eigenen Person ähnliche Männer aufsuchen, die sie so lieben wollen, wie die Mutter sie geliebt hat« (1905b, S. 56).

Beide Bemerkungen zusammen illustrieren die Logik von Freuds Auffassung: Homosexualität ist eine Spielart, die zur normalen Entwicklung gehört. Auch in dem Aufsatz ›Zur Einführung des Narzißmus‹ (1914a) betont Freud, daß es vor allem die Analyse Homosexueller war, in der er auf jenen Typus von Liebe stieß, den man als »Spiegel-Liebe« bezeichnen könnte. Im Kontext unseres Themas ist die eben zitierte Passage jedoch von besonderer Bedeutung – auch über das Problem der Homosexualität hinaus. Freud entdeckt hier, daß Identifizierung eine entscheidende Rolle spielt, wenn man sich verliebt. Die Liebe erscheint als plötzliche Umgruppierung der inneren *dramatis personae*. Der Homosexuelle, der sich verliebt, wird – psychologisch gesehen – zu seiner eigenen Mutter, während ein anderer Mann sein früheres Selbst vertritt. Ein bis dahin nicht erwarteter fließender Übergang zwischen Selbst- und Objekt-Repräsentationen ist für diese Art des Verliebens die innerpsychische Voraussetzung.

Die narzißtische Objektwahl, die Freud hier für die Homosexualität postuliert, ist »sekundärer Narzißmus«, denn sie erfolgt *nach* der Enttäuschung durch das primäre Liebesobjekt. Im Zusammenhang mit dem Fall Schreber bemerkt Freud, Größenwahn werde niemals so vehement unterdrückt »wie durch eine das Individuum mächtig ergreifende Verliebtheit«. Er zitiert den persischen Mystiker Galal o'd-Din Rumi, der im 13. Jahrhundert lebte (1911a, S. 188):

Denn wo die Lieb' erwachet, stirbt
das Ich, der finstere Despot.

Beim Größenwahn sind alle libidinösen Besetzungen auf das Selbst konzentriert, bei der Liebe dagegen ist das Liebesobjekt alleiniges

Zentrum. Größenwahn bedeutet sexuelle Überschätzung des Selbst, analog zur Überschätzung des Liebesobjekts. Diese Bemerkungen weisen bereits auf die Narzißmus-Theorie voraus, die Freud 1914 veröffentlichte.

Nur wenige Passagen in Freuds Schriften sind so bekannt und einflußreich geworden wie seine Übersicht der Wege zur Objektwahl:

> »Man liebt:
> 1) Nach dem narzißtischen Typus:
> a) was man selbst ist (sich selbst),
> b) was man selbst war,
> c) was man selbst sein möchte,
> d) die Person, die ein Teil des eigenen Selbst war.
> 2) Nach dem Anlehnungstypus:
> a) die nährende Frau
> b) den schützenden Mann
> und die in Reihen von ihnen ausgehenden Ersatzpersonen« (1914a, S. 56f.).

Typisch für Homosexuelle ist die Wahl des Liebesobjekts nach dem narzißtischen Typus, während es bei Heterosexuellen eher der Anlehnungstypus ist. Zwar sind diese Kategorien im wesentlichen im Hinblick auf Männer formuliert, doch lassen sie sich auch auf Frauen anwenden. Eine riesige Fülle von Einzeldaten ist in diesen wenigen Zeilen kondensiert, vor allem, wenn wir uns vor Augen halten, daß eine wirkliche Liebesbeziehung sich wohl selten auf eine der genannten Kategorien beschränkt, sondern eher eine individuelle Verbindung mehrerer Kategorien darstellt.

Beim Typus (1a) – »was man selbst ist« – repräsentiert der Liebhaber kaum mehr als das eigene Spiegelbild. Der Typus (1b) – »was man selbst war« – verkörpert sich in der narzißtischen Liebe des Alten zum Jungen. In diese Kategorie gehören zum Beispiel die Liebe des Hieronymus zu Erastes und der jugendliche Liebhaber Shakespeares in den Sonetten. Auch die Art und Weise, wie narzißtische Eltern ihre Kinder lieben, gehört hierher.

Beim Typus (1c) – »was man selbst sein möchte« – tritt das Sexualobjekt an die Stelle des Ichideals. Das Glück dieser Liebe, falls sie erwidert wird, entspringt der Tatsache, daß das Ichideal auch wiederum die Person liebt. Solange dies andauert, ist die Spannung zwischen Ich und Ichideal aufgehoben.

Nach Freud durchläuft die Entwicklung der narzißtischen Libido drei Phasen: Während der ersten Phase ist das Selbst (das spätere »Ich«) der Empfänger der gesamten Libido; die Kritik der Eltern und das wachsende Bewußtsein eigener Mängel leiten dann die zweite Phase ein, indem sie eine Verschiebung der Libido vom Selbst aufs Ichideal erzwingen. In diesem Stadium hört das Kind auf, sich selbst zu lieben, und richtet seine Liebe statt dessen auf das, was es zu sein erstrebt. In der dritten Phase wird das Ichideal projiziert und wird zu dem von Freud so genannten »Sexualideal«. »Man liebt dann [...] das, was man war und eingebüßt hat oder was die Vorzüge besitzt, die man überhaupt nicht hat« (Freud 1914a, S. 67).

In der heutigen Sprache der Psychoanalyse formuliert: Freud entdeckte, daß nicht nur diejenige Libido, die Objektrepräsentationen besetzt, wiederum auf neue Objekte verschoben werden kann; vielmehr kann auch die das Selbst und Wunschbilder des Selbst besetzende Libido projiziert werden.

Beim Typus (1d) – »die Person, die ein Teil des eigenen Selbst war« – liebt man dasjenige, was im eigenen Selbst verdrängt werden mußte. Als Beispiel führt Freud die Liebe von Männern an, die ihren eigenen Narzißmus zugunsten von narzißtisch gebliebenen Frauen aufgegeben haben. Die entsprechende Formel lautet dann: »Ich liebe dich, weil du so narzißtisch bist, wie ich es war, bevor ich meinen Narzißmus verdrängen mußte.« Oder: »Ich liebe dich, weil du so narzißtisch bist, wie ich es niemals zu sein wagte.«

Auch die Liebe nach dem Anlehnungstypus ist verwundbar. Mir ist der Fall eines Mannes bekannt, der sich zunächst in eine Frau verliebte, die seiner Mutter ähnelte. Der Übergang wurde glücklich vollzogen, doch da er seine wirkliche Mutter mehr haßte als liebte, traf das gleiche Schicksal auch deren Ebenbild. Dann verliebte er sich in eine andere Frau, die ihn an seinen innig geliebten Vater erinnerte. Doch auch hier war er immer wieder enttäuscht, nämlich dann, wenn das Verhalten der geliebten Frau nicht mit dem Vaterbild übereinstimmte.

Die narzißtische Liebe zählt zu Freuds wesentlichen Entdeckungen. Traditionell hatte man die Selbstliebe der Liebe zu anderen gegenübergestellt (wie ich in Kapitel I.4 gezeigt habe). Nun brachte Freud eine dritte Kategorie ins Spiel: die narzißtische Liebe, die Liebe zu einem anderen Menschen nach dem Vorbild der Selbstliebe. Meine Deutung des Mythos von Narziß und der Sonette Shakespeares verdankt sich ganz dieser Freudschen Entdeckung.

Freud konstatiert nun einen Gegensatz zwischen Ichlibido und Objektlibido: Ein Übermaß an Objektlibido entleert den Narzißmus. Die höchste Entwicklungsphase, zu der es die Objektlibido bringt, ist der Zustand der Verliebtheit, in dem man sogar bereit ist, die eigene Persönlichkeit zugunsten eines Liebesobjekts zu opfern (1914a, S. 43).

Aus dem Reservoir narzißtischer Libido leitet Freud auch die Überschätzung des Liebesobjekts her, die für viele Verliebte so charakteristisch ist. Vor allem Neurotikern kann es widerfahren, daß ihr Selbst durch übermäßige Objektbesetzung verarmt. Freud war der Ansicht, daß die gravierende Verschiebung von Libido ihre Gefahren hat. Sich zu verlieben kann das Ich derart auszehren, daß die Selbstschätzung auf ein katastrophal geringes Maß zurückgeht. Der glücklich Liebende stellt die Selbstschätzung dadurch wieder her, daß seine Liebe durch das idealisierte Liebesobjekt erwidert wird. In extremen Fällen jedoch hat das Objekt »das Ich sozusagen aufgezehrt« (Freud 1921, S. 106).

Von 1914 an sprach Freud über die Liebe zunehmend in ökonomischen, das heißt quantitativen Begriffen. So spricht er etwa davon, »der Unterschied zwischen einer gewöhnlichen erotischen Objektbesetzung und dem Zustand der Verliebtheit bestehe darin, daß in letzterem Falle ungleich mehr Besetzung auf das Objekt übergeht, das Ich sich gleichsam nach dem Objekt entleert« (1927c, S. 280).

Freud konnte nun das, was sich beim Verlieben innerpsychisch abspielt, detaillierter darstellen. Normalerweise herrscht zwischen Ich und Ichideal ein Zustand der Spannung, weil das Ichideal mehr fordert, als das Ich leisten kann. Diese Spannung zwischen Ich und Ichideal hat wohltätige wie auch nachteilige Folgen. Sie spornt zu großen Leistungen an, doch können aus ihr auch Gefühle der Unzufriedenheit und der Verzweiflung erwachsen. Im Zustand der Verliebtheit wird das Ichideal auf den Partner projiziert. Möglich ist diese

Projektion deswegen, weil in der Kindheit die Eltern idealisiert wurden, noch bevor sich ein Ichideal ausgebildet hatte. Auf diese Stufe nun regrediert der Liebende, der dadurch gleichsam zum Kind wird. Die geliebte Person erfährt dann die gleiche Idealisierung wie einst die Eltern. Nach dieser Projektion des Ichideals ist dessen Spannung zum Ich zeitweilig aufgehoben – ein Mechanismus, durch den sich auch manische Zustände erklären. Wird die Liebe erwidert, so ist dies, als werde das Ich plötzlich vom Ichideal geliebt – das sprichwörtliche Glück »im siebenten Himmel«, das den Liebenden, wie Proust sagt, »mit einer kostbaren Substanz erfüllt«. Dabei vollzieht sich die Projektion des Ichideals auf den Geliebten unbewußt, und nur die Glückserfahrung gelangt ins Bewußtsein.

Wenn die Idealisierung zu stark ist und der Liebende sich nicht vorstellen kann, daß seine Liebe erwidert wird, so hält er sich womöglich des idealisierten Geliebten für unwürdig und unterläßt jegliches Werben. Freud (1921) betonte die Ähnlichkeit zwischen der Liebe und dem Verhalten einer Menge gegenüber ihrem Führer. Annie Reich (1940) beobachtete das Phänomen, daß Frauen, die von sich aus zu kriminellem Verhalten völlig unfähig waren, tatsächlich zu Verbrecherinnen wurden, wenn sie Männer aus diesem Milieu liebten. Diese Frauen machten das Ichideal ihrer Liebhaber zu ihrem eigenen.

Freuds erste Theorie ist im wesentlichen genetisch ausgerichtet; sie betont das Vergangene. Die zweite Theorie dagegen ist ökonomischer Natur; in ihr geht es hauptsächlich um die Verschiebung hypothetischer Libidomengen vom Selbst zum Objekt. In der Begrifflichkeit dieser Theorie formuliert: Man verliebt sich in dem Augenblick, da narzißtische Libido in Objektlibido verwandelt wird. Dies war eine neue und wesentliche Einsicht. Man ist sich dessen vielleicht nicht bewußt, doch gewöhnlich – das heißt, wenn man *nicht* verliebt ist – empfindet man ein Unbehagen, das von zu viel Selbstbezüglichkeit rührt. Daß diese Selbstbezüglichkeit eigentlich eine Bürde gewesen ist, wissen wir erst, nachdem wir das vitalisierende Gefühl der Liebe erfahren haben. Liebende erleben sich selbst als unendlich reicher denn je zuvor. Sie fühlen sich frei von Neid und Feindschaft. Erinnern wir uns daran, daß Romeo sich weigert, gegen Tybalt zu kämpfen, den Neffen von Julia, seinen Feind. Seine Liebe zu Julia bringt ihn dazu, den ganzen Clan der Capulets zu lieben. Diese Weigerung zu kämpfen zieht wiederum den Tod Mercutios nach sich; damit ist das Urteil über die Liebenden gesprochen. Man kann dieses Schauspiel Shakespeares auch als moralische Erzählung lesen, die zeigt, wie gefährlich es ist, wenn man im Zustand der Verliebtheit alle Feindseligkeit verdrängt.

Durch Liebe kommt es zu einer Aussöhnung zwischen Ich und Ichideal, wobei Gefühle von Neid und Unzulänglichkeit eliminiert werden. Shakespeare beschreibt diesen Vorgang in seinem Sonett 29:

Wenn ich des Erdenglücks entbehrend frage,
warum ich durch so hartes Los verbannt,
und in Verzweiflung fluche, weil die Klage
beim tauben Himmel nicht Erhörung fand,

wünsch ich zu sein wie solche, die da leben
in Hoffnung, vieler Freundschaft, hochgeboren,
um mich der Kunst des einen hinzugeben,
des andern Ziel – dem meinen doch verloren.

Zur Selbstverachtung führt mich fast solch Sinnen;
doch denk ich deiner, aller Schatten flieht,
da will ein neuer Morgen mir beginnen,
zu deiner Sonne steigt mein Lerchenlied.

An dich zu denken, welch ein Herzenslohn:
dies Glück ist mir nicht feil für einen Thron!

Schon viele Liebende haben bezeugt, daß es wesentlich zum Glück der Liebe gehört, von Eifersucht und Neid plötzlich frei zu sein: »Niemand besitzt mehr als ich; ich brauche keinen anderen Mann, keine andere Frau zu beneiden.«

Zwischen der Entdeckung des Narzißmus und der Literatur jener Zeit könnte ein Zusammenhang bestehen. Zwei Jahre vor Erscheinen von Freuds Narzißmus-Theorie veröffentlichte Thomas Mann seine Erzählung *Der Tod in Venedig*. Meines Wissens ist die narzißtische Liebe zu dem, was man einmal war und nicht mehr ist, nirgendwo so genau dargestellt worden wie in der Liebe des alternden Aschenbach zu dem jungen Tadzio.

Für die Beziehung zwischen Freud und Thomas Mann haben sich schon mehrere psychoanalytisch orientierte Autoren interessiert, und dabei wird zumeist untersucht, wo Thomas Mann auf Erkenntnisse Freuds zurückgreift. In einem Gespräch über den *Tod in Venedig* sagte Thomas Mann 1925: »Ich hätte ohne Freud niemals daran gedacht, dieses erotische Motiv zu behandeln, oder ich hätte es gewiß anders gestaltet.«* Andererseits läßt sich aus Freuds Schriften vor 1914 nichts anführen, was Thomas Mann gerade die Idee zum *Tod in Venedig* eingegeben haben könnte. Freud hat sich selbst als einen der frühesten Leser und Bewunderer Thomas Manns bezeichnet, und es ist durchaus möglich, daß er *Der Tod in Venedig* gelesen hat, *bevor* er seinen Aufsatz über den Narzißmus schrieb. Dieser Aufsatz und die Erzählung Thomas Manns atmen die gleiche Luft.

Freuds dritte Theorie

Freuds dritte Theorie über die Liebe findet sich in dem Aufsatz ›Triebe und Triebschicksale‹ (1915a). Möglicherweise haben Fehldeutungen gerade dieses Texts zu der erwähnten, sehr verbreiteten Annahme geführt, Freud verwechsle Liebe mit Sex. Gerade dieser Aufsatz ist einer von Freuds schwierigsten, und er ist schwierig deshalb, weil sich Freud hier selbst in einem inneren Konflikt befindet.** Er versucht, innerhalb der Grenzen seiner Triebtheorie zu bleiben, doch muß er widerstrebend einsehen, daß sich die Liebe nicht allein auf der Grundlage von Trieben erklären läßt. Erstmals erscheint hier der Begriff des »Ichs« in Zusammenhang mit der Liebe. Zahlreiche psychoanalytisch orientierte Autoren, insbesondere Lacan (1978), waren darum der Ansicht, diese Arbeit enthalte Freuds wesentlichsten Beitrag zu einem Verständnis der Liebe.

In ›Triebe und Triebschicksale‹ schreibt Freud: »Das *Objekt* des

* Äußerung Thomas Manns gegenüber einem Mitarbeiter der Turiner *Stampa*, zit. nach: *Internationale Zeitschrift für Psychoanalyse* 11, 1925, S. 245 (A. d. Ü.).

** Mein Lehrer Paul Federn, einer von Freuds frühen Weggefährten, hat einmal bemerkt, es sei ein Vergnügen, Freud zu lesen – außer, wenn er mit sich selber kämpft. Auch *Hemmung, Symptom und Angst* (1926) ist das Beispiel einer Arbeit, die von innerem Widerstreit zeugt.

Triebes ist dasjenige, an welchem oder durch welches der Trieb sein Ziel erreichen kann. Es ist das variabelste am Triebe, nicht ursprünglich mit ihm verknüpft, sondern ihm nur infolge seiner Eignung zur Ermöglichung der Befriedigung zugeordnet« (1915a, S. 86). In derartigen Passagen relativiert Freud die Rolle des Geliebten, und wie ich schon zeigte, schrieb er diese Auffassung den Griechen zu. Sie widerspricht derart den Gefühlen des Liebenden – vor allem seinem Gefühl, daß die Vortrefflichkeit des Geliebten der Grund seiner Liebe sei –, daß es nahelag, anzunehmen, Freud verstehe von der Liebe nicht allzu viel.

Die Theorie, die ich im folgenden erörtern möchte, wurde bereits ein Jahr nach dem Narzißmus-Aufsatz formuliert. Freud stellte sich hier einem Problem, dessen Vernachlässigung ihm seine Kritiker immer wieder vorgeworfen hatten, nämlich der Frage, wie aus dem Sexualtrieb Liebe wird. Zu einer vollständigen Lösung dieses Problems ist er niemals gelangt, doch führt Freud hier einige treffende Beobachtungen an, und auf die folgende Entwicklung der Psychoanalyse hatte sein Aufsatz erheblichen Einfluß.

»Der Fall von Liebe und Haß erwirbt ein besonderes Interesse durch den Umstand, daß er der Einreihung in unsere Darstellung der Triebe widerstrebt. Man kann an der innigsten Beziehung zwischen diesen beiden Gefühlsgegensätzen und dem Sexualleben nicht zweifeln, muß sich aber natürlich dagegen sträuben, das Lieben etwa als einen besonderen Partialtrieb der Sexualität wie die anderen aufzufassen. Man möchte eher das Lieben als den Ausdruck der ganzen Sexualstrebung ansehen, kommt aber auch damit nicht zurecht und weiß nicht, wie man ein materielles Gegenteil dieser Strebung verstehen soll.

Das Lieben ist nicht nur eines, sondern dreier Gegensätze fähig. Außer dem Gegensatz lieben–hassen gibt es den anderen: lieben–geliebt werden, und überdies setzen sich lieben und hassen zusammengenommen dem Zustande der Indifferenz oder Gleichgültigkeit entgegen« (1915a, S. 95f.).

In Passagen wie dieser lädt Freud den Leser dazu ein, sein Tasten nach der noch nicht gefundenen Lösung mitzuvollziehen.

Verfolgt man Freuds innere Auseinandersetzung, so erkennt man, daß er die Liebe zunächst als den gesamten Strom sexueller Gefühle fassen will; diese Perspektive stellt ihn jedoch nicht zufrieden.

Ich finde, wir sollten diesen Gedanken nicht gar so voreilig fallenlassen, denn der Begriff »Ausdruck der ganzen Sexualstrebung« ist völlig neu. Er ist nicht mit bloßem Sex gleichzusetzen, sondern meint, daß alle sexuellen Wünsche sich auf eine Person konzentriert haben. Es werden keine anderen Sexualobjekte mehr begehrt, und es gibt auch kein Verlangen nach anderen sexuellen Praktiken als denen, die sich in der Beziehung manifestiert haben. Das ist vielleicht keine ausreichende Definition der Liebe, doch es ist weit mehr als die gewöhnliche sexuelle Anziehung. Wir erinnern uns, daß der Sexualtrieb nach Freuds Auffassung ursprünglich aus verschiedenen Triebkomponenten bestand, die jede für sich nach einem Ventil suchten. Die Konzentration aller sexuellen Triebkomponenten auf eine Person ist ein wesentlicher Aspekt der Liebe, der niemals zuvor beachtet wurde. Im nächsten Kapitel werde ich zeigen, daß genau dies Freuds Definition der Liebe war, als er den *Gradiva*-Aufsatz (1907) verfaßte.

In der eben zitierten Passage wurde ihm klar, daß diese Formulierung in neue Schwierigkeiten führt. Außerdem macht das Zitat deutlich, daß Freud einen Widerspruch zwischen seiner Sexualtheorie und seiner Liebestheorie erkannte. Er betrachtet Liebe und Haß nun nicht mehr als schlichte Manifestationen von Trieben. Sie sind zu Affekten geworden – und Affekte sind dadurch charakterisiert, daß die Person, auf die sie gerichtet sind, nicht so einfach austauschbar ist wie ein Triebobjekt.

Schließlich schlägt Freud in der zitierten Passage vor, daß man versuchen sollte, das Wesen der Liebe aus ihren drei Antithesen zu begreifen: erstens Lieben im Gegensatz zum Geliebtwerden; zweitens Lieben als Gegensatz zur Indifferenz; und drittens Lieben als Gegensatz zum Hassen. Die erste Antithese ist diejenige, die bei Shakespeare eine so wichtige Rolle spielt: Narzißten lieben nur, weil sie fälschlich annehmen, geliebt zu werden.

Die zweite Antithese, welche die Liebe der Gleichgültigkeit gegenüberstellt, besagt wenig über das Schicksal der Libido. Liebe kann auf eine andere Person übergehen, sogar auf das andere Geschlecht. Sie kann auch zur Selbstliebe regredieren oder in einer Depression enden, wenn der Haß des Überichs sich gegen das Ich wendet.

Schließlich zur Dichotomie von Lieben und Hassen: Im Verlauf der psychoanalytischen Behandlung hat man häufig Gelegenheit zu beobachten, wie sich nach einer Phase der Entfremdung Liebe in Wut und Haß verwandelt. Derjenige, der diesem Wechsel der Gefühle unterliegt, ist davon überzeugt, daß seine Liebe erloschen ist. Solange jedoch ein intensives Gefühl vorherrscht, sei es nun Liebe oder Haß, solange dauert auch die Beziehung fort, selbst wenn sie jetzt ein negatives Vorzeichen trägt. Wenn Liebe sich in unstillbaren Haß verwandelt, kann dadurch in manchen Fällen jede neue Liebe unmöglich werden und die Hilfe des Psychoanalytikers erforderlich sein.

Einige Seiten weiter innerhalb desselben Textes unternimmt Freud einen neuen Anlauf, um die Liebe zu verstehen:

»Daß ein Trieb ein Objekt ›haßt‹, klingt uns aber befremdend, so daß wir aufmerksam werden, die Bezeichnungen Liebe und Haß seien nicht für die Relationen der Triebe zu ihren Objekten verwendbar, sondern für die Relation des Gesamt-Ichs zu den Objekten reserviert« (1915a, S. 99).

»Wenn wir nicht gewohnt sind zu sagen, der einzelne Sexualtrieb liebe sein Objekt, aber die adäquateste Verwendung des Wortes ›lieben‹ in der Beziehung des Ichs zu seinem Sexualobjekt finden, so lehrt uns diese Beobachtung, daß dessen Verwendbarkeit in dieser Relation erst mit der Synthese aller Partialtriebe der Sexualität unter dem Primat der Genitalien und im Dienste der Fortpflanzungsfunktion beginnt« (ebd., S. 100).

Sprachlich noch immer unbeholfen tritt in diesen Formulierungen ein neuer Gedanke hervor. Liebe ist kein Trieb; es ist das Ich oder das »Gesamt-Ich«, das seine Objekte liebt. Libido und Liebe bedeuten nicht mehr dasselbe. Durch den Sexualtrieb als solchen ist das Wesen der Liebe nicht zu erklären. Diese Neuformulierung ist von größter Bedeutung, denn von nun an ist die Liebe ein Affekt und gehört in die Sphäre des Ichs.

Nachdem Freud erst einmal das Schwergewicht vom Trieb auf das Ich verlagert hatte, bedurfte es einer Entwicklungstheorie, um eine Erklärung der Liebesfähigkeit zu geben. Folgendermaßen stellte er sich den Gang der Entwicklung vor: Das werdende Ich gelangt auf autoerotischem Weg zu einer Befriedigung seiner Triebregungen, also durch Saugen und durch frühe Formen der Masturbation. Nach und nach begreift das Kind, daß es von Objekten abhängig ist. Das Ich versucht nun, sich die lustvollen Aspekte dessen einzuverleiben, der es versorgt. Es wird zu einem »Lust-Ich«: Was Lust verschafft, wird zu einem Teil des Selbst, während alles übrige mit Gleichgültigkeit betrachtet wird und außerhalb des Selbst verbleibt. Während dieser Entwicklungsphasen gibt es also eine Polarität zwischen Ich und Außenwelt sowie zwischen Liebe und Indifferenz. Solange der Narzißmus vorherrscht, können diese Dichotomien aufrechterhalten werden. Freud schreibt: »Die Liebe stammt von der Fähigkeit des Ichs, einen Anteil seiner Triebregungen autoerotisch, durch die Gewinnung von Organlust zu befriedigen. Sie ist ursprünglich narzißtisch, übergeht dann auf die Objekte, die dem erweiterten Ich einverleibt worden sind« (ebd.).

Sobald die Existenz von Objekten außerhalb des Selbst nicht mehr geleugnet werden kann und diese Objekte zu Lustquellen werden, taucht die dritte Dichotomie auf: die zwischen Ich und Liebesobjekt. Freud nimmt an, daß diese Objekte geliebt werden, *weil* sie Lust verschaffen. Nachdem das Kind erkannt hat, daß die Lust von Objekten abhängt, die außerhalb seiner selbst existieren, begreift es auch, daß es diesen Objekten auf Gedeih und Verderb ausgeliefert ist.

Die alltägliche Erfahrung bestätigt, daß sich Liebe in Haß verwandeln kann. Theoretisch war das nicht ganz einfach zu erklären, denn Freud fiel es schwer, die Vorstellung zu akzeptieren, daß sich ein Trieb in einen anderen verwandeln könnte. Die Liebe selbst ist es freilich nicht, die sich in Haß verwandelt: »Erst mit der Herstellung der Genitalorganisation ist die Liebe zum Gegensatz von Haß geworden« (ebd., S. 101). Wenn es so *scheint*, als verwandle sich Liebe in Haß, so vollzieht sich in Wahrheit eine Regression von der genitalen auf die prägenitale Stufe: »Wenn die Liebesbeziehung zu einem bestimmten Objekt abgebrochen wird, so tritt nicht selten Haß an deren Stelle, woraus wir den Eindruck einer Verwandlung der Liebe in Haß empfangen. Über diese Deskription hinaus führt dann die Auffassung, daß dabei der real motivierte Haß durch die Regression des Liebens auf die sadistische Vorstufe verstärkt wird, so daß das Hassen einen erotischen Charakter erhält und die Kontinuität einer Liebesbeziehung gewährleistet wird« (ebd., S. 101f.). Wird also die zuvor geliebte Person jetzt gehaßt, so ist damit die Beziehung selbst keineswegs aufgegeben.

In seiner Arbeit *Massenpsychologie und Ich-Analyse* faßte dann Freud seine dritte Theorie der Liebe zusammen:

»Libido ist ein Ausdruck aus der Affektivitätslehre. Wir heißen so die als quantitative Größe betrachtete – wenn auch derzeit nicht meßbare – Energie solcher Triebe, welche mit all dem zu tun haben, was man als Liebe zusammenfassen kann. Den Kern des von uns Liebe Geheißenen bildet natürlich, was man gemeinhin Liebe nennt und was die Dichter besingen, die Geschlechtsliebe mit dem Ziel der geschlechtlichen Vereinigung. Aber wir trennen davon nicht ab, was auch sonst an dem Namen Liebe Anteil hat, einerseits die Selbstliebe, anderseits die Eltern- und Kindesliebe, die Freundschaft und die allgemeine Menschenliebe, auch nicht die Hingebung an konkrete Gegenstände und an abstrakte Ideen« (1921, S. 85).

Libido ist Energie, und die Liebe wird erneut zu einem Trieb – ein Trieb, der sich auf eine Vielzahl von Objekten richten kann. Die 1915 erreichte Klärung, welche die Liebe mit dem Ich verband und vom Trieb unterschied, ist hier nicht mehr zu erkennen. Verwirrender noch ist die Auffassung, die Libido sei kein gedankliches Modell – also eine Abstraktion, mit deren Hilfe man bestimmte klinische Beobachtungen erklären kann –, sondern ein Energiequantum, das eines Tages, ähnlich der Elektrizität, meßbar sein werde. Offenbar kam es Freud sehr darauf an, die Verbindung zwischen Liebe und Sex nicht abreißen zu lassen.

In derselben Arbeit kam Freud auch nochmals auf die Theorie der beiden Strömungen zurück, diesmal jedoch, um zwischen Liebe und sinnlicher Begierde zu unterscheiden.

»In einer Reihe von Fällen ist die Verliebtheit nichts anderes als Objektbesetzung von seiten der Sexualtriebe zum Zwecke der direkten Sexualbefriedigung, die auch mit der Erreichung dieses Zieles erlischt; das ist das, was man die gemeine, sinnliche Liebe heißt« (ebd., S. 105).

»Häufiger indes gelingt dem Heranwachsenden ein gewisses Maß von Synthese der unsinnlichen, himmlischen und der sinnlichen, irdischen Liebe und ist sein Verhältnis zum Sexualobjekt durch das Zusammenwirken von ungehemmten mit zielgehemmten Trieben gekennzeichnet. Nach dem Beitrag der zielgehemmten Zärtlichkeitstriebe kann man die Höhe der Verliebtheit im Gegensatz zum bloß sinnlichen Begehren bemessen« (ebd., S. 105).

Auf den ersten Blick scheint dies lediglich eine Neuauflage der »Theorie der zwei Strömungen« von 1905 zu sein, doch finden sich bedeutsame Unterschiede. Zunächst fällt das platonische Vokabular auf: »himmlische« und »irdische« Liebe werden voneinander unterschieden, und Freud scheint hier Platon näher als im Jahr 1905. Bedeutsamer ist jedoch, daß nun die Liebe nicht mehr auf die Vereinigung zweier Strömungen zurückgeführt wird, sondern unmittelbar auf die zärtliche Strömung. Mir scheint, daß Freud hier vieles von dem zurücknimmt, was er früher formuliert hatte. Die von der sinnlichen abgetrennte zärtliche Strömung ist keine Erscheinung der Latenzzeit mehr, sondern folgt das ganze Leben hindurch einer unabhängigen Entwicklung. Ich bin nach wie vor der Auffassung, daß Liebe dort entsteht, wo die beiden Strömungen zusammentreffen; Freuds spätere Formulierung scheint mir daher ein Rückzug auf Liebestheorien zu sein, wie sie in vorfreudianischer Zeit üblich waren. Indem er den 1905 entwickelten Gedanken eines Zusammenflusses von zärtlichen und sexuellen Strebungen wieder preisgibt, entwertet er diesen so überaus schöpferischen Beitrag.

In den Nachträgen zu *Massenpsychologie und Ich-Analyse* schreibt Freud:

»Die zielgehemmten Sexualtriebe haben vor den ungehemmten einen großen funktionellen Vorteil. Da sie einer eigentlich vollen Befriedigung nicht fähig sind, eignen sie sich besonders dazu, dauernde Bindungen zu schaffen, während die direkt sexuellen jedesmal durch die Befriedigung ihrer Energie verlustig werden und auf Erneuerung durch Wiederanhäufung der sexuellen Libido warten müssen, wobei inzwischen das Objekt gewechselt werden kann. [...] Anderseits ist auch die Umwandlung direkter, an sich kurzlebiger sexueller Strebun-

X Liebe – Zusammenfluß von zärtlichen und sexuellen Strebungen

gen in dauernde, bloß zärtliche Bindung etwas sehr Gewöhnliches, und die Konsolidierung einer aus verliebter Leidenschaft geschlossenen Ehe beruht zu einem großen Teil auf diesem Vorgang« (1921, S. 129f.).

Zwei Jahre später brachte Freud seine Überzeugung von der Dauerhaftigkeit zielgehemmter Strebungen erneut zum Ausdruck: Er stellte »die ursprünglich vollsexuellen Zärtlichkeitsbeziehungen zwischen Eltern und Kindern« und »die Gefühle der Freundschaft und die aus sexueller Zuneigung hervorgegangenen Gefühlsbindungen in der Ehe« unmittelbar nebeneinander (1923c, S. 232). Was während der Latenzzeit geschah – so der Gedanke hinter diesen Formulierungen –, wiederholt sich in Beziehungen von längerer Dauer.

Auch sein Mißtrauen gegenüber sexueller Leidenschaft als bindende Kraft bekräftigte Freud später: Erste, »in stärkster Verliebtheit geschlossene Ehen der jungen Frauen« scheitern häufig an unvermeidlichen Enttäuschungen; »zweite Ehen gehen in der Regel weit besser aus« (1931b, S. 284).

Mit dem Bild vom Befreier menschlicher Sexualität, das man sich gemeinhin von Freud macht, haben diese nach 1920 formulierten Ideen kaum etwas gemein. Sie zeigen, daß Freud nicht daran glaubte, sexuelle Strebungen seien in dauerhafte menschliche Beziehungen integrierbar. Der Mensch muß dieser Auffassung zufolge entweder Stabilität und Dauer seiner grundlegendsten Beziehung opfern, oder er muß auf die volle sexuelle Genußfähigkeit verzichten. Erneut bekräftigt Freud seine Ansicht, »zielgehemmte« und »zielabgelenkte« Strebungen seien die Grundlage der Sublimierung, und daher seien sie für den Aufbau dauerhafter Beziehungen verläßlicher (vgl. Hartmann 1955, S. 219ff.). Dieses pessimistische Urteil blieb weitgehend unbeachtet. Die Psychoanalytiker nahmen eher an, sexuelle Potenz und Liebesfähigkeit ließen sich in der Beziehung zu *einer* Person vereinigen, wenn es gelänge, diese beiden Strömungen im Verlauf der psychoanalytischen Behandlung zusammenzuführen.

Freud formulierte seine Ideen über die Liebe im Rahmen eines topischen Modells. Der Initiator der Liebe ist – analog zur Traumtheorie – der verbotene ödipale Wunsch. Die Person, in die man sich tatsächlich verliebt, entspricht den Tagesresten innerhalb des Traums, der den schlummernden Wunsch erweckte. Die Tatsache, daß dem Liebenden die Ähnlichkeit zwischen dem alten und dem neuen Liebesobjekt verborgen bleibt, bezeugt das erfolgreiche Wirken einer Kraft, analog zur Traumarbeit.* Man träumt und verliebt sich in einem Zustand wohltätiger Regression; eine strukturelle Veränderung erwarten wir in beiden Fällen gewöhnlich nicht.

Das topische Modell war besonders gut geeignet, die »Liebe auf den ersten Blick« zu erklären, bei der die Individualität, der komplexe Charakter des Liebesobjekts, nur eine untergeordnete Rolle spielt. Bei der Liebe auf den ersten Blick ist die Realitätsprüfung in einer Weise ausgeschaltet, die an den Traum erinnert. Das traumartige Moment, das beim Verlieben typischerweise auftritt, rührt von der stark verminderten oder völlig fehlenden Teilnahme des Ichs. In der Dichtung ist diese Gleichsetzung von Traum und Liebe ein bekanntes Thema; so heißt es etwa in dem Gedicht *The Dream* von John Donne (1985, S. 41):

Für niemand, Liebste, als für dich
Zerreiß ich diesen süßen Traum,
Der Stoff war kaum
Dem Schlaf gemäß, war viel zu handgreiflich:
Klug weckst du mich. Doch nicht verletzt
Hast du den Traum, du hast ihn fortgesetzt.
Du bist so wirklich: nur an dich gedacht,
Und Traum wird leiblich, Märchen wahr gemacht.
Komm her zu mir: schien dir nicht opportun,
Daß ich das Ende träum, so wolln wirs tun.

Als Freud 1923 das topische Modell durch eine strukturelle Auffassung ergänzte, welche die Instanzen Ich, Es und Überich hervorhob**,

* Freuds Traumtheorie besagt, daß der Traum eine Kompromißbildung zwischen drei psychischen Kräften ist: Der erwachte unbewußte Wunsch, der tagsüber der Zensur unterliegt; das als »Tagesrest« bezeichnete Ereignis, das während des Tages den Wunsch erwachen ließ; und schließlich der Schlafwunsch der Person, die wiederum den unbewußten Wunsch dazu zwingt, sich einer »Entstellung« zu unterziehen, damit ein Erwachen unterbleiben kann.

** In der psychoanalytischen Literatur wird dieser Standpunkt meist als »zweites topisches Modell« bezeichnet, in Abgrenzung zum ersten topischen Modell mit seiner Unterscheidung der Systeme Bewußt, Vorbewußt und Unbewußt (A. d. Ü.).

unterließ er es, die Liebe nun auch von diesem strukturellen Standpunkt her zu beleuchten. Dieser Übergang wurde dann von anderen Analytikern vollzogen; in Kapitel II.7 werde ich darauf zurückkommen. Vorläufig möchte ich nur hinzufügen, daß der topische Standpunkt mit seiner Betonung des Unbewußten und der Vergangenheit dazu tendiert, Liebe zu einer bloßen Replik zu erklären. Das Ich als theoretisches Modell dagegen ist der Vergangenheit weniger verhaftet; es ist daher fähig, zu alten Problemen auch neue Lösungen zu finden. Unter dem Einfluß des strukturellen Gesichtspunkts mußte sich daher auch die Auffassung der Liebe verändern.

Zusammenfassend läßt sich sagen, daß die drei Liebestheorien Freuds sich mit unterschiedlichen Aspekten der Liebe befassen. Die erste Theorie betont die unbewußte Abhängigkeit der erwachsenen Liebeswahl von infantilen Urbildern, und sie erklärt, warum es manchen Menschen schwerfällt, Liebe und sexuelles Begehren unter einen Hut zu bringen. Die zweite Theorie beschreibt aus metapsychologischer Perspektive, was innerpsychisch abläuft, wenn man sich verliebt: wie durch Projektion des Ichideals die Selbstliebe sich in Liebe zum anderen verwandelt. In der dritten Theorie geht es um den Reifeprozeß, aus dem die Fähigkeit hervorgeht, eine dauerhafte Beziehung ohne allzu zerstörerische Ambivalenzen aufrechtzuerhalten. Hier versichert Freud, die Liebe sei mehr als eine Manifestation des Sexualtriebs, denn das gesamte Ich sei daran beteiligt. Freud war der Ansicht, eine derartige Liebe werde erst dann möglich, wenn die psychosexuelle Entwicklung auf der genitalen Stufe angelangt sei. Damit bekräftigte er nochmals, daß der Zustand der Verliebtheit nicht dasselbe ist wie die Fähigkeit, über längere Zeit zu lieben.

Blicken wir zurück von Freud auf Schopenhauer und Stendhal – also auf diejenigen, die das im 19. Jahrhundert verfügbare Wissen über die Liebe formulierten –, so erscheint die Leistung Freuds als erstaunlich.

3

Biographische Anmerkungen zu Freuds Liebestheorien

Der Leser, der meinem Versuch gefolgt ist, die historische Entwicklung von Freuds Liebestheorien nachzuzeichnen, ist nun vielleicht neugierig geworden zu erfahren, was man über Freuds eigene Liebesbeziehungen weiß. Glücklicherweise hat uns Freud selbst – wenn auch in verschleierter Form – einen Bericht über seine erste Jugendliebe hinterlassen, und zwar in seinem Aufsatz ›Über Deckerinnerungen‹ von 1899. Er tritt hier auf als »ein achtunddreißigjähriger akademisch gebildeter Mann, der sich trotz seines fernab liegenden Berufs ein Interesse für psychologische Fragen bewahrt hat, seitdem ich ihn durch Psychoanalyse von einer kleinen Phobie befreien konnte« (1899, S. 538f.). Daß dies niemand anderes als Freud selbst ist, entdeckte Bernfeld (1949). Tatsächlich endete ja Freuds Selbstanalyse mit der Heilung von einer Eisenbahn- und Rom-Phobie.

Das Mädchen, in das sich der 16jährige Freud verliebte, hieß Gisela Fluß und war die Schwester eines Schulfreundes. Das Ganze spielte sich bei einem Besuch in Freiberg ab, Freuds Geburtsort, wo er auch seine frühe Kindheit verbracht hatte. Folgt man seinen späteren Entdeckungen über »Liebesbedingungen«, so liegt es nahe, daß die Wiederbegegnung mit der Welt seiner Kindheit zu dieser Verliebtheit beigetragen haben muß. Da Gisela die Schwester seines besten Freundes war, dürfen wir auch annehmen, daß hier eine Verschiebung homosexueller Gefühle vom Bruder auf die Schwester zum Ausdruck kam. Eissler glaubt, daß dieser Zustand der Verliebtheit für Freud traumatisch war, daß er sich hilflos fühlte gegenüber dem plötzlichen Ansturm der Leidenschaft. Jedoch verwandelte sich die Liebe bald in Geringschätzung – von daher wußte Freud aus eigener Erfahrung, daß Liebe in ihr Gegenteil umschlagen kann. In den darauffolgenden Jahren war Freud ein an Frauen desinteressierter Wissenschaftler, ähnlich dem Archäologen in der Erzählung *Gradiva*, auf die ich noch zu sprechen komme.

Eissler stieß auf ein erstaunliches Detail. Freud bezeichnete Gisela Fluß mit einem Wortspiel als »Ichthyosaura«: ein *Fluß*-Tier mit den Ausmaßen eines Dinosauriers. Als wissenschaftlicher Assistent sezierte er Aale, Nachfahren des Ichthyosaurus, um deren Bisexualität zu erforschen. In der erwähnten Deckerinnerung wiederum geht es um zwei Jungen, die plötzlich ein Mädchen angreifen und ihr einen selbst gepflückten Blumenstrauß entreißen. Freud erkannte darin das Thema der Defloration, fand es jedoch rätselhaft, wie ein Mann dem anderen bei diesem Akt beistehen sollte. Heute erscheint uns dies nicht mehr als Problem; wir wissen, daß es in Banden zu kollektiven Vergewaltigungen kommt und daß es auch üblich ist, daß zwei Jugendliche gemeinsam eine Prostituierte aufsuchen, um sich gegenseitig Mut zu machen. Bei derartigen Ereignissen spielt auch eine homosexuelle Komponente mit, doch um diese zu verstehen, war Freuds Selbstanalyse im Jahr 1899 noch nicht genügend weit fortgeschritten.

Glücklicherweise war seine Liebesfähigkeit nicht auf Dauer geschädigt. Zahlreiche Liebesbriefe an seine Verlobte Martha Bernays sind uns erhalten geblieben. Auffallend ist allerdings, daß diese Liebesbriefe nach seiner Hochzeit keine Fortsetzung fanden. Möglicherweise ist dies der biographische Hintergrund von Freuds Auffassung, sexuelle Liebe sei kurzlebig, gehemmte Liebesbeziehungen dagegen seien verläßlicher.

Im vorigen Kapitel skizzierte ich den Werdegang von Freuds Gedanken zum Thema Liebe, insoweit sie sich in seinen veröffentlichten Schriften niederschlugen. Als ich dieses Material überarbeitete, stieß ich auf einige bis dahin unbeachtet gebliebene biographische Einzelheiten, die etwas deutlicher werden lassen, wie es zu jenen Entdeckungen gekommen ist. Mein Material bezieht sich auf die erste Phase der Theoriebildung, das heißt auf die Jahre 1905 bis 1912.*

Während dieser Zeit führte Freud einen lebhaften Briefwechsel mit C. G. Jung. Außerdem besitzen wir die Protokolle von den Versamm-

* Über das bereits Gesagte hinaus möchte ich in diesem Kapitel nicht weiter auf Freuds Liebesleben eingehen. Dem interessierten Leser empfehle ich die – allerdings idealisierende – Biographie von Ernest Jones (1960–62), die kritische Arbeit von Erich Fromm (1959) sowie die Biographie von Peter Gay (1989). Der Band von Gedo/Pollock (1976) enthält eine interessante Debatte über Freuds Jugendliebe (S. 71–77).

lungen der Wiener Psychoanalytischen Vereinigung (Nunberg/Federn 1976–81), bei denen sich Freud offener äußerte als in seinen publizierten Schriften.

Im vorigen Kapitel habe ich drei Theorien vorgestellt, mit denen Freud die Liebe zu erklären suchte. Die zweite Phase der Theoriebildung (1914) wurde eingeleitet durch den Abfall Jungs und durch die Herausforderung, die dessen Ideen für Freud bedeuteten. Die dritte Phase, in der sich Freud mit der Liebe auseinandersetzte, erwuchs aus einer engen Zusammenarbeit mit Abraham, und der Einfluß von dessen Ideen auf Freud ist kaum zu übersehen.

Jung hatte gegenüber Freud eine Vaterübertragung entwickelt, und diese Übertragung nahm einen negativen Verlauf. Freuds Beziehung zu Jung wiederum kann man meines Erachtens als desexualisierte Liebesbeziehung betrachten: Ihrer Intensität nach reichten Freuds Gefühle für Jung nahe an seine früheren Empfindungen für Fließ heran. War Fließ der idealisierte Vater und Bruder, so war nun Jung der idealisierte Sohn und »Erbe«. Auch Abraham stand Freud nahe und war sein Leben lang dessen Schüler; doch niemals weckte Abraham in Freud ähnliche persönliche Gefühle wie Jung. Was in Freuds Schriften als die mühelose Leistung eines Genies erscheint, war in Wahrheit – das zeigen die Versammlungsprotokolle und der Briefwechsel mit Jung – das Ergebnis innerer Kämpfe.

Am 28. November 1906 verkündet Freud der Wiener Vereinigung, er plane eine »Studie über das Liebesleben des Menschen« (Nunberg/Federn 1976–81, Bd. 1, S. 63). In einer etwas persönlicheren Tonart schrieb er am 19. September 1907 aus Rom an Jung: »Wenn ich meine Libido (im gewöhnlichen Sinne) ganz überwunden haben werde, mache ich mich an ein ›Liebesleben der Menschen‹« (Freud/Jung 1974, S. 98). Eine doch recht merkwürdige Äußerung für einen Mann, der aller Welt die Macht und Allgegenwart des Sexualtriebs eingeschärft hat. Darin kommt jedoch ein alter Gedanke zum Ausdruck, der bis auf Platon zurückgeht. Im ersten Buch von Platons *Staat* heißt es:

»›Wie, Sophokles, steht es mit dir in Hinsicht auf die Liebesfreuden? Bist du noch imstande einem Weibe beizuwohnen?‹ ›Wahre deine Zunge‹, erwiderte er, ›mein Bester. War es mir doch die größte Wohltat davon loszukommen, als wäre ich einen rasenden und wilden Herrn losgeworden.‹ Das schien mir schon damals ein treffendes Wort und jetzt erst recht. Denn jedenfalls bietet uns das Alter hinsichtlich derartiger Leidenschaften zur Genüge Frieden und Freiheit. Wenn die Begierden ihre Spannkraft verlieren und nachlassen, so bewahrheitet sich jedenfalls das Wort des Sophokles: man ist so glücklich, von vielen rasenden Gewaltherrschern befreit zu sein« (Platon 1923, S. 4).

Freuds Buch über das Liebesleben der Menschen wurde nicht verwirklicht. Es erschienen lediglich drei Aufsätze, die möglicherweise bestimmte Aspekte des Buchs darstellen, das Freud vorschwebte (Freud 1910b; 1912a; 1918a). Ein vierter Aufsatz, ›Das Motiv der Kästchenwahl‹ (1913b), auf den ich noch zurückkommen werde, gehört gleichfalls zu dieser Folge, wenn er auch von Freud nicht dafür vorgesehen war. Freud scheint angenommen zu haben, die Liebe werde auch jenseits der Grenzen der Psychopathologie zu einem Thema, das der psychoanalytischen Klärung bedarf.

In dem erwähnten Versammlungsprotokoll der Wiener Psychoanalytischen Vereinigung wird Freud weiter zitiert:

»Überhaupt bestimme die Behandlung des Kindes den Charakter seines Liebeslebens. So gebrauchen z. B. Liebesleute die Kosenamen, die man ihnen selbst in ihrer Kindheit gegeben hatte: in der Liebe werde der Mensch kindisch. [...] Die Liebe gelte als etwas Irrationelles; das irrationelle Moment lasse sich aber aufs Infantile zurückführen: der Zwang in der Liebe sei infantil. Sehr schön käme eine solche Liebesbedingung bei Goethe zum Ausdruck, wo der junge Werther ins Zimmer tritt und sich sofort in das Mädchen verliebt; er sieht, wie sie Butterbrot streicht, und das erinnert ihn an seine eigene Mutter« (Nunberg/Federn, ebd.).

Diese Passage ist von größtem Interesse, denn in keinem seiner veröffentlichten Texte findet sich dazu eine Entsprechung. In den Schriften dieser Periode erwähnt Freud die Wahl des neuen Liebesobjekts nach dem Vorbild des bevorzugten Elternteils; doch im Gegensatz zu der zitierten eindeutigen Aussage behauptet Freud nirgendwo, daß die

Liebe selbst eine Regression auf die Kindheit darstellt. (Es war dann Balint, der, wie wir noch sehen werden, diesen Aspekt der Liebe besonders hervorhob.) Auch hat Freud die Liebe niemals als Zwang bezeichnet, obwohl sie von vielen so gesehen wurde.

Bedeutsam ist der Verweis auf den *Werther*-Roman. Wie Eissler (1971, S. 467) gezeigt hat, leitete Freud bedeutsame klinische Erkenntnisse aus literarischen Werken ab; in der Arbeit mit Patienten konnte er sie dann wiederentdecken oder bestätigen. Die Szene, in der sich Werther verliebt, ist allerdings symbolisch reicher, als Freuds knappe Zusammenfassung vermuten läßt. Es gibt keinerlei Andeutung, die darauf schließen läßt, daß Werther sich an seine Mutter erinnert fühlt; die Entdeckung, daß man sich in diejenige Frau verliebt, welche die eigene Mutter ins Gedächtnis ruft, stammt von Freud, der sie wiederum Goethe zuschreibt. Als Werther der jungen Frau begegnet, ist sie ganz in Weiß gekleidet, und in den Händen hält sie ein Messer und einen Laib Brot. Was ihn besonders beeindruckt, ist die Gerechtigkeit, mit der sie das Abendbrot unter den Kindern verteilt, »jedem sein Stück nach Proportion ihres Alters und Appetits«. Bedeutsam ist auch ihre Bemerkung, daß die Kinder ihr Abendessen von niemand anderem annehmen würden als von ihr. Sie führt das »phallische« Messer, sie gehört einem anderen Mann an, sie ist rein, sie ist als Ernährerin unparteiisch, und jeglicher Ersatz für sie ist unannehmbar – eine wahrhaft starke Kombination von Eigenschaften, die das Verlieben leicht macht. Bedeutende Schriftsteller achten stets darauf, den Augenblick des Verliebens auch zu motivieren, wie Goethe dies getan hat. So ist zum Beispiel Anna Karenina gerade während ihres Besuchs in St. Petersburg bereit, sich zu verlieben, weil sie zum erstenmal von ihrem Sohn, der sie nicht mehr braucht, getrennt ist.

Wendet man Freuds Ansichten über den psychischen Determinismus auf die Werther-Szene an, so bemerkt man die Ähnlichkeit mit seiner eigenen Deckerinnerung. Auch Freud verliebte sich auf den ersten Blick; auch in seinem Fall spielte die Farbe des Kleides eine gewisse Rolle, ebenso der Geruch frischen Landbrots und das von einer Frau (dem Kindermädchen) geführte Messer. Wahrscheinlich hatte Freud, als er seine Deckerinnerung analysierte, die Mutterfigur hinter seiner Jugendliebe noch nicht entdeckt; doch er schloß diese

Analyse ab, als er auf die entsprechende Szene im Werther-Roman stieß, und schrieb dann seine eigene Entdeckung dem idealisierten Goethe zu. Jenes schicksalhafte Messer tauchte dann erneut auf, als er sich in seine zukünftige Ehefrau Martha verliebte: »An diesem Abend erregte jedoch ein fröhliches junges Mädchen, das am Tisch saß und heiter plaudernd einen Apfel schälte, seine Aufmerksamkeit, und zur allgemeinen Überraschung setzte er sich zur Familie. Jener erste Blick hatte sein Schicksal besiegelt« (Jones 1960–62, Bd. 1, S. 130).

Seiner Korrespondenz mit Jung läßt sich entnehmen, daß Freud immer wieder literarische Werke heranzog, um sein Wissen über das Wesen der Liebe zu vertiefen. »Die Liebesobjekte eines Menschen«, schrieb er an Jung, »bilden Reihen, die eine ist die Wiederkehr der anderen (›Meister von Palmyra‹) und jede die Neubelebung der unbewußten infantilen Liebe, nur muß diese unbewußt bleiben; sowie sie bewußt erweckt wird, hält sie die Libido fest, anstatt sie weiterzuleiten, und die neue ist unmöglich« (Freud/Jung 1974, S. 110f.).

Der Meister von Palmyra, den Freud hier erwähnt, ist ein Drama in fünf Akten von Adolf von Wilbrandt (1889). Das heute völlig vergessene Stück, eine sentimentale Variation des Faust-Themas, war Freuds Generation geläufig: Dem Helden, der gegen Ende der heidnischen Epoche Roms General von Palmyra ist, wurde Unsterblichkeit gewährt. Eine weibliche Gefährtin darf in jeder Generation in neuer Verkleidung wiederkehren, und jedesmal wird sie die Geliebte des unsterblichen Helden. Doch dieser findet sich in der zunehmend fremden, christlichen Welt vereinsamt, und im Gegensatz zu seinem früheren Wunsch nach Unsterblichkeit verlangt es ihn jetzt nach einem Ende. Ein letztes Mal erscheint dieselbe Frau, und in ihren Armen findet er den ersehnten Tod.

Der Meister von Palmyra gab Freud meiner Ansicht nach nicht nur die Anregung zu seiner Idee, daß Liebesobjekte in Serien auftreten, sondern wahrscheinlich auch zum ›Motiv der Kästchenwahl‹ (1913b), das er in Shakespeares *Kaufmann von Venedig* vorfand. In diesem Aufsatz schreibt Freud: »Man könnte sagen, es seien die drei für den Mann unvermeidlichen Beziehungen zum Weibe, die hier dargestellt sind: Die Gebärerin, die Genossin und die Verderberin. Oder die drei Formen, zu denen sich ihm das Bild der Mutter im Lauf des Lebens wandelt: Die Mutter selbst, die Geliebte, die er nach deren

Ebenbild gewählt, und zuletzt die Mutter Erde, die ihn wieder aufnimmt. Der alte Mann aber hascht vergebens nach der Liebe des Weibes, wie er sie zuerst von der Mutter empfangen; nur die dritte der Schicksalsfrauen, die schweigsame Todesgöttin, wird ihn in ihre Arme nehmen« (1913b, S. 193).

›Das Motiv der Kästchenwahl‹ gehört – wenn ich es richtig rekonstruiert habe – zu einer ganzen Reihe von Aufsätzen über die Liebe, und möglicherweise sind es eher persönliche Gefühle, die Freud hier zum Ausdruck bringt. Der Gedanke, ein Mann begegne in seinen Liebesbeziehungen von der Kindheit bis zum Tode immer wieder derselben Frau, hat logischerweise seinen Ursprung im Ödipuskomplex; man könnte daher meinen, dieser Gedanke stamme von Freud. Wie jedoch Ellenberger (1973) gezeigt hat, handelt es sich dabei um eine im 19. Jahrhundert weitverbreitete Auffassung, und er zitiert einen entsprechenden Aphorismus Nietzsches: »Jedermann trägt ein Bild des Weibes von der Mutter her in sich: davon wird er bestimmt, die Weiber überhaupt zu verehren oder sie geringzuschätzen und gegen sie im Allgemeinen gleichgültig zu sein« (S. 952).

Auch die Gleichsetzung des Todes mit dem Schoß der Mutter hat eine lange Tradition. So heißt es bei Schopenhauer (1988, Bd. II, S. 550): »Wenn nun die Allmutter so sorglos ihre Kinder tausend drohenden Gefahren, ohne Obhut, entgegensendet; so kann es nur seyn, weil sie weiß, daß wenn sie fallen, sie in ihren Schooß zurückfallen, wo sie geborgen sind, daher ihr Fall nur ein Scherz ist.«

Am 19. Mai 1909 diskutierte die Wiener Psychoanalytische Vereinigung über Freuds Aufsatz ›Über einen besonderen Typus der Objektwahl beim Manne‹ (1910b). Dabei weckte ein bemerkenswerter Unterschied zwischen der Druckfassung und dem mündlichen Vortrag mein Interesse. In seinem Aufsatz entschuldigt sich Freud zunächst dafür, mit seiner Beschreibung von »Liebesbedingungen« in das Gebiet des Dichters einzudringen. Im Sitzungsprotokoll zitiert er einen Autor, von dem er sich inspirieren ließ:

»Einen anderen Fall einer tiefergehenden Liebesbedingung erzählte kürzlich Paul Lindau in einem Feuilleton der *Neuen Freien Presse*: Ein Mann schreibt seinem Freunde seine ihm ganz rätselhafte Liebesgeschichte, die so verläuft, daß der Betreffende, der seit dem Tode seiner

Mutter ganz zurückgezogen gelebt hatte, sich eines Tages mit einem in jeder Hinsicht liebenswerten jungen Mädchen verlobt, in deren Begleitung sich eine unscheinbare, von ihm gar nicht beachtete nahe Verwandte befindet. Diese rettet er einst aus dem Meer, und als die schon fast Erstarrte wieder ins Leben zurückgerufen wird, verliebt er sich nun in diese und heiratet sie auch. Für den Psychoanalytiker sei die Sache ganz unfraglich; die Liebesbedingung für den Mann sei eine Leiche, die man lieben könne, und in der Einleitung ist auch angedeutet, daß sich das auf die tote Mutter bezieht« (Nunberg/Federn 1976–81, Bd. II, S. 215).

Jenes Feuilleton mit dem Titel ›Die Wiederbelebte‹ erschien in zwei Teilen am 22. und 23. Oktober 1908 in der *Wiener Freien Presse*, also acht Monate vor Freuds Vortrag vor der Psychoanalytischen Vereinigung. In seiner Vorbemerkung klagt Paul Lindau: »Niemals habe ich das Unzulängliche unserer Psychologie so empfunden wie jetzt. Unsere ganze Seelenkunde steckt noch in den Kinderschuhen.« Man kann sich vorstellen, daß dieser Satz Freud wie ein Schlag getroffen hat. Lindau schreibt dann über sein Verlöbnis mit einer achtbaren Frau, für die er sehr viel Sympathie, doch wenig Leidenschaft empfand. Nachdem er die arme und unscheinbare Verwandte errettet hatte, heiratete er sie jedoch keineswegs, wie Freud in seiner Zusammenfassung behauptet, sondern löste lediglich sein Verlöbnis auf – aus Gründen, die er sich selbst nicht erklären konnte. Eine »tote Mutter« wird nicht erwähnt. Hätte die gerettete Frau die Mutter repräsentiert, so hätte diese Stellvertreterin gegen die Ehe mit einer anderen Frau ihr Veto eingelegt. Doch sie selbst erfüllte die notwendige Liebesbedingung nicht, und aus Lindaus Bericht wird lediglich deutlich, daß es der ursprünglichen Wahl an Leidenschaft mangelte. Seine Haltung war bereits ambivalent, *bevor* er die andere Frau rettete. Für Freuds »Liebesbedingung« gibt dieses Feuilleton kein Beispiel; wie schon bei der Werther-Szene schreibt er seine Entdeckung einem anderen zu, wozu er diesmal sogar einer Entstellung der Erinnerung bedarf.

Freuds Analyse der Gradiva

Freuds Analyse von Wilhelm Jensens Erzählung *Gradiva* (Freud 1907) wird kaum noch gelesen und in der psychoanalytischen Literatur auch nicht mehr zitiert. Es gab jedoch eine Zeit, da dieses Werk von Analytikern höher geschätzt wurde und es gang und gäbe war, das eigene Sprechzimmer mit einer Kopie des vatikanischen Reliefs zu schmücken. Als historisches Dokument, an dem sich verfolgen läßt, wie sich Freuds Ideen zum Thema Liebe entfalteten, ist die *Gradiva* nach wie vor von größtem Interesse.

Es ist vielleicht sinnvoll, zunächst einmal die Handlung von Jensens Erzählung zu skizzieren. Norbert Hanold, ein junger Archäologe, lebt ganz und gar versunken in griechische und römische Antiken. Frauen sind ihm gleichgültig, und in Gesellschaft erkennt er nicht einmal seine Jugendgespielin Zoë Bertgang wieder. Im vatikanischen Museum stößt er auf das Relief einer jungen Schönen, die den Saum ihres Kleides hebt und eine im Schreiten erhobene Ferse entblößt. Er verliebt sich in das Relief und entwickelt die Phantasie, sie habe in Pompeji gelebt und sei beim Ausbruch des Vesuv ums Leben gekommen. Er vertieft sich nun in ein »wissenschaftliches« Problem, indem er die Gangart der Dargestellten mit dem Gang der Frauen in seiner Heimatstadt vergleicht. Dabei erblickt er zufällig seine frühere Freundin und »entdeckt« an ihr beinahe die gleiche schöne Gangart. Dieses Interesse an der Bewegung weiblicher Beine läßt sexuelle Wünsche erwachen; nach lange währender Verdrängung kehrt seine Libido zurück. Im Traum begegnet ihm das Mädchen in Pompeji, und dieser Traum veranlaßt ihn, in jene Stadt zu reisen. Er ist nun von dem Phantombild ganz und gar besessen und nennt sie »Gradiva«, »die Vorschreitende« – wobei ihm die Verbindung zu dem deutschen Namen Bert*gang* völlig entgeht. Auch die Verbindung des Vornamens Zoë, was im Griechischen »Leben« bedeutet, mit einer Frau, die seit zweitausend Jahren tot ist, kommt ihm nicht zu Bewußtsein. Auf dem Weg nach Pompeji fühlt er sich belästigt von Paaren auf Hochzeitsreise, die es ebenfalls nach Italien gezogen hat. Eines der Paare hält er sogar fälschlich für Geschwister – was Freud auf den Gedanken brachte, Jensen könne eine Schwester haben. Durch ein Liebespaar im Schlaf gestört, träumt er, der berühmte Apoll von Belvedere (aus dem

Museo Vaticano) trage die kapitolinische Venus davon – ein im Kontext der Handlung sehr gut plazierter Traum, denn er zeigt, wie der junge Archäologe störende sexuelle Eindrücke in die Antike verschiebt und zugleich die antiken Statuen zu sexuellem Leben erweckt. Auch hier überschreitet das Unbelebte die Schwelle zum Belebten.

In Pompeji begegnet der Held seiner Jugendgespielin, und er ist überzeugt, sie sei die zurückgekehrte Gradiva. Zoë begreift das Wesen dieser Verblendung, und im Verlauf einiger Begegnungen, die sie äußerst geschickt steuert, gelingt es ihr, Hanold von seinem Wahn zu heilen und seine Liebe zu ihr wiederzuerwecken.

Freud war glücklich über seine Analyse der *Gradiva*; als sie veröffentlicht wurde, schrieb er an Jung: »Ich wußte diesmal, daß die kleine Arbeit Lob verdient; sie ist in sonnigen Tagen entstanden und hatte mir selbst soviel Freude gemacht. Sie bringt ja nichts Neues für uns, aber ich glaube, sie gestattet uns, sich unseres Reichtums zu erfreuen« (Freud/Jung 1974, S. 57). In seiner Freud-Biographie bezeichnet Jones das Werk als eines von dreien, die man zu Recht als »reizvoll« bezeichnen könne; die anderen beiden seien die *Leonardo*-Studie und ›Das Motiv der Kästchenwahl‹ (Jones 1960–62, S. 402).

Eissler (1971) hält die *Gradiva*-Arbeit für das vollkommene Muster werkimmanenter Forschung. Die analytische Deutung überschreitet hier nicht die Grenzen des literarischen Werks; alle ihre Rückschlüsse gewinnt sie aus dem Werk selbst, ohne die Biographie des Autors als Erkenntnisquelle zu nutzen. Was Eissler Hochachtung abnötigt, ist die Tatsache, daß die Träume des Helden Norbert Hanold zwar »künstliche«, das heißt vom Autor erschaffene Träume sind, daß sie aber dennoch mittels einer Technik deutbar sind, die Freud in seiner *Traumdeutung* entwickelt hat – ein Werk, das Jensen gar nicht kannte. Wenn ich Eissler in diesem Punkt doch nicht ganz folge, so darum, weil Träume in der Literatur, anders als wirkliche Träume, vom Leser auch verstanden werden müssen (ich habe das schon andernorts näher ausgeführt: vgl. Bergmann 1966). Was ich die »kommunikative Funktion des Traums« nenne, ist daher bei diesen Träumen stärker ausgeprägt, und sie leisten der Deutung weniger Widerstand als die Träume von Analysanden.

Seit der Briefwechsel zwischen Freud und Jung vorliegt, ist klar, daß beide auch andere Erzählungen Jensens lasen und über die biographischen Wurzeln der *Gradiva* Spekulationen anstellten. So zum Beispiel Freud: »Was meinen Sie nun zu dem folgenden kühnen Aufbau? Die kleine Schwester war von jeher krank und hat mit Spitzfuß gehinkt, sie ist später an Tuberkulose gestorben. Dieses pathologische Moment mußte von der verschönernden Phantasie ausgeschlossen sein. Aber eines Tages merkte der Trauernde an dem Relief, auf das er stieß, daß auch dieses Krankheitszeichen, der Spitzfuß, zu einem Reiz und Vorzug umgestaltet werden könne, und damit war die ›Gradiva‹ als neuer Triumph der wunscherfüllenden Phantasie fertig« (Freud/Jung 1974, S. 111).

Dabei muß man bedenken, daß Freud zu jener Zeit davon überzeugt war, literarische Werke entstünden unmittelbar aus Tagträumen. Wie sich herausstellte, hatte Jensen keine Schwester. Die Beziehung zwischen Biographie und Werk war einfach komplexer, als Freud damals glaubte.

Aus der Einsicht, daß »Gradiva« lediglich die lateinische Übersetzung des Namens des einstmals geliebten Mädchens ist, erwächst die Heilung des Helden. Auch in der Psychoanalyse, fügt Freud hinzu, fallen Deutung und Heilung zusammen. Dann gibt er eine erstaunliche Erklärung über den Zusammenhang von Liebe und Genesung ab:

»In einem Liebesrezidiv vollzieht sich der Prozeß der Genesung, wenn wir alle die mannigfaltigen Komponenten des Sexualtriebes als ›Liebe‹ zusammenfassen, und dieses Rezidiv ist unerläßlich, denn die Symptome, wegen deren die Behandlung unternommen wurde, sind nichts anderes als Niederschläge früherer Verdrängungs- und Wiederkehrkämpfe und können nur von einer neuen Hochflut der nämlichen Leidenschaften gelöst und weggeschwemmt werden. Jede psychoanalytische Behandlung ist ein Versuch, verdrängte Liebe zu befreien, die in einem Symptom einen kümmerlichen Kompromißausweg gefunden hatte. Ja, die Übereinstimmung mit dem vom Dichter geschilderten Heilungsvorgang in der *Gradiva* erreicht ihre Höhe, wenn wir hinzufügen, daß auch in der analytischen Psychotherapie die wiedergeweckte Leidenschaft, sei sie Liebe oder Haß, jedesmal die Person des Arztes zu ihrem Objekte wählt.

Dann setzen freilich die Unterschiede ein, welche den Fall der Gradiva zum Idealfall machen, den die ärztliche Technik nicht erreichen kann. Die Gradiva kann die aus dem Unbewußten zum Bewußtsein durchdringende Liebe erwidern, der Arzt kann es nicht; die Gradiva ist selbst das Objekt der früheren, verdrängten Liebe gewesen, ihre Person bietet der befreiten Liebesstrebung sofort ein begehrenswertes Ziel. Der Arzt ist ein Fremder gewesen und muß trachten, nach der Heilung wieder ein Fremder zu werden; er weiß den Geheilten oft nicht zu raten, wie sie ihre wiedergewonnene Liebesfähigkeit im Leben verwenden können« (1907, S. 80f.)

Freud bekennt hier freimütig, daß es einfacher ist, Übertragung hervorzurufen als sie aufzulösen und den Analysanden zu befähigen, ein Liebesobjekt in der »wirklichen« Welt zu finden. Ich werde auf dieses Thema noch zurückkommen.

Freuds Aussage ist in mancherlei Hinsicht von Interesse. Er definiert Liebe als eine Synthese aller Komponenten des Sexualtriebs – was er im Jahr 1915 als unzureichende Bestimmung wieder verwerfen wird. Freud hat auch nirgendwo sonst so klipp und klar behauptet, Genesung vollziehe sich im Zustand eines »Liebesrezidivs«, also eines Rückfalls in die Liebe.

Es scheint, daß Freud von der Erzählung *Gradiva* enthusiasmiert war und sie als literarisches Werk überschätzte – einfach deshalb, weil er in der Lage war, sie zu entschlüsseln. Der Primärprozeß, durch den eine früher verdrängte Liebe auf eine neue Person verschoben wird, ist niemals zuvor so treffend beschrieben worden:

»Dieser Vater aber hatte für sie nichts übrig, die Objekte seiner Wissenschaft hatten all sein Interesse mit Beschlag belegt. So mußte sie nach einer anderen Person Umschau halten und hängte sich mit besonderer Innigkeit an ihren Jugendgespielen. Als auch dieser keine Augen mehr für sie hatte, störte es ihre Liebe nicht, steigerte sie vielmehr, denn er war ihrem Vater gleichgeworden, wie dieser von der Wissenschaft absorbiert und durch sie vom Leben und von Zoë ferngehalten. So war es ihr gestattet, in der Untreue noch treu zu sein, im Geliebten den Vater wiederzufinden, mit dem gleichen Gefühl, die beiden zu umfassen oder, wie wir sagen können, die beiden in ihrem Fühlen zu identifizieren. Woher nehmen wir die Berechtigung zu dieser kleinen psychologischen Analyse, die leicht als selbstherrlich erscheinen könnte? In einem einzigen, aber höchst charakteristischen Detail hat sie der Dichter uns gegeben. Wenn Zoë die für sie so betrübende Verwandlung ihres Jugendgespielen schildert, so beschimpft sie ihn durch einen Vergleich mit dem Archäopteryx, jenem Vogelungetüm, das der Archäologie der Zoologie angehört. So hat sie für die Identifizierung der beiden Personen einen einzigen konkreten Ausdruck gefunden; ihr Groll trifft den Geliebten wie den Vater mit demselben Worte« (1907, S. 34).

Für das, was Freud unter »Wiederfinden« versteht, liefert diese Passage die beste Beschreibung überhaupt. Zoë und mit ihr alle Liebenden, die ihre Libido verschieben, sind »treu in ihrer Treulosigkeit«. Identifizierung ist es, durch die Liebe erst möglich wird. Die eine stammt von der anderen ab, und derselbe Affekt umschließt beide. Der Vogel »Archäopteryx« ist eine wunderbare Erfindung Jensens mit ausgeprägter kommunikativer Funktion, ähnlich den wiedergegebenen Träumen. Niemand vor Freud hätte wie er diesen Begriff entschlüsseln können, und doch haben viele, die ihn lasen und darüber lachten, seine Bedeutung vorbewußt erfaßt. Deutlich wird hier der Unterschied zwischen Erzähler und Psychologe: Der Erzähler leistet die Verdichtung, wobei er sich der darin enthaltenen Verbindung zwischen Archäologie und Zoologie bewußt ist. Doch Freud bleibt es vorbehalten, die weiterreichenden Konsequenzen der Libidoverschiebung vom Vater auf den Geliebten aufzudecken.

Hinter seiner schönen und erhellenden Darstellung verbirgt sich jedoch ein Paradox, das Freud nicht richtig zu deuten weiß. Der Vater, der für seine Tochter Zoë keine Zeit hatte, muß dem reizenden Mädchen viel Schmerz bereitet haben. Warum entscheidet sie sich dann dafür, diesen schmerzlichen Vorgang zu wiederholen, indem sie einen Mann wählt, der ebenfalls keine Zeit für sie hat? Freilich, ihrem Vater gegenüber mußte sie diesen Schmerz passiv hinnehmen; ihren Liebhaber dagegen könnte sie auf aktive Weise von seiner wissenschaftlichen Besessenheit abbringen. Freud wußte davon nichts, doch es gibt einen Mechanismus, der darauf hinarbeitet, ein Kindheitstrauma ungeschehen zu machen, und dieser Mechanismus spielt in der Liebe des Erwachsenen eine entscheidende Rolle.

Daß sich all dies in Pompeji abgespielt haben soll, muß Freud gefallen haben. Die dortigen Ausgrabungen waren um die Jahrhundertwende noch im Gange. Im selben Jahr, als die *Gradiva*-Studie entstand, äußerte Freud gegenüber dem Rattenmann:

»Ich erläuterte meine kurzen Angaben über die psychologischen *Unterschiede des Bewußten vom Unbewußten*, über die Usur [Abnutzung], der alles Bewußte unterliegt, während das Unbewußte relativ unveränderlich ist, durch einen Hinweis auf die in meinem Zimmer aufgestellten Antiquitäten. Es seien eigentlich nur Grabfunde, die Verschüttung habe für sie die Erhaltung bedeutet. Pompeji gehe erst jetzt zugrunde, seitdem es aufgedeckt sei« (1909, S. 51).*

Interessant ist das Problem, das die Diagnose der seelischen Erkrankung des Archäologen aufwirft. »Der Psychiater würde den Wahn Norbert Hanolds vielleicht der großen Gruppe Paranoia zurechnen und etwa als eine ›fetischistische Erotomanie‹ bezeichnen«, schreibt Freud, der jedoch für eine Paranoia keinerlei Anzeichen findet und daher in einer Fußnote von »hysterischem Wahn« spricht (1907, S. 44). Die Diagnose eines Fetischismus ließe sich damit begründen, daß der Held in eine Skulptur verliebt ist und sich für die Füße von Frauen interessiert. Doch was wußte Freud im Jahr 1907 über Fetischismus? Seinen wesentlichsten Beitrag zum Verständnis des Fetischismus lieferte er erst zwanzig Jahre später, als er schrieb: »Er [der Fetisch] bleibt das Zeichen des Triumphes über die Kastrationsdrohung und der Schutz gegen sie, er erspart es dem Fetischisten auch, ein Homosexueller zu werden« (1927a, S. 385) – nämlich dadurch, daß er die Frau zu einer phallischen Frau macht. In den *Drei Abhandlun-*

* Auf diese Parallele hat mich Dr. Mark Kanzer aufmerksam gemacht. Worum es Freud bei der Arbeit an der *Gradiva* vor allem ging, war die Affinität zwischen Dichter und Kliniker. »Und um so befremdender muß unser Vorgehen erscheinen, als der Dichter auf die Wirklichkeitsschilderung ausdrücklich verzichtet, indem er seine Erzählung ein ›Phantasiestück‹ benennt. Wir finden aber alle seine Schilderungen der Wirklichkeit so getreulich nachgebildet, daß wir keinen Widerspruch äußern würden, wenn die *Gradiva* nicht ein Phantasiestück, sondern eine psychiatrische Studie hieße« (1907, S. 41). »So kann der Dichter dem Psychiater, der Psychiater dem Dichter nicht ausweichen, und die poetische Behandlung eines psychiatrischen Themas darf ohne Einbuße an Schönheit korrekt ausfallen« (ebd., S. 43).

gen zur Sexualtheorie (1905b) war dies noch keinesfalls klar. Hier folgte Freud noch der Auffassung Binets, der Fetisch sei die Nachwirkung eines Eindrucks, der gewöhnlich in der frühen Kindheit empfangen wurde.

Auch andere sexuelle Abweichungen wie etwa Homosexualität, Sadismus oder Masochismus waren nach Binet durch zufällige Ereignisse bestimmt. Er hob hervor, daß ein bestimmtes Maß von Fetischismus bei jedem Menschen vorliege. So sei zum Beispiel die Vorliebe für eine bestimmte Augen- oder Haarfarbe »normaler Fetischismus«. Binet glaubte sogar, die Liebe selbst sei eine Form von Fetischismus – »ein harmonisches Zusammenspiel fixierter Zwänge im Zusammenhang mit der geliebten Person« (zit. n. Sulloway 1982, S. 399). Doch auch schon 1905 ging Freud einen Schritt über Binet hinaus, indem er zeigte, daß der Fetischismus möglicherweise nicht nur durch eine bestimmte Nachwirkung, sondern auch durch die symbolische Verbindung zum Liebesobjekt determiniert ist. Im allgemeinen glaubte auch Freud, daß ein bestimmtes Maß an Fetischismus zur normalen Liebe gehöre. In denjenigen Fällen, in denen das normale sexuelle Ziel unerreichbar bleibt, kann der Fetisch an die Stelle dieses Ziels treten – und erst dadurch gewinnt der Fetischismus pathologische Züge. Im Lichte dieser Überlegungen dürfen wir annehmen, daß Freud den Fetischismus des Archäologen noch voll und ganz innerhalb der Grenzen der Normalität angesiedelt hätte.

Die beiden von Freud angeführten Diagnosen sind problematisch. Erotomanie ist definitionsgemäß eine »seelische Erkrankung, die durch exzessive oder irrationale Liebe verursacht oder charakterisiert ist«. Daß sich der Archäologe in einen Gipsabguß verliebt, kann man in diesem Sinne durchaus als »irrational« bezeichnen. Doch bei allen mir bekannten Fällen von Erotomanie besteht das Wahnhafte in der Überzeugung, eine imaginäre Geliebte stelle einem nach. Es gibt keinerlei Hinweis darauf, daß auch der Archäologe einen derartigen Glauben hegt – im Gegenteil scheint ihm Gradiva ganz und gar mit ihrem eigenen Leben befaßt, während sie sein Interesse gar nicht zur Kenntnis nimmt.

Was den »hysterischen Wahn« betrifft, so hat Freud – abgesehen von dieser Fußnote – den Begriff in keiner seiner Schriften über Hysterie verwendet, und auch in der zeitgenössischen psychiatrischen

Literatur konnte ich ihn nicht auffinden. Am nächsten kommt dem noch Bleulers Beschreibung hysterischer Dämmerzustände: Die Patienten wähnen sich in einer ganz anderen Umgebung, etwa in der Wüste oder im Himmel, und durchleben dort Glückszustände. Auch Hanold findet sich in einer anderen Welt, wo er jedoch kein Glück erlebt, sondern eher einen Zustand angstvoller Erregung durchmacht. Ellenberger (1973) glaubt, daß die Verfassung des Archäologen den Psychiatern des vorigen Jahrhunderts als Beispiel einer »ekstatischen Vision« durchaus vertraut gewesen sei – ein Zustand, bei dem sich lebhafte Tagträume und gewöhnliche Ereignisse völlig miteinander vermischen.

Die Frage der Diagnose ist wesentlich, denn wenn meine Hypothese richtig ist, dann gibt es im wirklichen Leben gar keine seelische Erkrankung, die der des Archäologen entspräche. Doch warum hat dann Freud diese Krankheit als real akzeptiert, und warum sind spätere Autoren dieser Überzeugung gefolgt? So schreibt etwa Stanley Hall 1917 im Vorwort zu seiner Übersetzung der Freudschen *Gradiva*: »Der junge Archäologe leidet unter einer sehr charakteristischen geistigen Erkrankung und wird durch eine Art naiver Psychotherapie, über die wir alle verfügen, allmählich aber wirksam geheilt.«

Meine eigene Rekonstruktion der *Gradiva* ist die folgende: Jensen liefert keinesfalls die Beschreibung einer psychiatrischen Fallstudie, sondern vielmehr ein kaum verschleiertes Stück Autobiographie. Er beschreibt den bedeutsamen Augenblick, in dem mit Hilfe eines Fetischs die sexuelle Verdrängung aufgehoben wird, wodurch das erotische Begehren wiedererwacht und Liebe möglich wird. Indem Gradiva ihre Ferse entblößt, wird sie zu einer phallischen Frau und gleichzeitig zu einem Schutz gegen Kastrationsangst und Homosexualität. Indem Hanold ganz davon in Anspruch genommen ist, den Gang von Frauen zu studieren, gelingt es ihm, seine Aufmerksamkeit vom Geschlechtsorgan auf den Fuß abzulenken. Man kann dies als Phase der Fetischbildung bezeichnen. Als die nun nicht mehr als Gradiva maskierte Zoë zum erstenmal eine Straße in Pompeji überquert, hebt sie sicherheitshalber ihr Kleid, um das Vorhandensein des unentbehrlichen Fußknöchels zu demonstrieren. Hätte Freud bereits 1907 das Geheimnis des Fetischs gekannt, hätte er nicht annehmen müssen, Jensens Schwester habe einen deformierten Fuß.

Während des Prozesses der Selbstheilung hat Hanold sein eigenes sexuelles »Totsein« auf die tote Gradiva projiziert, und als die Entdeckung des Fetischs seine Sexualität wiederbelebte, kehrte auch Gradiva ins Leben zurück. Sobald er sich davon überzeugt hat, daß die Geliebte einen symbolischen Phallus besitzt, ist er zur Liebe wieder fähig.

Die Bildung des Fetischs ermöglicht dem Archäologen, latent homosexuelle in heterosexuelle Libido zu überführen. Ein latent homosexuelles Motiv besteht schon darin, daß Hanold aus Mars Gradivus, dem leichtfüßigen Kriegsgott, eine weibliche Gradiva macht. In Freuds Deutung von Hanolds Eidechsentraum erscheint dann ein Motiv, das explizit homosexuell ist.

In Hanolds Traum fängt Gradiva Eidechsen, genau wie ihr Vater, der Zoologe. Seine Taten und Worte werden vom Männlichen ins Weibliche übertragen, und Freud entschlüsselt diese Verschiebung, wenn er schreibt: »die Gradiva fängt Eidechsen wie jener Alte, versteht sich auf den Eidechsenfang wie er« (1907, S. 68). Die begehrte Eidechse ist Hanold selbst, doch hinter der Tochter steht der Vater. Diese homosexuelle Komponente des Traums läßt Freud außer acht, doch ist sie ein weiterer Beleg dafür, daß der Archäologe seinen Kampf gegen die Verdrängung auf fetischistische Weise beendet hat.

Es gibt meines Erachtens noch einen weiteren Punkt, an dem sich Freud in dem von Jensen gewobenen trügerischen Netz verfangen hat. Eine Kinderliebschaft kann doch wohl nur dann einer derartigen Verdrängung unterliegen, wenn das infantile Liebesobjekt ein Ersatz für die in der ödipalen Konstellation verbotene Mutter war. Wenn demnach die Krankheit ödipaler Natur ist, so kann die Frau, deren Liebe der Auslöser war, dem Leiden gar nicht wirksam begegnen. Freud hat uns gelehrt, daß die erste Liebe zur Mutter oder zu deren Stellvertreterin verdrängt werden muß. Das Liebesobjekt des Erwachsenen kann nur eine Frau sein, die jener ersten Frau ähnelt, ohne jedoch dem Inzesttabu zu unterliegen. Indem Jensen die Mutter durch eine Spielkameradin ersetzt, verleitet er den Leser – einschließlich Freuds – zu der Annahme, wir könnten als Erwachsene jenes Liebesobjekt der Kindheit wiederfinden, das wir als Preis für die Bewältigung des Ödipuskomplexes aufgeben mußten. Diese Substitution ist es auch, die der *Gradiva* den Charakter eines Märchens verleiht. Hätte Freud die

Gradiva, wie ich es vorschlage, als ein Stück Selbstheilung durch Errichtung eines Fetischs interpretiert, so hätte er sie eher als ein tragisches Werk sehen müssen; denn nicht eine nahezu wundersame Heilung ist es, was sie schildert, sondern die Bildung eines Symptoms. Wäre dieser Zusammenhang schon damals aufgedeckt worden, so hätte das Buch seinen trügerischen Zauber zwangsläufig eingebüßt.

Die Heilung des Archäologen folgt einem Muster, das Glover (1931) als »ungenaue Deutung« bezeichnet hat: eine Heilung, die durch Schaffung neuer Symptome und neuer Abwehrmaßnahmen herbeigeführt wird.

Gradiva versucht das Problem der Liebe dort zu lösen, wo es keine Lösung gibt, nämlich in der Kindheit. Das Vergnügen, das diese Erzählung bereitet, hat daher etwas Illusorisches. Dieses eine Mal hat Freud angesichts eines fiktionalen Werks die Waffen psychoanalytischer Kritik ruhen lassen.

Die biographische Bedeutung der *Gradiva*-Arbeit hat bereits das Interesse einer ganzen Reihe von Psychoanalytikern geweckt. Friedman (1966) zufolge läßt sich *Gradiva* mit Freuds eigener Deckerinnerung (1899) in Verbindung bringen. Sowohl Freud als auch Norbert Hanold waren während ihrer Adoleszenz und den frühen Erwachsenenjahren derart von ihrer Arbeit okkupiert, daß sie frühe Kinderliebschaften verdrängten. Überdies hat Freud die Psychoanalyse gerne mit der Archäologie verglichen (Bernfeld 1949). Friedman erinnert daran, daß Freuds Mutter während dessen ersten acht Lebensjahren sechsmal schwanger war. Vielleicht steht Gradiva für »Gravida«, die schwangere Mutter.

Schur (1972) glaubt, *Gradiva* habe Freud deshalb gefesselt, weil es hier um die Themen Unsterblichkeit und Rückkehr geht, die ihn besonders interessiert hätten. Slochower (1970) weist darauf hin, daß die *Gradiva*-Studie zwei Jahre nach Freuds Besuch der Akropolis entstand, und er bringt diese beiden Ereignisse in Zusammenhang. Die Akropolis hatte in Freud ein Gefühl der Depersonalisierung hervorgerufen, und Slochower deutet dies als Erinnerung an den Anblick der nackten Mutter. In seiner Studie über die *Gradiva* konnte sich Freud mit demselben Thema befassen, nun jedoch aus einem gewissen Abstand. Daher löste sie bei ihm keine Angst aus, sondern eher Vergnügen.

Jensens *Gradiva* enthält zwei der wesentlichsten Entdeckungen Freuds aus jenen Jahren. Die Erzählung veranschaulicht sehr konkret, daß man tatsächlich etwas wiederfindet, wenn man sich verliebt. Und sie zeigt auch etwas, das in Lindaus Geschichte nicht vorkommt: daß nämlich jedes Verlieben an unbewußte Bedingungen gebunden ist – in diesem Fall an eine erhobene Ferse. Bei der *Gradiva* ging es eben nicht nur darum, »sich unseres Reichtums zu erfreuen«. Zoë, die für eine nichtneurotische Persönlichkeit steht, demonstriert, daß man sich einfach verlieben kann, indem man den Geliebten mit dem Vater identifiziert. Es handelt sich also um einen echten Fall von »Wiederfindung«. Dagegen ist Norberts Weg zur Liebe komplizierter: Nur mittels des symbolischen Akts einer Wiederbelebung und durch den Kompromiß eines Fetischs vermag er seine Liebesfähigkeit wiederzufinden. In seinem Fall signalisiert die Liebe eine Rückkehr der Heterosexualität aus der Verdrängung, ebenso aber auch eine Verschiebung von der Homo- zur Heterosexualität. Im Jahr 1907 vermochte Freud die Bedeutung derart komplexer Liebesbedingungen noch nicht voll zu erfassen.

4

Liebe und Genitalität: eine Kontroverse in der Psychoanalyse

Im vorletzten Kapitel bin ich den drei Theorien über die Liebe nachgegangen, die Freud sukzessive entwickelte und die von der Libidotheorie zusammengehalten werden. Der dritten Theorie zufolge wird Liebe dann möglich, wenn die letzte psychosexuelle Stufe erreicht ist, die Freud als genitale Stufe bezeichnet. Die Beziehung zwischen Liebe und Genitalität hat ihre eigene, interessante Geschichte. Sie beginnt mit Freud, gehört aber bereits der nachfreudianischen Ära der Psychoanalyse an.

In seinem letzten Lebensjahrzehnt entwickelte Freud keine weiteren theoretischen Modelle über die Liebe. Hingegen interessierte er sich zunehmend für philosophische Themen. In seinem Essay *Das Unbehagen in der Kultur* (1930) erörtert er die Beziehung zwischen Liebe und menschlichem Glück. Allein die Frage nach dem Ziel des Lebens aufzuwerfen, galt Freud als Zeichen von Depression; doch betrachtet man das Verhalten von Männern und Frauen, so ist es nicht schwer, diese Frage zu beantworten: Es ist das Glück, wonach sie streben. Manche bieten all ihre Energie auf, nur um Schmerz zu vermeiden. Andere suchen das Erleben starker Lustgefühle. Das Glück jedoch, behauptet Freud, ist im Plan der Schöpfung nicht enthalten, und wir erfahren Glück eigentlich nur dann, wenn ein lange aufgestautes Bedürfnis plötzlich befriedigt wird (1930, S. 208). Seiner Natur nach ist Glück nur ein »episodisches Phänomen«, das sich, wenn es verlängert wird, bestenfalls in ein »laues Behagen« verwandelt. In einer sehr prägnanten Passage schreibt Freud:

»Ich meine natürlich jene Richtung des Lebens, welche die Liebe zum Mittelpunkt nimmt, alle Befriedigung aus dem Lieben und Geliebtwerden erwartet. Eine solche psychische Einstellung liegt uns allen nahe genug; eine der Erscheinungsformen der Liebe, die geschlechtliche Liebe, hat uns die stärkste Erfahrung einer überwältigenden

Lustempfindung vermittelt und so das Vorbild für unser Glücksstreben gegeben. Was ist natürlicher, als daß wir dabei beharren, das Glück auf demselben Wege zu suchen, auf dem wir ihm zuerst begegnet sind. Die schwache Seite dieser Lebenstechnik liegt klar zutage; sonst wäre es auch keinem Menschen eingefallen, diesen Weg zum Glück für einen anderen zu verlassen. Niemals sind wir ungeschützter gegen das Leiden, als wenn wir lieben, niemals hilfloser unglücklich, als wenn wir das geliebte Objekt oder seine Liebe verloren haben« (1930, S. 213f.).

Ein Jahr später, in einem kurzen Aufsatz mit dem Titel ›Über libidinöse Typen‹ (1931a), erörterte Freud die Beziehung zwischen Libido und Charakter. Er vertritt hier die Auffassung, die psychoanalytische Libidotheorie könne dazu dienen, grundlegende psychologische Typen zu definieren. Dabei unterscheidet er drei Haupttypen: den erotischen, den narzißtischen und den Zwangstypus. Alle diese Typen sind an sich normal, keiner muß zwangsläufig neurotisch werden. Doch alle drei können der Neurose erliegen, und zwar dann, wenn es zu einem Konflikt zwischen den wesentlichen psychischen Instanzen Ich, Es und Überich kommt, wenn ein Konflikt zwischen homosexuellen und heterosexuellen Strebungen oder zwischen Libido und Aggression auftritt.

Für den erotischen Typus ist Lieben, vor allem aber Geliebtwerden, das bedeutsamste psychische Ereignis. Werden Personen dieses Typus neurotisch, dann leben sie in ständiger Angst vor Liebesverlust, und dieser Angst wegen bleiben sie gewöhnlich abhängig von anderen. Das Hauptinteresse des narzißtischen Typus ist die Selbsterhaltung; ihm ist ein hohes Maß an Aggression verfügbar. Derartige Personen bevorzugen das Lieben vor dem Geliebtwerden; sie beeindrucken andere als unabhängige, häufig charismatische Persönlichkeiten. Der Zwangstypus schließlich ist durch die überragende Rolle charakterisiert, die das Überich in seinem Leben spielt. Beherrscht wird er weniger von der Angst vor Liebesverlust als von der Gewissensangst. Wer zu diesem Typus gehört, hat gewöhnlich einen Hang zum Konservativen.

In diesem Aufsatz ›Über libidinöse Typen‹ wagt sich Freud über die Grenzen des Klinischen hinaus; seine Äußerungen zielen hier auf die menschliche Natur als Ganzes. Der erotische Typus läuft Gefahr, jeden zu lieben, der ihn liebt. Der narzißtische Typus wird gewöhnlich von denen verfolgt, die ihren eigenen Narzißmus eingebüßt haben. Der Zwangstypus vermag, wenn er sich einmal verliebt hat, die Liebe über lange Zeit aufrechtzuerhalten und ist dann auch gegen anderweitige sexuelle Versuchungen immun.

Man kann sich fragen, ob diese drei von Freud beschriebenen Typen im wirklichen Leben überhaupt vorkommen, ob sie nicht bloße Idealtypen sind, die in der Realität ausschließlich in Form von Mischungen auftreten. Diese Frage erhebt sich immer dann, wenn Psychoanalytiker bestimmte »Typen« beschreiben. Damit setzt sich in der Psychoanalyse jene alte Kontroverse zwischen Platon und Aristoteles fort: Existiert die Idee einer Sache auch außerhalb ihrer Vergegenständlichung in der Realität, wie Platon glaubte, oder gibt es die Idee oder das Ideal nur in Gestalt ihrer aktuellen Vergegenständlichung, wie Aristoteles annahm? Vor diesem Problem steht man immer, wenn man versucht, klinische Daten zu verallgemeinern.

Wohl nur wenige Themen haben derart kontroverse Diskussionen heraufbeschworen wie die Unterschiede im Liebesverhalten von Mann und Frau. Freud hielt Frauen für narzißtischer als Männer; seiner Ansicht nach schätzen sie es höher, geliebt zu werden, als zu lieben. Liebten Frauen jedoch nach dem Anlehnungsmuster, so schrieb dies Freud der männlichen Komponente ihrer Libido zu. Außerdem glaubte er, bei Frauen sei die Bisexualität stärker ausgeprägt als bei Männern (1931a).

Im Verlauf seiner normalen Entwicklung erlebt jedes Kind drei unvermeidliche Erschütterungen: 1. die Erschütterung darüber, daß es nicht Teil seiner Mutter ist; 2. den Schock der geschlechtlichen Differenz; 3. die Erschütterung über die Unausweichlichkeit des Todes. Auf den Schock der geschlechtlichen Differenz reagieren die beiden Geschlechter unterschiedlich. Beim Jungen kommt es zur Kastrationsangst; er fürchtet, wie das Mädchen seinen Penis zu verlieren. Diese Kastrationsangst veranlaßt ihn, seine ödipalen Wünsche zu verdrängen. Das Mädchen dagegen reagiert auf die Entdeckung, daß sie und ihre Mutter keinen Penis haben, mit Penisneid; außerdem wendet sie sich in ihrer Suche nach Liebe mehr dem Vater zu. Freud war der Auffassung, das Mädchen fühle sich bereits kastriert; bei ihm bestehe daher eine geringere Notwendigkeit zur Entwicklung eines eigenen Überichs.

Edith Jacobson (1937) hat die Geschichte der weiblichen Liebe in anderer Weise rekonstruiert. Zunächst erlebt das Mädchen starke oral-sadistische Wünsche, sich den Penis des Vaters einzuverleiben. Dieser aggressiven Wünsche wegen fühlt es sich schuldig. Mehr oder weniger widerstrebend akzeptiert es schließlich die Tatsache, daß es den Penis nur vorübergehend im Geschlechtsakt empfangen kann. Die Vagina wird zur erogenen Zone, und Objektliebe tritt an die Stelle von Narzißmus. Angst vor Liebesverlust ersetzt die ursprüngliche Kastrationsangst. Daher bleiben Frauen ihr Leben lang von der Liebe des Mannes abhängiger, als dies umgekehrt bei Männern der Fall ist. In ihrem Leben spielt die Liebe eine entscheidendere Rolle. Auch Chasseguet-Smirgel (1974) betont, daß Frauen die Liebe stärker idealisieren als Männer. Das führt dazu, daß sie, wie Madame Bovary, in einer romantischen Traumwelt leben. Die Idealisierung ist jedoch notwendig, damit der ursprünglich aggressive Wunsch gegenüber dem Penis in der Verdrängung bleibt.

Der Beitrag Karl Abrahams

Karl Abraham, einer der frühesten und begabtesten Schüler Freuds, trat in dessen Fußstapfen und beschrieb den oralen Charakter in Analogie zu Freuds Darstellung des analen Charakters (Abraham 1916; 1924a).

Abraham integrierte die psychosexuellen Stufen in ein diagnostisches Verfahren und in eine Entwicklungstheorie, die das psychoanalytische Denken bis nach dem Zweiten Weltkrieg dominierte. Er unterschied die folgenden Entwicklungsstufen: Saug-Stufe, kannibalistische (Beiß-)Stufe, ältere und jüngere anal-sadistische Stufe, phallische Stufe und schließlich genitale Stufe. Jeder Stufe entspricht eine besondere Form der Liebe: autoerotische Liebe, Narzißmus (Selbstliebe), Partialliebe (die sich eher auf bestimmte Körperteile als auf die Person als ganze richtet) und schließlich, auf der genitalen Stufe, die nachambivalente Liebe.

Auch Fenichels Standardwerk von 1945, die *Psychoanalytische*

Neurosenlehre, basiert auf dieser Klassifizierung Abrahams, und zahlreiche Psychoanalytiker, insbesondere Anhänger Melanie Kleins und Analytiker in Europa, benutzen sie als Grundlage ihrer Diagnostik (vgl. z.B. Grunbergers Studie über Narzißmus von 1971). In der amerikanischen Psychoanalyse dagegen hat Anna Freuds Modell der »Entwicklungslinien«* die auf psychosexuelle Entwicklungsstufen gestützte Klassifikation Abrahams verdrängt.

In seinem Aufsatz ›Zur Charakterbildung auf der »genitalen« Stufe‹ (1925) behauptet Abraham, der Charakter sei die Gesamtheit der triebhaften Reaktionen eines Menschen auf seine soziale Umwelt. Dabei ist der Abschluß der Charakterbildung erst dann erreicht, wenn die Libido zu ihrer höchsten Organisationsstufe und damit zur Fähigkeit der Objektliebe gelangt ist. Um diese Stufe zu erreichen, muß die Person zunächst ihre destruktiven, feindseligen Impulse überwinden, so etwa Geiz und Mißgunst (wobei Abraham diese Impulse, entsprechend dem psychoanalytischen Denken jener Zeit, aus der analen Phase ableitet). Weiter muß der Ödipuskomplex bewältigt, der ursprüngliche Narzißmus überwunden und die Herrschaft des Lustprinzips gebrochen sein. An die Stelle ambivalenter Gefühle gegenüber dem Genitalorgan des heterosexuellen Partners tritt die Fähigkeit, den geschlechtlichen Verkehr ohne psychische Hemmungen zu genießen.

Abrahams Darstellung zufolge absorbiert der genitale Charakter das jeweils Wertvollste aus allen prägenitalen Phasen: Von der oralen Stufe entlehnt er Unternehmungsgeist und Energie, von der analen Stufe Beharrlichkeit; der Sadismus schließlich, der zur analen Phase des genitalen Charakters gehört, wandelt sich zu einer lebenssteigernden, konstruktiven Energie. Gegenüber seinem Lebensgefährten ist der genitale Charakter frei von Feindseligkeit; statt dessen richtet sich ein produktiver, feindseliger Impuls gegen jene, die in der Realität seinem Fortkommen im Wege stehen (Abraham 1925, S. 143). Der genitale Charakter verleugnet die Triebe nicht, sondern er kontrolliert sie.

Vieles von dem, was die Psychoanalyse später dem Ich zuschreiben

* Das Modell der Entwicklungslinien ist subtiler als Abrahams libidinöse Stufen, denn es geht davon aus, daß verschiedene Anteile der Persönlichkeit zu verschiedenen Graden entwickelt sind. So kann etwa eine Person auf eine frühe psychosexuelle Stufe fixiert sein und dennoch moralisch wesentlich rigider sein.

wird, gehört hier noch zur Libido. Wird sie nicht durch eine Neurose blockiert, dann verfolgt die Libido – anders als das Ich – einen normalen, vorhersagbaren Kurs in Richtung Genitalität. Daß man Frigidität und Impotenz für derart schädlich hielt, ist in der Tatsache begründet, daß sie die Libido aufstauen und damit die Entfaltung des genitalen Charakters verhindern.

In unserem Zusammenhang ist es von Bedeutung, daß Abrahams »genitaler Charakter« in Freuds Aufsatz über die libidinösen Typen unerwähnt bleibt. Dies könnte darauf zurückzuführen sein, daß Freud den genitalen Charakter für ein ideelles Konstrukt hielt, das im wirklichen Leben gar nicht vorkommt. Fenichel (1945) hat dies explizit behauptet: Der von Abraham definierte und dann von Wilhelm Reich popularisierte genitale Charakter repräsentiere nichts Wirkliches. Eine so bedeutende Differenz zwischen Freud und Abraham sollten wir keinesfalls übergehen: Während nach Freud die Genitalität es ermöglicht, Liebe von Haß zu trennen, bedeutet sie für Abraham weitaus mehr und trägt nahezu utopische Züge.

Auf das psychoanalytische Verständnis der Liebe hatte Abrahams Theorie beträchtlichen Einfluß. Die Liebesfähigkeit wurde nun nicht mehr in ausschließlich quantitativen Begriffen gefaßt – als ginge es nur darum, daß die Libido von den inzestuösen, elterlichen Objekten auf neue, nichtinzestuöse Objekte verschoben wird, wie Freuds erste Liebestheorie noch behauptet hatte. Die Liebe war auch nicht mehr das bloße Resultat einer Überführung narzißtischer Libido in Objektlibido oder einer Übertragung von Aspekten des Ichideals auf die geliebte Person, wie es die zweite Theorie formuliert hatte. Und schließlich stellte man sich die Liebesfähigkeit nicht mehr als etwas vor, was vom Säuglingsalter an vorhanden ist, sondern als das Ergebnis eines langen Entwicklungsprozesses. Man vermag erst dann zu lieben, wenn man die eigene Bisexualität, den eigenen Narzißmus sowie Feindseligkeit und Angst gegenüber dem anderen Geschlecht überwunden hat. Genitalität wurde zur Grundvoraussetzung von Liebesfähigkeit, und sämtliche Perversionen verknüpfte man nun gleichsam definitionsgemäß mit der Unfähigkeit zu lieben. Gegen diese Idealisierung der Genitalität setzte schließlich – nach Ende des Zweiten Weltkriegs – eine Gegenbewegung ein.

Wilhelm Reich

Wilhelm Reich gab dem genitalen Charakter eine radikale Deutung. In einem Aufsatz mit dem bezeichnenden Titel ›Der genitale und neurotische Charakter‹ (1929) faßte er den Charakter als eine chronische Veränderung des Ichs, welche die psychische Beweglichkeit einschränkt und die Person starr macht. Dafür erfand er den Begriff »Charakterpanzer«. Seiner Ansicht nach ist es die Verdrängung von Triebforderungen, die zur Bildung eines Charakters führt. Hat sich ein Charakterzug erst einmal verfestigt, müssen die Triebe nicht mehr verdrängt werden; die Haltung der Person gegenüber dem Trieb hat sich dann derart verändert, daß keine weitere Energie zur Verdrängung aufgewendet werden muß. Ein Charakterzug entwickelt sich immer dann, wenn eine vormals bedeutsame Beziehung in Enttäuschung endet und aufgegeben wird; das heißt, Charakter entsteht durch die Umwandlung von Objektlibido in narzißtische Libido (während der genau entgegengesetzte Prozeß nach Freud dazu führt, daß man sich verliebt).

Dieser Ansatz veranlaßte Reich, die Charakteranalyse besonders hervorheben; erst danach könne der Analytiker hoffen, die verdrängten Triebwünsche seines Analysanden freizusetzen. Während der Behandlung manifestiere sich der Charakter in Form eines besonderen »Charakterwiderstands« gegenüber der freien Assoziation. Er bestehe aus prägenitalen Fixierungen, aufgestauter Libido, die kein Ventil findet, sowie Reaktionsbildungen gegenüber Triebansprüchen. Der genitale Charakter dagegen verfüge über ein Überich, das die Sexualität bestärkt; hier fließt die Libido frei in die sexuelle Beziehung ein.

Welche Auffassungen in jenen Jahren vorherrschend waren, läßt sich sehr gut dem folgenden Zitat aus Reichs Aufsatz entnehmen:

»Wie der genitale Charakter in keiner Hinsicht steif und krampfhaft ist, so auch nicht in den Formen seiner Sexualität. Da er befriedigbar ist, ist er zur Monogamie ohne Zwang oder Verdrängung fähig, aber er ist bei rationaler Begründung auch schadlos fähig zum Wechsel des Objekts oder zur Polygamie. Er klebt nicht an seinem Sexualobjekt aus Schuldgefühl oder moralischen Rücksichten, sondern er hält es aus seinem gesunden Verlangen nach Lust fest: weil es ihn befriedigt. Er kann polygame Wünsche ohne Verdrängung bezwingen, wenn sie in Widerspruch zu seiner Beziehung zum geliebten Objekt stehen; aber er ist auch imstande, ihnen ohne Schaden nachzugeben, wenn sie ihn allzusehr stören. Den dadurch entstehenden aktuellen Konflikt erledigt er in realitätsentsprechender Weise.

Neurotische Schuldgefühle sind kaum vorhanden. Seine Sozialität beruht nicht auf verdrängter, sondern auf sublimierter Aggression und auf seiner Eingeordnetheit in die Realität. Das bedeutet aber nicht, daß er sich der Realität immer beugt; im Gegenteil, gerade der genitale Charakter vermag infolge seiner der heutigen gesellschaftlichen Situation widersprechenden Struktur – ist doch unsere Kultur durchaus moralisch-antisexuell – sie zu kritisieren und zu verändern; seine geringe Lebensängstlichkeit bewahrt ihn vor Konzessionen an die Umwelt, die seiner Überzeugung widersprechen« (Reich 1929, S. 177f.).

Kaum überraschend, daß eine derart utopische Sichtweise auf die jüngere Generation der Analytiker eine gewisse Anziehung ausübte. Der genitale Charakter schien fähig, alle Probleme von Sexualität und Loyalität ohne innere Kämpfe zu lösen.

Zwei Jahre zuvor hatte Reich ein Buch unter dem Titel *Die Funktion des Orgasmus* (1927) veröffentlicht, in dem er den Begriff der orgastischen Potenz einführte – auch dies eine Fortentwicklung von Abrahams »genitalem Charakter«. Der orgastisch potente Mann genießt seine Erektion, doch er betrachtet sie nicht mit Stolz wie der Narzißt; vielmehr ist sie auf natürliche Weise verbunden mit dem Wunsch einzudringen. Beim Geschlechtsakt ist dieser Mann auf spontane Weise sanft, ohne sadistische Impulse in Schach halten zu müssen. Wächst die Erregung, so wird auch der Wunsch stärker, möglichst tief einzudringen, doch wird der Koitus von keinerlei sadistischen Impulsen gestört. Weder bedarf es der geistigen Konzentration auf die sexuelle Lust, noch treten ablenkende Gedanken auf, noch gibt es das Bedürfnis, während des Geschlechtsakts auf Phantasien zurückzugreifen. Ist das Stadium des Orgasmus erreicht, führt die unwillkürliche Muskelkontraktion zu tiefer Befriedigung. Es kommt zu einer Trübung des Bewußtseins, und die sexuelle Erregung ergreift die ganze Person. Nach dem Orgasmus ebbt die Erregung langsam ab, ohne daß das schon sprichwörtliche und in der Literatur so häufig thematisierte Gefühl der Trauer aufkommt (Reich 1927, S. 81ff.).

Was die Objektbeziehungen betrifft, so glaubt Reich an einen natürlichen Übergang vom ursprünglichen, inzestuösen zu einem neuen Objekt. Vollzieht sich dieser Übergang, so entspricht der Partner mit seinen wesentlichen Zügen dem Objekt der Phantasie. Findet jedoch keine echte Verschiebung der Libido statt, so hat man in der sexuellen Beziehung ein Gefühl von Falschheit und Unaufrichtigkeit, und nach dem Geschlechtsakt kommt es zu einer Desillusionierung. Treten während des Koitus Phantasien über andere sexuelle Beziehungen auf, so ist dies ein Zeichen dafür, daß keine wirkliche Verschiebung von Libido stattgefunden hat. In diesem Fall kann eine überzogene Idealisierung verhindern, daß die Illusion, man habe einen echten und befriedigenden Partner gefunden, zusammenbricht (ebd., S. 86f.).

Auch Reichs Erörterung des masochistischen Charakters ist im Zusammenhang mit unserem Thema von Bedeutung. Eine Person von masochistischem Charakter – was vom Masochismus als Perversion zu unterscheiden ist – schädigt und mißachtet sich selbst. Ständig klagt sie und quält andere mit ihrem Unglück. Hinter diesen Provokationen steckt eine tiefe Enttäuschung über die Liebe; der masochistische Charakter hat ein übermäßiges Bedürfnis, geliebt zu werden, das eine wirkliche Befriedigung unmöglich macht. Viel mehr durch sein Verhalten als durch Worte gibt er dem Partner oder dem Analytiker zu verstehen: »Sieh, wie unglücklich ich bin, bitte, liebe mich ... Du *mußt* mich lieben ... Ich zwinge dich, mich zu lieben.«

Man wird sich erinnern, daß am mittelalterlichen Liebeshof eine der Hauptregeln lautete, daß Liebe nur freiwillig gewährt werden kann. Reich zeigt, daß Liebe auch gefordert wird, und wir können hinzufügen, daß es überhaupt zu den wesentlichen Charakteristika der Neurose gehört, Liebe einzuklagen. Dies jedoch bedeutet, den Nährboden zu zerstören, aus dem Liebe allein erwachsen kann. Nichtsdestoweniger verbringen viele Menschen ihr ganzes Leben damit, Liebe einzufordern.

Fenichel zitiert Reichs Auffassung zustimmend; seine eigene Definition der Liebe ist allerdings recht bescheiden: »Von ihr kann man nur sprechen, wenn die Rücksichtnahme auf ein Objekt so weit geht, daß die eigene Befriedigung unmöglich ist ohne die des Objekts.« »Bei einer Liebesbeziehung handelt es sich um eine partiale und temporäre einfühlende Identifizierung« (Fenichel 1945, Bd. I, S. 125f.).

Daß Reich und in geringerem Maß auch Fenichel den sexuellen Orgasmus als Gegenmittel zur Neurose hervorhoben, bedeutete eine Radikalisierung gegenüber dem, was Freud für möglich hielt; doch so weit entfernt von den Ansichten des jungen Freud, wie man gemeinhin annimmt, war es wiederum nicht. Im Jahr 1905 schrieb Freud: »Bei den meisten Psychoneurotikern tritt die Erkrankung erst nach der Pubertätszeit auf unter der Anforderung des normalen Sexuallebens« (1905a, S. 78).

Fenichel definiert an anderer Stelle (1945, Bd. III, S. 68) den genitalen Charakter mit Begriffen, die unmittelbar von Reich stammen – wobei er allerdings etwas erkennt, was Reich entgangen ist: daß nämlich der genitale Charakter eine Idealvorstellung ist, die im wirklichen Leben in keinem einzigen Exemplar existiert. Reich gibt zu verstehen, daß das eigentliche Ziel jeder Analyse die Genitalität ist; Fenichel dagegen betrachtet sie als ein Ideal, dem man sich lediglich annähern kann. Im Gegensatz zu Reich ist Fenichel eine Autorität geblieben, und es ist keine Übertreibung, zu sagen, daß für die Generation nach Freud die Genitalität das implizite Ziel der Psychoanalyse war.

Michael Balint

Im Jahr 1947 verlagerte sich der Schwerpunkt der Diskussion von den Schriften Reichs zu denen Michael Balints. In seinem Aufsatz ›Über genitale Liebe‹ konstatierte Balint – ohne sich auf Abraham oder Reich namentlich zu beziehen –, daß die Genitalität stets negativ definiert worden sei: keine orale Gier, kein Wunsch, den Partner zu erniedrigen, zu kastrieren oder zu vernichten, kein Ekel vor den Geschlechtsorganen des Partners, kein Schamgefühl über einen zu kleinen Penis, eine zu kleine oder zu große Brust und auch nicht das beschämende Gefühl, die eigenen Geschlechtsorgane seien von minderem Wert als die des Partners. Balint definiert die Genitalität als die Überwindung aller sexueller Hemmungen und Unzulänglichkeiten, die zum neurotischen Erbe der Kindheit gehören. Im Gegensatz jedoch zur genitalen Theorie von Abraham und Reich lenkt Balint die Aufmerksamkeit auf narzißtisch strukturierte Personen, die zum genitalen Orgasmus, nicht aber zur Liebe fähig sind.

In einem weiteren Aufsatz mit dem Titel ›Perversionen und Genitalität‹ (1956) hebt Balint hervor, daß man bei Perversionen, insbesondere unter Fetischisten und Transvestiten, eine Vorliebe dafür findet, den Orgasmus mit Hilfe unbelebter Objekte anstatt mit einer anderen Person herbeizuführen. Der Grund hierfür ist, daß der Fetisch stets verfügbar ist, daß er keine Forderungen stellt und auch keine Rücksichtnahme verlangt. Im Falle von Voyeurismus und Exhibitionismus ist zwar die Anwesenheit, nicht jedoch die Mitwirkung anderer Personen erforderlich – ein feiner, aber wesentlicher Unterschied. Außerdem sind die Objekte dieser Perversionen austauschbar. Je primitiver und infantiler die sexuelle Stufe, um so geringer sind die Anforderungen an die in Frage kommenden Objekte. Im Gegensatz zu den eher infantilen Formen von Sexualität ist die Genitalität auf ein hohes Maß an Bereitschaft und kooperativem Verhalten seitens des Partners angewiesen. Genitalität bürgt für die Fähigkeit zu höchster sexueller Lust, doch ist sie Balint zufolge nicht mit genitaler Liebe gleichzusetzen. Genitale Liebe werde vielmehr erst dann möglich, wenn Genitalität mit Idealisierung, Zärtlichkeit und einer besonderen Form von Identifizierung einhergeht.

Diese Unterscheidung von Genitalität und genitaler Liebe führt Balint zu einer radikalen Schlußfolgerung: Die genitale Liebe ist ein regressives Phänomen; unsere verlängerte Kindheit ist es, die uns empfänglich für genitale Liebe macht und die uns mit liebloser Genitalität unglücklich sein läßt.

Balint deutet die genitale Liebe als die Verschmelzung zweier nicht miteinander harmonierender Elemente: der genitalen Befriedigung und der prägenitalen Zärtlichkeit. Das bedeutet eine Wiederbelebung von Freuds Theorie der zwei Strömungen. »Diese Verschmelzung findet ihren Ausdruck in der genitalen Identifizierung, und die Belastung durch diese Verschmelzung wird belohnt durch die Möglichkeit, periodisch für einige glückliche Augenblicke auf die infantile Stufe zu regredieren, auf der noch keine Realitätsprüfung stattfindet, zur kurzfristigen Wiederherstellung einer vollkommenen Einheit des Mikro- und des Makrokosmos« (Balint 1947, S. 129f.). Für Balint ist Liebe kein natürlicher Affekt, sondern einer, der gelehrt werden muß. Die Kultur zwingt das Individuum dazu, Sex und Liebe miteinander zu verschmelzen. Die Ideen, die Freud in *Das Unbehagen in der Kultur* entwickelte, überträgt nun Balint auf die Liebe selbst. Nach seiner Auffassung muß man den Menschen als ein zurückgebliebenes Tier betrachten, das selbst in seinen reifen Jahren unter der Macht einer infantilen Form von Sexualität verbleibt. Die Liebe ist für Balint das Merkmal menschlicher Unreife. Genitale Liebe tritt innerhalb der Evolution sehr spät auf und bleibt fortwährend instabil. Zwar hat auch Freud hervorgehoben, daß die Wurzeln der Liebe in der frühen Kindheit liegen, doch in seinen veröffentlichten Schriften ist er nirgends so weit gegangen, die Liebe als das Symptom einer Entwicklungshemmung der menschlichen Spezies zu bezeichnen. Inoffiziell hat er freilich bei einem Treffen der Wiener Psychoanalytischen Vereinigung eine ähnliche Haltung zum Ausdruck gebracht.

Sämtliche Grundzüge des Freudschen Denkens finden sich bei Balint wieder. Während jedoch Freud noch 1905 glaubte, die Wiedervereinigung der zärtlichen und der sexuellen Strömung ermögliche eine erfüllte genitale Liebe, folgt Balint eher dem späten Freud in der Annahme, daß die Verbindung der beiden Strömungen unsicher ist und bleibt. Balint hält das Verlangen nach infantiler Verschmelzung für eine permanente Gefährdung der erwachsenen Sexualität. Damit führt er in die Psychoanalyse eine negative Haltung gegenüber der Liebe ein, die er als ein nutzloses, im Erwachsenenalter nie und nimmer wiederzubelebendes Überbleibsel aus der Kindheit bewertet. Liebe ist für ihn im wesentlichen ein Affekt, der Männer und Frauen bei ihrem Streben nach sexueller Lust behindert.

Mit dieser Haltung blieb Balint lange Zeit allein, wenngleich nicht ohne Einfluß. Die Gleichsetzung von Liebesfähigkeit und sexuellem Orgasmus beherrschte das psychoanalytische Denken noch weitere zwei Jahrzehnte. Novey (1955) kritisierte das Modell des genitalen Charakters, weil es die Unwägbarkeiten des Aggressionstriebs überhaupt nicht in Betracht ziehe. Der Mensch sei ja gerade darum ein soziales Wesen, weil sein Selbstgefühl *immer* beeinträchtigt sei. Handelsman (1965) zeigte, daß auch Männer und Frauen mit Psychosen oder Borderline-Störungen durchaus orgastisch potent sind. Im Gegensatz zur Auffassung von Reich komme Impotenz und Frigidität bei höher und weiter entwickelten intrapsychischen Strukturen vor, nämlich dann, wenn zwischen Es, Ich und Überich Konflikte auftreten.

Im Jahr 1968 veranstaltete die *American Psychoanalytic Association* ein Symposion zu dem Thema ›Die Theorie des genitalen Primats im Licht der Ich-Psychologie‹ (Berezin 1969; Ross 1970). Dabei ergriff Ross die Initiative und begann, die Beziehung zwischen postambivalentem Objekt und sexuellem Orgasmus in Frage zu stellen. Für das psychoanalytische Verständnis der Liebe war dies ein bedeutender Wendepunkt. Nicht, daß sich Freud hier gänzlich geirrt hätte; seine Annahme, daß Frigidität und Impotenz auf Hemmungen der Liebesfähigkeit zurückgehen, ist durchaus richtig. Falsch hingegen ist die Umkehrung dieses Satzes: Wenn jemand sexuell *nicht* versagt, so ist dies noch kein Anzeichen dafür, daß er auch liebesfähig ist.

Aus historischer Sicht muß man allerdings einräumen, daß weder Handelsman noch Ross den Orgasmus mit der gleichen akribischen Genauigkeit untersucht haben wie Reich. Innerhalb der psychoanalytischen Literatur über die Liebe, die nach dem Zweiten Weltkrieg publiziert wurde, erscheint Balint als derjenige, der die Freudsche Auffassung zu diesem Thema in der durchgreifendsten Weise verändert hat. Zahlreiche weitere Modifizierungen anderer Psychoanalytiker gehen auf Balint zurück.

Balint entdeckt im genitalen Charakter einen Widerspruch: Einerseits muß die Stufe der Genitalität erreicht werden, damit die sexuelle Beziehung eine gewisse Tiefe erreicht und frei von Neid und Feindseligkeit ist. Insofern ist die Genitalität die Vorbedingung von Liebe. Andererseits müßte die Reife des genitalen Charakters, seine größere Distanz zu infantilen Bedürfnissen sowie sein höheres Maß an Selbständigkeit und Unabhängigkeit die Liebe eigentlich überflüssig machen. Weder Balint noch Reich können einen vernünftigen Grund dafür angeben, warum zwei genitale Personen in einer längeren oder gar lebenslangen Beziehung zusammenbleiben sollten. Offenbar ist das Wesen der Liebe dem Netz entschlüpft, mit dem die psychoanalytischen Theoretiker der Genitalität es zu fassen hofften. Genitalität bleibt eine wesentliche Vorbedingung erfüllter Liebe, doch das Rätsel der Liebe hat dieser Begriff nicht lösen können.

Der nächste Meilenstein im psychoanalytischen Verständnis von Genitalität und Liebe war ein Aufsatz von Binstock (1973). Dieser hob hervor, daß innerhalb einer glücklichen heterosexuellen Beziehung jeder Partner im sexuellen Akt mittelbar das andere Geschlecht erlebt. Der Unterschied zwischen den Geschlechtern wird damit jedoch nicht aufgehoben, sondern eher noch vertieft. Gleichzeitig werden Überreste bisexueller Wünsche fortwährend auf den Partner projiziert, wodurch das eigene Gefühl geschlechtlicher Identität bestärkt wird. In homosexuellen Liebesbeziehungen kann es zu keiner derartigen Identifizierung kommen, und daher ist die Gefahr einer Vermischung von Selbst und Objekt bei Homosexuellen größer. Eine Person, der ein Leben ohne den Partner undenkbar scheint, die sogar den Tod der Trennung vorzieht, ist nach Auffassung Binstocks auf eine Stufe regrediert, wo ihr die Grenzen des Selbst verlorengehen. Der vielgepriesene Liebestod ist kein Charakteristikum wahrer Liebe, sondern ein Zeichen von Regression. Derartige Beziehungen verbessern sich gewöhnlich, sobald der Analysand in der Analyse die Fähigkeit wiedererlangt, sich ein Überleben ohne den Partner vorzustellen.

Binstock unterscheidet zwischen Verliebtheit und Vernarrtheit. Verliebt zu sein steigert das Gefühl der eigenen geschlechtlichen Identität; für die Vernarrtheit gilt dies nicht. In der Liebe fühlen sich die Männer männlich und die Frauen weiblich. Ist die Bisexualität zu stark ausgeprägt, ist es nicht möglich, sich zu verlieben.

Die Psychoanalyse hat entdeckt, daß der Mensch von Natur bisexuell ist. Als therapeutische Technik verfolgt sie dementsprechend ein doppeltes Ziel: einerseits die verdrängten »gegengeschlechtlichen Wünsche« aufzudecken, andererseits die Toleranz vor allem des Überichs zu erhöhen, damit die männlichen Wünsche von Frauen und die weiblichen Wünsche von Männern akzeptiert werden. Ist dieses Ziel erreicht, dann fällt es paradoxerweise wieder leichter, sich zu verlieben, und die Liebe ermöglicht es beiden Partnern, ihre gegengeschlechtlichen Wünsche auf den anderen zu projizieren. Innerhalb des historischen Kontexts, den ich in diesem Buch diskutiere, ist es von Bedeutung, daß diese Auffassung Binstocks zu der Platons in radikalem Gegensatz steht. Platon glaubte, daß wir uns verlieben, weil wir auf der Suche nach unserer verlorenen Bisexualität sind, während uns Binstock zufolge die Liebe vom Hemmnis der verbliebenen Bisexualität befreit.

Der Zusammenhang von Liebe und Genitalität hat sich als komplexer erwiesen, als Freud und Abraham voraussahen. Genitalität ist eine psychosexuelle Stufe. Genitale Liebe dagegen ist eine heterosexuelle Beziehung, innerhalb derer die männlichen Wünsche der Frau und die weiblichen Wünsche des Mannes auf den Partner projiziert werden, so daß der Mann seine Männlichkeit und die Frau ihre Weiblichkeit stärker empfinden. Genitalität ist eine Form sexueller Befriedigung, die unabhängig vom Gefühl der Liebe ist, das man für eine andere Person aufbringt. Eine genitale Beziehung ist nicht unbedingt eine Liebesbeziehung, und eine Liebesbeziehung braucht nicht auf Genitalität gegründet zu sein.

5

Liebe und Homosexualität

Wie wir bereits sahen, hat die abendländische Haltung gegenüber der Homosexualität, wie gegenüber der Liebe im allgemeinen, ihren Ursprung in der Bibel und im griechischen Denken. Die Bibel verdammt die Homosexualität als eine Abscheulichkeit, die Gottes Willen zuwiderläuft. Die griechische Kultur dagegen zeigte sich zumindest gegenüber bestimmten Formen der Homosexualität tolerant, vor allem der zwischen Männern und männlichen Jugendlichen. Das dichterische Werk Sapphos, das zahlreiche lesbisch gestimmte Gedichte enthält, war bei den Griechen sehr geachtet – auch auf diese Weise bewiesen sie ein höheres Maß an Toleranz gegenüber der Homosexualität.

Die Entstehungsgeschichte des Begriffs »Perversion« ist alles andere als wertneutral. Das *Oxford English Dictionary* definiert *perversion* als ein Sich-Abwenden vom Wahren und Rechten oder als Übergang zu unschicklichem Verhalten. Ursprünglich verwandte man den Begriff, um ein Abweichen vom wahren religiösen Glauben zu bezeichnen. Erst später bezog man ihn auch auf sexuelle Abweichungen.

Das einflußreichste Werk zum Thema Perversionen ist die erste der *Drei Abhandlungen zur Sexualtheorie* (Freud 1905b), ›Die sexuellen Abirrungen‹. Dieses Buch und die *Traumdeutung* sind meiner Ansicht nach Freuds bedeutendste Werke. Die Begeisterung der zeitgenössischen Leser über jenen Aufsatz wird man jedoch auf den ersten Blick nicht nachvollziehen können. Im Verlauf zahlloser Neuauflagen wurde der Text unter Anmerkungen förmlich begraben. Viel zu viele Autoren werden zitiert, und der ganze Aufsatz macht den Eindruck eines hastig verfertigten Flickwerks. Ist der Leser jedoch bereit, ein wenig tiefer zu graben, so wird er entdecken, daß dieser Aufsatz einer der originellsten ist, die Freud je verfaßt hat. Denn niemand vor ihm kam je auf den Gedanken, über die Perversionen Zugang zur Sexualität im allgemeinen zu suchen. Indem er genau dies tat, überwand er das damalige Vorurteil, Perversionen seien entweder ein Zeichen der Degeneration oder des Wahnsinns. Dadurch wurde eine völlig neue Deutung der menschlichen Sexualität möglich.

Freud bezeichnet den Sexualtrieb als den »ungezügeltsten aller Triebe« (1905b, S. 70) und hebt hervor, daß sich jemand auf sexuellem Gebiet durchaus krankhaft verhalten kann, ohne in anderen Bereichen irgendein Zeichen von Abnormität zu zeigen. Der Sexualtrieb, so Freuds Entdeckung, besteht aus zahlreichen Komponenten, die erst unter der Herrschaft der genitalen Stufe zusammengeführt werden. Bei Perversionen lösen sich diese Komponenten erneut davon ab (ebd., S. 71).

Freud nahm auch an, daß es bei Männern und Frauen eine allgemeine Prädisposition zur Bisexualität gibt. Ob dann im Erwachsenenalter die eine oder die andere Richtung überwiegt, schien ihm von zahlreichen Faktoren abhängig, darunter auch traumatische Erlebnisse in der Kindheit. In der Ausgabe von 1910 fügte er seinem Aufsatz eine Fußnote hinzu, in der er ein solches typisches Ereignis anführte. Spätere Homosexuelle haben eine sehr starke Beziehung zu ihren Müttern. An einem bestimmten Punkt ihrer Entwicklung wird aus Liebe Identifizierung; infolgedessen suchen sie nach jungen Männern, die ihnen ähneln, und lieben sie so, wie sie selbst geliebt wurden (ebd., S. 56, Fn.). 1922 erweiterte und veränderte Freud diese Beschreibung erheblich, indem er das Moment der Eifersucht einführte: Die Mütter der künftigen Homosexuellen bevorzugen andere junge Männer, und die Identifizierung mit der Mutter ist ein Notbehelf, um mit der Eifersucht fertig zu werden. Die Homosexuellen lieben ihre früheren Rivalen.

Was die Definition des Begriffs Perversion betrifft, so war Freud der Auffassung, daß sexuelle Aktivitäten, welche die genitale Vereinigung vorbereiten, die sexuelle Lust steigern und schließlich zum genitalen Orgasmus führen, *keine* Perversionen sind. Erst dann, wenn eine bestimmte sexuelle Aktivität die genitale Vereinigung mehr oder weniger dauerhaft ersetzt, sprechen wir von Perversion.

Die Neurose betrachtete Freud als das »Negativ« der Perversion. Alle Neurotiker zeigen starke homosexuelle Tendenzen, die sie jedoch zensieren. Nicht nur prägenitale Formen von Sexualität, sondern auch die Sexualorgane selbst erregen häufig ihren Abscheu. Den Konflikt zwischen den Triebforderungen und den sexualfeindlichen psychischen Kräften beantworten sie mit Vermeidung: Sie verwandeln die sexuellen Impulse in Symptome, so daß die Symptome das eigentliche Sexualleben der Neurotiker konstituieren.

In der Nachfolge Freuds verwendete die Psychoanalyse den Begriff Perversion dann, wenn der Koitus nicht mit dem jeweils anderen Geschlecht erfolgt (Homosexualität, Pädophilie, Sodomie), wenn das hauptsächliche Organ sexueller Lust nicht das Geschlechtsorgan ist (oraler, analer Sex) oder wenn der Orgasmus an bestimmte äußere Bedingungen gebunden ist (Fetischismus, Voyeurismus, Exhibitionismus, Transvestismus). Genaugenommen hat diese Definition überhaupt nichts genuin Psychoanalytisches, sondern gibt lediglich an, wo Psychoanalytiker die Grenzlinie zur Perversion ziehen.

Indem Freud die Perversion mit früheren, infantilen Formen der Sexualität identifizierte, gelang ihm eine wesentliche Umbildung dieses Begriffs. Perversionen gelten im psychoanalytischen Denken als normal in dem Sinne, daß sie frühen Formen der Sexualität entsprechen, zugleich aber auch als ungünstig, weil die genitale Stufe nicht erreicht wurde. Wenn die Gesellschaft eine Perversion verurteilt und bestraft, so versucht sie damit, die betreffende Person zu einem sexuellen Verhalten zu zwingen, das jenseits des von ihr erreichten psychosexuellen Entwicklungsstands liegt. Psychoanalytisch gesprochen: Was die Libido nicht erreicht hat, das verlangt die Gesellschaft oder das Überich. Einer Person das Erreichen einer höheren psychosexuellen Stufe abzufordern, ist jedoch nicht nur moralisch ungerechtfertigt, sondern auch zwecklos.

In einem Brief an die Mutter eines Homosexuellen schrieb Freud 1935:

»Homosexualität ist gewiß kein Vorzug, aber es ist nicht etwas, dessen man sich schämen muß, kein Laster, keine Erniedrigung und kann nicht als Krankheit bezeichnet werden; wir betrachten sie als eine Abweichung der sexuellen Funktionen, hervorgerufen durch eine gewisse Stockung der sexuellen Entwicklung. Viele hochachtbare Personen in alten und neuern Zeiten sind Homosexuelle gewesen, unter ihnen viele der größten Männer (Plato, Michelangelo, Leonardo da Vinci, et cetera). Es ist eine große Ungerechtigkeit, Homosexualität als ein Verbrechen zu verfolgen und auch eine Grausamkeit. [...] Mit Ihrer Frage, ob ich helfen kann, meinen Sie wohl, ob ich Homosexualität abschaffen kann und normale Heterosexualität an ihre Stelle setzen. Die Antwort ist, allgemein gesagt, daß wir dies nicht versprechen können. In einer gewissen Anzahl von Fällen gelingt es uns, die verkümmerten Keime der heterosexuellen Tendenzen, die ja in allen Homosexuellen vorhanden sind, zu entwickeln, in der Mehrzahl der Fälle ist dies nicht mehr möglich. [...] Was eine Analyse für Ihren Sohn erreichen kann, ist eine andere Frage. Wenn er unglücklich ist, neurotisch, von Zweifeln zerrissen, gehemmt in seinen persönlichen Beziehungen, dann mag eine Analyse ihm Harmonie, Seelenfrieden und volle Leistungsfähigkeit bringen, unabhängig davon, ob er homosexuell bleibt oder sich ändert« (Freud 1968, S. 438, 521).

Der Brief besagt, daß die Psychoanalyse für den Homosexuellen sehr viel leisten kann, vielleicht alles, was sie auch für den Heterosexuellen leistet – ohne jedoch die Homosexualität selbst zu verändern.

Schafer (1974) hat gezeigt, daß die von Freud und Abraham beschriebenen sexuellen Phasen, die schließlich in der genitalen Phase gipfeln, auf einem Entwicklungsmodell basieren, das eine teleologische Sicht der Fortpflanzung voraussetzt. Aus dieser Perspektive ist alles, was hinter der genitalen Sexualität zurückbleibt, ein Zeichen der Hemmung, es ist unnatürlich, unzulänglich oder anormal. Prägenitale Lust, die nicht der Fortpflanzung dient, gehört, wenn nicht schon ins Reich der Perversionen, so bestenfalls zum Vorspiel.

Hinter dieser Sichtweise steckt verborgen, doch äußerst wirksam ein System von Werten. Gleichzeitig jedoch und teilweise in Widerspruch hierzu bleibt die genitale Heterosexualität in Freuds Augen eine fragwürdige Leistung. Um die weiblichen Wünsche von Männern und die männlichen Wünsche von Frauen zu unterdrücken, muß die Gesellschaft beträchtlichen Zwang ausüben. Eltern und Erzieher überlassen es keineswegs dem Kind, seine geschlechtliche Identität auszubilden, sondern sie greifen ein, wenn der Junge sich mit Puppen beschäftigt oder das Mädchen am liebsten Fußball spielt. Eine »deviante« Erziehung vermag Töchter zu vermännlichen und Söhne zu verweiblichen, wobei Schafer mit seinem Begriff der devianten Erziehung auf das Bedürfnis mancher Eltern zielt, den Sohn als Tochter zu behandeln oder die Tochter als Sohn. Solche Eltern lassen dann Jungen in Röcken herumlaufen oder bringen ihrer Tochter eine männliche Sportart bei, als ob sie ihr Sohn wäre. Wir sind nun einmal in unserer geschlechtlichen Identität nicht fest verwurzelt, und da wir unsere eigenen bisexuellen Wünsche auf andere projizieren müssen, war die Haltung der Gesellschaft gegenüber sexuellen Abweichungen stets ziemlich rigoros.

Sind Homosexuelle liebesfähig? Über diese im Zusammenhang unseres Themas so entscheidende Frage herrscht keine Einmütigkeit. Die wohl einflußreichste Auffassung dürfte die von Anna Freud (1952) sein, die zu der Annahme gelangte, daß die Psychoanalyse die verlorene Männlichkeit des Homosexuellen wiederherzustellen vermag – jene Männlichkeit, die der ödipalen Mutter so häufig zum Opfer gebracht worden ist. Diese Männer werden dann phallisch, doch reicht diese Veränderung nicht hin, um die Frau auch als wirkliches Liebesobjekt zu besetzen. Sie erlangen ihre heterosexuelle Potenz zurück, doch nicht die von der Liebe geforderte emotionale Potenz. Auf narzißtische Weise besetzen sie den eigenen wiederentdeckten Penis, jedoch nicht die Frau. Was sie verloren haben, vermag die Psychoanalyse wiederherzustellen, doch zur genitalen Stufe kann sie ihnen nicht verhelfen. »Die Psychoanalyse macht sie wieder zu Fünfjährigen«, schrieb Anna Freud, »doch Fünfjährige sind keine besonders guten Liebhaber.«

Mir macht diese Äußerung Anna Freuds Kopfzerbrechen; denn wenn nach meiner Erfahrung der männliche Homosexuelle überhaupt etwas überbesetzt, dann ist es sein Penis. Es kann zwar vorkommen, daß er das Gefühl hat, sein Penis sei unzulänglich im Vergleich zu dem anderer Männer, doch diese Befürchtung haben häufig auch heterosexuelle Männer. Khan (1989) glaubt, daß in homosexuellen Beziehungen der Partner nicht als andere Person erlebt wird. Demzufolge wird er innerpsychisch auch nicht als getrennt vom Selbst repräsentiert. Homosexuelle Beziehungen, so Khan, seien Beziehungen zu einer Phantasiefigur ohne die Wesenszüge eines wirklichen Menschen. Auch Socarides (1978) führt Fälle an, die belegen, daß Homosexuelle nicht liebesfähig sind. Nach Isay (1985, S. 246) verändert zwar die Psychoanalyse das Sexualverhalten von Homosexuellen, doch ist dieses Ergebnis nicht von Dauer: »Die Patienten blieben Homosexuelle insofern, als ihre sexuelle Orientierung, die sich im Überwiegen homosexueller Phantasien zeigte, unverändert blieb. Vor oder während meiner Behandlung litten sie außerdem noch unter den schwierigen sozialen und persönlichen Komplikationen einer Familie.«

Zwei freudianische Analytikerinnen, Janine Chasseguet-Smirgel (1986) und Joyce McDougall (1985), haben in neuerer Zeit ein Modell zum Verständnis der Perversionen entwickelt, das von dem Freuds sehr verschieden ist. Ihr Ausgangspunkt ist das Werk de Sades, den sie als Anwalt einer »perversen« Sichtweise betrachten. De Sade akzeptiert überhaupt keine Einschränkungen sexueller Wünsche. Allem, was gewöhnlich verboten ist, widmet er sich geradezu mit Besessenheit. Der Inzest wird begrüßt, es gibt weder Schranken zwischen den Generationen noch Differenzen des Geschlechts.

Jenen Analytikerinnen zufolge durchlebt der künftige Perverse keine Latenzzeit und hat demzufolge auch nicht die Möglichkeit, die »zärtliche Strömung« zu entwickeln, von der Freud gesprochen hat. Pervertierte Sexualität kennt keine Zärtlichkeit, ebensowenig wie die Pornographie. Der Perverse war der Urszene ausgesetzt, das heißt der sexuellen Beziehung zwischen den Eltern und nicht selten auch sexuellen Aktivitäten eines oder beider Elternteile mit anderen. Wie andere Kinder auch reagierte er mit Wut und Neid auf diese Erlebnisse, doch dann entwickelte er zu seinem Schutz eine Ideologie, welche die infantile Sexualität gegenüber der erwachsenen als überlegen betrachtet. Er benutzt andere, um ein inneres Drehbuch immer wieder neu zu inszenieren, eine Rolle, die er zwanghaft spielen muß. Der Roman *Die Blechtrommel* von Günter Grass ist die plastische Schilderung eines derartigen klinischen Falls.

Eine strukturelle Analyse führte Kernberg (1975, S. 372ff.) zur Unterscheidung dreier Typen von Homosexualität und damit auch dreier Typen von Liebe. In einer ersten Gruppe rührt die Homosexualität daher, daß auf die Heterosexualität verzichtet wurde, um die Liebe des Vaters nicht zu verlieren. Dieser Typ entspricht im wesentlichen einem Ausagieren der negativen ödipalen Konstellation, und solche Homosexuelle sind der Liebe und Treue gegenüber einem Partner durchaus fähig. In einer zweiten Gruppe faßt Kernberg diejenigen

Homosexuellen zusammen, deren Homosexualität auf einem Rollentausch zwischen Selbst und Objekt beruht: Sie identifizieren sich mit ihrer Mutter, und das homosexuelle Liebesobjekt repräsentiert das, was sie selbst als Kinder waren. In ihrem Liebesobjekt sehen sie das Abbild ihres eigenen infantilen Selbst (eine Art homosexueller Objektwahl, die schon Freud beschrieben hat), und insofern kann man die darauf gegründete Liebe als narzißtisch bezeichnen. Mittels Rollentausch können solche Homosexuelle aber durchaus auch lieben. Ihre mütterliche Sorge um den Partner enthält Elemente einer Identifizierung mit den Eltern, und daher ist ihre Liebe nicht ganz und gar narzißtisch. Kernberg nimmt an, daß sie imstande sind, »ihre Objekte innig, wenn auch neurotisch, zu lieben«. Die dritte Gruppe schließlich ist die am meisten gestörte, denn hier ist der andere gar kein wirkliches Gegenüber, sondern repräsentiert psychologisch gesehen lediglich das infantile, grandiose Selbst. Eine echte Objektbeziehung gibt es bei dieser Art von Liebe nicht, da sie nur auf einer Projektion bestimmter Aspekte des grandiosen Selbst beruht. Solche Homosexuelle sind liebesunfähig, wenngleich sie in der äußeren Welt gut zurechtkommen.

McDougall (1985) schildert Fälle, bei denen die homosexuelle Beziehung heilsam war: so zum Beispiel Frauen, die während der Adoleszenz den eigenen Körper mißhandelten, damit jedoch aufhörten, sobald sie den Körper einer anderen Frau lieben konnten. Sorgsam erforschen die Frauen einander, sie überhäufen sich mit Liebkosungen und zärtlicher Fürsorge, die sie früher selbst gern empfangen hätten. Wenn die Partnerin auf diese Signale reagiert und sie beantwortet, erlangen sie das zurück, was sie ersehnt hatten, aber nicht verbalisieren konnten. Was die Mutter ursprünglich versagte, erfährt nun die Partnerin, die es dann zurückgibt. McDougall führt den Fall einer lesbischen Frau an, die in panischer Angst lebte, verlassen zu werden, wenn sie sich jemals übergeben würde. Als es dann tatsächlich einmal geschah, beugte sich ihre Freundin über das erbrochene Essen und küßte es – eine heilsame Geste, die vollkommene Akzeptanz bedeutete. Unglücklicherweise macht McDougall nur bruchstückhafte Angaben zu den langfristigen Auswirkungen einer derartigen heilenden Liebe.

Lesbische Beziehungen lehnen sich stärker an die Mutter-Kind-Beziehung an als andere Arten der Liebe. Wie jede Liebe bieten auch sie eine »zweite Chance«, und wie in vielen anderen Liebesbeziehungen ist auch hier entscheidend, wie weit der Erwachsene die Liebe verinnerlichen und das Trauma der Kindheit ungeschehen machen kann. McDougall ist der Auffassung, daß Lesbierinnen zwar liebesfähig sind, daß jedoch ihre Liebe überwiegend einer »Wiedergutmachung« der frühesten Beziehung zwischen Mutter und Tochter dient.

Sollte man den Begriff Perversion auch auf Gruppensex, Partnertausch und Dreiecksbeziehungen anwenden? Muß man Paare, die Pornofilme als Mittel sexueller Erregung benutzen, als pervers einstufen? Das Thema bietet unendliche Variationen. Da ist die Frau, die ihren angehenden Liebhabern teure, erotische Hochglanz-Bände zeigt, die Bilder geheimnisvoller sexueller Beziehungen in fernen Ländern beschwören; und da ist der Mann, der sich vor dem Geschlechtsverkehr Pornofilme ansieht, die ihn wütend machen, und dessen Koitus dann mit sadistischen oder masochistischen Phantasien einhergeht. Wie bereits Freud erkannte, sind die Grenzen zwischen normal und pervers fließend. Doch so viel ist klar: In all diesen Fällen hat das Liebesobjekt etwas von seiner einzigartigen Fähigkeit eingebüßt, allein Liebe zu wecken und zu befriedigen. Die Abweichungen von der allgemein akzeptierten dyadischen Norm brauchen noch nicht das Ende der Liebe einzuläuten, doch sie bedeuten, daß zwischen der Liebe und anderen psychischen Bedürfnissen ein Kompromiß gefunden werden mußte.

Die psychoanalytische Erfahrung hat mir gezeigt, daß Paare, die an Gruppenpraktiken teilnehmen, sich das hinterher selten verzeihen – auch dann nicht, wenn beide ganz damit einverstanden waren. Jeder macht den anderen dafür verantwortlich, daß er das Gefühl der Einzigartigkeit ihrer sexuellen Beziehung nicht mehr aufrechterhalten kann. Ich hatte Gelegenheit, eine Frau zu beobachten, der man schon vor ihrer Hochzeit gesagt hatte, ihr Ehemann erwarte, daß sie an Dreiecksverhältnissen teilnehme. Da sie ihn nicht verlieren wollte, willigte sie ein, doch verzeihen konnte sie das nicht. Das Gegenbeispiel war ein Analysand, der eine Frau in einer »Orgie« kennenlernte. Er verliebte sich in sie und wollte innerhalb dieser Gruppe zunehmend mit ihr allein sein. Nach mehreren Begegnungen bat er sie um ihren Nachnamen und ihre Telephonnummer, doch obwohl auch sie ihn in der Situation des Gruppensex bevorzugte, lehnte sie eine persönliche Beziehung ab. Liebe kann auch dann Wurzeln schlagen, wenn die Voraussetzungen nicht gerade vielversprechend sind, wie dieser Analysand mir zeigte.

Wer die Kapitel über Platons Gedanken zur Liebe oder über Shakespeares Liebe zu einem Jüngling gelesen hat, wird keinen Zweifel hegen, daß auch manche Homosexuelle liebesfähig sind. Daß dies von Psychoanalytikern bezweifelt wurde, beruhte, wie ich im vorigen Kapitel zeigte, auf der fälschlichen Gleichsetzung von Liebe und Genitalität. Homosexuelle Liebe nimmt einen anderen Weg als heterosexuelle Liebe. Daß sie narzißtischer ist, ist durchaus möglich, doch trotzdem ist es Liebe. Andererseits entspricht lesbische Liebe wahrscheinlich am meisten dem »Anlehnungstypus«, denn die meisten homosexuellen Frauen möchten in ihrer Partnerin die liebende Mutter wiederfinden, die sie immer entbehrten.

Die Tatsache, daß die Aufhebung der infantilen Amnesie nicht ausnahmslos zu einem Übergang von der Homo- zur Heterosexualität führt, macht es wahrscheinlich, daß es bei der Homosexualität um mehr als nur eine libidinöse Fixierung geht. Heterosexuelle Liebe ermöglicht es den Partnern, ihre jeweiligen gegengeschlechtlichen Wünsche auf den anderen zu projizieren, während die Homosexualität diese Entlastung nicht bietet. So stellt sie die psychoanalytische Theorie noch immer vor ein Rätsel.

6

*Übertragungsliebe und Liebe im wirklichen Leben**

Jahrhundertelang suchten Männer und Frauen nach Alraunwurzeln und anderen Substanzen, um daraus Liebestränke zu brauen. Doch dann, um die Jahrhundertwende, entdeckte ein jüdischer Arzt in Wien das Geheimnis der Liebe. Es gibt tatsächlich ein Mittel, mit dem ein Mensch einen anderen dazu bringen kann, sich in ihn zu verlieben, und das Rezept ist erstaunlich einfach: 1. Sorge dafür, daß die Umgebung möglichst beständig bleibt. Laß die Person, deren Liebe du hervorrufen willst, frei über alles sprechen, was ihr in den Sinn kommt. 2. Mische dich so wenig wie möglich in die sich entfaltenden Gefühle und Erinnerungen ein, und störe vor allem nicht den Strom der Kindheitserinnerungen. 3. Achte besonders darauf, daß vergessene oder verdrängte Liebesbeziehungen wieder wachgerufen werden. Sorge dafür, daß diese Liebesgefühle sich aus dem Zustand der Verdrängung befreien und neu durchlebt werden können. 4. Zeige der Person, deren Liebe du hervorrufen willst, daß sie nach jeder Enttäuschung Abwehrmechanismen entwickelt hat, die sich gegen künftige Liebesbeziehungen richten. Erkläre ihr, auf welche Weise jede Frustration des Wunsches, zu lieben und geliebt zu werden, in einen unerwünschten Charakterzug und in bestimmte Symptome verwandelt wurde und wie diese dann dazu benutzt wurden, um gegen die Liebe eine Schranke des Argwohns und des Mißtrauens aufrechtzuerhalten. – Wendet man diese Methode über einen bestimmten Zeitraum an, so wird sich über kurz oder lang Übertragungsliebe zu der Person einstellen, die den Schilderungen zuhörte, insbesondere dann, wenn auch diese sich darum bemüht hat, verdrängte Gefühle infantiler Liebe aufzudecken.

Die Entdeckung der Übertragung als eine mächtige psychische

* Eine veränderte Version dieses Kapitels erschien im *International Journal of Psychoanalytic Psychotherapy*, 11, 1985.

Kraft, die im Verlauf der analytischen Behandlung mobilisiert und dazu genutzt werden kann, die Kindheit des Analysanden zu erkunden, zählt zu Freuds schöpferischsten Beiträgen zu einem psychologischen Verständnis des Menschen.* Innerhalb der Übertragung treten infantile Muster ans Licht und werden auf intensive, unmittelbare Weise erfahren. Die Übertragung ist demnach ein Prozeß, durch den unbewußte Wünsche und bislang unbewußte Ängste aktualisiert werden (vgl. Laplanche/Pontalis 1973, S. 550ff.). Das Gefühlsleben der meisten Menschen ist karg, darum ist die Zahl der spontan auftretenden Assoziationen im allgemeinen begrenzt, und es dauert nicht allzu lange, ehe sie sich wiederholen. Überläßt man sie ganz ihren eigenen Neigungen, dann beginnen die meisten, sich im Kreis zu bewegen und fortwährend zu schon bekannten Themen zurückzukehren. Aufgabe der vom Psychoanalytiker gegebenen Deutungen ist es, diesen Kreis zu durchbrechen und dem Analysanden zur Einsicht in tiefere, bislang unbewußte Wünsche, Ängste und Phantasien zu verhelfen. Unter diesen Deutungen sind diejenigen, die sich auf die Übertragung beziehen, von besonderer Wichtigkeit.

Warum kommt es im Verlauf einer Psychoanalyse unvermeidlich zur Übertragung? In diesem Punkt gehen die Meinungen der Psychoanalytiker auseinander, und ich möchte zumindest zwei von ihnen anführen, die extreme Positionen vertreten. MacAlpine (1950) hat hervorgehoben, daß bereits die psychoanalytische Situation als solche eine infantile Konstellation schafft, an die sich der Analysand – sofern er überhaupt analysierbar ist – durch Regression anpaßt. Diese künstlich geschaffene regressive Situation ist es, innerhalb derer die Übertragung gedeiht. Nach Auffassung von MacAlpine ist es ein komplexes Bündel von Faktoren, das diese Regression herbeiführt: Der Psychoanalytiker schränkt die Anreize aus der Außenwelt ein; die Umgebung bleibt unverändert; in stets demselben Raum und zur gleichen Zeit empfangen den Analysanden derselbe Analytiker und der

* Meines Wissens gibt es zwei psychoanalytische Arbeiten, die sich mit dem Verhältnis von Übertragung und Liebe im wirklichen Leben befassen. Die eine stammt von Jekels und Bergler (1934), die der Auffassung sind, daß in der Liebe nur das Ichideal, in der Übertragung dagegen Ichideal *und* Überich projiziert werden. Ihre Folgerungen stimmen mit meinen eigenen klinischen Befunden nicht überein. Die andere Studie ist die von Schafer (1977).

gleiche mimische Ausdruck. Thema ist allein der Analysand und seine Welt. Nur selten dringt die Außenwelt in den hermetisch geschlossenen Kreis, den Analytiker und Analysand um sich aufbauen. Die Hervorhebung der freien Assoziation entbindet unbewußte Phantasien von der Kontrolle des Bewußtseins. Unter diesen Bedingungen tritt die Autorität des Analytikers an die Stelle der Elternautorität. Auch das Verhalten des Analytikers, der zwar verständnisvoll zuhört, jedoch Befriedigung versagt, fördert die Entwicklung der Übertragung. »Ein derartiges Instrument zur Untersuchung geschaffen zu haben, dürfte Freuds größter Geniestreich sein«, beschließt MacAlpine ihre Studie über die psychoanalytische Situation (1950, S. 526).

In scharfem Gegensatz dazu ist Brenner (1986) der Auffassung, daß zwar innerhalb der analytischen Situation tatsächlich Wünsche und Konflikte aus der frühen Kindheit auf den Analytiker übertragen werden, daß jedoch eine derartige Übertragung keinesfalls etwas Besonderes oder Einzigartiges ist. Übertragung ist ihm zufolge allgegenwärtig, und jede Objektbeziehung ist eine Neuauflage früher Objektbeziehungen der Kindheit. Übertragung ist ein charakteristischer Zustand und keinesfalls die Ausnahme; sie wird lebenslang immer wieder neu inszeniert, während ihr Wesen unbewußt bleibt. Ärzte sind Übertragungsfiguren ihrer Patienten, Lehrer die ihrer Schüler. Ärzte nutzen die Übertragung, um Patienten zu heilen, Lehrer brauchen sie, um die Lust am Lernen zu wecken. Einzigartig in der Psychoanalyse ist nicht die Tatsache, daß Übertragung hervorgerufen wird, sondern vielmehr die Art und Weise, wie sie damit umgeht. Die Antwort des Analytikers auf die Botschaft des Analysanden ist das Spezifikum der Psychoanalyse. Statt auf die Übertragungsreaktionen unmittelbar zu antworten, analysiert sie der Analytiker. Brenner behauptet, Freud habe die Übertragung für ein pathologisches Phänomen gehalten und sie unter dem Aspekt einer Rückkehr des Verdrängten gesehen, während Brenner selbst glaubt, die Übertragung sei eine normale, allgegenwärtige Erscheinung (1986, S. 224f.).

Trotz allem sind diese beiden Auffassungen von MacAlpine und Brenner durchaus miteinander vereinbar. Das Auftauchen der Übertragung in sämtlichen Lebenssphären verleiht ihr tatsächlich, wie

Brenner sagt, ein Moment von Allgegenwärtigkeit; doch ebenso richtig ist MacAlpines Hinweis darauf, daß die psychoanalytische Situation geradezu geschaffen ist, um jegliche potentielle Übertragung, die der Analysand mitbringt, zu bündeln, zu konzentrieren, zu vertiefen und nutzbar zu machen. Diese Konzentration wird durch die Art und Weise erreicht, wie der Analytiker auf die Übertragungsäußerungen des Analysanden reagiert, aber auch durch die Besonderheiten der psychoanalytischen Situation selbst.

Allein die Tatsache, daß es Übertragungsliebe gibt, galt Freud als Beweis dafür, daß im Unbewußten eine ungebrochene Objektbesetzung fortdauert – möglicherweise lebenslang. So entwickeln die meisten Menschen unter geeigneten Bedingungen eine Vater- oder Mutterübertragung gegenüber anderen, die in ihrem Leben eine dem Vater oder der Mutter äquivalente Rolle spielen: Lehrer, Ärzte, Vorgesetzte oder beliebige andere Personen, in deren Machtbereich man geraten kann. Von diesem unerschöpflichen Vorrat zehrt die Übertragungsliebe.

Im Jahr 1912 hat Freud gezeigt, daß die sexuellen Impulse nur zum Teil die volle psychische Entwicklung durchmachen und schließlich reale Befriedigung finden. Ein anderer Teil der erotischen Strebungen wird dagegen verdrängt. Aus diesen Impulsen, die in der Wirklichkeit nicht befriedigt werden, erwachsen »libidinöse Erwartungsvorstellungen«, und im Verlauf der Psychoanalyse nähren sie die Übertragung (1912b, S. 159f.).

Bereits früher habe ich die These vertreten, daß man unabhängig davon, *wie* man sich verliebt, stets auf bislang verdrängte Wünsche und frühere Liebesbeziehungen zurückgreift. Was im Leben dem Zufall überlassen bleibt, wird nun in der Psychoanalyse zu einer bewußt gehandhabten Technik. Durch systematisches Aufdecken verdrängter Impulse werden neue Liebesressourcen ans Licht gebracht. Sind diese erst einmal freigesetzt, so bereichern sie das gegenwärtige Sexual- und Liebesleben des Analysanden; allerdings können sie auch zu einer Quelle der Übertragungsliebe werden.

Die Entdeckung der Übertragungsliebe wirft zwei Fragen auf, die in unserem Kontext von besonderer Bedeutung sind: Entspricht die Übertragungsliebe im wesentlichen der Liebe im wirklichen Leben oder ist sie von dieser grundlegend verschieden? Und *wenn* sie etwas völlig anderes ist – kann man sie dann als Übergangsform der Liebe auffassen, die später den Analysanden wesentlich leichter zu einem neuen Objekt übergehen läßt, als dies ohne psychoanalytischen Eingriff möglich gewesen wäre? Um diese beiden Fragen soll es im folgenden gehen.

Eine kurze Geschichte der Übertragungsliebe

Historisch interessant ist, daß Freud, als er 1895 erstmals auf die Übertragung aufmerksam wurde, diese lediglich als Störung der rationalen Beziehung zwischen Patient und Analytiker betrachtete. Er bezeichnete sie als »Hindernis« – »aber kein inhaltliches, sondern ein äußerliches« –, als »falsche Verknüpfung« und als »Mesalliance« (Freud/Breuer 1895, S. 318ff.). Als Beispiel einer derartigen Mesalliance führte er den folgenden Fall an:

»Ursprung eines gewissen hysterischen Symptoms war bei einer meiner Patientinnen der vor vielen Jahren gehegte und sofort ins Unbewußte verwiesene Wunsch, der Mann, mit dem sie damals ein Gespräch geführt, möchte doch herzhaft zugreifen und ihr einen Kuß aufdrängen. Nun taucht einmal nach Beendigung einer Sitzung ein solcher Wunsch in der Kranken in bezug auf meine Person auf; sie ist entsetzt darüber, verbringt eine schlaflose Nacht und ist das nächste Mal, obwohl sie die Behandlung nicht verweigert, doch ganz unbrauchbar zur Arbeit« (ebd., S. 319f.).

Freud entdeckte dann, daß die Blockade der Arbeitsbeziehung sich löste, sobald sich die Patientin die Erinnerung wieder ins Gedächtnis gerufen hatte. Daraus schloß er, daß zunächst der Wunsch aufgetaucht war, von ihm geküßt zu werden, und zwar ohne die Erinnerung an frühere Ereignisse; nur aufgrund der Trennung von seinen historischen Bindungen habe ja dieser Wunsch auf ihn verschoben werden können. Freud glaubte, man müsse lediglich diesen historischen Bezug wiederherstellen, um damit auch die manifeste Übertragung zum Verschwinden zu bringen. Sobald sich die Patientin darüber im klaren sei, daß sie früher einmal den Wunsch gehabt habe, von einem bestimmten Mann dreist geküßt zu werden, dann würde sie nicht mehr von Freud geküßt werden wollen. Doch es stellte sich heraus, daß die Sache nicht ganz so einfach war, wie Freud erwartete. Analysanden neigen dazu, ganz anders zu denken: »Ich verstehe zwar, daß mein Wunsch, geküßt zu werden, auf einer Kindheitserinnerung beruht – nämlich auf dem Wunsch, von meinem Vater geküßt zu werden –, doch ich will jetzt noch immer von Ihnen geküßt werden.«

Freud stieß auf drei typische Fälle, bei denen das Auftauchen der Übertragung die Behandlung kompliziert: 1. wenn der Patient sich gekränkt oder mißachtet fühlt; 2. wenn der Patient von der Furcht ergriffen wird, vom Therapeuten zu abhängig zu werden; und 3. »wenn die Kranke sich davor schreckt, daß sie aus dem Inhalte der Analyse auftauchende peinliche Vorstellungen auf die Person des Arztes überträgt« (ebd., S. 319). Wie man sieht, war die Übertragung in dieser Frühphase der Psychoanalyse das Privileg weiblicher Patienten. Von diesem historischen Anachronismus abgesehen enthalten jedoch die drei von Freud angeführten Möglichkeiten eine Fülle von Material, das beweist, wie komplex das Phänomen der Übertragung bereits war, als Freud es im Jahr 1895 erkannte.

Beim ersten der von Freud angeführten Fälle geht es um narzißtische Kränkungen, die anfangs dadurch hervorgerufen werden, daß der Therapeut eine Verabredung mit der Patientin vergessen oder daß er es versäumt hat, auf eine bestimmte Mitteilung von ihr zu reagieren – kurz gesagt, dadurch, daß er sie mißachtet hat. Das kann mit früheren Enttäuschungen zu tun haben oder auch nicht. Es können auch Ereignisse eintreten, die an sich harmlos sind, die jedoch dadurch besondere Bedeutung erlangen, daß sich hinter ihnen schmerzliche Erinnerungen an die Vergangenheit verbergen. Der zweite Fall, die Furcht vor Abhängigkeit, ist zwar etwas allgemein Verbreitetes; dennoch verbinden sich damit bei jedem Analysanden Überreste zahlloser Erinnerungen an Ängste, die daraus resultierten, daß das Kind von einem sich unzuverlässig zeigenden Erwachsenen abhängig war. Hier ist die Übertragung das Medium für die Wiederkehr von Kindheitsängsten. Der dritte Fall schließlich steht für den »Übertragungswiderstand«, wie Freud dies 1926 genannt hat, ein Widerstand gegen das Wachrufen schmerzlicher Kindheitserinnerungen. Schon im Augenblick ihres ersten Erscheinens war demnach die Übertragung ein recht komplexes Phänomen, ein Amalgam aus Erinnerungen, Ängsten und Wünschen der Kindheit einerseits und realen Ereignissen innerhalb der Beziehung zum Analytiker andererseits – und all dies brachte die psychoanalytische Erfahrung ins Rollen.

Das Phänomen der Übertragung bereitete Freud um die Jahrhundertwende viel Kopfzerbrechen; dennoch sorgte es wahrscheinlich dafür, daß er sich der Erforschung der Natur der Liebe mit vermehrter Energie widmete. Nach dem Denkansatz von 1895 findet sich die erste Bemerkung über die Übertragung in Freuds Schrift über den »Fall Dora« (1905a). Die Tatsache, daß Dora die Behandlung vorzeitig abbrach, führt Freud rückblickend darauf zurück, daß er nicht imstande war, der Übertragung Herr zu werden. Wir können hinzufügen, daß zu jener Zeit auch sein Verständnis der Liebe rudimentär war. Wenn ein normales Mädchen von 14 Jahren plötzlich und unerwartet von einem nahen Freund ihres Vaters geküßt wird, dessen Frau wiederum die Geliebte des Vaters ist, dann – so glaubte Freud – müsse dies nicht Unlust, sondern eher sexuelle Erregung hervorrufen (1905a, S. 105f.). Heute wissen wir mehr über die Adoleszenz und erkennen daher Herrn und Frau K. als Verschiebungsfiguren aus Doras Jugendjahren, die für ihre Eltern standen. Sie boten Dora eine »zweite Chance«, wie Blos dies genannt hat: An diesen Ersatzeltern konnte sie ihre positiven wie negativen ödipalen Gefühle abarbeiten. Daß Dora immer wieder die Liebe zu ihrem Vater herbeizitierte, deutet Freud als Abwehrmaßnahme gegen ihre Liebe zu Herrn K. Daß dessen Annäherungsversuche in Dora einen psychischen Konflikt auslösen mußten, entging damals Freud: Dem Vater-Imago war K. einfach zu nahe, um nicht an das Inzesttabu zu rühren, und darum mußte sie ihn abweisen, obwohl sie sich von ihm angezogen fühlte.

Im Fall Dora unterscheidet Freud zwei Arten von Übertragung. Im ersten Fall werden Gefühle von einem Elternteil auf den Analytiker verschoben, so daß dieser eine bloße »Neuauflage« des Elternteils bleibt. Im zweiten Fall macht sich das Bedürfnis der Übertragung reale Züge des Therapeuten zunutze, die denen des Elternteils ähneln. Solche Übertragungen entsprechen eher »Neubearbeitungen« des Originals (1905a, S. 180f.).

Diese beiden Übertragungsmuster kann man ohne weiteres in zwei Arten von Liebe übersetzen. Im ersten Fall, bei dem der tatsächliche

Charakter der geliebten Person nur eine untergeordnete Rolle spielt, sprechen wir von Vernarrtheit oder Schwärmerei. Beim zweiten Typus bildet die tatsächliche Ähnlichkeit mit einem oder beiden Elternteilen die Brücke zu einer neuen Liebesbeziehung.

In einem wichtigen Aufsatz zur Technik der Analyse (1914) wurde sich Freud noch eines weiteren Faktors bewußt, der den Sachverhalt kompliziert und der in der Geschichte der psychoanalytischen Technik noch eine bedeutende Rolle spielen sollte. Ihm wurde klar, daß die Analysanden sich durchaus nicht an alles erinnern können, was in ihnen verdrängt wurde, und daß sie sich bisweilen nicht einmal an das allerwichtigste Material erinnern, das den Psychoanalytiker zu einem Verständnis ihrer Krankheit führen würde. Dasjenige jedoch, an was sich die Patienten nicht erinnern können, wird von ihnen in der Übertragung wie im wirklichen Leben nachvollzogen und neu erlebt – was dem Prozeß der Behandlung zugute kommt. Sie wiederholen, anstatt sich zu erinnern. So wird etwa eine infantile Neurose durch eine Übertragungsneurose ersetzt (vgl. 1914c und 1920, S. 228). Aufgabe des Analytikers ist es, die Manifestationen der Übertragungsneurose zu entschlüsseln und sie damit in das frühere Verhalten und in frühere Gefühlszustände rückzuübersetzen. Freuds Übertragungsbegriff aus dem Jahr 1914 eröffnet uns die Möglichkeit, einen neuen Aspekt der Liebe zu begreifen: Liebe als das Wiedererleben vergangener Gefühlszustände, die der Erinnerung nicht unmittelbar zugänglich sind. Auf diese Weise findet das Verdrängte einen neuen und anderen Weg, um ins Bewußtsein zurückzukehren. Freud erkannte, daß unter diesen Voraussetzungen die Übertragung lediglich der Spezialfall einer noch älteren Macht ist, die im psychischen Leben wirksam ist: des Wiederholungszwangs.

Seine Einsichten in das Wesen der Übertragung und seine Auffassung der Liebe im wirklichen Leben verknüpfte Freud in einem Aufsatz mit dem Titel ›Bemerkungen über die Übertragungsliebe‹ (1915b). Wenn man diesen Text liest, kann man die Schwierigkeiten nachempfinden, denen Freud hier begegnete. 1915 war die Phase der Isolation zu Ende, die Internationale Psychoanalytische Vereinigung bestand bereits seit fünf Jahren, und eine neue Generation junger Psychoanalytiker verlangte nach Unterweisung. Auf dem Gebiet der psychoanalytischen Technik schien die Frage der Übertragungsliebe besonders dringlich: Zu jener Zeit waren fast alle Psychoanalytiker junge Männer, und die Patienten waren in der Mehrzahl junge Frauen. Unter diesen Umständen gewann das Problem der Übertragungsliebe besondere Brisanz. Was sollte der Analytiker tun, wenn als Ergebnis erfolgreicher psychoanalytischer Technik seine Patientin ihm ihre Liebe erklärte? Nicht nur bedurften die Praktiker der Anleitung – auch der gute Ruf der Psychoanalyse mußte gewahrt werden. Nichts rief so viel Hohn und Spott hervor wie die verbreitete Annahme, jede Frau müsse sich in ihren Psychoanalytiker verlieben.

Freud empfiehlt, einen vorsichtigen Kurs einzuschlagen zwischen der Scylla der Kränkung der Patientin, die ihre Liebe gestanden hat, und der Charybdis eines Nachgebens gegenüber der allzu verführerischen Situation. Den Stolz auf seine »Eroberung« solle der Therapeut besser aufgeben und sich statt dessen vor Augen führen, »daß das Verlieben der Patientin durch die analytische Situation erzwungen wird« (1915b, S. 220). Hat der Therapeut seine Gegenübertragung unter Kontrolle gebracht, so muß er sorgfältig darauf achten, von der Übertragungsliebe nicht abzulenken oder sie gar abzuweisen; ebenso entschieden muß er sich aber auch jede Erwiderung versagen. Er muß der Patientin deutlich machen, daß sie sich zu einem Zeitpunkt verliebt hat, da besonders quälende Ereignisse ihres Lebens wiederkehren, ohne daß sie sich dessen bewußt ist. Damit hat Freud über die Liebe etwas Neues herausgefunden: Sie kann der Abwehr dienen.

Freud glaubte, man könne unerfüllte Wünsche zu Beweggründen psychischer Veränderung machen, während erfüllte Wünsche nur zur Trägheit führten. Das lief auf eine Theorie der Sublimierung hinaus, ohne daß Freud dies unmittelbar zum Ausdruck brachte:

»Die Kur muß in der Abstinenz durchgeführt werden; ich meine dabei nicht allein die körperliche Entbehrung, auch nicht die Entbehrung von allem, was man begehrt, denn dies würde vielleicht kein Kranker vertragen. Sondern ich will den Grundsatz aufstellen, daß man Bedürfnis und Sehnsucht als zur Arbeit und Veränderung treibende Kräfte bei der Kranken bestehen lassen und sich hüten muß, dieselben durch Surrogate zu beschwichtigen« (1915b, S. 224).

»Je mehr man den Eindruck macht, selbst gegen jede Versuchung gefeit zu sein, desto eher wird man der Situation ihren analytischen

Gehalt entziehen können. Die Patientin, deren Sexualverdrängung doch nicht aufgehoben, bloß in den Hintergrund geschoben ist, wird sich dann sicher genug fühlen, um alle Liebesbedingungen, alle Phantasien ihrer Sexualsehnsucht, alle Einzelcharaktere ihrer Verliebtheit zum Vorscheine zu bringen, und von diesen aus dann selbst den Weg zu den infantilen Begründungen ihrer Liebe eröffnen« (ebd., S. 226).

Bis hierher würde man noch schlußfolgern, daß die Übertragungsliebe im wesentlichen eine Form von Widerstand ist, also etwas anderes als die Liebe im wirklichen Leben. Gegen Ende seines Aufsatzes macht Freud jedoch eine erstaunliche Bemerkung:

»Ich meine, wir haben der Patientin die Wahrheit gesagt, aber doch nicht die ganze, um das Ergebnis unbekümmerte. [...] Der Anteil des Widerstandes an der Übertragungsliebe ist unbestreitbar und sehr beträchtlich. Aber der Widerstand hat diese Liebe doch nicht geschaffen, er findet sie vor, bedient sich ihrer und übertreibt ihre Äußerungen. Die Echtheit des Phänomens wird auch durch den Widerstand nicht entkräftet. [...] es ist wahr, daß diese Verliebtheit aus Neuauflagen alter Züge besteht und infantile Reaktionen wiederholt. Aber dies ist der wesentliche Charakter jeder Verliebtheit. Es gibt keine, die nicht infantile Vorbilder wiederholt. Gerade das, was ihren zwanghaften, ans Pathologische mahnenden Charakter ausmacht, rührt von ihrer infantilen Bedingtheit her. Die Übertragungsliebe hat vielleicht einen Grad von Freiheit weniger als die im Leben vorkommende, normal genannte, läßt die Abhängigkeit von der infantilen Vorlage deutlicher erkennen, zeigt sich weniger schmiegsam und modifikationsfähig, aber das ist auch alles und nicht das Wesentliche« (ebd., S. 227f.).

Diese Äußerung vollzieht einen Bruch mit Freuds früherer Überzeugung, Übertragung sei eine Form des Widerstands. Er erhebt jetzt die Übertragungsliebe in den Rang einer bestimmten *Art* von Liebe. Die verdrängten infantilen Phantasien, die dafür sorgen, daß man sich verliebt, bleiben im wirklichen Leben unbewußt, und dennoch liefern sie die Energie für eine neue Liebe. In der analytischen Situation werden diese frühen Bilder bewußtgemacht und dadurch ihres energetischen Potentials beraubt. Wird in der Analyse die inzestuöse Fixierung hinter der Übertragungsliebe aufgedeckt, so lockern sich dadurch die inzestuösen Bindungen, und es wird der Weg bereitet für eine künftige Liebe, die frei ist von dem Bedürfnis, das ödipale Dreieck immer wieder aufs neue herzustellen. Unter den Bedingungen psychischer Gesundheit liefern die infantilen Prototypen lediglich die Energie, mit der man sich neu verliebt; bei der Neurose jedoch wekken sie auch das Inzesttabu und das Bedürfnis nach neuen Triangulierungen, in denen sich das Dreieck der ödipalen Stufe wiederholt.

Freud räumt allerdings ein, daß auch dann, wenn der Psychoanalytiker so taktvoll wie möglich ist, nicht jede Frau damit einverstanden sein wird, daß ihre Liebe zum Gegenstand psychologischer Untersuchung gemacht wird. Er schreibt, ebenso wehmütig wie abgeklärt:

»Bei einer Klasse von Frauen wird dieser Versuch, die Liebesübertragung für die analytische Arbeit zu erhalten, ohne sie zu befriedigen, allerdings nicht gelingen. Es sind das Frauen von elementarer Leidenschaftlichkeit, welche keine Surrogate verträgt, Naturkinder, die das Psychische nicht für das Materielle nehmen wollen, die nach des Dichters Worten nur zugänglich sind ›für Suppenlogik mit Knödelargumenten‹. Bei diesen Personen steht man vor der Wahl: entweder Gegenliebe zeigen oder die volle Feindschaft des verschmähten Weibes auf sich laden. In keinem von beiden Fällen kann man die Interessen der Kur wahrnehmen. Man muß sich erfolglos zurückziehen und kann sich etwa das Problem vorhalten, wie sich die Fähigkeit zur Neurose mit so unbeugsamer Liebesbedürftigkeit vereint« (ebd., S. 226).

Bemerkenswert ist, daß Freud in dieser Passage den Begriff »Liebesübertragung« verwendet; auch im folgenden spricht er eher vom Erwidern der Liebe als vom Eingehen auf erotische Wünsche. Zwischen Übertragungsliebe und erotischer Übertragung ist noch keine scharfe Trennungslinie gezogen.

Geht die psychoanalytische Beziehung unter dem Druck erotischer Übertragung oder Gegenübertragung in eine sexuelle Liebesbeziehung über, so gewinnt dadurch allein der Wiederholungszwang:

»Es wäre ein großer Triumph für die Patientin, wenn ihre Liebeswerbung Erwiderung fände, und eine volle Niederlage für die Kur. Die Kranke hätte erreicht, wonach alle Kranken in der Analyse streben, etwas zu agieren, im Leben zu wiederholen, was sie nur erinnern, als psychisches Material reproduzieren und auf psychischem Gebiete erhalten soll. Sie würde im weiteren Verlaufe des Liebesverhältnisses alle Hemmungen und pathologischen Reaktionen ihres Liebeslebens zum Vorscheine bringen, ohne daß eine Korrektur derselben möglich wäre, und das peinliche Erlebnis mit Reue und großer Verstärkung ihrer Verdrängungsneigung abschließen. Das Liebesverhältnis macht eben der Beeinflußbarkeit durch die analytische Behandlung ein Ende; eine Vereinigung von beiden ist ein Unding« (ebd., S. 225).

Erotische Übertragung

Die Frauen, die Freud in der oben zitierten Passage als elementar leidenschaftlich beschreibt, wurden in der späteren psychoanalytischen Literatur häufig unter dem Begriff der erotischen Übertragung diskutiert. So schildert Greenson Frauen, die nicht um der Erkenntnis willen eine Analyse aufsuchen, sondern um die körperliche Nähe des Analytikers zu genießen (1973, S. 348ff.). Während des Erstgesprächs erzählen solche Patientinnen in zweckdienlicher Weise von sich. Sie sind im Leben erfolgreich und haben auch entsprechende soziale Kontakte, doch ihr Liebesleben ist unerfüllt. Schon in der ersten Stunde auf der Couch entwickeln sie eine intensive sexuelle Übertragung, wobei sich in ihrem sexuellen Verlangen der Wunsch nach Vereinnahmung, Besitz und Verschmelzung zeigt. Verbalisierung und Deutung frustrieren sie.

Greenson zufolge zeigt sich die Sexualität dieser Frauen als letzte Abwehr gegen den »Abgrund der homosexuellen Liebe zur Mutter« (ebd., S. 349) – doch ist unschwer zwischen den Zeilen dieses Autors zu lesen, daß diese Patientinnen keine Empathie bei ihm zu wecken vermochten. Wenn der Analytiker die vorzeitigen Wünsche dieser Frauen akzeptieren kann, wenn er sie als eine sehr frühe Form von Liebe respektiert und sie als solche den Frauen auch erklärt, dann ist nach meiner Erfahrung die Behandlungssituation keinesfalls hoffnungslos.

In derartigen Situationen erotischer Übertragung fand ich es hilfreich, die Analysandinnen dazu aufzufordern, sich einmal auszumalen, wie es wäre, wenn ihre Wünsche in Erfüllung gingen (stellt man diese Frage auf sachliche Weise, so besteht im allgemeinen keine Gefahr, daß sie als Verführung aufgefaßt wird). Es stellt sich dann heraus, daß sie glauben, die analytische Beziehung werde sich rund um die Uhr fortsetzen, wobei sich alles allein um ihre Bedürfnisse drehen würde. Unter dieser intensiven Fürsorge werden dann ihre Probleme wie durch Zauberei verschwinden; ein ganz neues Leben wird beginnen, das keine Mühe, keine Sorgen und keine Neurose kennt. Man kann dann diesen Patientinnen verdeutlichen, daß es sich um eine Frühform von Liebe handelt, und ihnen zum Verständnis dessen verhelfen, daß man die frühe Kindheit nicht so einfach los wird. Analysiert man die erotische Übertragung, so erweist sie sich als die von Balint (1937) so genannte »primäre Objektliebe«.

Auch Blum (1971) schildert eine Frau, die bereits zu Anfang der Analyse eine erotische Übertragung entwickelte. Alle Deutungen, die auf ein Wiederaufleben der Vergangenheit verwiesen, lehnte sie ab. Mit Haut und Haaren fühlte sie sich in den Analytiker verliebt, und sie erklärte, sie sei bereit, »ihren Ehemann zu verlassen und ihre Kinder zu ertränken, wenn er sie nur heiraten würde«. Doch trotz dieser erotischen Übertragung blieb die Patientin eine gute Ehefrau und Mutter.*

Socarides (1978) glaubt, weibliche Homosexuelle verliebten sich eher in einen männlichen Analytiker als männliche Homosexuelle; der Analytiker solle die erotischen Forderungen und die Wünsche nach Abhängigkeit bei homosexuellen Patientinnen unbedingt deuten, ehe sie zu überwältigender Intensität gelangen können. Wenn sich die Übertragungsgefühle erst einmal weitgehend entfaltet haben, dann vermischen sie sich mit Bitternis und Rachegelüsten, die sich gegen den Vater-Analytiker richten. Es besteht dann die Gefahr, daß die lesbische Patientin von seiten des Analytikers die gleiche Demütigung erfährt wie einst vom Vater, und das wird sie veranlassen, ihre

* Mündliche Mitteilung von Blum. Die Tatsache, daß ein Patient trotz der Heftigkeit der Übertragung an der Alltagsroutine festzuhalten vermag, ist ein wesentliches Kriterium der Analysierbarkeit.

Liebe zurück zur Mutter zu verschieben. Socarides ist der Ansicht, daß auch lesbische Frauen einst die ödipale Stufe erreichten und leidenschaftliche Gefühle gegenüber ihrem Vater entwickelten, daß sie sich aber aufgrund seiner schroffen Abweisung auf präödipale Liebesbeziehungen zurückzogen, mit der Mutter als Stellvertreterin.

Ich hatte Gelegenheit, die Folgen einer Liebesbeziehung zwischen einer Analysandin und ihrem früheren Therapeuten zu beobachten. Schon während der Behandlung hatte sie das Gefühl, für ihren Therapeuten etwas ganz Besonderes zu sein. Gegen Ende der Behandlung kam es zu keinerlei Trauerarbeit; das notwendige Durcharbeiten des Verlusts des infantilen Liebesobjekts fand nicht statt. Wie es für solche Fälle typisch ist, wurden auch die Gefühle der Eifersucht und des Neids nicht analysiert – der Wunsch, über Rivalinnen den Sieg davonzutragen, über Ehefrau, Töchter oder andere Analysandinnen. Das Schicksal dieser Patientinnen ist eine Variante des Motivs der »Ausnahme« (Freud 1916; Jacobson 1959), das man etwa folgendermaßen wiedergeben kann: »Anders als die übrige Menschheit bin ich dazu berechtigt, das Inzesttabu zu mißachten, der Trauerarbeit auszuweichen und meinen Vater oder meine Mutter sexuell zu besitzen. Ich habe dieses Recht deshalb, weil ich schon so viel gelitten habe, oder einfach darum, weil ich eine Ausnahme bin.« Aus der Sicht des Analytikers ist die Beziehung zu einer früheren Analysandin meiner Ansicht nach eine Variation des Pygmalion-Themas. Wie Pygmalion wollen solche Analytiker ihre Liebesobjekte nicht in der Außenwelt finden, sondern sie lieber selbst erschaffen. Sie mißtrauen der Außenwelt und fürchten sie. Wird die Übertragungsbeziehung zu einer sexuellen Beziehung, so bedeutet sie unbewußt und symbolisch die Erfüllung des Wunsches, am infantilen Liebesobjekt festzuhalten und die inzestuöse Liebe in der Realität neu zu begründen. Eine neuerliche Analyse solcher Fälle zeigt, daß damit ein Schuldgefühl hervorgerufen wird, das wiederum die Aggression des Überichs weckt und in Depression mündet. Solche Patienten wenden sich allerdings nur dann wieder an den Analytiker, wenn ihre Beziehung zu neuen Enttäuschungen geführt hat. Die Tatsache, daß es ihnen schon einmal gelungen ist, die ödipalen Verbote zu umgehen, macht dann eine neuerliche Analyse schwierig.

Liebesökonomie

Blanton berichtet, als er bei Freud in der Analyse gewesen sei, habe dieser den Begriff »Liebesökonomie« gebraucht (1975, S. 35) – eine Metapher, die auf Freuds Libidotheorie zurückgeht. Man kann jeden Menschen, der in eine Behandlung eintritt, als jemanden auffassen, der libidinöses und aggressives »Kapital« mitbringt. In diejenigen Personen, die im Leben eines jeden von Bedeutung sind – Ehepartner, Kinder, Eltern, Freunde, Lehrer, Schüler, Kollegen, Ärzte –, wird Aggression ebenso wie Liebe »investiert«. Dazu gehören auch »Investitionen« ins eigene Selbst, also Narzißmus. Außerdem vermag die Psychoanalyse regelmäßig zu zeigen, daß nicht nur »Investitionen« in gegenwärtige, sondern auch in vergangene Objekte aufrechterhalten werden – darunter neben infantilen Liebesobjekten auch frühere Liebespartner.

Im Verlauf einer Psychoanalyse werden die Investitionen in aktuelle Objekte durch die Übertragung verändert. Die Möglichkeit der erotischen Übertragung ist ein Warnsignal: Sie läßt erkennen, daß es durch die Übertragungsliebe zu einem neuerlichen Defizit in den bestehenden Objektbeziehungen kommen kann. Gewöhnlich ist es einfacher, den Analytiker zu lieben, während man seine Unzufriedenheit gegenüber Personen des wirklichen Lebens äußert. Es bedarf therapeutischen Könnens, diesen Prozeß umzukehren und bereits bestehende Beziehungen abzusichern. Kommt es zu größeren seelischen Turbulenzen, dann muß der Therapeut überdies die Bilder vergangener Objekte vor allzu rascher Desillusionierung schützen. Legt man das Schwergewicht auf die »Liebesökonomie«, so lassen sich die Patienten einer Anzahl verschiedener, gut voneinander abgrenzbarer Gruppen zuordnen.

Zunächst gibt es diejenigen, deren Libido noch immer an den Elternfiguren haftet. Geläufige Beispiele sind die unverheiratete Frau, die ihr Leben der Pflege der Mutter oder des Vaters widmet, sowie der Junggeselle, der bei den Eltern wohnt. In solchen Fällen besteht die Arbeit des Therapeuten darin, die Libido aus der Falle der ursprünglichen Objekte zu befreien, sie vorübergehend innerhalb der Übertragung zu halten und dann dafür zu sorgen, daß sie sich eine Person des wirklichen Lebens sucht, die mehr Befriedigung bietet.

Die zweite Gruppe umfaßt narzißtische Persönlichkeiten, die derart von sich selbst eingenommen sind, daß für andere zu wenig Libido verfügbar ist. Zum Narzißmus gibt es bereits eine riesige Literatur, die sich zumeist auf die Möglichkeiten des Narzißten bezieht, zum Therapeuten eine substantielle Übertragung aufzubauen. Weniger beachtet wurde dagegen die Frage, ob der Narzißt, nachdem einmal Übertragungsliebe entstanden ist, diese auch auf Personen der realen Welt verschieben kann.

In der dritten Gruppe finden sich diejenigen, deren Libido sich von den Elternfiguren gelöst hat und die auch nicht narzißtisch sind, deren Ich jedoch nicht die integrative Leistung erbringt, die erforderlich ist, um die Libido auf eine einzelne Person zu konzentrieren.

Die vierte Gruppe schließlich besteht aus Männern und Frauen, die in einer dauerhaften Beziehung leben, die auch selbst bereits Eltern geworden sind, die aber dennoch in ihrer Ehe unglücklich sind. Zwist, Unzufriedenheit und Enttäuschung beherrschen die Beziehung zum Partner. Wir wissen, daß Beziehungen ihre eigene Pathologie hervorbringen, die bis zu einem bestimmten Grad unabhängig von der Neurose der Beteiligten ist. In der Geschichte der Psychoanalyse war es einst Mode, den Wiederholungszwang für derart stark zu halten, daß Ehescheidung eigentlich sinnlos sei: Die beiden würden ohnehin den gleichen neurotischen Partner unter anderem Namen wiederfinden (Bergler 1949). Unter dem Einfluß der Theorie der Objektbeziehungen hat diese extreme Sichtweise jedoch ihre Vorherrschaft eingebüßt.

Wie Blanton (1975, S. 48f.) berichtet, äußerte sich Freud ihm gegenüber in der Analyse: »Ich habe die Erfahrung gemacht, daß Frauen, die eine Liebesaffäre haben, der Analyse absolut verlorengehen. [...] Hingegen scheint der Mann dazu fähig, eine Liebesaffäre zu beginnen, ohne ganz darin aufzugehen.« Was Freud hier von den Frauen behauptet, gilt, wie spätere Erfahrungen gezeigt haben, für Heranwachsende und für Borderline-Persönlichkeiten. Auch wenn der Patient sich auf dem Höhepunkt der Verliebtheit befindet oder wenn ihm ein Kind geboren wurde, kann es vorkommen, daß seine Liebe die gesamte verfügbare Libido absorbiert, wie ich schon feststellen konnte. In solchen Fällen wird die analytische Arbeit gewöhnlich zurückgedrängt von Tagträumen über den geliebten Menschen, vom Ausdruck der Liebe ihm gegenüber sowie vom Wunsch, die Stunde zu beenden, um mit ihm wieder vereinigt zu sein. In extremen Fällen kann es sogar notwendig sein, den Analysanden von der Behandlung zu beurlauben. Das gilt vor allem für Borderline-Patienten, die nicht fähig sind, zur gleichen Zeit mehr als eine Beziehung zu ertragen. Man kann dann die analytische Arbeit fortsetzen, sobald die Liebesbeziehung einiges an Intensität verloren hat und die symbiotische Phase zu Ende geht; handelt es sich um ein Kind, kann man fortfahren, sobald der Trennungsprozeß eingesetzt hat.

Die Frage, in welchem Maß sich die Übertragungsliebe während und nach der Behandlung auf Objekte der wirklichen Welt übertragen läßt, hat bisher nicht die verdiente Aufmerksamkeit gefunden. Sobald der Analysand das Bild des Analytikers verinnerlicht hat und die Trennungs- und Trauerarbeit erledigt ist, dann – so behauptet die psychoanalytische Theorie – ist er innerlich bereit, eine Person der realen Welt zu lieben. Für einige Analysanden wird der Analytiker zu einem neuen Ichideal, welches das vom Vater oder der Mutter herrührende ersetzt. In diesem Fall kann der Analytiker die Grundlage dafür bieten, daß sich der Patient neu verliebt – als Brücke zu einer neuen Objektbeziehung in der »Außenwelt«. Ein nach Abschluß der Analyse erwähltes Liebesobjekt trägt häufig die Züge und Charaktereigenschaften des Analytikers.

Es kommt auch vor, daß diese Ersetzung stattfindet, während die Analyse noch im Gange ist. In einem mir bekannten Fall begann ein Mann mit einer Therapie, schreckte vor der Übertragungsliebe zurück, brach die Behandlung ab, begann eine Liebesbeziehung mit einer anderen Therapeutin und kehrte dann zur Behandlung zurück. Besonders erstaunlich sind Fälle, in denen homosexuelle Analysanden, die bei weiblichen Therapeuten in Behandlung sind, ihre erste heterosexuelle Beziehung nach dem Muster ihrer Therapeutin eingehen. Verlieben sich die Analysanden auf diese Weise, während die Analyse noch im Gange ist, dann spielt der Widerstand fortan eine größere Rolle. Der Analysand sagt es zwar nicht ausdrücklich, aber man kann sein Verhalten etwa so entschlüsseln: »Ich brauche deine Liebe nicht, ich habe einen Ersatz-Therapeuten gefunden, einen vom richtigen Geschlecht und im richtigen Alter, der mir, anders als du, die sexuelle Befriedigung nicht versagt.« Solche Patienten sexualisieren die Übertragung nicht, sondern errichten eine Schranke gegen jede Vertiefung der Übertragungsgefühle. Es gibt die Tendenz, ein derartiges Verlieben als »Agieren« zu bezeichnen, denn der Therapeut spürt, daß es die volle Entfaltung der Übertragungsbeziehung stört. Der auf diese Weise verliebte Analysand akzeptiert zwar die Deutung, doch seine Liebe tangiert dies kaum. Statt dessen nimmt er es dem Analytiker übel, daß er sich einmischt und Fragen zu dieser Beziehung stellt. Über die Deutung, daß es sich bei ihrer Liebe um Widerstand handelt, können sich die Analysanden regelrecht ärgern. Allerdings ist der Widerstand, der gewiß eine Rolle spielt, nicht die einzige Kraft, die bestimmenden Einfluß auf das Verlieben ausübt. Es besteht in diesen Fällen die Gefahr, daß die Trauer und das Durcharbeiten, die zur Schlußphase der Analyse gehören, umgangen werden. Es kann auch vorkommen, daß eine Beziehung, die während der Analyse befriedigend war, nach deren Beendigung nicht mehr tragfähig ist, so daß ein neues Liebesobjekt gesucht werden muß.

Nach meiner Erfahrung ist die Übertragungsliebe eine sehr frühe und abhängige Form von Liebe, die zwar im wirklichen Leben ebenfalls vorkommt, die jedoch mit den Fallstricken alltäglicher Erfahrungen nur schlecht zurechtkommt. Viele Analysanden, die im realen Leben keine Liebe finden, können dennoch Übertragungsliebe erfahren, und es ist ein Irrtum zu glauben, daß jeder, der zur Übertragungsliebe fähig ist, damit auch die Fähigkeit erlangt hat, unter normalen Bedingungen zur Liebe zu finden. Übertragungsliebe kann der erste Schritt zur Liebesfähigkeit sein, aber als solche ist sie noch kein Äquivalent zum Leben. Man beobachtet in der Psychoanalyse häufig, daß Analysanden, die sich auf andere nur in ambivalenter Weise beziehen können und ständig mit ihren Partnern Kämpfe austragen, sich innerhalb der Übertragung durchaus positiv auf den Analytiker beziehen. Sie zeigen ihm gegenüber eine Haltung, die an die von Abraham (1924) so genannte »Präambivalenz« erinnert. An jeder Person der Außenwelt haben sie etwas auszusetzen, nur der Analytiker scheint ihnen über jeden Tadel erhaben. Und da sie den Psychoanalytiker idealisieren, verdrängen oder verleugnen sie ihre negativen Gefühle.

Die Möglichkeiten des Analysanden, gegenüber dem Analytiker Interesse und Wechselseitigkeit der Beziehung zum Ausdruck zu bringen, sind innerhalb der analytischen Situation radikal eingeschränkt.

Diese Situation ist so gestaltet, daß sie den Erfordernissen der Behandlung entspricht, doch den reifen Bedürfnissen des Analysanden kommt sie in keiner Weise entgegen. Im Zustand der narzißtischen Entleerung jedoch, wenn andere Fixierungen auf frühe Entwicklungsstadien dominieren, hat die Übertragungsliebe den großen Vorteil, daß sie dem Analysanden ein geringeres Maß an Gegenseitigkeit abverlangt als die Liebe im wirklichen Leben. Gerade, daß die Übertragungsliebe den reifen Bedürfnissen des Patienten *nicht* entgegenkommt, bringt ihn dazu, die durch den analytischen Prozeß entfesselte Libido auf Liebesobjekte der wirklichen Welt umzulenken. Das Verlangen des Patienten nach einer erwachsenen Liebe und seine Bereitschaft, diese an die Stelle der Befriedigungen und Frustrationen seiner infantilen Liebe zu setzen, die innerhalb der Übertragung geweckt wurde, machen es schließlich zur inneren Notwendigkeit, die Übertragung zu beenden.

Bak (1973) hat hervorgehoben, daß man gerade dann am ehesten geneigt ist, sich zu verlieben, wenn man ein Liebesobjekt verloren hat. Die Beendigung der Behandlung ist einem neuen Verlieben förderlich, während unnötige Verlängerung den gegenteiligen Effekt hat. Daher kann die Beendigung in all den Fällen schwierig sein, bei denen die Aussichten auf eine neue Liebe nicht besonders günstig sind. Man muß diese Probleme zur Sprache bringen, um den Patienten vor einem plötzlichen Gefühl der Leere nach Beendigung der Analyse zu bewahren.

Nach Ansicht von Loewald (1962) wäre es ideal, wenn die Beendigung der Behandlung dazu führte, daß der Analytiker als inzestuöses Objekt aufgegeben wird und die Beziehung zu ihm in eine neue Beziehung zwischen Ich und Überich umgeformt wird. Als innere Beziehung im System Ich–Überich könnte sie dann eine weitere Entwicklung durchlaufen. Beziehungen zu internalisierten Objekten sind, psychologisch gesehen, *wirkliche* Beziehungen, während Beziehungen zu Phantasieobjekten eben Phantasien bleiben. Die Beendigung der Behandlung ist unabgeschlossen, solange der Psychoanalytiker ein Objekt von Phantasien bleibt.

Es gibt noch eine weitere Gefahr, die vor Abschluß der Behandlung durchgearbeitet werden muß. Die analytische Situation konzentriert sich völlig auf den Analysanden. Die psychoanalytische Beziehung verlangt, daß alles ausgesprochen wird, das heißt, der Analysand sollte seine Gedanken nicht zensieren, nur um etwa die Gefühle des Analytikers nicht zu verletzen. Viele frühere Analysanden nehmen nun gegenüber ihren Ehepartnern dasselbe Recht in Anspruch, und manche Paare deuten wechselseitig und mit Erfolg ihre Träume. Doch selbst in diesen Fällen habe ich den Verdacht, daß das emotionale Wachstum, das von der Übertragungsliebe zur Liebe im wirklichen Leben führt, noch unabgeschlossen ist.

Übertragungsliebe und Sublimierung

Wenn wir zurückblicken auf Platons Gedanken über die Sublimierung, so wird klar, daß der Analysand, dessen libidinöse oder erotische Wünsche innerhalb der Behandlungssituation nicht befriedigt werden können, diese im Dienste der Erkenntnis sublimiert. Weder für die Arbeit des Analysanden noch für die des Analytikers hat Freud den Begriff Sublimierung gebraucht. Doch tauchen im Verlauf der Übertragung ständig sexuelle und aggressive Wünsche auf, während aus den Deutungen Erinnerungen an die Vergangenheit und tiefere Selbstkenntnis erwachsen. Ich finde es daher nicht gerechtfertigt, wenn man bestreitet, daß es sich bei der Arbeit des Analysanden um Sublimierung handelt. Auf seiten des Analytikers ist der Sublimierungsdruck weniger stark, doch werden in zahlreichen Analysen fortwährend Gefühle geweckt, die durch Gegenübertragung entstehen. In einem laufenden Prozeß der Selbstanalyse gelangen diese Gefühle zu Bewußtsein, sofern der Analytiker sich eine schöpferische Haltung bewahrt. Werden seine Gefühle in den Dienst der Analyse gestellt, dann verdient auch dieser Prozeß, als Sublimierung bezeichnet zu werden. Allerdings unterscheidet sich die Sublimierung des Analytikers und des Analysanden von der des Künstlers und Wissenschaftlers: Während die Sublimierung zu Bewußtsein gelangen muß, wenn aus ihr nützliche therapeutische Arbeit werden soll, gelingt die Sublimierung Künstlern und Wissenschaftlern dann am besten, wenn ihre Wünsche vorbewußt oder sogar unbewußt bleiben.

Mir scheint es sinnvoll, zwischen zwei Arten von Sublimierung zu unterscheiden. Die erste vollzieht sich gewöhnlich irgendwann zwischen Jugendzeit und frühem Erwachsenenalter; sie löst miteinander konkurrierende Bedürfnisse auf und mündet schließlich in die Wahl eines Berufs. (Mit jeder Berufswahl werden auch sexuelle und aggressive Wünsche sublimiert; sie bedeutet ein gewisses Nachgeben gegenüber den Forderungen des Überichs und ein Anerkennen der Schranken der Realität, und sie enthält Antworten auf bestimmte traumatische Ereignisse.) Als Therapeuten kennen wir allerdings Fälle, in denen dem Ich eine derartige Kompromißlösung nicht gelingt. Die Festlegung auf einen bestimmten Beruf bleibt dann unsicher und ambivalent. In anderen Fällen muß die Berufswahl durch ein Hobby oder durch einen zweiten Beruf ausbalanciert werden.

Die zweite Art von Sublimierung ist ein fortwährender Prozeß innerhalb des gewählten Berufs. Jedes neue Werk eines kreativen Künstlers bedeutet einen neuen Sieg der Sublimierung. Für Künstler, die weniger schöpferisch veranlagt sind, bedeuten diese Werke allerdings nur Variationen eines bestimmten Themas, weil hier die seit langem gelösten Probleme zur Routine geworden sind. Auch in der Psychoanalyse begegnet man Patienten, die man mit längst erworbenem und zur Routine gewordenem Wissen behandeln kann, während andere Analysanden an das psychische Gleichgewicht des Analytikers völlig neue Anforderungen stellen und nach neuen Fähigkeiten der Sublimierung verlangen.

Meine Erfahrungen bei der Arbeit mit professionellen Therapeuten hat mir gezeigt, daß fast jeder von ihnen gegenüber allen Patienten die gleiche Haltung einnimmt, und zwar eine Haltung, die von seiner psychischen Struktur abhängt. Therapeuten mit starkem Überich tendieren zu der Annahme, alle Patienten fällten Urteile über sie. Diejenigen, die narzißtisch sind, haben eher das Gefühl, ihre Patienten seien fordernd und es mangle ihnen an Dankbarkeit. Zusätzlich zu diesen Charakterhaltungen lösen natürlich verschiedene Patienten verschiedene Reaktionen aus.

Bei der Supervision begegnet man immer wieder einem bestimmten Konflikt, der jungen Analytikern die größten Schwierigkeiten bereitet. In einem bestimmten Stadium der Analyse besteht die Analysandin darauf, daß es sich bei ihren Gefühlen nicht um Übertragung, sondern um wirkliche Liebe handelt. Der Analytiker bleibt eisern dabei, daß es um Übertragung geht, und zieht sich damit die Feindschaft der Analysandin zu. Ich glaube, daß es an diesem Punkt nützlicher wäre, an den Begriff der Sublimierung zu denken und anstatt die Realität der Liebesgefühle einfach zu bestreiten, etwa folgendermaßen zu antworten: »Es spielt keine Rolle, ob Sie Ihre Gefühle mir gegenüber als Liebe oder als Übertragungsliebe erfahren, denn wir wollen diese Liebe als eine Möglichkeit nutzen, Ihre Vergangenheit und damit auch Ihre neurotischen Liebesmuster zu erforschen.« Diese Erwiderung ist näher an der klinischen Wahrheit, und sie erspart der Patientin eine unnötige Demütigung.

7

Der Beitrag der neueren Psychoanalyse

Bereits in den vorangegangen Kapiteln habe ich auf einige nachfreudianische Entwicklungen innerhalb der Psychoanalyse hingewiesen. Ich möchte nun versuchen, diese neueren Entwicklungen systematisch zu behandeln. Freud war zu seinen Lebzeiten eine derart beherrschende Figur innerhalb der Psychoanalyse, daß die Beiträge anderer Analytiker gewöhnlich nur die von ihm begonnenen Projekte weiter ausführten. Die in den ersten Jahrzehnten der Psychoanalyse vertretenen Positionen waren jedoch weniger orthodox, als man gemeinhin annimmt. Auf vielen Gebieten kam es zu Kontroversen, so etwa über das Verständnis der weiblichen Sexualität; hier vertraten Jones und Horney Positionen, die von denen Freuds beträchtlich abwichen. Meinungsverschiedenheiten gab es auch zu technischen Fragen; so bezweifelte zum Beispiel Ferenczi den Wert der Abstinenzregel. Auch auf dem Gebiet der Metapsychologie gab es Differenzen: Fenichel und andere stellten Freuds Theorie des Todestriebs in Frage. Dennoch markierten die Äußerungen Freuds den jeweiligen Standort der Psychoanalyse, und dieses unstrittige Zentrum entfiel mit seinem Tod. In den folgenden Jahrzehnten war die Liebe kein Gegenstand psychoanalytischen Interesses, doch dieses Bild änderte sich in den siebziger Jahren, als neue Theorien über die Entwicklung des Kindes und über das Wesen des Narzißmus für eine radikale Neuorientierung sorgten.

Befaßt man sich mit dem Denken von Psychoanalytikern, die erst nach 1939, also nach Freuds Todesjahr, ihre berufliche Tätigkeit aufnahmen, dann ist es meines Erachtens nützlich, zwischen Fortsetzern und Veränderern zu unterscheiden. Der Fortsetzer gründet seine Arbeit auf theoretische Konzeptionen, die bereits von Freud durchgesetzt wurden, und dehnt sie auf Gebiete aus, die dieser unerforscht ließ. Die Auffassungen des Veränderers dagegen gehen von einer Ergänzung oder einer Modifikation einer der Grundannahmen Freuds aus. Man braucht wohl kaum zu betonen, daß diese Unterscheidung nicht absolut ist, denn die Fortsetzer weichen in einigen Punkten von Freud ab, und die Veränderer verwerfen Freud nicht in Bausch und Bogen. Im allgemeinen jedoch ist diese Unterscheidung sinnvoll. Nunberg und Fenichel etwa würde ich zu den Fortsetzern zählen, Hartmann und Klein zu den Veränderern. Hinsichtlich der Liebe ist Balint der entscheidende Veränderer, während Eissler und Bak typische Fortsetzer sind.

Da die Veränderer in grundlegenden Dingen andere Auffassungen vertreten, ist meine Aufgabe als Kritiker in ihrem Fall schwieriger. Ich habe jeden von ihnen in einem eigenen Abschnitt behandelt, aber ich habe auch nicht gezögert, Kritik an ihnen zu üben. Ich denke, diejenigen Leser, die sich nicht schon auf eine bestimmte Schule festgelegt haben, werden sehen, daß jeder Veränderer einen bestimmten Aspekt der Liebe in neuem Licht gezeigt hat. Sie alle verdienen, gehört zu werden.

Man wird auch feststellen, daß es zwei Arten von Theoretikern sind, auf die ich in diesem Kapitel zu sprechen komme: diejenigen, die sich zum Problem der Liebe unmittelbar geäußert haben, und diejenigen, die auf anderen Gebieten wertvolle Beiträge geliefert haben, durch die wiederum unser Verständnis der Liebe sich vertiefen läßt. Ich möchte mit den Psychoanalytikern Eissler und Bak beginnen, die zum Verständnis der Liebe ebenfalls einen Beitrag leisteten, deren Auffassungen jedoch keinerlei zusätzlicher Annahmen bedürfen, die nicht auch Freud schon vertreten hätte.

Eisslers Bemerkungen zur Liebe erschienen im Anhang zu seiner zweibändigen Goethe-Biographie. Das Kapitel, in dem es um Liebe geht, trägt den Titel ›Das Gefühl der Verliebtheit und das Wiederholungsprinzip‹. Eissler beginnt hier mit der sonst als selbstverständlich hingenommenen Beobachtung, daß Liebende in zahllosen Variationen ein und dieselbe schlichte Aussage wiederholen: »Ich möchte dir versichern, daß ich dich liebe.« Eissler bemerkt dazu: »Wenn man aber die Sache objektiv betrachtet, ist es wirklich nicht selbstverständlich, warum ein erwachsener Mensch den Drang verspürt, die gleiche Feststellung immer zu wiederholen, obwohl die betreffende Person den Inhalt längst kennt« (Eissler 1963, S. 710). Und er gibt dazu die folgende Erklärung: »Im psychischen Apparat gibt es starke Kräfte, die gegen die Bindung an ein einziges Objekt arbeiten. Mit jedem Wiederholungsschritt im Zustand der Verliebtheit wird das Bild des Liebesobjektes fester an das Ich gebunden und mehr und mehr von ihm integriert« (ebd., S. 713).

Das Rätsel, warum Liebende ihre Liebesschwüre fortwährend wiederholen, vermochte Eissler deshalb zu lösen, weil bereits zuvor Freud den größten Nachdruck auf die Beweglichkeit der Libido gelegt hatte. Von der Libidotheorie übernahm Eissler auch die Schlußfolgerung, daß Trauernde und Liebende vieles gemeinsam haben: Beide haben das Bedürfnis, alle ihre Gedanken, Worte und Handlungen auf den Partner zu konzentrieren. Vergißt der Trauernde für einen Augenblick, daß sein Objekt nicht mehr existiert, dann fühlt er sich wie der leidenschaftlich Liebende, der die Geliebte vergißt. In anderer Beziehung sind die beiden Emotionen allerdings gegenläufig. Der Gedanke an die geliebte und nun verlorene Person ruft im Trauernden den größten Schmerz hervor; dem Liebenden dagegen bereitet der Gedanke an den geliebten Menschen die größte Lust. Der Prozeß der Trauer führt schließlich dazu, daß das Band gelöst wird, während der gleiche sich immer wiederholende Prozeß bei der Liebe dazu führt, daß sich die Verbindung festigt. Das scheint vielleicht paradox, erklärt sich aber daraus, daß es der gleichen »Arbeit« bedarf, die Libido zu binden und wieder abzulösen.

Über die Liebe sind mehr Gedichte verfaßt worden als über jedes andere Thema; darüber belehren uns die Herausgeber von entsprechenden Anthologien. Man nimmt auch gewöhnlich an, daß viele Verliebte ihre Zuflucht zu Liebesgedichten nehmen, weil ihnen die Worte fehlen. Was sie selbst nicht ausdrücken können, hoffen sie in der Dichtung zu finden. Werden die richtigen Worte in der richtigen Abfolge gebraucht, so kristallisieren sich in ihnen die Gefühle, die durch die Liebe geweckt wurden. Das alles ist altbekannt und bedarf keiner Diskussion. Eissler allerdings fügt dem noch einen weiteren und bislang nicht vermuteten Grund hinzu, warum Liebende Liebesgedichte lesen: Sie tun es, um Ambivalenzen zu überwinden, um die Libido von ihren gewöhnlichen Interessen abzuziehen und auf die geliebte Person zu konzentrieren. Das Lesen von Liebesgedichten hat mit Flitterwochen manches gemeinsam.

Eissler befaßt sich in seinem Buch mit zehn Jahren in Goethes

Leben, den Jahren 1775 bis 1786. Während dieser Zeit liebte Goethe Charlotte von Stein, eine verheiratete Frau und Mutter von sieben Kindern. Eissler glaubt, daß es in dieser Beziehung zu keiner sexuellen Begegnung gekommen ist; aus diesem Grund – und auch darum, weil die Liebesbeziehung zu einem tiefgreifenden Wandel von Goethes Persönlichkeit führte – bezeichnet Eissler sie als »Protopsychoanalyse«. Er zeigt, daß Goethe seine Libido Schritt für Schritt von der geliebten Schwester auf Frau von Stein verschob. Nachdem dieser Übergang der Libido abgeschlossen war, vermochte sich Goethe von der Schwester zu lösen, und kurz darauf, im Alter von vierzig Jahren, ging er seine erste genitale Liebesbeziehung ein. Auf diese Weise erfüllte Charlotte von Stein eine Vermittlerrolle: Sie sorgte dafür, daß Goethes Libido von einem inzestuösen auf ein nichtinzestuöses Objekt übergehen konnte, analog zur Rolle des Psychoanalytikers in der analytischen Situation.

Es gibt ein postum veröffentlichtes Gedicht Goethes, das aufgrund seiner außergewöhnlichen Verdichtung von großer Schönheit ist. Eissler glaubt, Goethe habe es als ganz persönliches Gedicht Frau von Stein gewidmet und es sei daher zu intim gewesen, um veröffentlicht zu werden. Es heißt darin:

> Nur uns armen liebevollen Beiden
> Ist das wechselseit'ge Glück versagt,
> Uns zu lieben, ohn' uns zu verstehen,
> In dem andern sehn was er nie war,
> Immer frisch auf Traumglück auszugehen
> Und zu schwanken auch in Traumgefahr
> [...]
> Sag', was will das Schicksal uns bereiten?
> Sag', wie band es uns so rein genau?
> Ach, du warst in abgelebten Zeiten
> Meine Schwester oder meine Frau.
>
> (Goethe 1891, S. 97)

In den ersten vier Zeilen beklagt sich Goethe darüber, daß er die Geliebte nicht genügend zu idealisieren vermag. Was nach Freuds Entdeckung einmal die inzestuöse Bindung der frühen Kindheit gewesen ist, überträgt Goethe in poetischer Weise auf ein längst gelebtes Leben. Dieser Kunstgriff ermöglicht es ihm, die inzestuöse Grundlage seiner Liebe zu Frau von Stein gleichzeitig zuzugeben und zu leugnen. Ein paar Monate zuvor, schreibt Eissler, hatte Goethe in einem Brief an die Geliebte die Hoffnung zum Ausdruck gebracht, seine Schwester möge einen Bruder finden, wie er an ihr eine Schwester gefunden habe. Dieser Brief und das Gedicht sind faszinierende Beispiele für den von Freud beschriebenen Prozeß, bei dem die Libido von inzestuösen auf neue Liebesobjekte übertragen wird. Goethe entwickelte zu jener Zeit eine Hemmung dagegen, seiner Schwester zu schreiben, obwohl sie tödlich erkrankt war. Er konnte sich nicht auf beide Frauen gleichzeitig beziehen. Es wäre jedoch ein Irrtum anzunehmen, Goethe sei sich dieser Übertragung ebenso bewußt gewesen wie psychoanalytische Patienten, nachdem deren Übertragungsliebe als im Wesen inzestuös gedeutet wurde.

Eine wichtige Frage bleibt hier offen. Frau von Stein ermöglichte es Goethe, die gegenüber der Schwester bestehenden inzestuösen Wünsche zu verlagern; und nach dieser Liebesbeziehung war der Weg frei zu genitaler Sexualität. Doch hat Goethe jemals eine andere Frau so geliebt wie sie? Oder müssen wir den Schluß ziehen, daß für manche Männer und Frauen das erste Objekt der Übertragungsliebe zugleich diejenige Person ist, die sie am tiefsten lieben? Viele Analysanden berichten, sie hätten frühzeitig jemanden geliebt und danach nie wieder so tiefe Liebe empfunden. Die von Freud beschriebenen beiden Strömungen – die sexuelle und die zärtliche – haben sich in diesen Fällen niemals wirklich vereinigt.

Man gewinnt den Eindruck, daß bei manchen Menschen dem ersten nichtinzestuösen Liebesobjekt eben jenes Schicksal widerfährt, das gewöhnlich dem inzestuösen Objekt vorbehalten ist. So wie beim erstenmal können sie niemals wieder lieben. Diese Männer und Frauen fühlen sich dann gegenüber allen folgenden Geliebten schuldig, weil ihnen bewußt ist: So tief wie beim erstenmal reicht diese Liebe nicht. Das Schuldgefühl, das eigentlich für die inzestuösen Liebesobjekte reserviert ist, scheint in diesen Fällen übertragen worden zu sein, und nun verbindet es sich mit der Erinnerung an die erste nichtinzestuöse Liebe.

Für Eissler gehört diese so verblüffende Verschiebung der Libido zur Psychologie des Genies. Nun ist zwar Goethes Fähigkeit, den emotionalen Zustand, in den die Übertragung der Libido einmündet, zu künstlerischen Zwecken zu nutzen, sicherlich ohne Beispiel; doch sehe ich keinen Grund zu der Annahme, dieser Prozeß selbst sei etwas Einzigartiges. Was Freud als Verschiebung der Libido von inzestuösen auf nichtinzestuöse Objekte bezeichnet, findet wahrscheinlich bei jedem Verlieben statt, wie ich bereits in meinem Aufsatz von 1980 ausführte; und zwar gilt dies unabhängig davon, ob es zu einer erfüllten Liebe kommt oder nicht. Freud glaubte, dieser Prozeß vollziehe sich beim Heranwachsenden ein für allemal, während ich ihn eher als einen stufenweisen Vorgang betrachte, der den ganzen Lebenszyklus hindurch andauert und der immer dann aktiviert wird, wenn man sich verliebt. Jede neue Liebe repräsentiert innerpsychisch eine derartige Verschiebung.*

Man kann Eisslers Beitrag als eine Fortführung von Ideen Freuds betrachten, die dieser in einer zweiten Phase der Theoriebildung über die Liebe formulierte, insbesondere in seinen Aufsätzen über Narzißmus (1914a) sowie über Trauer und Melancholie (1917).

Bak (1973) hebt die Verbindung zwischen Liebe und Melancholie hervor, wobei er von folgender Bemerkung Freuds ausgeht: »In den zwei entgegengesetzten Situationen der äußersten Verliebtheit und des Selbstmordes wird das Ich, wenn auch auf gänzlich verschiedenen Wegen, vom Objekt überwältigt« (Freud 1917, S. 206). Im Zustand der Verliebtheit, schreibt Bak, werde das Selbst vom »guten Objekt« überwältigt, beim Selbstmord dagegen vom »bösen Objekt«; in beiden Fällen werde das Objekt ins Selbst hineingenommen.

Für Bak ist Liebe ein mittlerer Zustand zwischen Trauer und Melancholie. Im Falle der Trauer ist die geliebte Person gestorben: Ein wirkliches Objekt ist verloren. Bei der Melancholie ist der Verlust unbewußt, innerpsychisch und symbolisch. Wenn man liebt, so gibt es zwar eine wirkliche Person in der wirklichen Welt, doch das Gefühl der Liebe ist nur zum geringen Teil eine Reaktion auf diese Person. Das Drängen der Liebe rührt von dem Bedürfnis her, die Erfahrung

* Was Freud als Verschiebung von Libido bezeichnet, läßt sich bisweilen in Träumen beobachten: So zum Beispiel, wenn jemand träumt, er habe eine Liebesbeziehung oder eine sexuelle Beziehung zu einer Person, in der sich Züge eines kürzlich aufgegebenen Liebesobjekts mit Eigenschaften eines neuen Objekts vereinen.

des Objektverlusts zu vermeiden. Insofern betrachtet Bak die Liebe als einen prekären Zustand; denn wenn der Versuch, für die verlorene Person einen Ersatz zu finden, fehlschlägt, dann kann Liebe in Melancholie und Selbstmord münden. Goethes Werther, ein depressiver und sich selbst entfremdeter junger Mann, begeht Selbstmord, als seine Liebe scheitert. In der Literatur ist er das herausragende Beispiel eines solchen Liebes-Selbstmords.

Erotomanie ist für Bak das pathologische Äquivalent der Liebe. Sie ist der letzte und verzweifelte Versuch, das verlorene Objekt zurückzuerlangen. Schlägt auch dieser Versuch fehl, kommt es zu einer weiteren Regression in Richtung einer Entdifferenzierung des Selbst und des Objekts. Die Unmöglichkeit, den letzten Vorposten libidinöser Besetzung wiedereinzunehmen, kann dann zu Selbstmord oder zur Schizophrenie führen. Bak ist der Auffassung, daß sich ein Zusammenbruch nur allzu häufig bereits ankündigt, *bevor* die Liebe in Erscheinung tritt: Sie ist dann lediglich der verzweifelte Versuch, den Zusammenbruch abzuwenden.

Die Trennung zwischen Repräsentationen des Selbst und des Objekts »ist niemals vollständig, und Spuren einer primären Identifizierung bleiben selbst in den am höchsten entwickelten Objektbeziehungen erhalten«. Bak verweist immer wieder auf die Bemerkung Freuds, Männer wie Frauen bedürften starker Objektbesetzungen, um ein intensives Gefühl des Lebendigseins zu entwickeln. So sei es auch der Verstärkung der Objektbesetzungen zuzuschreiben, wenn man im Zustand der Verliebtheit Natur, Musik und Kunst ebenso wie Sexualität mit größerer Intensität erlebt.

Soweit wir beobachten können, schreibt Bak weiter, konzentriert sich das Kind in der frühen, symbiotischen Phase intensiv auf das Gesicht der Mutter. Unser ganzes Leben lang bleibt das Gesicht der individuellste Teil des Körpers, und im Zustand der Verliebtheit kehrt jenes Vertieftsein in das Gesicht der geliebten Person wieder. Bei sexuellen Beziehungen können die sogenannten Partialobjekte – also Penis, Brust oder Vagina – zur entscheidenden Quelle der sexuellen Anziehungskraft werden, doch bei der Liebe ist es immer das Gesicht. Das Gesicht des geliebten Menschen ist es, nach dem uns am meisten verlangt.

Baks Auffassung der Liebe ist rein topographisch: Dem Ich schreibt er beim Verlieben überhaupt keine Rolle zu. Infolgedessen ist für ihn auch die Persönlichkeit des Geliebten nur von untergeordneter Bedeutung.

In der Psychopathologie gibt es ein Phänomen, das in der Mitte zwischen Liebesglück und Selbstmord angesiedelt ist: die masochistische Liebe – ein weit verzweigtes Thema. Im Zeitalter der Troubadours fand der Masochismus einen bedeutsamen literarischen und musikalischen Ausdruck. Bak führt den Fall Oscar Wilde an, der in Lord Alfred Douglas verliebt war – laut Bak eine homosexuelle Variante der »femme fatale«. Wilde war zehn Jahre alt, als sein Vater, Sir William Wilde, nach einem skandalösen Verleumdungsprozeß ins Gefängnis gesteckt wurde, weil er mit einer jungen Patientin sexuelle Beziehungen unterhalten hatte. Diese Gerichtsverhandlung erregte den jungen Oscar aufs äußerste. Als er davon hörte, phantasierte er, auch er werde eines Tages vor Gericht erscheinen müssen: »Regina gegen Wilde«. Diese Wunschvorstellung erfüllte sich unter Umständen, die mit denen seines Vaters beinahe identisch waren – außer, daß es nun um homosexuelle statt um heterosexuelle Beziehungen ging. Der Brief *De Profundis* ist eines der herzzerreißendsten Dokumente der Liebe; darin wechseln masochistische Unterwerfung mit verzweifelter Rebellion gegen den Geliebten – bis zum moralischen, ja physischen Selbstmord.

Zu den von Freud genannten Vorbedingungen der Liebe fügt Bak eine weitere hinzu, die von allgemeiner Geltung sei: den Objektverlust. Die Persönlichkeit des Geliebten spielt nur eine untergeordnete Rolle; worauf es vielmehr ankommt, ist, daß er zu dem Zeitpunkt gegenwärtig ist, da es zum Verlust eines anderen geliebten Menschen gekommen ist.

Nach meiner Erfahrung wissen dies manche Frauen intuitiv. Entgegen allgemeinem Brauch haben sie keine Bedenken, sich einem Witwer schon kurze Zeit nach dessen schmerzlichem Verlust zu nähern. Ist der Witwer zur Trauer fähig, so wird er derartige Versuche so lange zurückweisen, bis seine Trauerarbeit abgeschlossen ist. Will er dagegen der Trauer ausweichen, so kann es dem frühen Eindringling durchaus gelingen, das verlorene Liebesobjekt zu ersetzen. Für Baks These sprechen auch die alten Junggesellen, die nach dem Tod eines Elternteils doch noch heiraten.

Die Rolle von Ich und Überich in der Liebe

Der topographische Standpunkt, wie Freud ihn formulierte, unterscheidet innerhalb der Psyche zwischen Bewußtem, Vorbewußtem und Unbewußtem. Der strukturelle Standpunkt gliedert den psychischen Apparat in Ich, Es und Überich (Freud 1923a). Die topographische Theorie ist die ältere. Lange Zeit waren die Psychoanalytiker sozusagen zweisprachig und verwendeten abwechselnd den topographischen und den strukturellen Bezugsrahmen. Die Topographie beherrschte die Psychologie des Traums, während der strukturelle Aspekt dem Verständnis von Symptomen diente. Im Jahr 1952 behauptete Lewin, man könne Symptome ebenso wie Träume mit Hilfe topographischer Begriffe verstehen. 1964 schrieben dagegen Arlow und Brenner, es sei ökonomischer, sämtliche psychischen Phänomene einschließlich Träume und Psychosen innerhalb eines strukturellen Bezugsrahmens zu behandeln. Wie ich bereits in einem früheren Kapitel ausführte, hat Freud seine Gedanken über die Liebe aus topographischer Perspektive formuliert; im folgenden soll es um die Veränderungen gehen, die der strukturelle Standpunkt für das Verständnis der Liebe mit sich brachte. Obwohl Freud diesen Standpunkt selbst begründet hat, bedeutet es doch eine – wenn auch nicht grundlegende – Modifikation, das Problem unter dieser Perspektive zu diskutieren.

Der erste Psychoanalytiker, der die Liebe aus struktureller Sicht behandelte, war Waelder mit seinem klassischen Aufsatz von 1930, ›The principle of multiple function: observations on overdetermination‹. Dieser Text entstand unmittelbar unter dem Einfluß von Freuds *Das Ich und das Es* (1923a). Mit Hartmanns Ich-Psychologie hat der Aufsatz nichts zu tun, doch hatte er großen Einfluß auf das künftige Verständnis der Liebe. Für Waelder ist die Liebe ein Akt der Integration auf hohem Niveau, die der Fähigkeit des Ichs zu verdanken ist, die Wünsche des Es, die Anforderungen des Wiederholungszwangs und des Überichs sowie die Ansprüche der Realität miteinander harmonieren zu lassen. Das erwählte Liebesobjekt muß sexuelle Befriedigung gewähren, es muß in unbewußter Verbindung zu Liebesobjekten der eigenen Vergangenheit stehen, es muß hinreichend bewundert werden, um die Anerkennung des Überichs zu finden, und es muß bestimmten Anforderungen der Realität genügen. Wenn einer der

Partner dieses »Bündnisses« sich querstellt, dann kann zwar die Liebe noch immer als Glück erfahren werden, doch sie wird dann nicht ohne Konflikte verlaufen.

Nach Waelder bedeutet also das glückliche Verlieben eine gleichzeitige Befriedigung potentiell widerstreitender Bedürfnisse. Man kann das noch weiter spezifizieren: Das Beste von dem, was die ursprünglichen Liebesobjekte dem Kind vermacht haben, wird in der glücklichen Liebesbeziehung wiedergefunden. Die geliebte Person wird nicht so sehr idealisiert, sie repräsentiert vielmehr realistische Aspekte des Ichideals des Liebenden, der dann in bezug auf den erwählten Menschen einen gewissen Stolz empfindet. Schließlich muß die Wahl auch gewissen Forderungen des Ichs genügen: Es muß eine realistische Wahl sein, mit Aussicht auf eine auch langfristig glückliche Beziehung.

Ein Aufsatz von Altman verdeutlicht die Rolle, die im zeitgenössischen psychoanalytischen Denken dem Ich zugeschrieben wird. Er stellt fest, daß das Ich der Liebe ein Gefühl der Dauer vermittelt. »Ohne das Eingreifen der Ichfunktionen wäre Liebe die bloße Anwendung erotischer und sadistischer Techniken, eine Ansammlung von Perversionen« (Altman 1977, S. 38). Bemerkenswert ist dabei, daß die Aufgabe, die Freud und Abraham der Libido und ihrem autonomen Reifungsprozeß zuschrieben, nun von Modell (1968) und Altman dem Ich zugeordnet wird. Das Ich wird hier aufgefaßt als Hüter unserer Einzigartigkeit als menschliche Wesen. Weiter behauptet Altman, daß es Frauen leichterfällt, sich auf eine dauerhafte Beziehung einzulassen, denn sie haben sich ja früher schon von ihrem ersten Objekt, der Mutter, zugunsten des Vaters losgesagt; Männer dagegen, für die die Mutter bis ins Jugendalter Liebesobjekt bleibt, neigen eher dazu, die Suche nach der Idealmutter fortzusetzen.

Nach Altman ist es nicht Aufgabe der Libido, sondern des Ichs, die sexuelle und die zärtliche Strömung während der Adoleszenz miteinander zu verbinden. Das Ich ist es, das die prägenitalen Stufen unter der Herrschaft der genitalen Phase synthetisiert, und das Ich ist es auch, das der Liebe die Fähigkeit verleiht, Unterschiede zwischen den Partnern hinzunehmen und Frustrationen zu ertragen. Auch dem Überich schreibt Altman eine bedeutsame Rolle zu: Ihm verdankt die Liebe die Fähigkeit zu Mitleid und Reue; und daß man auch dann noch zu lieben vermag, wenn keine Erfüllung in Aussicht steht, ist ebenfalls eine Leistung des Überichs.

Im Jahr 1980 habe ich in einem Aufsatz fünf weitere Funktionen hervorgehoben, die das Ich erfüllen muß: Zunächst die Realitätsprüfung, eine der wichtigsten Ichfunktionen überhaupt. Obwohl das Ich, wenn man erst einmal verliebt ist, viel von seinem Einfluß verliert, besteht doch seine erste Aufgabe darin, die wirklichen Eigenschaften des Liebesobjekts zu betrachten und die Zukunft der Beziehung einzuschätzen. Das ist insofern eine schwierige Aufgabe, als der Vorgang des Verliebens von Verschiebungen und Projektionen beherrscht wird – Mechanismen, denen die sprichwörtliche »Blindheit« der Liebe zu verdanken ist. Ich habe Fälle beobachtet, bei denen der Prozeß des Wiederfindens mit höchster Intensität erlebt wurde und dem Analysanden gleichsam die Tatsache aus dem Blick geriet, daß die Frau, die er liebte, *nicht* seine Mutter war. Man mußte ihm dann zu der Einsicht verhelfen, daß bestimmte »Katastrophen der Kindheit« (Brenner 1982), die er mit Mutter oder Vater erlebt hatte, sich in der erwachsenen Liebesbeziehung nicht zwangsläufig wiederholen. Die Mitwirkung des Ichs erfährt man dadurch, daß sich das Verlieben von einem traumartigen Zustand zum Erleben einer realen Beziehung wandelt. Vielen Liebenden fällt dieser Übergang schwer. Wenn andererseits die Objektwahl von realistischen Erwägungen des Ichs beherrscht wird – wie etwa Begabung, soziale Position, Gesundheit oder Wohlstand –, dann wird man selten Liebe empfinden. Singer, der in seiner Studie von 1984 zwischen Taxierung und Wertschätzung unterscheidet, bezeichnet damit – wenn auch mit anderen Worten – die gleiche Differenz. Psychoanalytisch gesprochen kann es zur Erfahrung der Liebe nur dann kommen, wenn der Prozeß des Wiederfindens unbewußt verläuft und wenn er von Ich und Überich gutgeheißen wird.

Die zweite Aufgabe, die ich dem Ich zuschrieb, ist die der Integration. Gewöhnlich hat das heranwachsende Kind eine ganze Reihe von Liebesobjekten: die Mutter und deren Ersatzfiguren, den Vater, Geschwister usw. Unter günstigen Umständen werden die Repräsentanzen dieser Liebesobjekte integriert, ohne daß sie im späteren Leben um die Vorherrschaft konkurrieren. War jedoch die Beziehung zwischen diesen Objekten disharmonisch, dann werden die Repräsentanzen dazu neigen, sich gegenseitig zu bekämpfen. Die Wahl des

Liebesobjekts kann sich zwar beim Erwachsenen an eines dieser frühen Liebesobjekte anlehnen, doch ist die Liebe reicher, wenn sie auf eine bedeutende Zahl solcher Objekte zurückgreifen kann. Dem topischen Modell zufolge geschieht dies zufällig durch Verdichtung, während es sich nach dem strukturellen Modell um die Leistung integrativer, unbewußt wirkender Funktionen des Ichs handelt.

Besonders dann, wenn die frühen mütterlichen Funktionen von mehreren Personen wahrgenommen wurden und es zwischen den ursprünglichen Objekten zum Konflikt kam, kann es vorkommen, daß das Ich mit der Aufgabe der Integration überfordert ist. Um den inneren Kampf beizulegen, wird dann nach mehr als einem Liebesobjekt gesucht – entweder gleichzeitig oder rasch aufeinanderfolgend. In solchen Fällen ist jedes Objekt der frühen Kindheit für sich besetzt geblieben und verlangt nun nach einer eigenen »Wiederfindung«.

Es gibt noch weitere integrative Aufgaben, die das Ich erfüllen muß. Manchmal existiert noch nicht einmal ein einheitliches Bild der Mutter- oder Vaterfigur, und es sind dann Bruchstücke dieser Bilder, die darauf drängen, wiedergefunden zu werden. Die Bisexualität ist eine allgemein menschliche Anlage, doch die einzelnen Individuen unterscheiden sich in der Stärke ihrer männlichen und weiblichen Komponenten, und sie suchen im Partner eine Mischung, die zu ihrer eigenen paßt. Es können auch Wünsche auftreten, die miteinander unvereinbar sind. So steht zum Beispiel das Verlangen, das eigene Selbst im Liebesobjekt zu spiegeln, im Gegensatz zu dem Wunsch, Wesenszüge anzutreffen, die einem selbst fehlen. Die Philosophen haben jahrhundertelang darüber gestritten, ob die Liebe das Ähnliche oder das Komplementäre sucht, während doch in Wahrheit bei den meisten Menschen beide Kräfte in verschiedenem Maße aktiv sind (vgl. Hazo 1967, S. 31ff.).

Eine dritte Aufgabe des Ichs besteht darin, dem Einfluß des Überichs entgegenzuwirken, damit das Liebesobjekt nicht dem Inzesttabu zum Opfer fällt – auch dann nicht, wenn bestimmte Ähnlichkeiten mit dem ursprünglichen, inzestuösen Liebesobjekt offensichtlich sind. Ich erinnere mich an einen Analysanden, der sich mit 17 Jahren verliebte; gleichzeitig vernahm er jedoch eine innere Stimme, die ihn dazu aufforderte, das Mädchen, in das er sich verliebt hatte, aufzugeben und durch eine bestimmte andere zu ersetzten, in die er *nicht* verliebt war. Dieses Muster blieb für seine Liebesbeziehungen ein Leben lang bestimmend. Immer dann, wenn er versuchte, mit einer geliebten Frau eine Bindung einzugehen, ließ sich die gleiche geheimnisvolle innere Stimme vernehmen und verlangte von ihm, sie aufzugeben. Die Analyse enthüllte, daß es sich um die Stimme des Überichs handelte, das jedesmal Einspruch einlegte, weil die Wahl dem Bild der Mutter zu nahe war.

Die vierte Aufgabe des Ichs besteht darin, den maßlosen Forderungen des Es entgegenzuwirken, das darauf besteht, etwas Unmögliches wiederzufinden, nämlich ein genaues Ebenbild der ersehnten Symbiose. Im Verlauf ihrer Analyse sagte eine Analysandin: »Ich muß damit aufhören, X. mit meinem Idealmann zu vergleichen. So schaffen wir's nie.« Damit setzte bei ihr ein innerpsychischer Prozeß ein: Das Ich verhandelte mit dem Ichideal darüber, welche Unzulänglichkeiten des Mannes toleriert werden konnten und welche Anforderungen sozusagen »nicht zur Disposition standen«.

Steht man unter dem Bann des Wiederholungszwangs und ist auf der Suche nach einem neuen Objekt, das die gleichen quälenden Eigenschaften aufweist wie das alte, dann wird man keine Anstrengung scheuen, um das neue dem ursprünglichen Objekt anzugleichen. In diesem Fall besteht die fünfte Aufgabe des Ichs darin, sich dem »Kandidaten«, den der destruktive Wiederholungszwang auserkoren hat, entgegenzustellen.

Waren die ursprünglichen Objekte gut genug, dann wird auch der Prozeß des Wiederfindens mehr oder weniger glatt verlaufen. Bei Menschen jedoch, die wenig einfühlsame oder gar gleichgültige Eltern hatten, führt der Prozeß des Wiederfindens zu einer pathologischen Objektwahl – es sei denn, das Ich schaltet sich ein und setzt die bereits belastete Person unter zusätzlichen Druck, damit sie ihre Objektwahl *gegen* die infantilen Prototypen vollzieht. Das Ich muß hier eine schützende wie auch antizipierende Funktion wahrnehmen, und in angespannter Lage kann es durchaus vorkommen, daß es die Persönlichkeit des Liebesobjekts in ihrer Gesamtheit gar nicht zur Kenntnis nimmt, sondern lediglich dessen Gegensätzlichkeit zum alten Objekt. In meinem Aufsatz von 1971 habe ich diese reaktive Art der Objektwahl als »Gegenwahl« bezeichnet. Doch selbst dann, wenn das Objekt tatsächlich verschieden ist, vermag das Individuum unter dem

Druck des Wiederholungszwangs Reaktionen hervorzulocken, die typisch für den unzulängliche Elternteil waren (Lipin 1963).

Der Versuch der Gegenwahl bedeutet eine Lösung, die höchst anfällig ist. Häufig stellt sich der Wiederholungszwang den Anstrengungen des Ichs entgegen, und es kommt zu einem konflikthaften Zustand zwischen den einander widerstreitenden Wünschen. Unter derartigem Druck kann es dazu kommen, daß zwei Liebesobjekte gleichzeitig gewählt werden, wobei das eine die Gegenwahl, das andere jenes gefahrvolle Wiederfinden bedeutet. Die Person klammert sich dann um der Sicherheit willen an das Objekt der Gegenwahl, sucht jedoch sexuelle Befriedigung bei einem anderen, »wiedergefundenen« Objekt. Hatte etwa ein Mann eine verführerische, aufregende, aber unzuverlässige Mutter, so heiratet er vielleicht ein Frau, die Sicherheit und Treue bietet; damit hat er einen sicheren Hafen gefunden, in den er immer wieder zurückkehren kann. Möglicherweise fühlt er sich dann aber auch sicher genug, um sich auf Liebesaffären mit Frauen einlassen zu können, die dem Vorbild der Mutter entsprechen.

Die stärkere Hervorhebung des Ichs als eine psychische Struktur, die widerstreitende Forderungen gegeneinander abwägt, die Kompromisse erzielt und bei der Wahl des Partners die Realität in Rechnung stellt, hat Freuds topische Auffassung der Liebe verändert.

Die neuen Formulierungen der Ich-Psychologie

Nach dem Zweiten Weltkrieg modifizierte eine Gruppe von Psychoanalytikern unter der Leitung von Heinz Hartmann eine ganze Reihe von theoretischen Formulierungen Freuds; dabei konnten sie zum Problem der Verwandlung von Libido in Liebe einiges Neue beitragen. In der Geschichte der Psychoanalyse wurde dieser Ansatz als »psychoanalytische Ich-Psychologie« bekannt.

In den Jahren 1945 und 1946 stellte Spitz Beobachtungen in einem Heim für Findelkinder an. Die dort untergebrachten Kinder genossen eine überdurchschnittlich gute körperliche Fürsorge, also Nahrung, Hygiene und medizinische Versorgung. Sie erhielten jedoch nur wenig liebevolle Zuwendung, da jede Schwester für die Versorgung von zwölf Babys verantwortlich war. Diese Babys entwickelten zunächst eine anaklitische Depression, dann traten ausgeprägte motorische Hemmungen auf, gefolgt von geistig-körperlichem Verfall mit hoher Sterberate (Spitz 1965, S. 280ff.). Im Lichte von Freuds Annahme, das Kind sei bei der Geburt wesentlich narzißtisch, waren derartige Beobachtungen nicht zu erwarten. Spitz zog daraus keine radikalen Folgerungen, doch bestätigten seine Ergebnisse, was Balint bereits 1937 vermutet hatte: daß nämlich die Libido von Geburt an objektgerichtet ist. Spitz' Beobachtungen führten schließlich zum Entstehen einer psychoanalytischen Objektbeziehungstheorie (Blanck/Blanck 1979; Kernberg 1980). Was Freud noch nicht wußte, wird von heutigen Psychoanalytikern klar erkannt: Die Art der alltäglichen Interaktion zwischen Mutter und Kind wie auch die Art und Weise, wie andere wichtige Personen mit dem Kleinkind umgehen, erzeugt ein Grundmuster, dem die spätere Interaktion mit den Liebesobjekten des Erwachsenen folgt. Die Liebesfähigkeit des Erwachsenen wird in ihrem Ausmaß wesentlich beeinflußt durch jene frühen Interaktionen.

Im Jahr 1952 verwies Hartmann auf eine weitere Stufenfolge der Entwicklung mit bedeutenden Auswirkungen auf die Liebesfähigkeit. Während der ersten sechs Lebensmonate hat das Kleinkind eine positive Beziehung zu jedem Erwachsenen, der seine Bedürfnisse befriedigt. Während dieser Phase existiert das Objekt innerpsychisch nur so lange wie das Bedürfnis selbst. Zwischen dem sechsten und achten Monat mündet dieser glückliche Zustand jedoch in die von Spitz so genannte »Fremdenangst«. Nun bekommt das Kind Angst, wenn es bemerkt, daß es von einem Fremden mit unvertrautem Gesicht auf den Arm genommen wurde. Unter normalen Umständen dauert diese Fremdenangst einige Monate an. Sie ist ein Zeichen dafür, daß das Kind zu unterscheiden lernt zwischen dem Gesicht der Mutter, das Freude auslöst, und dem Gesicht des Fremden, das Furcht einflößt. Man kann dieses Entwicklungsstadium als Vorboten der späteren Liebesfähigkeit begreifen. Von nun an entwickeln sich Emotionen, die sich in bezug auf die Versorger allmählich verfestigen. Die Mutter, die sich um die Bedürfnisse des Kleinkinds kümmert, bietet sowohl Befriedigung als auch Frustration; daher spaltet das Kind ihr Bild zunächst in eine gute und eine böse Mutter (eine Spaltung, die sich auch noch in manchen Märchen findet: Die Hexe und die niederträchtige Stiefmutter stehen für die böse Mutter, die Fee für die gute). Schließlich wird diese Spaltung überwunden und die nächste Stufe erreicht, die Stufe der Objektkonstanz (Fraiberg 1969). Auch wenn Erwachsene keine Kinder mehr sind: Es gibt Erwachsene, deren Liebesleben sich noch immer auf der Ebene von Bedürfnis und Befriedigung abspielt. Andere neigen dazu, das Bild des geliebten Menschen in ein idealisiertes und ein minderwertiges Bild aufzuspalten. Diese Spaltung wiederum ist verantwortlich für eine idealisierte, desexualisierte Liebe und eine erniedrigte Sexualität. Sie ist auch die Basis einer Spaltung zwischen »gutem« und »bösem« Objekt. Wird in der Kindheit eine stabile Objektkonstanz erreicht, dann wird auch der erwachsene Liebende nicht auf Spaltungen zurückgreifen – so die Hypothese der psychoanalytischen Entwicklungstheorie, die allerdings schwer zu überprüfen ist. Weiter nimmt die psychoanalytische Theorie an, daß das unter Verliebten weitverbreitete Bedürfnis, den geliebten Menschen zu idealisieren, den Zweck verfolgt, diesen vor Ambivalenzen zu schützen – auch dies ein Verhalten, das zu Spaltungen führen kann.

Jacobson (1964) hebt hervor, daß das Kind als Ergebnis eines inneren Entwicklungsprozesses allmählich lernt, Repräsentanzen des Selbst (Gefühle und Gedanken in bezug auf das Selbst sowie dessen zunehmend realistische Einschätzung) zu unterscheiden von Objektrepräsentanzen (etwa die zunehmend realistische Einschätzung der Eltern und ihre internalisierten Bilder, in denen zärtliche wie auch feindselige Gefühle beschlossen sind). Erst wenn die Trennung von Selbst- und Objektrepräsentanzen erreicht ist, kann man von einem kohärenten Selbst sprechen. Wird das Erwachsenenalter erreicht, bevor diese Trennung vollzogen ist oder während sie noch in vollem Gange ist, so wird dadurch die Furcht heraufbeschworen, von der innerpsychischen Repräsentanz des geliebten Elternteils erneut verschlungen zu werden. Diese Furcht wird dann auf das erwachsene Liebesobjekt verschoben. Männer und Frauen, bei denen dies der Fall ist, sind dazu genötigt, ihre Kontakte zu denen, die sie lieben, einzuschränken: Sie müssen in einer anderen Stadt leben, können sich nur in längeren Abständen treffen, brauchen nebenher noch andere Beziehungen, fahren allein in Urlaub oder entwickeln noch andere Methoden, mit ihrer Furcht vor Vereinnahmung fertig zu werden.

Mahler und ihre Mitarbeiter (1963; 1968; 1975) sowie Pine haben gezeigt, daß die Trennung von Selbst- und Objektrepräsentanzen in den ersten Jahren der Kindheit als Resultat eines anderen Prozesses zustande kommt: dem Prozeß der Individuation und der Loslösung von der Mutter und ihren Ersatzfiguren. Dieser Auffassung zufolge durchläuft das Kind zunächst eine Phase des Autismus, danach eine symbiotische Phase, in der es noch keine innerpsychische Unterscheidung zwischen Mutter und Kind gibt. Aus dieser symbiotischen Einheit erwächst allmählich das Selbst als psychische Realität, und zwar im Verlauf einer komplizierten Entwicklung über mehrere Stufen der Ablösung und der Individuation. Ein normaler Verlauf von Ablösung und Individuation ist die erste und entscheidende Voraussetzung für die Entwicklung eines gesunden Identitätsgefühls. Der Rhythmus, der im Zusammenhang mit der Verfügbarkeit der Mutter wahrgenommen wird, bildet den Ausgangspunkt für die Entstehung von Objektkonstanz (Mahler 1963). Doch hinterläßt der Prozeß der Loslösung von der Mutter auch einen – unterschiedlich großen – Rest von Trauer, der unter ungünstigen Umständen zu einer Quelle der Depression werden kann (Pine 1979).

In meinem Aufsatz von 1971 habe ich die These vertreten, daß die symbiotische Phase ein psychisches Residuum hinterläßt, nämlich das Verlangen nach Verschmelzung, und daß dieses Verlangen reaktiviert wird, wenn man sich verliebt. Eben diese Sehnsucht ist es, die Platon vor mehr als 2300 Jahren so eindrücklich beschrieben hat. Bak (1973, S. 6) vertritt hierzu eine ähnliche Auffassung: »Verliebt zu sein ist ein außergewöhnlicher und spezifisch menschlicher Gefühlszustand, der darauf gründet, daß die Trennung von Mutter und Kind rückgängig gemacht wird.«

Die von Mahler angeführten Subphasen der Ablösung und Individuation werfen ein neues Licht auf zahlreiche Probleme der Liebe. Eine dieser Phasen, die sie als »Subphase der Wiederannäherung« bezeichnet, ist dabei von spezifischer Bedeutung. Während dieser Phase entfernt sich das Kleinkind immer wieder von der Mutter; es ist jedoch darauf angewiesen, daß sie da ist, wenn es wieder zurückkehrt, um bei ihr »aufzutanken«, wie Mahler dies treffend bezeichnet. Ist die Mutter aus irgendwelchen Gründen nicht bereit, das Kleinkind freudig aufzunehmen, wenn es zurückkehrt, dann kann es geschehen, daß dessen Entwicklung auf dieser Stufe ins Stocken gerät. Es gibt viele Studenten, die diese Krise der Wiederannäherung erneut durchmachen: Sie verlassen zum erstenmal ihre Familie und werden dann von dem starken Verlangen ergriffen, nach Hause zurückzukehren. Homers *Odyssee* kann man als das Epos dieser Entwicklungsphase lesen: Die Idealmutter der Wiederannäherung heißt hier Penelope. Ist diese Subphase nicht erfolgreich bewältigt worden, dann wird sich beim Liebenden immer wieder das Bedürfnis einstellen, wegzugehen und dann wiederzukehren, nur um erneut zu gehen. Die Fähigkeit des Partners, zu warten, wird damit unzählige Male auf die Probe gestellt.

Ein in der *New York Times* veröffentlichtes Gedicht von E. B. White (Ausgabe vom 27. Oktober 1985) beschreibt diese Phase treffend:

Liebesgedicht für Katherine

Die Spinne, die sich vom Zweig herabläßt,
Spult einen Faden ihres Denkens ab,
Ein feines, wohlgeplantes Tau,
Um daran hochzuklettern.

Und auf ihrer ganzen Reise durch den Raum
Kühl hinabsteigend, treuen Sinnes,
Baut sie eine Leiter dorthin,
Woher sie kam.

So bin auch ich, wie die Spinnen, fortgegangen.
Doch da ist etwas Wahres im Netz der Spinne:
Einen silbernen Faden mache ich an dir fest
Für meine Rückkehr.

Den von den Hartmann-Schülern entwickelten neuen Ideen folgt auch Modell (1968, S. 88), wenn er schreibt, die größten Hindernisse, die sich einer glücklichen Liebe in den Weg stellten, seien übermäßige Anforderungen an die Liebesobjekte. Liebe ist in dem Maße möglich, wie wir fähig sind, die Trennung von unserem Liebesobjekt zu tolerieren. Wenn man das Glück hat, in den ersten beiden Lebensjahren ein »ausreichend gutes Bemuttern« zu genießen, dann bildet sich ein positives Identitätsgefühl heraus. Unter dieser Voraussetzung vermag man auch das Gefühl des Getrenntseins zu akzeptieren, und man ist eher dazu in der Lage, einen im realistischen Sinne passenden Partner zu finden.

Wenn sich die Mutter aus Besorgnis oder aus Einsamkeit den spezifischen Trennungs- und Individuationsbedürfnissen des Kindes entgegenstellt, dann führt das mit hoher Wahrscheinlichkeit zu einer Angst vor Nähe und zu einer Überempfindlichkeit gegen jegliche Einmischung. Ich habe allerdings den Eindruck, daß die heutige amerikanische Gesellschaft, in der die Mütter frühzeitig an ihren Arbeitsplatz zurückkehren, dem Bedürfnis des Kindes nach der notwendigen Nähe, auf die sich die späteren Liebesbeziehungen gründen, nicht gerade entgegenkommt. Welche Auswirkungen es auf die geschlechtliche Identität haben wird, daß nun beide Eltern sich die traditionell mütterlichen Funktionen teilen, muß man erst noch sehen.

Liebe unter psychisch Kranken

Da wir die Liebe idealisieren, neigen wir dazu, sie nur dann zur Kenntnis zu nehmen, wenn sie günstige Bedingungen vorfindet, wenn also der psychische Grundkonflikt gelöst ist. Wenn wir jedoch die Liebe unvoreingenommen untersuchen wollen, dann müssen wir in unsere Beobachtungen auch Fälle einbeziehen, in denen sie mit psychopathologischen Erscheinungen einhergeht. Bereits in der Antike war bekannt, daß verschmähte Liebe zu Wahnsinn und Selbstmord führen kann. Daß jedoch Liebe auch als verzweifelte Abwehrmaßnahme gegen drohenden psychischen Zerfall dienen kann, ist eine psychoanalytische Entdeckung der jüngsten Zeit.

Sich zu verlieben sei für Depressionen und paranoide Ängste die »normale Kur«, schrieb Schmideberg 1936 – »normal«, weil diese Kur vom Leben selbst und nicht von einem Therapeuten verabreicht werde. Ihrer Ansicht nach werden in der Liebe sowohl die »guten Objekte« als auch die guten Anteile des Selbst auf die geliebte Person projiziert, während Ambivalenzen mit idealisierenden Gegenbesetzungen beantwortet werden. Schmideberg behauptet sogar, bei der geliebten Person könne es sich um ein Objekt im Dienste der

Angstabwehr handeln – eine Person also, die man unbewußt fürchtet.*

Wenn dem Zustand der Verliebtheit paranoide Ängste zugrunde liegen, dann kann sich Liebe rasch in Haß verwandeln. Arlow (1980) hat beschrieben, welche Rolle die pathologische Identifizierung bei Liebesunfähigen spielt. Er führt den Fall eines erfolgreichen Don Juan an, der den Frauen leidenschaftlich nachstellt, sie aber abrupt wieder fallenläßt, sobald sie ihm erlegen sind. Dieses Bedürfnis, die Frauen nach der sexuellen Befriedigung von sich zu stoßen, hatte als entwicklungsgeschichtliche Ursache die Identifizierung mit einer promiskuitiven Mutter und mit einem Kindermädchen, das ihn im Stich ließ. In ihrer Anfangsphase glichen die Beziehungen dieses jungen Mannes stets der typisch romantischen Liebe, erfüllt von Schmerz und einem Taumel der Gefühle. Dem Geschlechtsverkehr folgte jedoch unvermeidlich die Enttäuschung – ein Fall, der an die biblischen Figuren Amnon und Tamar erinnert. Daß mit der sexuellen Vereinigung bereits die Enttäuschung an einer bis dahin idealisierten Frau einsetzen kann, ist nur allzu bekannt. Im Unbewußten wird die idealisierte Frau als phallische Frau betrachtet; diesen Status büßt sie mit dem Geschlechtsverkehr ein und unterscheidet sich nun möglicherweise überhaupt nicht mehr von anderen Frauen. Sie ist »kastriert«, und daher muß sie fallengelassen werden.

Das Syndrom des ewigen Verführers ist komplex, und seine Wurzeln liegen in der jeweiligen individuellen Biographie. Alle diese Fälle jedoch zeigen phallisch-narzißtische Fixierungen und eine Haltung der Angstabwehr gegenüber Frauen. Es ist, als würden sie sagen: »Ich habe keine Angst vor dir, ich kann dich erobern. Doch indem ich dich verführe, beweise ich auch, wie treulos du gegenüber denen bist, die du liebst.« Das enttäuschte Kind »meistert« seine Enttäuschung, indem es zum enttäuschenden Liebhaber wird. Eine solche Figur gibt es übrigens auch in Prousts Roman *Auf der Suche nach der verlorenen Zeit*: Der Held liebt Albertine nur so lange, wie er sie für unerreichbar hält.

Von Edith Jacobson gibt es keinen Aufsatz, der sich speziell mit der

* Der klassische Aufsatz über Angstabwehr stammt von Fenichel (1939). Beispiele für Angstabwehr bieten Menschen, die unter Höhenangst leiden und dann Bergsteiger werden, oder Stotterer, aus denen Redner werden.

Liebe befaßt. Doch ihre Beschreibung zyklothymer Erkrankungen (1954a; 1954b) – also extremer Schwankungen zwischen depressiven und manischen Zuständen – sowie ihr Interesse an psychotischen Identifizierungen führten sie auf dem Gebiet der Liebe zu bedeutsamen Entdeckungen. Während ihrer freien Phasen, solange sie noch nicht mit der Realität gebrochen haben, sind zyklothyme Personen an vielem interessiert. Sie sind wunderbare Gefährten und zu einer genitalen Reaktion absolut fähig. Doch bleiben sie gegenüber ihren Liebesobjekten in einer infantilen, narzißtischen Abhängigkeit befangen. Sie leben gleichsam »durch« den idealisierten Partner. Auf ihre Fähigkeit zur Idealisierung sind sie stolz und glauben, sie gehöre mit zu ihrer Einzigartigkeit. Das Bild des Partners wird mit Liebe überbesetzt, solange es irgend geht, während durchaus notwendige, narzißtische Liebe von den eigenen Selbstrepräsentanzen abgezogen wird. Ihr inneres libidinöses Defizit glauben diese Menschen dann durch die Liebe ihres Partners wieder ausgleichen zu können. (Dem Leser wird auffallen, daß Jacobson hier einen pathologischen Prozeß beschreibt – es ist jedoch genau der gleiche Prozeß, den Freud für völlig normal hielt, wenn man sich verliebt.) Sobald die zyklothyme Persönlichkeit ihr Liebesobjekt nicht mehr idealisieren kann, bricht sie die Beziehung ab und weist dem bis dahin geliebten Menschen alle Schuld zu. Sie versucht jetzt, den Prozeß umzukehren und soviel Libido wie möglich für sich selbst zurückzuerlangen – was in der Regel scheitert. Vielmehr läuft es darauf hinaus, daß nun *beide* Personen entwertet und leer sind. Außerdem entwickeln sich angesichts der psychischen Zerstörung des Liebesobjekts Schuldgefühle, die das Gefühl der eigenen Wertlosigkeit noch steigern.

Bei psychotischen Identifizierungen reicht die Pathologie sogar noch tiefer. Jacobson (1971, S. 311) zitiert eine ihrer Patientinnen: »Ich bin so verwirrt, und ich weiß nicht, ob ich mich nun über meinen Mann oder über mich selbst beklage. In meinem Kopf geht das Bild, das ich mir von ihm mache, mit meiner Vorstellung von mir selber durcheinander; es ist, als wären wir ein und dieselbe Person. [...] Wir hängen aneinander wie zwei Babys, und jedes scheint vom anderen zu erwarten, daß es ihm eine gute Mutter sei. Ich weiß überhaupt nicht mehr, was für ein Mensch er in Wirklichkeit ist oder wer ich selber bin.«

Die Möglichkeit einer Auflösung der Ichgrenzen und der Verschmelzung mit jemand anderem bedeutet für solche Menschen eine psychische Gefahr. Diese Patienten verdeutlichen, daß eine der Voraussetzungen beständiger Liebe darin besteht, daß man sich in den Grenzen des eigenen Selbst sicher fühlt. Wenn man dazu neigt, sowohl Aggressionen als auch Libido zwischen Selbst- und Objektrepräsentanzen hin- und herzuschieben, so macht das alle Liebesbeziehungen schwierig.

Man könnte eine riesige Zahl von Gedichten heranziehen, um zu zeigen, daß die Liebe ihren Ursprung in depressiven Gefühlen hat. Als Beispiel zitiere ich aus Matthew Arnolds (1822–1888) Gedicht *Dover Beach*:

Auch das Meer des Glaubens
Stand einst am höchsten, und die Gestade der Erde
Lagen wie die Windungen eines glänzenden, entrollten Gürtels.
Doch jetzt höre ich nichts
Als seine Melancholie, ein langes, sich entfernendes Brausen,
Das sich zurückzieht in den Atem des nächtlichen Windes,
Während an jenem unermeßlichen Saum
Der nackte, trostlose Kies der Welt zurückbleibt.

O Geliebte, laß uns einander treu sein!
Denn in der Welt, die vor uns
Wie ein Land der Träume zu liegen scheint,
So bunt, so schön, so neu,
Gibt es in Wahrheit weder Freude, noch Liebe, noch Licht,
Noch Sicherheit, noch Frieden, noch Beistand dem Leid.
Und wir stehen hier wie auf einer dunklen Ebene,
Umhüllt vom wirren Lärm von Schlacht und Flucht,
Da unwissende Armeen in der Nacht aufeinandertreffen.

Liebe und Narzißmus

Im Jahr 1937, zehn Jahre vor seinem Aufsatz über ›Genitale Liebe‹, den ich in einem anderen Kapitel ausführlicher behandelt habe, stellte Balint die Theorien Freuds bereits in einem anderen wichtigen Punkt in Frage, nämlich dem des primären Narzißmus. Anders als Freud war Balint der Auffassung, das Kind befinde sich nach der Geburt keineswegs im Zustand eines primären Narzißmus, sondern eher im Zustand intensiver Bezogenheit auf diejenige Person, die es mütterlich umsorgt. Diesen Zustand bezeichnete er als primäre Objektliebe. (Die experimentell gewonnenen Daten, die Spitz zur Verfügung standen, kannte Balint damals noch nicht.) Balints theoretische Annahme lautete, daß dieser Zustand während der Kindheit der vorherrschende ist, und er lieferte sogar klinische Beschreibungen von Erwachsenen, die auf der Ebene primärer Objektliebe agierten.

Balint definiert die primäre Objektliebe so: »Ich soll geliebt, befriedigt werden, und zwar ohne die kleinste Gegenleistung meinerseits« (1937, S. 91). Dieser regressive Wunsch ist für ihn das Endziel aller erotischen Bestrebungen. Wie sich primäre Objektliebe im Leben des Erwachsenen manifestiert, zeigt Balint etwa anhand der folgenden klinischen Falldarstellung:

»Sie hungerte beständig nach Liebe und Zuneigung; mehrmals hatte sie sich auf leiseste Anzeichen von Aufmerksamkeit hin weggeworfen. Der betreffende Partner bekam seine ›Engelsflügel‹, und sie lebte wieder für eine kurze Zeit in seliger Erwartung. Dann aber wurden ihr, da der andere Mensch nicht identisch mit ihr war, unweigerlich gewisse Verzichte auferlegt, die sie als Herzlosigkeit und grausame Vernachlässigung empfand. Das Resultat war dann jeweils eine schmerzhafte Enttäuschung. Diese wandelte sich bald in Haß, der Partner wurde als schlecht, herzlos, verdorben, grausam usw. entlassen« (Balint 1951, S. 135).

Zu einer solch primitiven Form der Liebe gehören nach Balint bestimmte charakteristische Züge: 1. Ichschwäche, die sich als Unfähigkeit zeigt, Frustrationen zu ertragen; 2. eine mangelhafte Realitätsprüfung, die eine realistische Einschätzung der geliebten Person nicht zuläßt; 3. eine sehr schnelle Veränderung der Beurteilung des Geliebten: erst wunderbar, dann ganz und gar böse; 4. das ständige Hervortreten der Narben früherer Enttäuschungen und die Neigung, sich zurückzuziehen; 5. völlige Abhängigkeit vom Liebesobjekt und der unbedingte Anspruch, die eigenen Bedürfnisse seien sofort und voll zu befriedigen.

Balint begreift den Narzißmus als defensiven Ausweg all derjenigen, die bei ihrer Suche nach dem primären Liebesobjekt eine Enttäuschung erlebten: »wenn die Welt mich nicht genügend liebt, mir nicht genug Befriedigung bringt, so muß ich mich selbst lieben, selbst befriedigen« (Balint 1937, S. 91).

Für die psychoanalytische Technik hat diese Neuformulierung Balints bedeutende Implikationen. Denn für ihn ist der Narzißmus die Folge einer Verletzung, die aus der primären Beziehung des Kindes erwuchs, und dies bedeutet einen Bruch mit der traditionellen westlichen Haltung, die im Narzißmus eine Untugend und zugleich eine Form der Liebe sah.

Balints Modell einer primären Objektliebe war wiederum von Ferenczis (1933) »passiver Objektliebe« abgeleitet. Nach Ferenczi ist das Kleinkind im Stadium der passiven Objektliebe höchst verletzlich; gegenüber der Liebe der Mutter ist es nur dann empfänglich, wenn sie intuitiv auf seine Bedürfnisse eingeht. Liebt die Mutter überaus leidenschaftlich oder ist sie im Gegenteil sehr distanziert, so wird die Reaktion des Kindes allmählich pathologische Züge annehmen.

Ferenczi und in seiner Nachfolge Balint waren die ersten Psychoanalytiker, welche die Interaktion zwischen Mutter und Kind für dessen spätere Entwicklung für entscheidend hielten. Man kann sie aus diesem Grund als Vorläufer der psychoanalytischen Objektbeziehungstheorie betrachten.

Balints Unterscheidung zwischen der primären Objektliebe einerseits – mit all ihren kindlichen Wesenszügen – und der genitalen Liebe andererseits führte in die Psychoanalyse eine neue Möglichkeit ein, das Phänomen der Liebe zu betrachten. Niemand vor ihm hatte den doch eigentlich selbstverständlichen Gedanken so klar formuliert, daß verschiedene Menschen verschieden lieben und daß die Liebe nicht von den anderen Anteilen der Persönlichkeit isoliert werden kann. Kindliche Menschen lieben auf kindliche Weise, und erwachsene Menschen zeigen auch Reife in ihrer Art zu lieben. Neu war auch, daß das Stadium der primären Objektliebe dem Narzißmus vorausgehen kann; dies hatte auf das spätere psychoanalytische Denken beträchtliche Auswirkungen. Balint beeinflußte sowohl Kohut als auch Kernberg in deren theoretischer Neuformulierung des Narzißmus.

Man wird sich erinnern, daß Freud Liebe und Narzißmus als antagonistische Kräfte betrachtete. Diese Auffassung wurde von van der Waals (1965) in Frage gestellt, der darauf hinwies, daß bei Paaren, die gut aufeinander eingespielt sind, jeder die narzißtischen Bedürfnisse des anderen intuitiv befriedigt. Auch finden beständige Paare Möglichkeiten, ihre jeweiligen narzißtischen Bedürfnisse so zu verändern, daß sie zu der Beziehung passen. Das Paar selber wird mit der Zeit zu einer narzißtischen Einheit, und ich habe beobachtet, daß die Auflösung dieser narzißtischen Bande häufig das Vorspiel zur Trennung ist.

Der französische Psychoanalytiker Grunberger (1971) ging noch einen Schritt über van der Waals hinaus. Seiner Ansicht nach vermittelt kein Objekt sexuelle Befriedigung, wenn es nicht auch zur narzißtischen Erhöhung beiträgt. Jede Liebesbeziehung besteht aus einem Triebanteil, der mit »erhebender« narzißtischer Bestätigung verschmolzen ist. Nach Grunberger leiden die Menschen fortwährend an einer narzißtischen Wunde, die im Zustand der Depression besonders machtvoll zutage tritt. Die Liebe dagegen heilt diese Wunde bis zu einem gewissem Grad, sofern der Partner für die vermißte narzißtische Erhöhung sorgt.

Joffe und Sandler (1965) führten das Modell eines »Idealzustands des Wohlbefindens« ein – eines Zustands, in dem die biologischen und die mentalen Strukturen miteinander harmonieren. Dieser emotionale Zustand habe mit Freuds primärem Narzißmus zu tun, bei dem das Objekt vornehmlich als Mittel betrachtet wird, zum »Idealzustand« zu gelangen. Joffe und Sandler sind der Auffassung, daß selbst nach Erreichen der Objektkonstanz das Objekt nicht als Selbstzweck geliebt wird, sondern lediglich als Medium zum Erreichen des Idealzustands. Die Objektliebe ist demzufolge nur ein Umweg auf dem Weg zu jenem emotionalen Zustand, der mit dem Stadium des primären Narzißmus einhergeht. Verliert man ein geliebtes Objekt, so erfährt man nicht nur den Verlust des Objekts selbst, sondern ebenso den Verlust jenes Aspekts des Selbst, der dem Objekt entspricht. Wie Grunberger betonen auch diese Autoren wiederum das narzißtische Moment, das beim Verlust des Liebesobjekts eine Rolle spielt.

Aufgrund ähnlicher Überlegungen gelangte Margaret S. Mahler (1966) zu dem Schluß, daß Kindern, die unter einer »depressiven Grundstimmung« leiden, die Erfahrung eines befriedigenden »sekundären Narzißmus« fehlt. (In der gegenwärtigen psychoanalytischen Terminologie bezieht sich der Begriff »primärer Narzißmus« auf einen Zustand, bei dem die Trennung von Selbst und Versorger noch nicht stattgefunden hat. Beim »sekundären Narzißmus« ist dies zwar der Fall, doch ist das Kind noch immer sehr abhängig von der Liebe und Wertschätzung der Eltern.) Bleibt der sekundäre Narzißmus aus, dann besteht die Gefahr, daß die Feindschaft gegenüber den Eltern wächst und das Kind genötigt ist, sich mit einer Spaltung zu behelfen, welche die idealisierten Eltern von den »bösen« Eltern trennt. Wenn diese Spaltung als Fixierung überdauert, dann kann die betreffende Person nur jemanden lieben, wenn sie zugleich einen anderen haßt.

In einer einfühlsamen Studie hat Bach (1980) die Schwierigkeiten hervorgehoben, die manche Menschen damit haben, Liebe und Selbstgefühl miteinander in Einklang zu bringen. Er beleuchtet den Gegensatz von Selbst-Bewußtsein und Objekt-Bewußtsein: Manche haben beim sexuellen Akt das Gefühl, entweder »ganz sie selbst« oder aber »jemandes Liebhaber» zu sein, aber es gelingt ihnen nicht, beides miteinander zu vereinbaren. Es gibt Menschen, die fortwährend – und selbst noch im Augenblick des Orgasmus – von Selbstbeobachtung gepeinigt werden, während andere das gerade entgegengesetzte Problem haben und zu jeder objektiven Selbstbeobachtung unfähig sind. Bach stellt fest, daß zur normalen Sexualität die Fähigkeit gehört, sich gleichzeitig als Subjekt und als Objekt zu genießen. Als Objekt erfährt man sich dadurch, daß man sich mit dem Partner identifiziert – ein Zustand, der bei Perversionen durch Leugnung der Geschlechtsunterschiede und durch bisexuelle Phantasien erreicht wird. Bei manchen Neurosen oder Perversionen wird das Problem dadurch gelöst, daß man abwechselnd in Gegenwart des anderen masturbiert und sich dann wieder sexuell direkt auf ihn bezieht. Der gleichzeitige Orgasmus wird deswegen so geschätzt, weil mit ihm gleichsam ein Sieg gefeiert wird über die schmerzliche Dichotomie fortwährenden Getrenntseins.

Der argentinische Psychoanalytiker Bleichmar (1981) hat festgestellt, daß bisweilen nicht der Partner, sondern eine weitere Person für die narzißtische Erhöhung sorgt. Als Beispiel führt er Fellinis Film *Casanova* an, in dem der Held dazu genötigt wird, vor Gästen einen Wettkampf gegen einen Diener auszutragen: Es geht darum, wer innerhalb einer bestimmten Zeit zu häufigerem Geschlechtsverkehr imstande ist. Nachdem Casanova aus diesem Wettstreit als Sieger hervorgegangen ist, wird seiner Partnerin klar, daß sie lediglich das Mittel gewesen ist, um Casanovas Überlegenheit zu beweisen: Die Zuschauer sind es, die für die narzißtische Erhöhung sorgen, derer er bedarf. In Shaws Stück *Pygmalion* herrscht die gleiche Beziehung in desexualisierter Form: Eliza ist nur das Medium, durch das Professor Higgins seine narzißtischen Bedürfnisse befriedigt. Das Objekt seines Narzißmus, auf das es ihm wirklich ankommt, ist ein männlicher Bewunderer.

Ich möchte diese Diskussion durch das Modell eines »narzißtischen Raums« ergänzen, der im Funktionieren von Paarbeziehungen ein wesentliches Element darstellt. Um eine alltägliche Erfahrung anzuführen: Ein Mann möchte gegenüber Gästen einen Ausflug schildern, den er gemeinsam mit seiner Frau unternommen hat. Sie unterbricht ihn jedoch und erzählt nun von diesem Ausflug mit größerer Lebhaftigkeit. Der Mann fühlt sich ausgegrenzt. Oder: Der Mann wird für eine kulinarische Leistung gelobt, die in Wahrheit das Verdienst seiner Frau ist. Nun fühlt *sie* sich ausgeschlossen. Gewöhnlich beeinträchtigen solche kleinen Verletzungen das Zusammenleben des Paars nicht. In einigen Fällen jedoch besetzt einer der Partner einen ungleich größeren Anteil oder sogar den gesamten »narzißtischen Raum«, der dem Paar zur Verfügung steht, und fügt dem anderen damit eine schwere Kränkung zu. Der Verlust an narzißtischem Raum kann schließlich zu ehelichen Konflikten und zu einer Entfremdung zwischen den Partnern führen.

Liebe und Dankbarkeit

Melanie Klein und ihre Anhänger haben eine Auffassung der Liebe entwickelt, die sich von der anderer Analytiker wesentlich unterscheidet. Klein zufolge erwächst die Liebe aus dem Gefühl der Dankbarkeit, welches das Kind gegenüber der guten Mutter hegt – und insbesondere gegenüber ihrer Brust, die Befriedigung gewährt. Dieses Gefühl bildet die Basis der Wertschätzung alles Guten, und zwar innerhalb des eigenen Selbst wie auch in anderen. Klein ist der Ansicht, daß diese Dankbarkeit im Kleinkind bereits sehr früh aufkommt: Es sind Lustgefühle, die in Gefühle der Dankbarkeit umgeformt werden, und der ungestörte Genuß des Gestilltwerdens führt zu einer Introjektion der »guten« Brust. Im Zustand vollkommener Befriedigung hat das Kind das Gefühl, ein einzigartiges Geschenk erlangt zu haben, und dieses möchte es festhalten. Das ist die Dankbarkeit, aus der sich allmählich Liebe entwickelt. Unter ungünstigen Bedingungen kann sie allerdings auch durch Gier oder Neid zerstört werden (Klein 1957, S. 17). Die maßlose Idealisierung, die mit der Liebe einhergeht, ist für Klein eine Reaktionsbildung auf Gefühle des Verfolgtseins. Die idealisierte Brust ist das Gegenstück zur gefürchteten »verschlingenden« Brust.

Ich möchte mich hierzu auf zwei kurze Kommentare beschränken. Es gibt einige Schriftsteller, die ähnliche Ansichten äußerten. In Balzacs Roman *Vater Goriot* heißt es, die Liebe sei die Wärme und die Dankbarkeit, die alle edlen Seelen für die Quelle ihrer Freuden empfänden. Andererseits müssen Gefühle, die man Säuglingen zuschreibt, notwendig spekulativ bleiben, und die psychoanalytische Erfahrung hat mir gezeigt, daß Dankbarkeit und Liebe durchaus nicht immer gemeinsam auftreten. Viele Männer und Frauen empfinden gegenüber ihren Lebensgefährten Dankbarkeit für die Liebe und Fürsorge, die sie von ihnen empfangen haben, doch sie spüren ebenso deutlich, daß diese Dankbarkeit nicht Liebe ist. Das soll nicht heißen, daß Liebe nicht auch Gefühle der Dankbarkeit umschließt; doch die Tatsache, daß Dankbarkeit so häufig *ohne* Liebe auftritt und dann mit Schuldgefühlen einhergeht, deutet darauf hin, daß die beiden Emotionen in einer komplizierteren Beziehung zueinander stehen, als die Auffassung Melanie Kleins nahelegt. Dennoch ist Dankbarkeit für empfangene Liebe und Lust normalerweise eine wesentliche Komponente, die für die Fortdauer einer Liebesbeziehung förderlich ist.

Liebe und Psychologie des Selbst

Unter denjenigen Analytikern, die ich als »Veränderer« Freuds bezeichnete, ist Kohut gegenwärtig der einflußreichste, zumindest in den Vereinigten Staaten. Für Freud war das Hauptziel aller therapeutischen Bemühungen – aus Sicht des topischen Modells – eine Erweiterung des Bewußtseins; geht man von seiner strukturellen Theorie aus, so bestand das Ziel in einer Ausdehnung des Ichs auf Kosten des Es und des Überichs.

1971 führte Kohut den Begriff des »Selbst-Objekts« in die Psychoanalyse ein. Das Selbst-Objekt ist eine andere Person, die unser Selbstgefühl unterstützt und daher vom Selbst nicht vollständig unterschieden ist. Das Selbst-Objekt ist also ein anderer, der psychisch als Teil des eigenen Selbst erlebt wird. Nach Kohut repräsentiert die Beziehung zwischen Selbst und Selbst-Objekt jenen ursprünglichen Zustand der Verbundenheit, der die Mutter-Kind-Beziehung charakterisierte. Außerhalb dieser Matrix entwickeln sich dann das Selbst und die Objektbeziehungen weiter. Bedeutsam ist, daß Kohut in seinen späteren Schriften den Bindestrich zwischen »Selbst« und »Objekt« wegließ: Selbstobjekt.

Kohut hebt hervor, daß es in der Psychoanalyse die philosophische Neigung gibt, Wachstum, Unabhängigkeit und Reife als wünschenswerte Lebensziele zu betrachten. So war Freud zweifellos von Goethes berühmtem Diktum beeinflußt: »Das größte Glück der Menschheit ist doch die Persönlichkeit.« Mit dieser grundlegenden Haltung des Abendlands, einem Vermächtnis der Aufklärung, stimmt Kohut nicht überein.

»Aus der Sicht der Psychologie des Selbst lebt der Mensch von der Geburt bis zum Tod in einer Matrix von Selbstobjekten. Er bedarf der Selbstobjekte, um psychisch zu überleben, genau wie er das ganze Leben lang Sauerstoff in seiner Umgebung braucht, um physisch zu überleben. Gewiß, das Individuum ist der Angst und der Schuld eines unlösbaren Konflikts ausgesetzt und überdies der Qual einer verminderten Selbstschätzung, sobald ihm klar wird, daß er seine Ziele nicht erreicht oder nicht seinem Ideal gemäß gelebt hat. Doch solange er sich von Selbstobjekten umgeben fühlt, solange ihre Gegenwart ihn beruhigt – entweder aufgrund ihrer unmittelbaren Reaktionen oder aufgrund eines durch vergangene Erfahrungen genährten Vertrauens in ihre anhaltende Teilnahme –, so lange werden Konflikte, Versagen und Niederlagen sein Selbst nicht zerstören, wie tief sein Leid auch sein mag. Die Psychologie des Selbst sieht das Wesentliche der menschlichen Entwicklung nicht darin, daß sie von der Abhängigkeit zur Unabhängigkeit führt, von der Verschmelzung zur Autonomie oder auch nur vom Nicht-Selbst zum Selbst« (Kohut 1980, S. 478f.).

In seinem letzten, postum veröffentlichten Buch kommt Kohut noch einmal auf seine Differenzen zur psychoanalytischen Ich-Psychologie zu sprechen. Eine Entwicklung von der Symbiose zur Autonomie hält er für unmöglich (Kohut 1987, S. 79). Es gibt jedoch eine Fortentwicklung »archaischer Verschmelzungen« mit »archaischen Selbstobjekten«, und es entsteht eine Verbindung »emphatischer Resonanz« zwischen Selbst und Selbstobjekt (ebd., S. 110). Liebe stärkt das Selbst, und ein starkes Selbst ermöglicht wiederum die intensive Erfahrung von Liebe. Dabei mißt Kohut der Hoffnung – dem in der psychoanalytischen Literatur wohl am stärksten vernachlässigten Gefühl – eine größere Bedeutung bei als andere Analytiker. In den Tagträumen vom idealen Liebesobjekt erkennt Kohut das Verlangen nach einem Selbstobjekt, das für die Festigung jener Strukturen sorgen wird, die während der Kindheit zwar ausgeformt, aber nicht vollendet wurden (ebd., S. 194).

Die Kontroverse zwischen Kohut und der Ich-Psychologie ist innerhalb der neueren Psychoanalyse eine der interessantesten. Nach Mahler sehnen wir uns von der Wiege bis zur Bahre nach der verlorenen Mutter jener einstigen Symbiose; Kohut dagegen glaubt, daß wir sie im Selbstobjekt wiederfinden.

Als Fall einer idealen Selbstobjekt-Beziehung führt Kohut den Dramatiker Eugene O'Neill und dessen dritte Ehefrau an, außerdem die Beziehung Prousts zu seiner Haushälterin Celestine. Die Biographien der beiden Schriftsteller lassen jedoch erkennen, daß sie auf die autonomen Bedürfnisse dieser Frauen wenig Rücksicht nahmen.

Kohut nennt keine Quelle, aus der er seine Sicht von O'Neills Ehe bezieht. Der Biographie von A. und B. Gelb (1960) zufolge heiratete er seine dritte Ehefrau Carlotta Monterey im Jahr 1929 und blieb auch bis zu seinem Tod 1953 mit ihr verheiratet. Diese Biographie wie auch die psychoanalytische Studie der Lichtenbergs (1972) zeichnen jedoch ein ganz anderes Bild von O'Neill als das von Kohut vermittelte. O'Neill stellte an Carlotta Monterey unmäßige Anforderungen: Sie sollte in einer Person Ehefrau, Geliebte, Mutter und Sekretärin sein und ihr Leben ganz und gar ihm widmen. Wenig spricht dafür, daß er bei ihr das von Kohut vermutete Glück tatsächlich gefunden hat. Denn trotz ihrer Ergebenheit scheint er seine dritte Frau nicht besser behandelt zu haben als die beiden vorigen. Nach jeder Mißhandlung allerdings überkamen ihn Anfälle von Schuldgefühl. Und was seine Kreativität betrifft, so schuf O'Neill während dieser Ehe tatsächlich einige seiner besten Stücke, jedoch auch einige seiner schwächsten wie zum Beispiel *Days Without End* (1934).

In vielen seiner Stücke lieferte O'Neill scharfsichtige Schilderungen der Liebe – doch war er selbst liebesfähig? Eine bedeutsame Frage in unserem thematischen Kontext, denn O'Neill erlitt eine ganze Anzahl traumatischer Erfahrungen. Außerdem verfügte er über schöpferische Möglichkeiten, die ihm gewöhnlich nicht verfügbare Kanäle der Sublimierung eröffneten. Es stellt sich die Frage, ob er tatsächlich, wie Kohut annimmt, das heilende Selbstobjekt fand, das ihm half, seine traumatische Vergangenheit zu überwinden. Wenn ich das vorliegende Material überblicke, so vermute ich doch, daß ein Selbstobjekt – wenn man es denn im wirklichen Leben tatsächlich findet – geringere heilende Wirkung hat, als Kohut hoffte.

In seinem Stück *The Iceman Cometh* (*Der Eismann kommt*) schildert O'Neill die Hauptfigur Hickey als einen Mann, der seine Frau tötete, obgleich ihm diese all seine Untaten vergeben hatte. Angeblich tötete er sie aus Liebe, um ihr den ersehnten Frieden zu verschaffen und um sie von dem quälenden Hirngespinst eines besseren Lebens zu befreien. Wahrscheinlich werden wir in der Literatur kaum ein besseres Beispiel eines Selbstobjekts finden als Hickeys Frau – und doch wurde sie so gehaßt, daß es sie das Leben kostete. Ein interessantes

Dilemma: Kam der Psychoanalytiker Kohut mit seiner optimistischen Einschätzung der Beziehungen zwischen zwei Selbstobjekten der Wahrheit tatsächlich näher als der Schriftsteller O'Neill?

Da Liebesbeziehungen für Kohut Beziehungen zwischen Selbst und Selbstobjekt sind, hat er auch eine gänzlich andere Auffassung von der Liebe, die in scharfem Gegensatz zu der von Binstock (1973) steht: Dieser betont ja, daß die Fähigkeit, auch ohne das Liebesobjekt zu überleben, ein Anzeichen gesunder Liebe sei.

Auf einem Treffen von Selbst-Psychologen in Chicago hielt Terman (1980) einen Vortrag über die Liebe, den er mit einer Kritik an Freud eröffnete: Der Begriff Libido beziehe sich auf innerpsychische Vorgänge und sei daher nicht geeignet, interpersonale Beziehungen wie die Liebe adäquat zu beschreiben. Terman betrachtet Ferenczi, Balint und Saul (der das Geliebtwerden als Grundbedürfnis der Kindheit hervorhob) als Vorläufer einer Psychologie des Selbst. Zwischen Balints primärer Objektliebe und Kohuts Beziehung zwischen Selbst und Selbstobjekt sieht Terman bedeutende Gemeinsamkeiten – wobei er allerdings die Unterschiede außer acht läßt, denn für Balint ist mit der primären Objektliebe beim Erwachsenen die Katastrophe vorprogrammiert. »Die Liebe weist eine besondere Nähe auf zu den Umständen unserer psychischen Geburt«, schreibt Terman (1980, S. 357). Damit eine Liebesbeziehung produktiv wird, müssen beide Partner die Beziehung zwischen Selbst und Selbstobjekt wiederfinden, die in ihrer Kindheit vorherrschte. Was sie jedoch während der Kindheit nur passiv durchlebten, können sie nun als Erwachsene aktiv erfahren. Gelingt es dem Paar, zwischen ihren komplementären Bedürfnissen ein wirkliches Gleichgewicht herzustellen, so erleben sie ein bis dahin unbekanntes, tiefes Glücksgefühl. Aus jener wiedergefundenen Beziehung zwischen Selbst und Selbstobjekt entwickelt sich ein »unabhängiges Zentrum der Aktivität«, das beiden Partnern ein neues und schöpferisches Gefühl des eigenen Selbst vermittelt. Die Chancen von Erwachsenen, sich gegenseitig das zu geben, was sie an ihren jeweiligen Selbstobjekten der Kindheit vermißten, schätzen Kohut wie auch Terman durchaus optimistisch ein.

Liebe und Heilung des beschädigten Selbst

Dicks und seine Mitarbeiter (1967) waren nicht am Phänomen der Liebe interessiert, sondern an der gestörten ehelichen Beziehung. Um innerhalb der Ehe auftretende Spannungen zu untersuchen, bedienten sie sich des Modells der »inneren Objektbeziehung« und der »projektiven Identifizierung« im Sinne von Bion. Doch gerade deshalb, weil sie sich auf das Versagen der Liebe konzentrierten, haben sie deren Verständnis erweitert. Eine erfolgreiche Anpassung an die moderne Ehe verlangt ihrer Auffassung nach ein Ineinander von Abhängigkeit und Autonomiefähigkeit (Dicks u. a. 1967, S. 29). In einer guten ehelichen Beziehung ist es möglich, den Partner als verschieden vom eigenen Selbst wahrzunehmen, ohne daß dadurch die Einheit des Paars gefährdet wäre (ebd., S. 31). Beide bestätigen sich wechselseitig, liebenswert zu sein. Zu Spannungen kommt es, wenn Zweifel am guten Willen des Partners aufkommen, die mit besitzergreifender Eifersucht einhergehen. Außerdem gibt es das Bedürfnis, Ambivalenzen und feindselige Gefühle zu verleugnen. Gegen derartige Gefühle richtet sich als Reaktionsbildung die Idealisierung des Partners, die es diesem jedoch nicht erlaubt, »wirklich« zu werden. Zudem verlangt das Aufrechterhalten der Idealisierung wiederum die Verleugnung aggressiver und sexueller Gefühle.

Bis zu diesem Punkt stimmen Dicks und seine Mitarbeiter mit Beobachtungen und Überzeugungen überein, die auch von anderen Psychoanalytikern geteilt werden. Sie gehen jedoch noch einen Schritt weiter und schildern ein Phänomen, das ich sonst nirgendwo beschrieben fand: Die von ihnen angeführten Männer und Frauen suchen unbewußt ein fehlendes Stück ihrer selbst. Für sie ist Liebe ein heilender Mechanismus, gegründet auf einen durch Verdrängung oder Verleugnung entstandenen Mangel des eigenen Selbst. Der Partner wirkt darum anziehend, weil er die Hoffnung aufkommen läßt, durch ihn könne man einen verlorenen Aspekt des eigenen Selbst wiedererlangen. Solche Menschen verlieben sich in das, was sie einmal waren, insbesondere in das, was sie vor Verdrängung und Reaktionsbildung waren. Unbewußt glauben sie, im Partner einen bestimmten Aspekt ihrer selbst wiederzufinden, den sie im Verlauf ihrer Entwicklung aufgegeben haben. So sucht sich zum Beispiel ein ausgesprochen unabhängiger Mensch einen abhängigen Partner in der Hoffnung, die eigenen Abhängigkeitswünsche, die er verdrängen mußte, innerhalb dieser Verbindung wieder ausleben zu können. Solche Hoffnungen erfüllen sich jedoch selten, denn das Bedürfnis nach Verdrängung kehrt immer wieder. Die einst geliebte Person muß verstoßen werden, genau wie die ursprünglichen Wünsche verdrängt werden müssen. Ein früherer innerpsychischer Konflikt wird nun als ehelicher Konflikt erneut ausgefochten, und der Betreffende empfindet das Bedürfnis, sich von seinem Partner zu befreien – denn dieser steht ja gerade für jenen Teil des Selbst, der abgestoßen werden mußte.

Dicks schildert einen Fall, bei dem die Liebe damit einsetzte, daß das Bild eines strengen Vaters auf den Ehemann verschoben wurde. Mit der Zeit jedoch begann der Ehemann die peinigende Mutter zu personifizieren. Durch diesen Wechsel der Übertragung vom Vater auf die Mutter verschlechterte sich die eheliche Beziehung erheblich.

Dicks liefert hier eine bedeutsame neue Einsicht. Als Freud verkündete, alles Finden sei Wiederfinden, gründete er die Liebe auf infantile Urformen. Ihm entging jedoch, daß im Verlauf einer erwachsenen Liebesbeziehung die eine infantile Urform an die Stelle einer anderen treten kann. Nun, da wir wissen, daß dies möglich ist, lassen sich durch diesen Mechanismus auch bestimmte Besserungen oder Verschlechterungen von Liebesbeziehungen erklären.

Eine von Wallersteins Patientinnen erlebte ähnliches in ihrer Übertragungsbeziehung. Sie äußerte ihm gegenüber: »Ich kam zur Psychoanalyse, weil ich einen liebenden Vater suchte, und an was ich tatsächlich gerate, ist eine abweisende Mutter« (Wallerstein 1967, S. 559). Ritvo (1966) schildert einen jungen Mann, der als Kind phobisch und als Erwachsener zwanghaft war. Während seiner Analyse heiratete er eine phobische Frau, die genau wie er als Kind unter massiven Trennungsängsten gelitten hatte. Diese Ehe mit einer phobischen Frau ermöglichte dem Patienten, jene Phobie wiederzufinden, von der ihn die Analyse scheinbar befreit hatte. Offenbar spielte bei dieser Wahl auch eine Identifizierung mit dem Therapeuten eine Rolle, denn der Patient, der nicht mehr phobisch war, konnte sich nun aktiv um eine phobische Frau kümmern, genau wie der Therapeut sich um ihn gekümmert hatte.

Wie alle Liebesbeziehungen bietet auch dieser Typus eine »zweite

Chance«. In welchem Maß jedoch ein Erwachsener fähig ist, diese Art von Liebe zu verinnerlichen und das Kindheitstrauma ungeschehen zu machen, ist von Fall zu Fall verschieden. Die Liebe vermag nicht *alles* zu überwinden. Ihre Macht ist durch das Ausmaß der Schädigungen begrenzt, die dem Kind durch seine ursprünglichen Objekte zugefügt wurden.

Ein Gedicht aus dem Sanskrit (Merwin/Masson 1977) gibt den geschilderten emotionalen Zustand wieder:

> Gepriesen sei Vishnu, seine Hände
> liebkosen heimlich die großen Brüste der Lakshmi,
> als suchten sie dort sein verlorenes Herz.

Liebe und psychoanalytische Diagnose

Otto Kernberg, wie Balint eine Generation älter, legte besonderen Nachdruck auf die psychoanalytische Theorie der Objektbeziehungen, wobei er frühe Einflüsse von Melanie Klein mit seinem späteren Interesse am Werk Jakobsons und Mahlers verband. In seinem 1980 erschienenen Buch *Innere Welt und äußere Realität* hat er seinen eigenen intellektuellen Werdegang verfolgt.

In die psychoanalytische Literatur der Liebe führte Kernberg Begriffe ein, die aus der Systemtheorie stammen. Mehr als andere Psychoanalytiker hob er besonders die Rolle der Integration hervor, denn seiner Ansicht nach gelangt man zur reifen Liebe durch eine komplizierte Abfolge innerpsychischer Integrationsleistungen. Diese Betonung der Integration führte ihn wiederum dazu, im Hinblick auf die Liebe eine psychoanalytisch-diagnostische Hierarchie zu erstellen. Auf der untersten Stufe siedelte er narzißtische Persönlichkeiten an, die unfähig sind, hetero- oder homosexuelle Objektbeziehungen einzugehen (Kernberg 1975, Kap. 7 u. 8). Jeder Versuch, zu lieben, schlägt diesen narzißtischen Personen fehl und wird von Neid und Gier zunichte gemacht. Was sie erobert haben, wollen sie entwerten und vernichten. (Frühere Klassifizierungen sprachen solchen Personen prägenitale Fixierungen zu.)

Auf der nächsten Stufe dieser Entwicklungsleiter befinden sich narzißtische Persönlichkeiten, deren Narzißmus im wesentlichen eine Abwehr gegen eine auf der ödipalen Stufe erlebte Enttäuschung darstellt. Solche Personen können nach abgeschlossener Analyse liebesfähig werden. Kernberg führt hierzu einen klinischen Fall an: Eine junge Frau, die sich für häßlich hielt, glaubte dennoch unbewußt, sie sei eine außerordentliche Schönheit und alle Männer müßten sich genötigt fühlen, ihr zu huldigen. Auf dieser unbewußten Ebene sah sie sich selbst als »Mutter-Königin-Göttin«, die zu einer vollkommenen Beziehung zu einem »Vater-Ehegemahl-Sohn« gelangen würde. In der Übertragung erlebte sie den Analytiker als einen solchen Idealpartner (Kernberg 1975, S. 277), doch war die Phantasie in dieser Form untauglich als Grundlage einer realistischen Beziehung. Erst nachdem die Analyse sie zu der Erkenntnis geführt hatte, daß diese Phantasie eine Abwehr gegen ihre ödipale Enttäuschung war, konnte die Patientin sie aufgeben und liebesfähig werden.

Eine dritte Gruppe, Borderline-Persönlichkeiten mit chaotischer, polymorph-perverser Sexualität, sind nach Kernberg eher in der Lage, ihre Libido in andere zu »investieren«, weil sie zur Idealisierung fähig sind.

Die vierte Gruppe umfaßt Neurotiker, deren Entwicklungsstand sich durch eine bessere Integration auszeichnet: Ihre Objekt-Repräsentanzen sind kohärent und von den Selbst-Repräsentanzen geschieden. Solche Personen sind zwar liebesfähig, doch es gelingt ihnen nicht, Liebe und Sexualität ohne Schuldgefühle miteinander zu verbinden, da sie weiterhin auf der ödipalen Stufe fixiert sind. Mit dieser Gruppe hat sich Freud in seinen Aufsätzen über die Liebe befaßt (1910; 1912).

Diejenigen, die zu reifer Liebe fähig sind, bilden die letzte Gruppe in Kernbergs Klassifizierung. Ihre genitale Sexualität haben diese Personen in eine umfassende Fähigkeit zu Objektbeziehungen vollständig integriert. Aus ihrer Zärtlichkeit erwächst ihnen voller sexueller Genuß, und innerhalb der Partnerschaft halten sie ein Gefühl wechselseitiger Identifizierung aufrecht. Das Bedürfnis nach Idealisierung wird überführt in eine reife Bindung (was der Theorie Balints entspricht). Kernberg teilt die Auffassung von Analytikern wie van der Waals (1965) und Chasseguet-Smirgel (1986), daß normale Liebe sowohl die Objektlibido als auch die narzißtische Libido steigert (Kernberg

1980, S. 322). Die Erschöpfung narzißtischer Libido, die Freud zufolge für alle Arten von Liebe typisch ist, tritt nach Kernberg nur bei pathologischen Formen auf. Außerdem ist er der Ansicht, daß es eine Projektion des Ichideals nur in der romantischen Liebe der Heranwachsenden gibt, während man in der reifen Liebe Ideale nicht projiziert, sondern miteinander teilt. Daß reife Liebe die Grenzen zwischen Selbst und Nicht-Selbst verwischen könnte, glaubt Kernberg nicht. Kategorisch stellt er fest: »Ich dagegen bin der Auffassung, daß es keine sinnvolle Liebesbeziehung ohne Fortdauer des Selbst, ohne feste Grenzen des Selbst geben kann, die das Gefühl der Identität erzeugen« (Kernberg 1980, S. 332).

Obgleich das Selbst stark besetzt bleibt, bewirkt die Liebe eine »Grenzüberschreitung« sexueller Leidenschaft. Nach Kernbergs Schilderung erleben Liebende auch ein Gefühl der Transzendenz. In diesem Zustand verlaufen eine ganze Reihe psychischer Prozesse parallel: Identifizierung mit dem Sexualpartner, »phantasierte Vereinigung« mit den ödipalen Eltern und eine vorübergehende Todeserfahrung (womit die bekannte französische Umschreibung des Orgasmus als »kleiner Tod« gemeint ist). Diese Grenzüberschreitungen unterscheidet Kernberg jedoch von regressiven Verschmelzungsphänomenen, wie sie in den Liebesbeziehungen von Borderline-Patienten vorkommen.

Ist man verliebt, so treten all diese komplizierten innerpsychischen Vorgänge auch während des Geschlechtsakts auf und werden als heftige sexuelle Leidenschaft erfahren. Sexuelle Leidenschaft hält das Paar zusammen, doch ist sie ebenso instabil wie komplex. Beziehungen, die auf ruhige Harmonie gegründet sind, halten länger als leidenschaftliche Beziehungen (womit Kernberg der Auffassung Freuds folgt).

Die Klarheit, die Kernberg in eine ganze Welt verwirrender Erscheinungen bringt, finde ich bewundernswert. Seine fünf grundlegenden Gruppen – die narzißtischen, die gemäßigt narzißtischen, die borderline-kranken, die ödipal fixierten und die reifen Liebenden – sind ein beträchtlicher Fortschritt gegenüber der Klassifikation von Abraham (1924a), die ausschließlich auf psychosexuellen Phasen und vorherrschenden Fixierungen beruhte. Im Rahmen der historischen Perspektive, die ich in diesem Buch entwickelt habe, bedeutet Kernbergs

Definition des Narzißmus einen Bruch mit der westlichen Tradition; denn seiner Auffassung zufolge liebt der Narzißt nicht einmal mehr sich selbst. Keineswegs betrachtet er voller Lust sein eigenes Bild, sondern er wird verzehrt von Neid, Eifersucht und Aggression gegenüber allen bedeutsamen Menschen in seinem Leben.

Die reife Liebe, bei Kernberg die oberste Kategorie, wird von Arlow (1980) kritisch beurteilt: Sie sei wohl eher ein Ideal als im klinischen Sinn real. Anzunehmen, es gebe sie auch im wirklichen Leben, sei für den Psychoanalytiker ausgeschlossen, und Kernberg habe offenbar den kindlichen Anteil von Männern und Frauen sowie die ungelösten Konflikte, die wir alle mit uns herumtragen, nicht genügend berücksichtigt. Im Begriff der reifen Liebe – so Arlow – kommt die grundlegende menschliche Tragödie überhaupt nicht vor: daß nämlich das einst in der Kindheit erfahrene Glück im Erwachsenenalter erneut gesucht, doch selten gefunden wird. In der Welt wirklicher Beziehungen läßt jede Liebe eine Fülle infantiler »Rückstände« erkennen.

Historisch betrachtet ist es interessant, daß die von Kernberg postulierten reifen Liebenden nicht weniger utopisch sind als Abrahams und Reichs »genitale Charaktere«. Utopien sind zählebig. Und es ist nicht eben einfach, Kernbergs Behauptung, ohne feste Grenzen des Selbst gebe es keine Liebe, mit seinem Begriff der Grenzüberschreitung in Einklang zu bringen. Im nächsten Kapitel werde ich auf dieses Problem zurückkommen.

Dennoch ist die Klassifikation Kernbergs eine bedeutende Leistung, die durch diese kritischen Einwände keinesfalls geschmälert wird. Er skizziert drei voneinander abgegrenzte klinische Kategorien, die mit jeweils anderen Beeinträchtigungen der Liebesfähigkeit zusammenhängen: Der Narzißt ist unfähig zu lieben, weil Neid und Zerstörungswünsche übermächtig sind. Der Borderline-Kranke ist liebesunfähig, weil seine innerpsychische Struktur zu zerbrechlich ist, um der regressiven Tendenz der Liebe widerstehen zu können. Und neurotische Persönlichkeiten schließlich sind nicht fähig, Liebe und Sexualität miteinander zu verbinden, weil ihre unbewußte Bindung an Elternfiguren noch immer zu stark ist.

8

Spielarten der Liebe

Die Frucht der Liebe, das ist ein zu verrücktes Buch,
Um es nur zum Zeitvertreib zu lesen.
Wie ein dummer Schüler sehe ich in der Liebe
Eine Gestalt aus alter Zeit, die neuen Geist bewegt.
Sie erscheint, sie erblüht, sie trägt ihre Früchte und stirbt.

(Wallace Stevens, *Le Monocle de Mon Oncle*)

Zusammenfassung

Wir sind in diesem Buch den Versuchen des Menschen nachgegangen, das Wesen der Liebe zu verstehen. Dabei haben wir die Vorgeschichte der Liebe zurückverfolgt bis zu jenen Fruchtbarkeitsfigurinen, denen man die Macht zuschrieb, für gute Ernte sorgen zu können. Aus ihnen entwickelten sich Göttinnen der Fruchtbarkeit und des sexuellen Begehrens, und aus diesen wiederum schufen die Griechen Götter, die ausschließlich für die Liebe zuständig waren. Hymnen an die Göttinnen der Fruchtbarkeit waren das Vorspiel der ersten Liebeslieder.

Die ersten, die der Liebe Worte verliehen, waren die Ägypter, die bereits vor 3500 Jahren Liebesgedichte verfaßten. Sie entdeckten die Metapher als ein Mittel, Liebe zum Ausdruck zu bringen. Einige dieser Metaphern – wie etwa der Vergleich der Liebe mit einer Krankheit, die nur durch die Gegenwart des Geliebten geheilt werden kann – haben bis heute überdauert. Auch die Metapher der süßen Bezauberung geht auf die Ägypter zurück.

Mit einem imaginativen Sprung spalteten die Griechen die für den gesamten Nahen Osten charakteristische Göttin der Fruchtbarkeit. Sie schufen zwei Liebesgötter und personifizierten damit jene Steigerung sexueller Leidenschaft, die wir als Liebe bezeichnen. Doch wie ich bereits betonte, unternahmen die Griechen keinerlei Versuch, das, was wir als »Verlieben« bezeichnen, mit der Fähigkeit zu einer längeren, dauerhaften Liebesbeziehung zu verbinden. Die Tatsache, daß der Gott Eros schließlich zu einem Kind wurde, verweist auf mythologischer Ebene bereits auf Freuds Vorstellung einer infantilen Liebe. Im Pfeil des Amor überlagert sich die Metapher des plötzlichen Erscheinens der Liebe mit dem Gefühl, daß die Gründe, warum man *diese* Person und nicht eine andere wählt, unbewußt bleiben. Infolgedessen hat dieser Pfeil jahrhundertelang dazu beigetragen, daß die Rolle der geliebten Person abgewertet wurde. Erstaunlich ist, wie die Fähigkeit der Griechen, Liebe auf Götter zu projizieren, wiederum die griechischen Dichter zu einer nie zuvor vernommenen Sprache gelangen ließ, um die Liebe und deren Konflikte zu beschreiben. Die griechischen Tragiker erweiterten den Horizont der Liebe, indem sie den Zusammenhang zu inzestuösen Begierden und zum Kampf gegen das Inzestverlangen herstellten.

Der einflußreichste Erforscher der Liebe war Platon, der sowohl die christlichen Denker als auch Freud beeindruckte. Er entthronte den Gott der Liebe, indem er zeigte, daß Liebe auf einem Gefühl des Mangels beruht, auf Begehren und Sehnsucht. Er führte den Gedanken ein, daß die Liebe von einem Wunsch nach Vereinigung ausgeht, von dem Wunsch, unser Getrenntsein, unsere Individualität und die Einsamkeit unserer Existenz aufzuheben. Platon entdeckte auch, daß man den Impuls der Liebe von der sexuellen Vereinigung ablenken und in andere Kanäle leiten kann – Freud wird diese Plastizität später als »Sublimierung« bezeichnen. Diese Energie ist es, derer sich alle Religionen, sozialen Bewegungen und Philosophien bedienten, wenn sie die Liebe auf andere Ziele lenkten.

Der römische Dichter Catull beschrieb das Gefühl der Ambivalenz, wenn man gleichzeitig Liebe und Haß gegenüber derselben Person empfindet. Ambivalenz beeinträchtigt die Liebesfähigkeit sehr stark, daher haben sich später die Psychoanalytiker intensiv mit dem Wesen der Ambivalenz auseinandergesetzt. Dann kam der bedeutende Beitrag des römischen Dichters Ovid, der in mythologischer Form die Gefahren der Selbstliebe aufzeigte. Er machte den Weg frei zu einem Verständnis des Konflikts zwischen Narzißmus und Liebe.

Die Juden und in ihrem Gefolge die Christen zeigten, daß es möglich ist, das Bild eines Gottes zu erschaffen, ihn mit der Fähigkeit zur

Liebe auszustatten und sich dann von diesem selbstgeschaffenen Gott geliebt zu fühlen. Sie bewiesen damit, daß ein konkretes Objekt gar nicht immer erforderlich ist, um Liebe aufkommen zu lassen. Im 19. Jahrhundert betonten vor allem Schopenhauer und Stendhal, daß die Idealisierung der geliebten Person wesentlich zur Liebe gehört, wodurch sich unser Verständnis dieses Phänomens wesentlich erweiterte. Wenn wir lieben, ist es *eine* Person, und *nur* diese eine Person, die uns selig machen kann – die uns aber auch, wenn sie unsere Liebe nicht erwidert, in größtes Leid stürzen kann. Die Psychoanalyse hat dies noch weiter vertieft und gezeigt, daß Liebe auch eine Abwehr gegen Depression, Neid und Aggression sein kann.

Das Mittelalter entwickelte die Vorstellung einer romantischen, das heißt sexuell unerfüllten Liebe. Das Glück des Orgasmus wurde ersetzt durch die Vereinigung im gemeinsamen Tod. Die romantische Liebe ist demnach ein Mittelding zwischen irdischer und himmlischer Liebe.

Irgendwann zwischen dem 17. und dem 19. Jahrhundert wurde offenkundig, daß allein der Mensch zur Liebe fähig ist. Seither kreisen die Planeten nicht mehr aus Liebe um die Sonne, und auch der Magnet zieht das Eisen nicht mehr aus Liebe an. Nur die Dichter, die sich darüber im klaren sind, in Metaphern zu sprechen, halten diese alte Sprache weiter lebendig.

Um die Jahrhundertwende behauptete Sir Julian Huxley, J., bestimmte Herdentiere zeigten für andere Individuen ihrer eigenen Gattung ein soziales Gefühl der Liebe, und sie zeigten auch Schmerz, wenn sie von ihnen getrennt werden. Doch selbst Huxley, J. gab zu, daß jede Form von Liebe, die im Tierreich in Erscheinung tritt, unmittelbar von Instinkten gesteuert wird. Freud leitete die Liebe aus dem Sexualtrieb ab; doch ein Trieb ist etwas anderes als ein Instinkt, und in Freuds Augen war der Sexualtrieb stets eine höchst komplexe Struktur, die aus zahlreichen Komponenten besteht.

Wie ich in den vorigen Kapiteln gezeigt habe, vermochte Freud etliche rätselhafte Erscheinungen der Liebe aufzuklären, die sich früheren Beobachtern völlig entzogen hatten. Seine grundlegende Entdeckung, welche die Liebe des Erwachsenen mit der frühen Kindheit in Zusammenhang bringt, wird Bestand haben. Auch daß die Liebe ein unvermeidliches Bedürfnis ist und daß sie sowohl bei Männern als auch bei Frauen einen nutzlosen Überschuß an Narzißmus absorbiert, gehört meiner Ansicht nach zu den bleibenden Erkenntnissen – auch wenn wir heute das Hin- und Herfließen von narzißtischer Libido und Objektlibido für nicht mehr so einfach halten wir Freud. Die Psychoanalyse der Gegenwart sieht zwischen dem Kind und der Person, von der es versorgt wird, eine viel engere Beziehung, als Freud sich dies vorstellte; das Kind erschafft sich seine Welt in der fortwährenden Auseinandersetzung mit jener Person. Der primäre Narzißmus im Sinne Freuds hatte zur Realität des Kleinkinds überhaupt keinen Bezug. Auch die Verbindung zwischen Liebe und Genitalität mußte aufgegeben werden – ich werde im folgenden noch einmal darauf zurückkommen –, denn nicht alle Formen der Liebe sind wesentlich genital. Damit wird keineswegs jene Erfahrung geleugnet, die fast jeder kennt, der auf genitale Weise liebt: daß nämlich nach jedem genital befriedigenden, orgastischen Erlebnis Ambivalenzen verschwinden und neue Liebe entsteht.

Zur Definition der Liebe

Im Vorwort habe ich Cherubinos Arie aus Mozarts *Figaro* zitiert: »Ihr, die ihr wißt, was Liebe ist ...« Viele Menschen fragen sich, ob das, was sie empfinden, Liebe ist. Eine eigene phänomenologische Definition der Liebe bietet die Psychoanalyse jedoch nicht, und Freud hat auch nie den Versuch unternommen, eine solche Definition zu geben. Wer eine Definition der Liebe sucht, muß sich an die Dichter und Philosophen wenden, wobei jede Wahl notwendigerweise die eigenen Neigungen widerspiegelt. Ich selbst bevorzuge die Definition aus der platonischen Sage: Liebe ist das Verlangen, mit einer anderen Person für immer vereint zu sein. Schopenhauers Definition lese ich so: »die Sehnsucht, welche an den Besitz einer bestimmten Person die Vorstellung einer unendlichen Seligkeit knüpft und einen unaussprechlichen Schmerz an den Gedanken, daß er nicht zu erlangen ist«. Aus Roland Barthes' *Fragmente einer Sprache der Liebe* möchte ich besonders die folgenden Sätze hervorheben: »Er preist ihn [den anderen] als vollkommen, er rühmt sich, eine vollkommene Wahl getroffen zu haben« (S. 38). Und: »Ich begegne in meinem Leben Millionen von Leibern; von diesen Millionen kann ich nur einige Hundert begehren; von diesen Hunderten aber liebe ich nur einen« (S. 39). Und bei Octavio Paz heißt es, die Liebe sei ein Schnittpunkt von Begehren und Realität; sie enthülle dem Begehren die Realität, und sie erzeuge den Übergang vom erotischen Objekt zur geliebten Person (zit. n. Kernberg 1980, S. 333). Platon betont den Aspekt der Verschmelzung, Schopenhauer die Einzigartigkeit des geliebten Menschen, Barthes die narzißtische Steigerung, Paz den Übergang von der Phantasie zur Wirklichkeit, vom sexuellen Verlangen zur Liebesbeziehung.

Die Psychoanalyse hat bisher keine eigene Definition der Liebe geliefert, und dies bedeutet meiner Ansicht nach, daß es ihr nicht gelungen ist, das Wesen der Liebe aufzudecken. Dennoch glaube ich, daß die Psychoanalyse erklären kann, was innerpsychisch vor sich geht, wenn man liebt: Zunächst kommt es zur »Wiederfindung« eines bislang verdrängten Aspekts des geliebten Elternteils. Dann tauchen – wenn auch schwache – Erinnerungen an die sehr frühe symbiotische Phase auf. Die andere Person wird in die Grenzen des sich erweiternden Selbst eingeschlossen und die Getrenntheit damit bis zu einem gewissen Grad aufgehoben. Die Idealisierung des Selbst oder des Elternteils wird übertragen, so daß ich das Gefühl habe, diese Person sei vollkommen oder zumindest *für mich* vollkommen. Und schließlich kommt die Hoffnung auf, die so erwählte Person werde alle oder doch viele Wunden heilen, die frühere Enttäuschungen mir zufügten.

Ansätze zu einer psychoanalytischen Liebestheorie

Ich denke, die Psychoanalyse wäre in der Lage, eine Theorie der Liebe zu skizzieren, wobei ich von den Annahmen ausgehe, die Thomas Kuhn in seinem Buch *Die Struktur wissenschaftlicher Revolutionen* (1962) entwickelt hat. Kuhn hat gezeigt, daß eine Theorie keineswegs alle Fragen zu beantworten braucht, die an sie herangetragen werden, doch sie muß mehr Fragen beantworten können als alle konkurrierenden Theorien. Solange die Widersprüche innerhalb dieser Theorie nicht zu eklatant sind, wird sie akzeptiert werden, bis eine andere Theorie auf den Plan tritt, welche die Fragen auf überzeugendere und ökonomischere Weise beantwortet. Die Psychoanalyse hat gegenwärtig den Punkt erreicht, an dem eine Theorie der Liebe möglich wird.

Das Liebesbedürfnis des Menschen geht zurück auf die verlängerte Phase der Hilflosigkeit im Kindesalter, ebenso aber auch auf die weitreichende intellektuelle Entwicklung in diesem frühen Stadium. Nach einigen Monaten, wenn das Kleinkind empfänglich ist für jeden, der sich um es kümmert, ist es glücklich in der Gegenwart seiner Versorger und traurig, ja unglücklich angesichts ihrer Abwesenheit; soviel steht außer Frage. Unter normalen Umständen ist die Fähigkeit, die Anwesenheit der hauptsächlichen Versorger zu genießen und dabei glücklich zu sein, eine dem Menschen natürliche Gabe wie das Gehen und Sprechen. Aus dem Wechsel von Anwesenheit und Abwesenheit der Versorger erwächst dann das Gefühl der Sehnsucht. Allerdings hat die Psychoanalyse gezeigt, wie schwer es vielen Erwachsenen fällt, Sehnsucht zu empfinden. In der Isolation werden viele Menschen eher wütend, als daß sie sich einsam fühlten.

Die Sehnsucht nach einer abwesenden Person, die man liebt, ist zu unterscheiden von der Sehnsucht nach einem früheren Zustand, der nicht mehr besteht. Den Wunsch nach Verschmelzung, nach dem Einssein mit dem Geliebten, kann man als Verlangen nach einer sehr frühen symbiotischen Phase deuten – auch wenn diese Phase so weit zurückliegt, daß sie keine klar umrissene Erinnerung hinterlassen hat. Diese Sehnsucht kann jedoch auch im Zustand der Liebe nicht völlig befriedigt werden. Sogar das gegenteilige Gefühl kann auftreten: Liebende, die sich als *eine* Person empfinden, können sich durchaus einsam fühlen – im Gegensatz zu dem von Platon angeführten Bild.

Ein wesentliches Charakteristikum des Zustands der Verliebtheit besteht darin, daß die geliebte Person jederzeit psychisch gegenwärtig und emotional verfügbar ist, selbst dann, wenn sie körperlich abwesend ist. Es ist eine paradoxe Situation: Einerseits ist man in der Lage, das Bild des geliebten Menschen innerpsychisch zu reproduzieren, andererseits sehnt man sich nach seiner physischen Gegenwart. Die jüdische Dichterin Rachel X. hat diesen Zustand in ein Gedicht gefaßt, das ich hier in freier Übersetzung zitiere:

Für dich und über dich sang ich meine Lieder.
Für dich und über dich sang ich meine Lieder.
Es gab kurze Augenblicke, da ich deine erwidernde Stimme nicht zu hören vermochte.
Es gab kurze Augenblicke, da die Kette, die uns verbindet, fast zerbrochen wäre.
Doch in diesem Augenblick kehrten meine Lieder zu dir zurück,
Sie kehrten zurück und sangen von Liebe und Hochmut.

Eine weitere wesentliche Fähigkeit, durch die Liebe möglich wird, ist das menschliche Vermögen, Symbole zu gebrauchen. Freud, dem diese Vorstellung nicht geläufig war, verwendet den Begriff des Symbols in einem eingeschränkteren Sinne. Die Erkenntnis der wirklichen Bedeutung von Symbolen verdanken wir dem Philosophen Ernst Cassirer und seiner amerikanischen Schülerin Susanne K. Langer: *Weil* wir Symbole bilden können, können wir auch unsere Liebe von einem Objekt auf ein anderes übertragen, vom Belebten aufs Unbelebte, und aus dem gleichen Grund können wir schließlich auch unsere Liebe auf abstrakte Ideen lenken.

Offenbar gibt es einen »eingebauten« Fahrplan der Entwicklung: Zuerst erkennt das Kind seine Versorger, dann liebt und benennt es sie. Gleichzeitig werden bestimmte erogene Zonen – der Mund, der Anus und die Genitalien – zu Quellen der Lust. Werden diese Zonen der Lust innerhalb einer Liebesbeziehung erregt, dann gehen Sex und Liebe Hand in Hand. Die erogenen Zonen führen in einer vorherbestimmten Abfolge zu ihrem Gipfelpunkt: Mund, Anus, Genitalien (also Penis und Hoden beim Jungen, Klitoris und Vagina beim Mädchen). Unter ungünstigen Umständen kann jedoch eine Fixierung an eine dieser Zonen eintreten, die dann zum einzigen Träger sexueller und erotischer Befriedigung wird.

Der Mensch ist auch fähig, sich selbst zum Liebesobjekt zu wählen. Ein bestimmtes Maß an Selbstliebe ist notwendig und wünschenswert, weil sie die Grundlage bildet, von der aus sich eine gesunde Selbstachtung entwickelt. Doch wenn der Versorger sich entzieht oder die Beziehung in extremer Weise sexualisiert, dann wird die Liebe zum eigenen Körper und zum eigenen Selbst die Fähigkeit beeinträchtigen, andere zu lieben.

Das Bewußtsein der Geschlechtlichkeit setzt schon früh ein, doch seinen Höhepunkt erreicht es in der phallischen Phase, wenn die Genitalien zur Hauptquelle sexueller Befriedigung werden. Zu diesem Zeitpunkt kommt es zu einer Polarisierung von Liebe und Haß: Der eine Elternteil empfängt Liebe, auf den anderen richtet sich Aggression. Das Kind tritt in die ödipale Phase ein. Kastrationsängste und Schuldgefühle aufgrund der eigenen Aggression zwingen dazu, den Ödipuskomplex zu verdrängen. Damit gelangt das Kind in die Latenzperiode, während der sich die zärtliche Komponente der Liebe entwickelt. Die psychoanalytische Erfahrung hat gezeigt, daß es Menschen mit gestörter Latenzzeit später schwerfällt, auf zärtliche Weise zu lieben.

Während der Adoleszenz verstärkt sich der Geschlechtstrieb. Es kommt zu einem Kampf: auf der einen Seite die Macht der infantilen, inzestuösen Liebesobjekte, auf der anderen Seite das Bedürfnis, jenseits des Inzesttabus neue Liebesobjekte zu finden. Es hängt zu einem wesentlichen Teil vom Ausgang dieses Kampfes ab, in welchem Maß man liebesfähig und frei von Neurosen wird. Sich zu verlieben scheint mir die Art und Weise zu sein, wie wir von dieser im Unbewußten tobenden Schlacht erfahren, in der es um den Übergang vom inzestuösen zum nichtinzestuösen Objekt geht. Einige bringen es ein für allemal hinter sich und finden ihr Glück bei dem neuen Partner; andere jedoch können nur bestimmte Komponenten übertragen, die zur Bindung an die Eltern gehörten, und benötigen mehrere Liebesbeziehungen, um den Prozeß zum Abschluß zu bringen. So gesehen hat die Liebe eine bedeutsame innerpsychische Funktion zu erfüllen: die Bindung an die ursprünglichen inzestuösen Objekte zu lösen und die Liebesgefühle auf das neue nichtinzestuöse, »erwachsene« Objekt zu übertragen. Ein solcher Transfer kann sich jedoch nicht in aller Stille vollziehen; wie bei jeder Revolution ist Aufruhr unvermeidlich. Die Übertragung kann nur in einem Zustand erhöhter Intensität erfolgen, den wir »Verlieben« nennen. Jede neue Liebe greift wiederum zurück auf den Vorrat aufrechterhaltener Bindungen an das eigene Selbst oder an die inzestuösen Objekte der Kindheit. Jedes Verlieben kann man als weiteren Ansturm auf die inzestuöse und narzißtische Schatzkammer auffassen.

Platon hatte recht mit seiner Annahme, auch die bisexuelle Veranlagung von Männern und Frauen spiele beim Verlieben eine Rolle. Offenbar reicht die geschlechtliche Identität niemals bis in die tiefsten Schichten des Es. Wir verlieben uns mehr oder weniger in etwas, was wir als »geschlechtliche Hälfte« wahrnehmen – jene Hälfte, die wir im Verlauf unserer eigenen Entwicklung aufgeben mußten. Ein gewisses Maß an Selbstbespiegelung scheint zu jeder Liebe zu gehören.

Freuds Verständnis der Liebe ermöglicht es uns, den Unterschied zwischen Liebe und sinnlicher Begierde in neuem Licht zu sehen. Bei der sinnlichen Begierde findet eine Übertragung der Bindung – wenn überhaupt – nur in geringem Maße statt; die Liebe jedoch ist das Zeichen eines grundlegenden Übergangs von inzestuösen zu nichtinzestuösen Liebesobjekten. Seit Platon und Paulus hielt die Vorstellung einer absoluten Dichotomie zwischen Liebe und Begierde das abendländische Denken wie in einem Schraubstock; erst die Theorien Freuds bieten hier einen Ausweg. Die beiden Zustände der Liebe und der Begierde stellte man üblicherweise einander gegenüber; genauer jedoch ist es, von einer Anzahl von Zwischenzuständen auszugehen, bei denen Libido in verschiedener Quantität übertragen wird. Damit ermöglicht es das von Freud benutzte »ökonomische« Modell, Liebe und Begierde in einem Kontinuum anzusiedeln, statt sie als Gegensätze zu betrachten.

Daraus folgt, daß Liebe und Trauer vieles gemeinsam haben. Während wir das Neue entdecken, trauern wir um das Alte. In diesem Punkt unterscheidet sich meine Auffassung von der Freuds, der annahm, die Trauer müsse dem Wiederfinden des neuen Liebesobjekts vorangehen. Meine eigene klinische Erfahrung hat mich davon überzeugt, daß häufig die Entdeckung einer neuen Liebe mit einer erneuerten Trauer um die zuvor verlorene Liebe einhergeht.

Die Beziehung zwischen der Liebe und dem Ödipuskomplex hat Freud niemals vollständig geklärt. In seinem Aufsatz ›Der Untergang des Ödipuskomplexes‹ (1924) unterscheidet er die Verdrängung von dem radikaleren »Untergang«. Bloße Verdrängung ist unzureichend, denn das Verdrängte kann jederzeit wiederkehren; ein »Untergang« dagegen läßt den Ödipuskomplex endgültig verschwinden.

Freud nennt zwei Hauptgründe für den Untergang des Ödipuskomplexes: Zum einen erlangt der junge Liebhaber niemals die erhoffte Befriedigung; zum anderen gibt es die Macht des Überichs, das als

Erbe des Ödipuskomplexes dessen Vernichtung fordert. Freuds Argumente führen jedoch in Widersprüche. Aus klinischer Beobachtung wissen wir, daß Neurotiker ein sehr strenges Überich haben, dem es dennoch nicht gelingt, den Ödipuskomplex aus der Welt zu schaffen. Außerdem fragt sich – und dies ist entscheidend für eine Theorie der Liebe –, wie man die Liebe erklären sollte, die doch auf »Wiederfindung« beruht, wenn der Ödipuskomplex tatsächlich aufgelöst wäre. Der Begriff der Verdrängung spielt in der Psychoanalyse eine zentrale Rolle; die Begriffe »Auflösung« und »Untergang« jedoch laufen unmittelbar Freuds Annahme eines Unbewußten zuwider, in dem *nichts* zerstört werden kann.*

Ich möchte Freuds Erkenntnisse in anderer Richtung fortentwikkeln. Abgesehen vom Wiederfinden hat die Liebe noch eine andere Funktion, nämlich für das zu entschädigen, was in der Kindheit vermißt wurde, und die vielen Versäumnisse und Grausamkeiten wiedergutzumachen, welche die Eltern dem Kind aus Sadismus oder auch unabsichtlich zugemutet haben. Bewußt oder unbewußt verlangen wir alle, der Partner möge unsere frühen Wunden heilen. Das ist ein zusätzlicher Grund dafür, warum der psychologische »Heiler« so häufig als Liebhaber erlebt wird. Bisweilen taucht der Wunsch, die Wunden der eigenen Kindheit durch Liebe zu heilen, auch in umgekehrter Form auf: als Wunsch, den Partner zu heilen. Die Tatsache, daß dies nur in begrenztem Maß gelingen kann, ist für viele Liebende eine Quelle der Enttäuschung. Und dies gilt ebenso für die Übertragungsliebe. Selbst der Psychoanalytiker, der doch mehr als ein Geliebter im wirklichen Leben die Vergangenheit repräsentiert, wird darum geliebt, weil er als jemand erfahren wird, der die Wunden der Vergangenheit heilen kann.

Man kann die Dialektik der Liebe als Spannungsverhältnis zwischen zwei Bündeln von Bedürfnissen auffassen: Das erste arbeitet in Richtung eines Wiederfindens, damit das neue Liebesobjekt dem frühen Bild der Eltern so ähnlich wie möglich sei; das zweite widersetzt sich diesem Prozeß und ist auf eine Person aus, welche die von den wesentlichen Objekten der Kindheit zugefügten Wunden heilen wird.

* Vgl. Loewald (1978), der über die »Auflösung« des Ödipuskomplexes eine andere Auffassung vertritt.

Glückliche Liebe wird dann möglich, wenn zwischen diesen entgegengesetzten Wünschen eine hinlängliche Balance erreicht wird. Zu anderen Zeiten jedoch bleibt der Konflikt ungelöst und führt zu den verschiedensten Kompromißbildungen.

Warum Liebe so oft leidvoll ist

Für die Tatsache, daß in der Liebe das Unglück überwiegt, führt Freud (1912a) zwei Gründe an; beide gehen auf die Spannung zwischen infantiler und erwachsener Liebe zurück. Bleibt der Ödipuskomplex in ausgeprägter Form bestehen, dann wird der Partner lediglich als Ersatz jener frühen Liebe erfahren, der er jedoch niemals gleichkommt. Unbewußt wird dann die Suche nach dem ursprünglich geliebten Elternteil das ganze Leben hindurch fortgesetzt. Der zweite Grund besteht darin, daß es unmöglich ist, Liebe zu übertragen, ohne zugleich die mit dem Ödipuskomplex verbundenen Schuldgefühle zu übertragen. Diese Schuld verhindert häufig den Übergang von einer vorehelichen zu einer ehelichen Beziehung; in anderen Fällen führt das ödipale Schuldgefühl zu sexuellen Hemmungen. Und einen dritten Grund könnte man noch hinzufügen: War die ursprüngliche Beziehung zum geliebten Elternteil schmerzlich, dann bedeutet die »Wiederfindung« eben auch das Wiederfinden eines frühen Schmerzes der eigenen Kindheit. Ein vierter Grund ließe sich mit dem Werk von Margaret Mahler begründen: Die verlorene symbiotische Liebe der Kindheit kann im Erwachsenenalter niemals wieder in voller Intensität erfahren werden.

War die Kindheit einigermaßen glücklich, dann braucht der innerpsychische Konflikt zwischen dem Prozeß des Wiederfindens und dem Wunsch nach Heilung der Wunden keine allzu ernsten Formen anzunehmen. Gab es jedoch traumatische Erfahrungen, dann wird das unter der Herrschaft des Wiederholungszwangs stehende Bedürfnis, den Schmerz wiederzufinden und neu zu durchleiden, mit seinem Gegenteil kollidieren, dem Wunsch nach Heilung. Um ein klinisches Beispiel anzuführen: Eine Frau, deren Vater Alkoholiker war, findet ihr infantiles Liebesobjekt in Gestalt eines Alkoholikers wieder. Dieses Wiederfinden bedeutet jedoch nicht Glück, sondern den Beginn eines Konflikts. Sie geht dazu über, seine Schnapsflaschen auszuleeren oder zu verstecken. Sie will vielleicht etwas wiederherstellen, doch das Ergebnis ist bloße Wiederholung. Sie sagt etwa zu ihm: »Wenn du mich liebst, wirst du mich heiraten und mir ein Kind schenken.« Doch der Mann antwortet: »Im Gegenteil, wenn *du* mich liebst, hörst du auf, eine verheiratete Frau und eine Mutter sein zu wollen, und widmest dich ganz und gar meinen Bedürfnissen.« Liebe, die nicht jedes Opfer bringt, ist nicht die Liebe, die dieser Mann sucht. Ein solcher Zusammenprall von Bedürfnissen spielt sich im Leben vieler Paare in unzähligen Variationen ab.

Daß man mit einem Liebespartner unglücklich ist, läßt sich zu einem beträchtlichen Teil darauf zurückführen, daß man einerseits etwas wiederfinden möchte, andererseits sich aber nach einem Liebesobjekt sehnt, das ganz anders als das frühere sein soll. Daß die Liebe nicht alles zu heilen vermag, was man von ihr erwartet, ist eine der unglücklichen Gegebenheiten, mit denen jeder Erwachsene fertig werden muß. Insbesondere erwartet man von der Liebe, daß sie Neid, Eifersucht und Rivalität aus der Welt schafft, und tatsächlich ist ja das Gefühl, man brauche jetzt, da man seine große Liebe gefunden habe, niemanden mehr zu beneiden und auf niemanden mehr eifersüchtig zu sein, eines der belebendsten Gefühle, die mit der Liebe einhergehen.

In vielen Analysen kommt es zu einem Augenblick der Enttäuschung über das elterliche Liebesobjekt. Die Analysanden erinnern sich daran, daß sie ihre Liebe nach einer bestimmten Handlung seitens der Eltern zurückzogen. Lange Zeit weinten sie darüber, doch irgendwann gelangten sie dahin, daß es ihnen nichts mehr ausmachte. Im Gang dieser Entwicklung sind zwei Knotenpunkte zu erkennen: der Punkt, an dem nichtambivalente Liebe in ambivalente Liebe übergeht, und der Moment, da das Kind oder sogar schon das Kleinkind beschließt, das Band der Liebe zum geliebten Vater oder zur geliebten Mutter zu zerschneiden, ihnen nicht mehr zu vertrauen und ihnen keine Geheimnisse mehr zu eröffnen. Das erneute Durchleben dieses Stadiums in der Übertragung ist für die psychoanalytischen Patienten äußerst schmerzhaft.

Die meisten heutigen Psychoanalytiker sind der Meinung, daß nur in pathologischen Fällen Liebe und Narzißmus in einem antagonistischen Verhältnis zueinander stehen. Im allgemeinen geht mit der Liebe zum anderen auch eine gesunde Selbstliebe einher. Die beiden Partner einer Liebesbeziehung steigern das narzißtische Wohlbefinden des jeweils anderen.

Liebe als Prozeß

Der Prozeß des Verliebens und der Liebe verläuft etwa folgendermaßen: Voraussetzung ist zunächst der Zustand eines vagen Unbefriedigtseins, das Gefühl, dem eigenen Leben fehle etwas. Es kommt zu leicht depressiven Gefühlen, die jedoch nicht so stark werden dürfen, daß jeder potentielle Partner abgewiesen wird. Auch die Trauer über den Verlust eines Menschen oder eine Enttäuschung über sich selbst sind dem Verlieben förderlich, solange sie nicht zu tief reichen. Eine weitere Vorbedingung scheint darin zu bestehen, daß man sich nicht zu intensiv mit den eigenen Eltern oder einem früheren Geliebten befaßt, sei es in positivem oder in negativem Sinne. Geschiedene Mütter, die ein kleines Kind haben, sind davon häufig völlig in Anspruch genommen; sie investieren so viel Liebe in das Kind, daß an eine neue Liebe nicht zu denken ist, ehe das Kind zu einer eigenen Persönlichkeit herangereift ist. Für den neuen Partner muß psychischer Raum verfügbar sein.

In einem bestimmten Stadium des Verliebens wird die geliebte Person als der männliche oder weibliche Anteil des eigenen Selbst erfahren, der nun auf den anderen projiziert werden kann. Eine entscheidende Rolle spielt auch die Entdeckung von Ähnlichkeiten. Man mag dieselbe Musik, dieselben Bücher und Filme, dieselben Länder und Landschaften. Jede neuentdeckte Übereinstimmung vertieft die Liebe, bis hin zu dem Gefühl, es sei ein und dieselbe Seele, die in zwei Körpern wohne. Man versteht einander – häufig auch wortlos –, und man fühlt sich getragen und verstanden.

Wie Stendhal bin ich der Meinung, daß es in der Liebe zwei Kristallisationen oder, einfacher gesagt, zwei Phasen gibt. In der zweiten Phase beginnen Differenzen ans Licht zu treten, und man findet beim Partner unerwartete Schwächen. Zweifel tauchen auf, und nun werden auch andere Menschen wieder attraktiv. Alte Ängste werden wiederbelebt: Bindungsangst, die Angst, vom anderen vereinnahmt zu werden und die eigene Freiheit aufgeben zu müssen. In dieser Phase werden die Liebenden wieder zu zwei Personen, und es wird deutlich, daß man die Bedürfnisse des anderen mit berücksichtigen muß. Es geht manches verloren in dieser Phase, doch wenn die Liebe überdauert, dann kann sie in ruhigeres Fahrwasser gelangen und in eine längere, vielleicht bleibende Bindung übergehen. Voraussetzung dafür ist, daß in die neue Liebesbeziehung keine Ableger des Ödipuskomplexes verpflanzt werden, daß die geliebte Person wenigstens einige der früher erlittenen Traumata zu heilen vermag, daß innerpsychisch Liebe und Aggression in einem zufriedenstellenden Gleichgewicht gehalten werden und daß schließlich beide Partner etwa in gleichem Maße entwicklungsfähig sind.

Die Folgen der Liebe

Psychoanalytikern ist eine bestimmte Art von Patienten wohlvertraut, die nach dem Abbruch einer Liebesbeziehung Hilfe benötigen. Bei diesen Fällen treten gewöhnlich tiefere Störungen auf, die über den bloßen Verlust einer geliebten Peron hinausgehen. Es sind Liebende, die ihre ganze Welt, ihre Interessen und vor allem ihre innere Selbstschätzung auf die empfangene Liebe gegründet hatten. Die geliebte Person ist hier zum Repräsentanten der liebenden Anteile der eigenen psychischen Struktur geworden. Darum können diese Analysanden auch den Verlust des Geliebten nicht betrauern. Statt dessen geht mit dem Ende der Liebe ein Anwachsen von Wut und Aggression einher, die sich bisweilen gegen den untreuen Partner und dann wieder gegen das eigene Selbst richten. Man hat den Eindruck, als habe die Liebe diesen Haß gleichsam zurückgestaut und als öffneten sich nun die Schleusentore, so daß Haß und Depression den Zurückgebliebenen zu überschwemmen drohen.

Reicht das pathologische Moment sehr tief, dann folgt auf die Liebe nicht nur Enttäuschung, sondern das Gefühl, getäuscht, ausgenutzt und mißbraucht worden zu sein. Die zuvor geliebte Person wird nun mit gleicher Leidenschaft gehaßt. Jacobson und Bak sind der Auffassung, daß man in solchen Fällen nicht so sehr die Liebe verantwortlich machen sollte, wie das allgemein geschieht, denn der innere Zusammenbruch hatte bereits eingesetzt, *bevor* sich die Person verliebte, und die Liebe war nur der verzweifelte Versuch, den drohenden Zusammenbruch abzuwenden oder wenigstens zu verschieben.

Wenn sich Paare in einem Trennungsprozeß befinden, beobachtet man häufig, wie darum gekämpft wird, von der bisher geliebten Person ein gutes Bild aufrechtzuerhalten. Gelingt dies, so ist damit die künftige Liebesfähigkeit gesichert. Unglücklicherweise fällt das Angebot, Liebe durch Freundschaft zu ersetzen, gewöhnlich demjenigen leichter, der die Trennung initiiert hat; möglicherweise hat er bereits ein neues Liebesobjekt, oder er trennt sich in der Überzeugung, einen neuen Partner finden zu können.

In anderen Fällen führt die Liebe zwar nicht zu einer dauerhaften Bindung, doch ist sie eine wichtige Übergangsphase, in der die Anhänglichkeitsgefühle der Kindheit sich immer weiter auflösen. Solch eine Liebe bereitet auf Liebesobjekte der Zukunft vor. Viele Beziehungen junger Männer zu älteren Frauen und junger Frauen zu älteren Männern haben diesen Übergangscharakter. Richard Strauss hat in seiner Oper *Der Rosenkavalier* den entsprechenden emotionalen Zustand in Musik übersetzt. Psychologisch gesehen repräsentiert hier die Marschallin eine Mutterfigur, die auf ihren Sohn-Liebhaber zugunsten einer jungen Rivalin verzichtet. Ältere Frauen im wirklichen Leben dürften allerdings etwas weniger großzügig sein, wenn ihr jüngerer Liebhaber sie wegen einer altersgemäßen Partnerin verläßt.

Die oben besprochene Liebe Goethes zu Frau von Stein ist in der Deutung von Eissler ein weiteres Beispiel einer Liebesbeziehung mit Merkmalen der Übertragungsliebe. In dem Maße, in dem die Liebe im Dienste der Heilung früherer Verletzungen steht, spielen die Liebenden wechselseitig die Rollen von Eltern und Kind. Für ein wirkliches Kind ist in solchen Liebesbeziehungen kein Raum. Wird derart bedürftigen Eltern ein Kind geboren, so müssen sie es entweder abweisen und ausgrenzen, oder sie müssen ihre Liebe vom Partner auf das Kind übertragen. Die Fähigkeit, Liebe und Elternschaft miteinander zu vereinbaren, ist somit eine bedeutende Leistung, zu der keineswegs jeder imstande ist. Psychologisch gesehen beinhaltet die Elternschaft auch das Verlangen, eine Kontinuität herzustellen, die von einer Generation zur nächsten reicht. Homosexuelle, die sich einer Analyse unterziehen und dabei nicht heterosexuell werden, müssen eine Phase der Trauer durchmachen angesichts der Tatsache, daß ihre Homosexualität die Elternschaft ausschließt.

Ich erwähnte bereits, daß Shakespeare in seinen Sonetten versuchte, Liebe und Fortpflanzung voneinander zu trennen. Dasselbe gilt für außereheliche Beziehungen, deren Intensität sich häufig vom Mutter-Kind-Schema herleitet: ungestört zu sein von Rücksichtnahmen auf die Wirklichkeit, seien es finanzielle Probleme oder Sorgen der Elternschaft.

Wiedergefundene und erneuerte Liebe

Freud hebt hervor, daß jede Liebe ein Wiederfinden bedeutet. Wie zur Bestätigung dieser Theorie müssen viele Liebende zunächst ihr Liebesobjekt verlieren, nur um es dann in einem späteren Lebensabschnitt neu zu entdecken. Es sind Fälle von Liebespaaren bekannt, die sich in ihrer Jugendzeit oder als junge Erwachsene kennenlernten, sich dann trennten und Jahrzehnte später wiederfanden. Weniger dramatisch, dafür jedoch häufiger sind Trennungen, die in den Entschluß münden, doch zusammenzubleiben. Unbewußt haben auch solche Trennungen die Funktion des Verlierens und Wiederfindens, und somit wiederholt sich mit ihnen im Erwachsenenalter das Schicksal, das wir als Kinder erlitten.

Die psychoanalytische Erfahrung hat uns gelehrt, daß Liebesfähigkeit in hohem Maß davon abhängt, was innerpsychisch mit früheren Liebesobjekten geschieht. Shakespeare hat in seinem Sonett 31 das Triumphgefühl zum Ausdruck gebracht, das mit dem Wiederfinden einhergeht:

> Du bist das Grab, wo alle Liebe lebt,
> und alle Lieben sind ihm eingeschrieben,
> und all ihr Teil an mir mit dir verwebt,
> und alles ihre ist nur dir verblieben.
>
> Die Bilder alle, die ich einst geliebt,
> enthält dein Bild mir, das mich ganz umgibt.

Nicht jeder hat das Glück, daß die Geschichte seiner Liebesbeziehungen zu einer solchen Lösung führt. Viele tragen das Bild einer Liebe ihr ganzes Leben lang mit sich herum und sehnen sich zu etwas zurück, was sie verloren haben. Am anderen Ende des Spektrums finden wir Männer und Frauen, die alte, einst empfangene Liebesbriefe oder sogar Kopien der eigenen Briefe aufbewahren – ein Talisman gegen künftige einsame Zeiten. Diese Briefe sind äußere Symbole der Furcht, man könnte am Ende aller verinnerlichter Liebesobjekte beraubt sein und dann die Briefe als Beweise dafür benötigen, daß man einst liebesfähig war.

Die Unfähigkeit zu lieben

Die Unfähigkeit zu lieben ist ebenso komplex und vielgestaltig wie die Liebe selbst. Sie wäre das Thema eines eigenen Buchs. Daher im folgenden nur einige Bemerkungen hierzu.

Vieles von dem, was die Psychoanalytiker über die Liebe gelernt haben, erfuhren sie von denen, die sich wegen der eigenen Liebesunfähigkeit einer Psychoanalyse unterzogen. Zumeist *wissen* sie es nicht, sondern haben nur das Gefühl, daß in ihren Liebesbeziehungen immer wieder etwas schiefgeht. Eine systematische psychoanalytische Untersuchung über die Unfähigkeit zu lieben gibt es bisher allerdings nicht. Das Beste, was wir gegenwärtig haben, ist die im vorigen Kapitel erläuterte Klassifikation von Kernberg. Dabei gehören die meisten Analysanden, die wegen ihrer Liebesunfähigkeit den Analytiker aufsuchen, zu einer Zwischenkategorie: Der Wunsch, lieben zu können, ist bei ihnen übermächtig, und doch sind sie dazu außerstande. In der Analyse hoffen sie auf Abhilfe.

Was die Kindheit betrifft, so waren diejenigen, die nicht lieben können, überwiegend Kinder, die in ihren ersten Jahren keine tiefe Bindung zu einer Person hatten. Häufig wurden sie von verschiedenen Kindermädchen aufgezogen, oder sie wuchsen in irgendwelchen Institutionen auf. Es gibt auch solche, die zwar von einer einzelnen Person aufgezogen wurden, jedoch von einer ausgesprochen gleichgültigen oder depressiven Person, so daß der Versorger zwar körperlich anwesend, aber emotional abwesend war. Das größte Hindernis ist vom dynamischen Standpunkt betrachtet der Narzißmus. Wer unfähig ist, die Spannung zu empfinden zwischen dem, was er ist, und dem, was er gerne wäre, wer darauf besteht, so behandelt zu werden, als wäre er bereits das, was er sich einbildet zu sein, der wird Schwierigkeiten mit der Liebe haben. Mehr Hoffnung gibt es bei denjenigen, die nicht lieben können, weil es ihnen nicht gelungen ist, die in ihrer Kindheit von vielen und häufig gegensätzlichen Erwachsenen empfangene Liebe zu bündeln und auf eine Person zu übertragen. In solchen Fällen ist das innere Vermögen wohl vorhanden, doch es mangelt an der Fähigkeit zur Integration.

Spielarten der Liebe

Man wird sich erinnern, daß Freud zwei Versuche unternahm, die Liebe nach bestimmten Typen zu klassifizieren: Zunächst im Jahr 1914, als er narzißtische Liebe von der Liebe nach dem Anlehnungstypus unterschied, und im Jahr 1931, als er drei libidinöse Typen unterschied, den erotischen, den narzißtischen und den zwanghaften Typus. Meiner Ansicht nach ist die Liebe zusammengesetzt aus zahlreichen Emotionen, verschiedenen Erinnerungen und einer ganzen Reihe von Bedürfnissen, die während der Kindheit nicht befriedigt werden und dann im Erwachsenenalter nach einer Lösung suchen. Der Mensch liebt auf verschiedenen Ebenen innerpsychischer Reife. Der Entwicklungsstand, den man erreicht hat, bestimmt im wesentlichen das Schicksal der erwachsenen Liebe: das, was einem widerfährt, ebenso wie das, was man sich ersparen kann.

Die Erkenntnis, daß es verschiedene Arten der Liebe gibt, will uns nicht so ohne weiteres in den Kopf. Dem eifersüchtigen Ehemann fällt es schwer zu akzeptieren, daß die Liebe seiner Frau zum neugeborenen Kind eine andere Art von Liebe ist als ihre Liebe zu ihm. Oder daß die Liebe zu einem Bruder oder einer Schwester etwas anderes ist als die Liebe zum Partner. Psychoanalytisch gesprochen: Das Es kennt nur eine Art von Liebe, und es verlangt, daß die geliebte Person alle früheren Bindungen aufgibt.

Vernarrtheit. Das *Oxford English Dictionary* definiert Vernarrtheit (*infatuation*) als »maßlos törichte und unvernünftige Leidenschaft – jemanden närrisch machen«. Wie jede Krankheit nimmt auch die Vernarrtheit einen bestimmten Verlauf. Gewöhnlich setzt sie plötzlich und heftig ein und endet ebenso abrupt. Charakteristisch für sie ist ein plötzliches Fallenlassen aller vorheriger Bindungen. Schon Homer beschrieb die Gewalt der Vernarrtheit, als er schilderte, wie Helena Ehemann, Kind und Land verläßt, um sich Paris anzuschließen. Die Vernarrtheit ähnelt einem Tagtraum. Häufig läßt die Flucht vor der Übertragungsliebe Vernarrtheit aufkommen, und hier kann man auch beobachten, daß sie auf komplexen Phantasien beruht – ebenso verwickelten Phantasien wie diejenigen, die zur Liebe führen. Allein für die Vernarrtheit ist jedoch bezeichnend, daß diese Phantasien überhaupt nichts mit der erwählten Person zu tun haben. Gewöhnlich agiert der Vernarrte, was ihm in der Kindheit widerfuhr: Er läßt das eine Liebesobjekt fallen und vertauscht es gegen ein anderes – genauso, wie man ihn selbst als Kind fallenließ.

Es gibt Männer und Frauen, die Liebe nur empfinden können, solange das Liebesobjekt sich ihnen entzieht. Wird ihre Liebe erwidert, verlieren sie das Interesse. Mir ist der folgende Fall bekannt: Ein Mann mittleren Alters ging mit seiner Schwester einkaufen, und die Verkäuferin hielt die Schwester für seine Frau. In dem Augenblick, da sie die Schwester als Ehefrau ansprach, durchzuckte ihn der Gedanke: »Nein, *du* bist meine Frau.« Er ging dann dazu über, sie zu umwerben, und machte ihr sogar einen Heiratsantrag. In diesem Fall ist es offensichtlich, daß die Vernarrtheit eine notwendige Abwehrmaßnahme gegen inzestuöse Wünsche war, die durch das Mißverständnis der Verkäuferin geweckt wurden. Auch die erwähnten Liebesbeziehungen des Dichters Shelley waren wahrscheinlich solche Schwärmereien, und der von Blum geschilderte Fall einer erotischen Übertragung dürfte gleichfalls in diese Kategorie gehören.

Die dramatischen Züge der Vernarrtheit lassen sie als den verzweifelten Versuch erkennen, die Libido aus inzestuösen Gefilden auf ein neues Objekt zu übertragen. Doch wie schon der Begriff Vernarrtheit besagt, scheitert diese Übertragung.

Liebe und Todesnähe. Wir sind es gewohnt, Verliebtsein mit Jugend zu assoziieren. Romeo und Julia wie auch Tristan und Isolde stehen an der Schwelle zum Erwachsenenalter. Diese Verknüpfung von Jugend und Liebe läßt sich meiner Ansicht nach dadurch erklären, daß gerade zu diesem Zeitpunkt die frühere inzestuöse Neigung ein neues Betätigungsfeld finden muß. Es ist auch die Zeit, in der man bisexuelle Wünsche aufgeben muß: Die Liebe macht es möglich, gegengeschlechtliche Wünsche auf den Gefährten zu projizieren.

Doch auch das Alter kennt die Liebe, die hier in ganz besonderer Weise schmerzlich ist. In einem Gedicht aus Bertrand Russells *Autobiographie* (1972, S. 6) heißt es:

> Nun, alt und dem Ende nah,
> lernte ich dich kennen,
> und, da ich dich kenne,
> fand ich sowohl Verzückung wie Frieden,
> kenne ich Ruhe.
> Nach so vielen Jahren der Einsamkeit
> weiß ich, was Leben und Liebe sein kann.
> Wenn ich nun schlafe,
> wird mein Schlaf voll Erfüllung sein.

Das Gedicht bezeugt, daß die Fähigkeit, sich zu verlieben, im hohen Alter keineswegs erloschen ist – vielleicht gehört dies sogar zu den Privilegien schöpferischer Individuen. Die von Freud hergestellte Verbindung zwischen der Liebe und dem Schlaf des gesättigten Kindes taucht hier ebenfalls auf, und schließlich lassen die Verse erkennen, daß die Liebe durch die Nähe des Todes sogar gesteigert werden kann. Romanciers und Dichtern war es schon immer bewußt, daß man die Schilderung einer Liebe durch Todesnähe intensivieren kann; man denke nur an die Romane Hemingways oder an das Gedicht *To his Coy Mistress* (*An seine spröde Herrin*) von Andrew Marvell (1962, S. 58ff.). Über die Aufgabe der Liebe, uns mit unserer Sterblichkeit zu versöhnen, war sich auch Freud im klaren, wie er in seinem Aufsatz ›Das Motiv der Kästchenwahl‹ (1913b) durchblicken läßt.

Liebe im Dreieck. Anders als die Freundschaft ist die Liebe ihrem Wesen nach dyadisch, also auf das Paar beschränkt. Dennoch gibt es viele Menschen, die nur im Rahmen einer Dreiecksbeziehung zur Liebe fähig sind. Diese Liebesbedingung, wie Freud es genannt hat, verlangt also die Gegenwart eines Dritten. Der Psychoanalytiker sieht darin eine Fixierung auf das ödipale Dreieck; so vermag zum Beispiel Rebekka, die Heldin und Geliebte in Ibsens *Rosmersholm*, aus ödipalem Schuldgefühl nicht an die Stelle der Ehefrau zu treten. Manchen Menschen wird nur deshalb bewußt, daß sie lieben, weil sie Eifersucht empfinden.

Konflikthafte Liebe. Es gibt Männer und Frauen, die eine bestimmte Person zwar auf sehr individuelle Weise, aber nicht ausschließlich lieben können und die daneben zusätzliche Liebesobjekte brauchen. Werden Personen mit derartigen Konflikten analysiert, so wird zumeist deutlich, daß sie die Aufgabe der Integration nur unzulänglich erfüllt haben: Bei ihnen suchen verschiedene Liebesobjekte der Kindheit und sogar verschiedene Aspekte der Mutter oder des Vaters jeweils eigene Objekte der »Wiederfindung«. So widerfährt es etwa Männern, die in ihrer Kindheit überwiegend von Dienstmädchen versorgt wurden, daß sie immer wieder Frauen niedrigen Bildungsgrads »wiederfinden«, während sie sich danach sehnen, ihre Idealfrau zu finden, nämlich die Mutter, die sie vermißten. Auch zwischen homo- und heterosexuellen Impulsen kann es zu innerpsychischen Konflikten kommen, ebenso zwischen verschiedenen Entwicklungsstufen: So etwa, wenn der eine Sexualpartner genitale und der andere frühe prägenitale Wünsche befriedigt. Ob die verschiedenen Liebesobjekte in erträglicher Harmonie nebeneinander existieren können, hängt von der Virulenz des inneren Konflikts ab, vom Verhältnis zwischen Liebe und Haß sowie von der Fähigkeit des Liebenden, eine Lösung zu akzeptieren, die notwendigerweise nicht die Ideallösung sein kann.

Viele Menschen, die befürchten, die Liebe zu einer einzigen Person werde sie zu abhängig machen oder zum Verlust ihres Selbstgefühls führen, sichern sich dadurch ab, daß sie ihre Liebe auf mehrere Personen aufteilen. Manche kennen die Liebe überhaupt nur als einen Zustand der Unschlüssigkeit zwischen zwei oder mehreren Personen. Das heißt nicht, daß sie darum promiskuitiv sind; jede ihrer Liebesbeziehungen hat ihre eigene Geschichte und erstreckt sich über viele Jahre. Doch ist es bezeichnend für sie, daß sie nur lieben können, wenn sie gleichzeitig mehr als eine Person lieben.

Sexualität ohne Liebe. Einer von Freuds wesentlichen Beiträgen zum Verständnis der menschlichen Sexualität und ihrer Differenz zur Sexualität der Tiere ist die Erkenntnis, daß »vielleicht der Sexualtrieb selbst nichts Einfaches, sondern aus Komponenten zusammengesetzt ist, die sich in den Perversionen wieder von ihm ablösen« (Freud 1905b, S. 71). Diese Einsicht, daß unsere Sexualität ein komplexes Amalgam aus verschiedenen Komponenten ist, hat auch zu einem neuen Verständnis dessen geführt, was der Mensch in der sexuellen Vereinigung sucht. Denn wenn der sexuelle Akt die verschiedenen Komponenten befriedigen soll, die menschliche Sexualität ausmachen, dann muß diese Befriedigung nach der jeweiligen Stärke der Komponenten erfolgen. Infolgedessen ist der Geschlechtsakt etwas außerordentlich Individuelles, woraus sich erklärt, daß Sex mit einem bestimmten Partner um so vieles befriedigender sein kann als mit einem anderen. Entdecken zwei Menschen, daß ihre sexuellen Bedürfnisse auf einzigartige Weise ineinandergreifen, dann ist allein dies schon eine Quelle des Glücks und der Dankbarkeit und mündet häufig – wenn auch nicht immer – in Liebe.

Es gibt auch »lieblose« Sexualität, das heißt eine intensive sexuelle Erfahrung ohne das gleichzeitige Gefühl der Liebe. Ich habe eine ganze Reihe von Männern und Frauen behandelt, die über längere Zeit leidenschaftlichen Sex mit einem einzigen Partner hatten und dennoch davon überzeugt waren, daß niemals Liebe im Spiel war. Die Analyse solcher Fälle hat mir gezeigt, daß sich solche Menschen zwar sexuelle Erfahrungen zubilligen, daß sie jedoch unbewußt glauben, keinen Anspruch darauf zu haben, zu lieben und geliebt zu werden, und schon gar nicht darauf, Liebe und Sex mit einem einzigen Partner zu verbinden. Sexualität ohne Liebe unterscheidet sich von der Liebe darin, daß sich hier die Verbote des Überichs nicht gegen den Sex, sondern gegen die Liebe richten. Wie in der Liebe ersetzt auch beim leidenschaftlichen Sex der Partner den geliebten Elternteil und tritt an dessen Stelle, doch anders als bei der Liebe ist es nicht gelungen, für diesen Tausch die Zustimmung oder Duldung des Überichs zu erlangen. Trotz des sexuellen Glücks bleibt daher das Gefühl der Liebe aus.

Eine der Möglichkeiten, eine Liebesbeziehung von einer nur im sexuellen Sinn leidenschaftlichen Beziehung zu unterscheiden, ergibt sich daraus, daß Liebende eine Privatsprache entwickeln, die auch bestimmte Namen für die Geschlechtsorgane umfaßt, während sexuelle Paare die gewöhnlichen obszönen Begriffe gebrauchen. Indem sie eine eigene Sprache erfinden, wiederholen Liebende die Lust des Kindes am Spracherwerb. In der rein sexuellen Beziehung dagegen bleibt diese partielle Regression auf die Kindheit aus: Die beiden Partner bleiben Erwachsene.

Untersucht man solche Beziehungen im Verlauf einer Analyse, dann gehen sie entweder in Liebe über, oder sie büßen ihre hohe sexuelle Bedeutung ein. Nach der Analyse einer Anzahl solcher Fälle bin ich zu dem Schluß gelangt, daß der Mensch nicht fähig ist, sexuelle Erfahrungen zu machen, ohne sie mit narzißtischen und symbolischen Bedeutungen auszustatten. Im Gegensatz zu den Gesetzmäßigkeiten, wie sie im Tierreich vorherrschen, reicht das Bedürfnis des Menschen bewußt oder unbewußt über die bloße Entlastung von sexueller Spannung hinaus. Jede glückliche sexuelle Erfahrung ist auch eine Form der Selbststeigerung und liefert eine zumindest vorübergehende Lösung eines innerpsychischen Konflikts.

Vielen Männern und Frauen kommt ihre Orgasmusfähigkeit ganz überraschend. In solchen Fällen stellt sich oft heraus, daß sie glauben, auf dieses Glück keinen Anspruch zu haben. Der Orgasmus findet dann gleichsam gegen den Einspruch eines antisexuell eingestellten Überichs statt.

Masochistische und sadistische Liebe.

Hippolyta, zwar freite dich mein Schwert,
Als Feind eroberte ich deine Liebe,
Doch unsre Hochzeit wolln wir froher feiern
(Shakespeare, *Ein Sommernachtstraum*, I/1)

Liebe ist Rauch, von Seufzerdampf entfacht
(Shakespeare, *Romeo und Julia*, I/1)

Verliebt man sich auf normale Weise, dann gibt man um des Partners willen zunächst alles andere auf. Masochistische Liebe ist die Übertreibung dessen: Man lebt überhaupt nur noch durch den Partner, den man für erhaben hält, während man selbst bedeutungslos wird. Für den Masochisten steht die Liebe im Dienste des Leidens; er liebt, *damit* er leidet, *damit* ihm Schmerz zugefügt wird. Sadismus wird häufig als etwas der Liebe Feindliches erlebt; dagegen ist masochistische Liebe nicht nur vielen Menschen möglich, sondern sie vermittelt ihnen sogar das Gefühl einer wirklich *tiefen* Liebe. Ein großer Teil des sprichwörtlichen Liebesschmerzes rührt nicht von der Liebe selbst her, sondern geht auf ein Leidensbedürfnis zurück. Die im Mittelalter verherrlichte und institutionalisierte Liebe der Troubadours ist eine besondere Form masochistischer Liebe. Dagegen ist bei Menschen, die »töten, was sie lieben«, die sadistische Komponente der Liebe übermäßig ausgeprägt.

Hermaphroditische Liebe. Die hermaphroditische Liebe, die in Platons *Symposion* diskutiert wird und auch in Ovids *Metamorphosen* vorkommt, repräsentiert die früheste gedankliche Vorstellung der Liebe. Wie die Psychoanalyse herausgefunden hat, beruht sie auf dem mächtigen Wunsch, zu beiden Geschlechtern zugleich zu gehören. Dieser Wunsch existiert in allen Menschen, wenngleich in unterschiedlicher Intensität. Das Gefühl unserer eigenen geschlechtlichen Identität akzeptieren wir nur zögernd und niemals vollständig, und der Wunsch, zweigeschlechtlich zu bleiben, überlebt in zahlreichen Perversionen. Die hermaphroditische Liebe bietet angesichts dieser Beschränkung eine »Lösung«. Sie beruht auf der Phantasie, der andere repräsentiere die »fehlende« Hälfte, und gemeinsam gelange man zu einem Gefühl der Ganzheit und heile die Wunden, die von der Getrenntheit und vom Begrenztsein auf nur ein Geschlecht herrühren. Eine solche Liebe wird problematisch, sobald der Geliebte unerwartete Anzeichen von Unabhängigkeit zeigt und man gezwungen ist anzuerkennen, daß er mehr als nur ein Spiegelbild ist. Platon spricht vom Wunsch Liebender, miteinander zu verschmelzen. Eine Analysandin wiederum schilderte ihre Angst vor der Liebe als Angst, zu »zerfließen« – wobei sie diesen Ausdruck nicht von Platon hatte, sondern mit der Gefahr assoziierte, die mit dem Unglück von Three Mile Island heraufbeschworen wurde.

In solchen Fällen haben die betroffenen Männer und Frauen ein höchst spezifisches Bild von der Person, die sie bei ihrer Suche nach einem Liebesobjekt zu finden hoffen. Sie verlieben sich, wenn sie das Gefühl haben, der andere repräsentiere ihren eigenen femininen oder maskulinen Anteil. Die Suche nach dem »fehlenden« hermaphroditischen Anteil des eigenen Selbst kann also durchaus zur Liebe führen; doch die Fähigkeit, diese Liebe auch aufrechtzuerhalten, hängt davon ab, inwieweit das, was im anderen nicht zum eigenen Selbst gehört, toleriert und genossen werden kann.

Eine Frau gibt sich in Tagträumen der Vorstellung hin, sie habe einen Mann gefunden, der ihr erstaunlich ähnlich ist: Sie haben denselben Geschmack, dieselben Interessen, dieselben Hobbys. Doch dann durchfährt sie der schreckliche Gedanke: Wenn er so ist wie ich, dann ist er zu unmännlich.

Die Liebe des Pygmalion. Bei dieser Form der Liebe, die zuerst Ovid geschildert hat, liebt man das, was man selbst erschaffen hat. Dahinter steht häufig der Neid des Mannes auf die Gebärfähigkeit der Frau. Liebende nach Art des Pygmalion müssen erziehen und formen; sie müssen ihrem Partner Orte zeigen, an denen er noch nicht war, Bücher, die er noch nicht gelesen hat, und Freuden, die ihm noch unbekannt sind; sie verbessern seine Aussprache, sein Benehmen, seine Kleidung. Mir ist der Fall einer Frau bekannt, bei der die Liebesbedingung darin bestand, daß der Mann sich völlig neu einkleidete, um ihrem Geschmack zu entsprechen; erst seine Bereitschaft, ihr diesen Gefallen zu tun, ließ auf ihrer Seite Liebe entstehen. Generell sind Liebesbeziehungen nach diesem Muster lebensfähiger als hermaphroditische Beziehungen, und häufig erwachsen aus ihnen glückliche und lange anhaltende Bindungen. In Gefahr geraten solche Beziehungen jedoch dann, wenn sich die Individualität des »Schülers« geltend macht und er nach Gleichberechtigung verlangt.

Eine Variante des Pygmalion-Themas ist die Vorstellung, den geliebten Partner vor Ungeheuern, hartherzigen Eltern oder psychischer Krankheit gerettet und ihm ein neues Leben ermöglicht zu haben.

Besonderen Spielarten begegnet man in der Psychoanalyse: Einer der Partner ist nur unter der Bedingung bereit, die Beziehung aufrechtzuerhalten, daß der andere verspricht, sich einer Behandlung zu unterziehen; oder jemand geht eine heterosexuelle Beziehung zu einem homosexuellen Partner ein und glaubt, die Liebe könne dessen sexuelle Orientierung verändern.

Narzißtische Liebe. Das theoretische Modell wie auch der Begriff stammen von Freud. Bei dieser Form der Liebe liebt man das, was man ist, einmal war oder gerne gewesen wäre; oder man liebt jemanden, der einst ein Teil des eigenen Selbst war. Wie Freud feststellte, hat die Liebe zu dem, was man gerne wäre, immerhin den Vorteil, daß sie – zumindest vorübergehend – die Spannung zwischen Ich und Ichideal mindert. »Ich liebe dich, weil du bist, was ich niemals sein konnte«, sagt der narzißtisch Liebende.

Es ist dies jedoch eine recht verwundbare Form der Liebe, die schon bedroht ist, wenn der Partner – sei es, weil er krank ist, oder aus anderen Gründen – seine Aufgaben nicht mehr in gewohnter Weise erfüllen kann. Sie ist auch der narzißtischen Wut ausgesetzt, die auftritt, sobald die »Pflichterfüllung« hinter den Erwartungen zurückbleibt. Die größte Gefahr besteht jedoch darin, daß einer der Partner Interessen oder Ambitionen entwickelt, an denen der andere nicht teilhaben kann – dann fühlt sich dieser betrogen, gleichsam als ob ein Eid gebrochen worden sei, niemals »verschieden« zu sein. Denn bei der narzißtischen Liebe existiert der andere nur insofern, als er die eigenen Anforderungen erfüllt.

Narzißtische Liebe braucht nicht unbedingt sexuellen Charakter zu haben. Auch Eltern können ein Kind auf narzißtische Weise lieben: als Fortsetzung ihrer selbst. Auch hier kommt es zur Krise, wenn das Kind eigene Wünsche entwickelt.

Primäre Liebe und Liebe nach dem Anlehnungstypus. Bei der primären Liebe – der Begriff stammt von Balint – wird eine frühe Form von Liebe in entstellter Form wiederholt: Es wird eine Person erwählt, die alle sexuellen und zärtlichen Wünsche befriedigen soll, ohne auf Gegenseitigkeit zu bestehen. Das ähnelt sehr dem infantilen Stadium der Bedürfnisbefriedigung, doch ist immerhin Objektkonstanz erreicht worden, denn es wird nur eine Person zum »Lieferanten« von Liebe bestimmt.

Bei dieser Form von Liebe wird die Forderung erhoben, der Partner möge überhaupt keine anderen Lebensinteressen mehr verfolgen, sondern sich völlig der Befriedigung meiner Bedürfnisse widmen. Männer, die auf diese Weise lieben, wünschen sich keine Kinder und können es häufig auch nicht ertragen, welche zu haben. Frauen sehen mit Schrecken der Möglichkeit ins Auge, ein künftiges Kind könne ihnen übermäßig viel abverlangen. Sie stellen sich vor, das Kind werde unersättlich Liebe fordern, es werde mit der Liebe des Paares konkurrieren und sie zerstören.

Die Liebe nach dem Anlehnungstypus hat Freud als das Gegenteil der narzißtischen Liebe skizziert. Sie ist die Fortsetzung der Liebe des Kindes zu einem der Eltern: die Liebe des Schwachen zum Starken, die Liebe dessen, der sich unzulänglich fühlt, zu jemandem, der reich und mächtig ist und der im Leben viel erreicht hat. Charakteristisch für diese Spielart der Liebe sind tiefreichende Abhängigkeitswünsche; sie ermöglicht es, zu lieben, ohne erwachsen werden zu müssen. Man bleibt fixiert auf den Wunsch, ständig versorgt zu werden und vom anderen abhängig zu bleiben.

Die Liebessüchtigen. Den Begriff des »Liebessüchtigen« hat Fenichel erörtert (1945, Bd. II, S. 266). Solche Menschen brauchen die Liebe so wie andere Essen oder Drogen. Ihnen kommt es darauf an, geliebt zu werden; ihre eigene Liebesfähigkeit ist allerdings begrenzt. Liebessüchtige sind gewöhnlich an jemanden gebunden, der sie nicht zufriedenstellt. Sie sind verärgert und unglücklich, ohne doch fähig zu sein, sich von dem enttäuschenden Partner zu befreien. Fenichel hielt die Liebessüchtigen für oral fixierte Charakterneurotiker.* Ständig jammern sie nach mehr Liebe und erreichen damit zumeist das Gegenteil.

* Wie Freud entdeckte, können aus psychosexuellen Fixierungen typische Charakterstrukturen hervorgehen; eine davon ist der »Liebessüchtige«.

Übertragungsliebe. Dieser Art von Liebe habe ich ein eigenes Kapitel gewidmet; daher sei hier lediglich wiederholt, daß Übertragungsliebe innerhalb einer sich entwickelnden Beziehung zum Analytiker eine normale Begleiterscheinung ist. Sie wird zum Problem, wenn der Analysand, anstatt analytisch zu arbeiten, lieben und geliebt sein will. Wenn sich die Übertragungsliebe nicht in masochistische Liebe verwandeln soll, dann muß sie sublimiert werden in ein Streben nach Erkenntnis und nach künftiger Gesundheit.

Zielgehemmte Liebe. Bei dieser Form der Liebe ist die sexuelle Komponente entweder nicht vorhanden oder verdrängt, zumindest aber zensiert. Das gefeierte Beispiel ist die Liebe Dantes zu Beatrice. Auch die oben diskutierte Liebe zwischen Goethe und Charlotte von Stein gehört hierher. Ein weiteres berühmtes Beispiel ist die Liebe zwischen dem alternden Michelangelo und der asketischen und frommen Witwe Vittoria Colonna, Marquise von Pescara. Diese Beziehung steht in Zusammenhang mit Michelangelos Ablehnung des Neuplatonismus und dessen toleranter Haltung hinsichtlich der Homosexualität und mit seiner immer intensiveren Beschäftigung mit Christus als Richter und Erlöser. Wie auch in diesem Fall geht zielgehemmte Liebe bei Künstlern häufig einher mit einem bedeutenden innerpsychischen Wandel (Liebert 1983, Kap. 17), und oft wird sie wiederum zur Quelle der Inspiration. Ist diese Form der Liebe völlig desexualisiert und frei von Eifersucht, dann kann man sie auch als Freundschaft bezeichnen.

Sublimierte Liebe. Sublimierte Liebe unterscheidet sich von zielgehemmter Liebe dadurch, daß ihr das volle Maß an Leidenschaft erhalten bleibt. Diese Leidenschaft wird jedoch von einer realen Person weggelenkt und richtet sich nun auf ein abstrakteres Ziel. Ein prominentes Beispiel bietet die Liebe der hl. Katharina von Alexandria zu Christus. Das Vokabular der mystischen Liebe ist dem der sexuellen Liebe oft erstaunlich ähnlich.

Ideale Liebe. Eine wesentliche Komponente der Liebe ist die Idealisierung. Wir haben bereits gesehen, in welcher Weise der Geliebte und – wenn die Liebe erwidert wird – der Liebende selbst idealisiert werden.

Überdies kann man auch in die Liebe verliebt sein. Die Sehnsucht nach idealer Liebe scheint zum menschlichen Wesen zu gehören; wie ich bereits erwähnte, erlagen selbst die frühen Psychoanalytiker dem Zauber der idealen Liebe, als sie den Orgasmus und die genitale Sexualität idealisierten.

Mit dem Aufkommen der Ich-Psychologie erschien die Liebe in neuem Licht. Es wurde nun deutlich, daß die Liebe zwangsläufig eine Kompromißbildung ist zwischen verschiedenen, bisweilen sogar unvereinbaren Bedürfnissen. Glücklich oder »ideal« ist eine Liebe dann, wenn sie mehreren dieser Bedürfnisse in hohem Maß gerecht wird. Sie ähnelt einer Koalitionsregierung ohne Opposition. Eine solche Liebe gehört zu den größten Leistungen der integrativen Fähigkeiten des Ichs und ist daher mit Recht eine Quelle des Glücks. Auch die Liebe neurotisch oder unglücklich Liebender ist eine Kompromißbildung, doch in ihrem Fall wurden wesentliche Komponenten und grundlegende Bedürfnisse nicht integriert.*

Die ideale Liebe bietet eine leidenschaftliche und befriedigende Sexualität, die für beide Partner im Orgasmus gipfelt. Prägenitale Wünsche kommen während des Vorspiels in harmonischer und aggressionsfreier Weise zu ihrem Recht. Der sexuelle Akt ist verbunden mit Gefühlen der Zärtlichkeit und der Achtung gegenüber dem anderen. Die Beziehung beruht auf Interessen, die miteinander vereinbar sind, und auf dem beständigen Gefühl gegenseitiger Anteilnahme, Wertschätzung und Liebe. Diese Liebe ist frei von Haß, Neid und Vernichtungswünschen. Die geliebte Person wird in ihrer Fähigkeit, Befriedigung zu gewähren, als einzigartig erlebt, so daß es keiner zusätzlichen Liebesobjekte bedarf. Insofern auch hier etwas »wiedergefunden« wird, steht der Partner symbolisch für viele oder vielleicht sämtliche Liebesobjekte der Kindheit. Es kommt zu einem Gleichgewicht, das es dem Partner ermöglicht, zugleich den reifen Bedürfnissen wie auch den in der Kindheit unerfüllt gebliebenen Wünschen zu entsprechen. Beide leben in ausgesprochener Harmonie.

Der ideal Liebende betrachtet seinen Partner als etwas Einzigartiges, doch er idealisiert ihn nicht in so unrealistischer Weise, daß Enttäu-

* Ausführlich erörtert wird das Problem der Kompromißbildung von Brenner (1986).

schung unvermeidlich ist. Auch die wechselseitige Identifizierung spielt eine wesentliche Rolle, doch keiner von beiden gibt sein Selbstgefühl auf, wie es im Fall der masochistischen Liebe geschieht. Beide sind sich in ihrer Persönlichkeitsstruktur und in ihrer Weltsicht einigermaßen ähnlich, so daß die Außenwelt nicht andauernd für Konfliktstoff sorgt. Doch gleichzeitig erleben sie sich keineswegs als Spiegelbilder des jeweils anderen. Nach meiner Beobachtung tauchen Gefühle der Einsamkeit zwischen zwei Menschen dann auf, wenn sie sich entweder nicht verstehen oder wenn sie sich nur noch ineinander spiegeln.

Auch symbiotische Gefühle der Verschmelzung, des Einsseins und der Glückseligkeit kommen in der idealen Liebe vor, doch abgesehen vom Geschlechtsverkehr halten die Liebenden ihre jeweiligen Ichgrenzen aufrecht. Sie regredieren nicht bis zu dem Punkt, an dem die Grenzen der Person sich verwischen. Die Selbstliebe wird durch die Liebe zum anderen in Schach gehalten. Gefühle gegenüber früheren Liebesobjekten wurden auf das neue Objekt erfolgreich übertragen, doch ohne daß das Bedürfnis aufkommt, frühe Enttäuschungen zu wiederholen und Traumata der Vergangenheit neu zu durchleben. Die Liebenden genießen es, sich gegenseitig etwas beizubringen, doch reicht das Bedürfnis, den anderen zu belehren, nicht bis zum Wunsch, ihn zu verändern, wie es bei der Liebe nach Art des Pygmalion der Fall ist. Idealisierung, Identifizierung und Regression in die Kindheit gehören mit zur Liebeserfahrung, doch lassen es die Liebenden nicht zu, daß dabei bestimmte Grenzen überschritten werden. So gesehen ist die Liebe eine ideale Kompromißbildung zwischen einer großen Zahl von Wünschen und Bedürfnissen. Überraschend ist daher nicht, daß sie so häufig hinter dem Ideal zurückbleibt, sondern daß es trotz dieses vielfältigen Interessenausgleichs nicht wenigen Liebenden gelingt, den Zustand der Verliebtheit in eine wenigstens annähernd ideale Liebe zu überführen.

Einst war jeder von uns, sofern er eine glückliche Kindheit hatte, sein eigenes Ichideal. Damals idealisierten wir unsere Eltern. Heute idealisieren wir jene symbiotische Phase, und wir sehnen uns danach, sie in der Liebe wiederzufinden. Wir idealisieren unseren Partner. Wir idealisieren die Liebe selbst. Wir können nicht ganz und gar darauf verzichten zu idealisieren. Doch der Übergang von der Verliebtheit in eine dauerhafte Bindung hängt wesentlich davon ab, inwieweit es uns gelingt, zwischen den Idealisierungen, die wir aus der Kindheit mitbringen, und unserer Fähigkeit, die Beschränkungen der Realität hinzunehmen, einen inneren Frieden zu stiften.

Die Geschichte der Liebe kennt nur wenige Gedichtzeilen, die so berühmt sind wie die aus Shakespeares Sonett 116:

> Nichts löst die Bande, die die Liebe bindet.
> Sie wäre keine, könnte hin sie schwinden,
> weil, was sie liebt, ihr einmal doch entschwindet;
> und wäre sie nicht Grund, sich selbst zu gründen.
>
> Sie steht und leuchtet wie der hohe Turm,
> der Schiffe lenkt und leitet durch die Wetter,
> der Schirmende, und ungebeugt vom Sturm,
> der immer wartend unbedankte Retter.

Das schrieb Shakespeare als Dichter, nicht als Psychologe – und damit genoß er das Vorrecht, die Liebe zu idealisieren.

Literaturverzeichnis

Der Koran, übers. v. M. Henning, Stuttgart 1991.

Neue Jerusalemer Bibel. Einheitsübersetzung, neu bearb. u. erw. Ausg., dt. hg. v. A. Deissler u. A. Vögtle, 4. Aufl. Freiburg i. Br. 1990.

Abraham, K. (1909), *Traum und Mythus. Eine Studie zur Völkerpsychologie,* in: *Gesammelte Schriften*, Bd. 2, Frankfurt a. M. 1982, S. 163–225.

– (1913), ›Über neurotische Exogamie. Ein Beitrag zu den Übereinstimmungen im Seelenleben der Neurotiker und der Wilden‹, in: *Gesammelte Schriften*, Bd. 2, S. 285–288.

– (1916), ›Untersuchungen über die früheste prägenitale Entwicklungsstufe der Libido‹, in: *Gesammelte Schriften*, Bd. 2, S. 3–31.

– (1924a), *Versuch einer Entwicklungsgeschichte der Libido auf Grund der Psychoanalyse seelischer Störungen,* in: *Gesammelte Schriften,* Bd. 2, S. 32–102.

– (1924b), ›Beiträge der Oralerotik zur Charakterbildung‹, in: *Gesammelte Schriften*, Bd. 2, S. 124–136.

– (1925), ›Zur Charakterbildung auf der »genitalen« Stufe‹, in: *Gesammelte Schriften*, Bd. 2, S. 136–145.

Aischylos (1990), *Tragödien*, übers. v. O. Werner, München.

Alberoni, F. (1986), *Verliebtsein und lieben. Momente eines gesteigerten Lebensgefühls*, München, 2. Aufl.

Alberti, L. B. (1877), *Kleinere kunsttheoretische Schrifen*, hg. v. H. Janitschek, Wien. [*On Painting and Sculpture*, lat./engl., New York 1972].

Altman, L. (1977), ›Some vicissitudes of love‹, in: *J. Amer. Psychoanal. Ass.,* 25, S. 35–52.

Arlow, J. A. (1964), ›The Madonna's conception through the eyes‹, in: *The Psychoanalytic Study of Society*, 3, S. 13–25.

– (1980), ›Object concept and object choice‹, in: *Psychoanal. Quarterly,* 49, S. 109–133.

Arlow, J. A./Brenner, C. (1964), *Grundbegriffe der Psychoanalyse*, Reinbek 1976.

Auerbach, E. (1946), *Mimesis. Dargestellte Wirklichkeit in der europäischen Literatur,* Bern.

Bach, S. (1980), ›Self-love and object-love. Some problems of self and object constancy, differentiation and integration‹, in: *Rapprochement*, hg. v. S. Bach u. a., New York.

Bak, R. (1973), ›Being in love and object loss‹, in: *Intern. J. Psychoanal.*, 54, S. 1–7.

Bakchylides (1968), *Lieder und Fragmente*, übers. v. H. Maehler, Berlin.

Balint, M. (1936), ›Eros und Aphrodite‹, in: *Die Urformen der Liebe und die Technik der Psychoanalyse*, München 1988, S. 151–159.

– (1937), ›Frühe Entwicklungsstadien des Ichs. Primäre Objektliebe‹, in: *Die Urformen der Liebe* ..., S. 83–102.

– (1947), ›Über genitale Liebe‹, in: *Die Urformen der Liebe* ..., S. 121–133.

– (1951), ›Über Liebe und Haß‹, in: *Die Urformen der Liebe* ..., S. 134–150.

– (1956), ›Perversionen und Genitalität‹, in: *Die Urformen der Liebe* ..., S. 151–159.

Barthes, R. (1984), *Fragmente einer Sprache der Liebe*, Frankfurt a. M.

Benedek, T. (1977), ›Ambivalence, passion, and love‹, in: *J. Amer. Psychoanal. Ass.*, 25, S. 53–79.

Berezin, M. A. (1969), ›The theory of genital primacy in the light of ego psychology‹, in: *J. Amer. Psychoanal. Ass.*, 17, S. 968–987.

Bergler, E. (1949), *Conflicts in Marriage. The Unhappy Divorced*, New York.

Bergmann, M. S. (1953), ›Recall and distortion of legendary material in the course of psychoanalysis‹, in: *Explorations in Psychoanalysis*, hg. v. R. Lindner, New York.

– (1966), ›The intrapsychic and communicative function of the dream‹, in: *Int. J. Psychoanal.*, 47, S. 356–363.

– (1971), ›Psychoanalytic observations on the capacity to love‹, in: *Separation – Individuation. Essays in Honor of Margaret Mahler*, hg. v. J. B. McDevitt u. C. G. Settlage, New York.

– (1973), ›Limitations of method in psychoanalytic biography. A historical inquiry‹, in: *J. Amer. Psychoanal. Ass.*, 21, S. 833–850.

– (1980), ›On the intrapsychic function of falling in love‹, in: *Psychoanal. Quarterly*, 49, S. 56–76.

– (1982), ›Platonic love, transference love, and love in real life‹, in: *J. Amer. Psychoanal. Ass.*, 30, S. 87–111.

– (1984), ›The legend of Narcissus‹, in: *American Imago*, 41, S. 389–411.

– (1986), ›Transference love and love in real life‹, in: *Int. J. Psychoanal. Psychotherapy*, 11, S. 27–45.

Bergmann, M. V. (1985), ›The effect of role reversal on delayed marriage and maternity‹, in: *Psychoanalytic Study of the Child*, 40, S. 197–219.

Bernfeld, S. (1922), ›Bemerkungen über »Sublimierung«‹, in: *Imago*, 8, S. 333.

– (1949), ›Freud's scientific beginnings‹, in: *American Imago*, 6, S. 163–196.

Binstock, W. A. (1973), ›Two forms of intimacy‹, in: *J. Amer. Psychoanal. Ass.*, 21.

Bird, B. (1958), ›A study of the bisexual meaning of the foreskin‹, in: *J. Amer. Psychoanal. Ass.*, 6, S. 287–304.

Blanck, G./Blanck, R. (1979), *Ich-Psychologie II. Psychoanalytische Entwicklungspsychologie*, 2. Aufl., Stuttgart 1989.

Blanton, S. (1975), *Tagebuch meiner Analyse bei Sigmund Freud*, Frankfurt a. M./Berlin/Wien.
Bleichmar, H. (1981), *Narcismo*, Buenos Aires.
Bleuler, E. (1910), ›Vortrag über die Ambivalenz‹, in: *Zentralblatt für Psychoanalyse*, 1, S. 266.
Bloom, H. (1982), *The Breaking of the Vessels*, Chicago.
Blum, H. P. (1971), ›Transference and structure‹, in: *The Unconscious Today*, hg. v. M. Kanzer, New York.
– (1974), ›The borderline childhood of the Wolf Man‹, in: *J. Amer. Psychoanal. Ass.*, 22, S. 721–742.
Bornstein, B. (1949), ›The analysis of the phobic child‹, in: *Psychoanalytic Study of the Child*, 3/4, S. 181–226.
Bowra, C. M. (1944), *Sophoclean Tragedy*, London.
– (1964), *In General and Particular*, Cleveland.
– (1967), *Poesie der Frühzeit*, München.
Brenner, C. (1986), *Elemente des seelischen Konflikts*, Frankfurt a. M.
Browning, E. B. (1850), *Sonette aus dem Portugiesischen*, übertr. v. R. M. Rilke, 2. Aufl. Leipzig o. J. [1919].
Brownlee, A. (1960), *William Shakespeare and Robert Burton*, Reading.
Bunker, H. S. (1947), ›Narcissus. A psychoanalytic note‹, in: *Psychoanal. and the Social Sciences*, 1, S. 159–162.
Burkert, W. (1977), *Griechische Religion der archaischen und klassischen Epoche*, Stuttgart usw.
Burton, R. (1627), *The Anatomy of Melancholy*, hg. v. P. J. Smith, New York 1927.
Butcher, S. H. (1904), ›Greece and Israel‹, in: *Harvard Lectures on Greek Subjects*, London.
Butler, E. M. (1948), *Deutsche im Banne Griechenlands*, Berlin.
Cassirer, E. (1925), *Sprache und Mythos. Ein Beitrag zum Problem der Götternamen*, Leipzig.
– (1964), *Philosophie der symbolischen Formen*, Darmstadt.
Catull (1980), *Sämtliche Gedichte*, übertr. u. hg. v. W. Tilgner, Wiesbaden 1980.
Chasseguet-Smirgel, J. (Hg.) (1974), *Psychoanalyse der weiblichen Sexualität*, Frankfurt a. M.
– (1986), ›Perversion und das Universalgesetz‹, in: *Kreativität und Perversion*, Frankfurt a. M., S. 7–23.
Clark, K. (1958), *Das Nackte in der Kunst*, Köln.
Cornford, F. M. (1950), *Greek Religious Thought*, Boston.
Dante Alighieri (1987), *Das neue Leben*, Zürich.
– (1990), *Die göttliche Komödie*, 3. Aufl. Zürich.
Deutsch, H. (1930), ›Hysterische Schicksalsneurose‹, in: *Psychoanalyse der Neurosen*, Wien.
– (1942), ›Some forms of emotional disturbance and their relationship to schizophrenia (as if)‹, in: *Neuroses and Character Types*, New York 1965.

– (1975), *Selbstkonfrontation*, München.
Dicks, H. V. u. a. (1967), *Marital Tensions*, New York.
Dodds, E. R. (1951), *Die Griechen und das Irrationale*, 2. Aufl., Darmstadt 1991.
Donne, J. (1985), *Zwar ist auch Dichtung Sünde. Gedichte*, hg. v. M. Hamburger, Leipzig.
– (1986), *Alchimie der Liebe. Gedichte*, ausgew. u. übertr. v. W. v. Koppenfels, Berlin.
Dover, K. J. (1983), *Homosexualität in der griechischen Antike*, München.
Edwards, C. R. (1977), ›The Narcissus myth in Spenser's poetry‹, in: *Studies in Philology*, 74, S. 63–88.
Eisenstein, V. (1956), *Neurotic Interaction in Marriage*, New York.
Eissler, K. R. (1961), *Leonardo da Vinci. Psychoanalytische Notizen zu einem Rätsel*, Basel/Frankfurt a. M. 1992.
– (1963), *Goethe. Eine psychoanalytische Studie 1775–1786*, 2 Bde., Frankfurt a. M. 1983–85.
– (1971), *Discourse on Hamlet*, New York.
Eliot, T. S. (1958), ›Vergil und die christliche Welt‹, in: *Dichter und Dichtung. Essays*, Frankfurt a. M., S. 315–335.
Ellenberger, H. F. (1973), *Die Entstehung des Unbewußten*, 2 Bde., Bern/Stuttgart/Wien.
Euripides (1990), *Tragödien*, übertr. v. H. v. Arnim, München.
Fenichel, O. (1939), ›Über Angstabwehr, insbesondere durch Libidinisierung‹, in: *Aufsätze*, Bd. I, Olten/Freiburg i. Br. 1960, S. 309–324.
– (1945), *Psychoanalytische Neurosenlehre*, hg. v. K. Laermann, 3 Bde., Frankfurt a. M./Berlin/Wien 1983.
Ferenczi, S. (1933), ›Sprachverwirrung zwischen dem Erwachsenen und dem Kind‹, in: *Schriften zur Psychoanalyse*, Bd. II, Frankfurt a. M. 1982, S. 303–313.
Flacelière, R. (1960), *L'Amour en Grèce*, Paris.
Fraiberg, S. (1969), ›Libidinal object constancy and mental representations‹, in: *Psychoanal. Study Child*, 24, S. 9–47.
Frazer, J. G. (1918), *Die Arche. Biblische Geschichten im Lichte der Völkerkunde*, Stuttgart 1960.
Freud, A. (1952), ›Studien über Passivität‹, in: *Die Schriften der Anna Freud*, hg. v. H. Watson u. M. Schröter, Frankfurt a. M. 1987, Bd. IV, S. 1243–1256.
– (1954), ›Probleme der infantilen Neurose‹, in: *Die Schriften der Anna Freud*, Bd. V, S. 1321–1347.
Freud, S./Breuer, J. (1895), *Studien über Hysterie*, Frankfurt a. M. 1991.
Freud, S. (1899), ›Über Deckerinnerungen‹, in: *Gesammelte Werke*, hg. v. A. Freud u. a., Bd. 1, 6. Aufl., Frankfurt a. M. 1992, S. 531–554.
– (1900), *Die Traumdeutung*, in: *Studienausgabe*, rev. Neuausg., Frankfurt a. M. 1989, Bd. 2.
– (1901), *Zur Psychopathologie des Alltagslebens*, in: *Gesammelte Werke*, Bd. 4, 9. Aufl. 1990.

– (1905a), ›Bruchstück einer Hysterie-Analyse‹, in: *Studienausgabe*, Bd. 6, S. 83–186.
– (1905b), *Drei Abhandlungen zur Sexualtheorie*, in: *Studienausgabe*, Bd. 5, S. 37–145.
– (1907), *Der Wahn und die Träume in W. Jensens ›Gradiva‹*, in: *Studienausgabe*, Bd. 10, S. 9–83.
– (1908a), ›Die »kulturelle« Sexualmoral und die moderne Nervosität‹, in: *Studienausgabe*, Bd. 9, S. 9–32.
– (1908b), ›Hysterische Phantasien und ihre Beziehung zur Bisexualität‹, in: *Studienausgabe*, Bd. 6, S. 187–195.
– (1908c), ›Charakter und Analerotik‹, in: *Studienausgabe*, Bd. 7, S. 203–209.
– (1909), ›Bemerkungen über einen Fall von Zwangsneurose‹, in: *Studienausgabe*, Bd. 7, S. 31–103.
– (1910a), *Eine Kindheitserinnerung des Leonardo da Vinci*, in: *Studienausgabe*, Bd. 10, S. 87–159.
– (1910b), ›Über einen besonderen Typus der Objektwahl beim Manne‹, in: *Studienausgabe*, Bd. 5, S. 185–195.
– (1910c), *Über Psychoanalyse.* Fünf Vorlesungen, gehalten zur 20jährigen Gründungsfeier der Clark University in Worcester, Mass., September 1909, in: *Gesammelte Werke*, Bd. 8, 8. Aufl. 1978, S. 1–60.
– (1911a), ›Psychoanalytische Bemerkungen über einen autobiographisch beschriebenen Fall von Paranoia (Dementia paranoides)‹, in: *Studienausgabe*, Bd. 7, S. 133–200.
– (1911b), ›»Groß ist die Diana der Epheser«‹, in: *Gesammelte Werke*, Bd. 8, 8. Aufl. 1978, S. 360f.
– (1912a), ›Über die allgemeinste Erniedrigung des Liebeslebens‹, in: *Studienausgabe*, Bd. 5, S. 197–209.
– (1912b), ›Zur Dynamik der Übertragung‹, in: *Studienausgabe*, Erg.-Bd., S. 157–168.
– (1913a), *Totem und Tabu*, in: *Studienausgabe*, Bd. 9, S. 287–444.
– (1913b), ›Das Motiv der Kästchenwahl‹, in: *Studienausgabe*, Bd. 10, S. 181–193.
– (1914a), ›Zur Einführung des Narzißmus‹, in: *Studienausgabe*, Bd. 3, S. 37–68.
– (1914b), ›Zur Geschichte der psychoanalytischen Bewegung‹, in: *Gesammelte Werke*, Bd. 10, 8. Aufl. 1991, S. 43–113.
– (1914c), ›Erinnern, Wiederholen und Durcharbeiten‹, in: *Studienausgabe*, Erg.-Bd., S. 205–215.
– (1915a), ›Triebe und Triebschicksale‹, in: *Studienausgabe*, Bd. 3, S. 75 bis 102.
– (1915b), ›Bemerkungen über die Übertragungsliebe‹, in: *Studienausgabe*, Erg.-Bd., S. 217–230.
– (1916), ›Einige Charaktertypen aus der psychoanalytischen Arbeit‹, in: *Studienausgabe*, Bd. 10, S. 229–253.

– (1916–17), *Vorlesungen zur Einführung in die Psychoanalyse*, in: *Studienausgabe*, Bd. 1, S. 33–445.
– (1917), ›Trauer und Melancholie‹, in: *Studienausgabe*, Bd. 3, S. 193–212.
– (1918a), ›Das Tabu der Virginität‹, in: *Studienausgabe*, Bd. 5, S. 211–228.
– (1918b), ›Aus der Geschichte einer infantilen Neurose‹ [»Der Wolfsmann«], in: *Studienausgabe*, Bd. 8, S. 125–231.
– (1919), ›Das Unheimliche‹, in: *Studienausgabe*, Bd. 4, S. 241–274.
– (1920), *Jenseits des Lustprinzips*, in: *Studienausgabe*, Bd. 3, S. 213–272.
– (1921), *Massenpsychologie und Ich-Analyse*, in: *Studienausgabe*, Bd. 9, S. 61–134.
– (1922), ›Über einige neurotische Mechanismen bei Eifersucht, Paranoia und Homosexualität‹, in: *Studienausgabe*, Bd. 7, S. 217–228.
– (1923a), *Das Ich und das Es*, in: *Studienausgabe*, Bd. 3, S. 273–325.
– (1923b), ›Die infantile Genitalorganisation (Eine Einschaltung in die Sexualtheorie)‹, in: *Studienausgabe*, Bd. 5, S. 235–241.
– (1923c), ›Libidotheorie‹, in: *Gesammelte Werke*, Bd. 13, S. 229–233.
– (1924), ›Der Untergang des Ödipuskomplexes‹, in: *Studienausgabe*, Bd. 5, S. 243–251.
– (1926), *Hemmung, Symptom und Angst*, in: *Studienausgabe*, Bd. 6, S. 227 bis 308.
– (1927a), ›Fetischismus‹, in: *Studienausgabe*, Bd. 3, S. 379–388.
– (1927b), *Die Zukunft einer Illusion*, in: *Studienausgabe*, Bd. 9, S. 135–189.
– (1927c), ›Der Humor‹, in: *Studienausgabe*, Bd. 4, S. 275–282.
– (1930), *Das Unbehagen in der Kultur*, in: *Studienausgabe*, Bd. 9, S. 191–270.
– (1931a), ›Über libidinöse Typen‹, in: *Studienausgabe*, Bd. 5, S. 267–272.
– (1931b), ›Über die weibliche Sexualität‹, in: *Studienausgabe*, Bd. 5, S. 273–292.
– (1933), *Neue Folge der Vorlesungen zur Einführung in die Psychoanalyse*, in: *Studienausgabe*, Bd. 1, S. 447–608.
– (1938), *Der Mann Moses und die monotheistische Religion: Drei Abhandlungen*, in: *Studienausgabe*, Bd. 9, S. 455–581.
– (1968), *Briefe 1873–1939*, hg. v. E. u. L. Freud, Frankfurt a. M.
– (1986), *Briefe an Wilhelm Fließ 1887–1904*, hg. v. J. M. Masson, Frankfurt a. M.
– (1989), *Jugendbriefe an Eduard Silberstein 1871–1881*, hg. v. Walter Boehlich, Frankfurt a. M.
Freud, S./Jung, C. G. (1974), *Briefwechsel*, hg. v. W. McGuire u. W. Sauerländer, Frankfurt a. M.
Friedman, L. (1966), ›From Gradiva to the death instinct‹, in: *The Psychoanalytic Forum*, 1(1).
Friedrich, P. (1978), *The Meaning of Aphrodite*, Chicago.
Fromm, E. (1956), *Die Kunst des Liebens*, 7. Aufl., Stuttgart 1990.
– (1959), *Sigmund Freud. Seine Persönlichkeit und seine Wirkung*, in: *Gesamtausgabe*, hg. v. R. Funk, Bd. VIII, Stuttgart 1981, S. 153–221.

Gardiner, M. (Hg.) (1989), *Der Wolfsmann vom Wolfsmann*, akt. u. erw. Ausg., Frankfurt a. M.

Gay, P. (1986), *Erziehung der Sinne. Sexualität im bürgerlichen Zeitalter*, München.

– (1989), *Freud. Eine Biographie für unsere Zeit*, Frankfurt a. M.

Gedo, J./Pollock, R. (1976), ›Freud: the fusion of science and humanism‹, in: *Psychological Issues*, 9 (2/3), New York.

Gelb, A./Gelb, B. (1960), *O'Neill*, New York.

Giedion, S. (1965), *Ewige Gegenwart. Ein Beitrag zu Konstanz und Wechsel*, Bd. 2: *Der Beginn der Architektur*, Köln.

Gitelson, M. (1958), ›On ego distortions‹, in: *Int. J. Psychoanal.*, 39, S. 245 bis 257.

Glover, E. (1931), ›The therapeutic effect of inexact interpretation‹, in: *Int. J. Psychoanal.*, 12, S. 347–411.

Goethe, J. W. (1891), *Weimarer Ausgabe (Sophien-Ausgabe), Gedichte*, 4. Band, Weimar; Repr. München 1987.

Goldberg, A. (Hg.) (1980), *Advances in Self Psychology*, New York.

Goldin, F. (1964), *The Mirror of Narcissus in Courtly Love*, Ithaca.

Gombrich, E. (1960), *Pygmalion's Power*, New York.

Gomperz, T. (1896), *Griechische Denker. Eine Geschichte der antiken Philosophie*, 3 Bde., Repr. Berlin 1973.

Gould, T. (1963), *Platonic Love*, London.

Greenacre, P. (1957), ›The childhood of the artists: libidinal phase development and giftedness‹, in: *Emotional Growth*, Bd. 2, New York.

Greenson, R. R. (1973), *Technik und Praxis der Psychoanalyse*, Stuttgart.

Gross, G. E./Rubin, I. A. (1973), ›Sublimation‹, in: *Psychoanal. Study Child*, 27, S. 334–357.

Grunberger, B. (1971), *Vom Narzißmus zum Objekt*, Frankfurt a. M. 1982.

Hadas, M. (1963), *Hellenistische Kultur*, Stuttgart.

Hagstrum, J. H. (1980), *Sex and Sensibility: Ideal and Erotic Love from Milton to Mozart*, Chicago.

Handelsman, I. (1965), ›The effect of early object relationships on sexual development‹, in: *Psychoanal. Study Child*, 20, S. 367–383.

Harrison, J. E. (1903), *Epilegomena to the Study of Greek Religion*, third edition, New York 1922.

Hartmann, H. (1952), ›Die gegenseitige Beeinflussung von Ich und Es in ihrer Entwicklung‹, in: *Ich-Psychologie. Studien zur psychoanalytischen Theorie*, Stuttgart 1972, S. 157–180.

– (1955), ›Bemerkungen zur Theorie der Sublimation‹, ebd., S. 212–235.

Hazo, R. G. (1967), *The Idea of Love*, New York.

Heine, H. (1840), *Ludwig Börne. Eine Denkschrift*, in: *Sämtliche Werke* (Düsseldorfer Ausgabe), hg. v. M. Windfuhr, Bd. 11, Hamburg 1978.

Hitschmann, E. (1952), ›Freud's conception of love‹, in: *Int. J. Psychoanal.*, 33, S. 421–428.

Holland, N. N. (1966), *Psychoanalysis and Shakespeare*, New York.

Horney, K. (1937), ›Das neurotische Liebesbedürfnis‹, ›Die Rolle der Sexualität im neurotischen Liebesbedürfnis‹, in: *Der neurotische Mensch unserer Zeit*, Frankfurt a. M. 1984, S. 66–74, 93–102.

Huxley, J. (1964), ›What do we know about love?‹, in: *The World of Love*, hg. v. I. Schneider, New York.

Isay, R. A. (1985), ›On analytic therapy of homosexual men‹, in: *Psychoanal. Study Child*, 40, S. 235–254.

Jacobson, E. (1937), ›Wege der weiblichen Über-Ich-Bildung‹, in: *Intern. Zeitschr. f. Psychoanal.*, 23, S. 402–412.

– (1950), ›The development of a wish for a child in boys‹, in: *Psychoanal. Study Child*, 5, S. 139–152.

– (1954a), ›Contribution to the metapsychology of psychotic identifications‹, in: *J. Amer. Psychoanal. Assn.*, 2, S. 239–262.

– (1954b), ›Transference problems in the psychoanalytic treatment of severely depressive patients‹, in: *J. Amer. Psychoanal. Ass.*, 2, S. 595–606.

– (1959), ›The exceptions‹, in: *Psychoanal. Study Child*, 14, S. 135–154.

– (1964), *Das Selbst und die Welt der Objekte*, 2. Aufl., Frankfurt a. M. 1986.

– (1971), ›Zur psychoanalytischen Theorie der zyklothymen Depression‹ (1953), ›Psychotische Identifizierungen‹ (1954), in: *Depression. Eine vergleichende Untersuchung normaler, neurotischer und psychotisch-depressiver Zustände*, Kap. 9 u. 10, 3. Aufl., Frankfurt a. M. 1991.

Jaeger, W. (1934), *Paideia. Die Formung des griechischen Menschen*, Berlin.

Janson, H. W. (1963), *The Sculpture of Donatello*, Princeton.

Jekels, L./Bergler, E. (1934), ›Transference and love‹, in: *Psychoanal. Quarterly*, 18, S. 325–350.

Joffe, W. R./Sandler, J. (1965), ›Notes on pain, depression, and individuation‹, in: *Psychoanal. Study Child*, 20, S. 394–424.

Jones, E. (1914), ›Die Empfängnis der Jungfrau Maria durch das Ohr‹, in: *Zur Psychoanalyse der christlichen Religion*, Frankfurt a. M. 1970, S. 37–128.

– (1960–62), *Das Leben und Werk von Sigmund Freud*, 3 Bde., Bern/Stuttgart.

Kaufman, W. A. (1950), *Nietzsche: Philosopher, Psychologist, Antichrist*, Princeton.

Kelly, H. A. (1975), *Love and Marriage in the Age of Chaucer*, Ithaca, N.Y.

Kernberg, O. F. (1975), *Borderline-Störungen und pathologischer Narzißmus*, 3. Aufl., Frankfurt a. M. 1988.

– (1980), *Innere Welt und äußere Realität. Anwendungen zur Objektbeziehungstheorie*, München/Wien 1988.

Kestenberg, J. (1968), ›Outside and inside, male and female‹, in: *J. Amer. Psychoanal. Ass.*, 16, S. 457–520.

Kirk, G. S. (1970), *Myth*, Cambridge.

Khan, M. M. R. (1989), *Entfremdung bei Perversionen*, Frankfurt a. M.

Klein, M. (1957), *Envy and Gratitude*, New York.

Kohut, H. (1973), *Narzißmus. Eine Theorie der psychoanalytischen Behandlung narzißtischer Persönlichkeitsstörungen*, Frankfurt a. M.
– (1975), ›Überlegungen zum Narzißmus und zur narzißtischen Wut‹, in: *Die Zukunft der Psychoanalyse*, Frankfurt a. M., S. 205–251.
– (1977), *The Restoration of the Self*, New York.
– (1979), *Die Heilung des Selbst*, Frankfurt a. M.
– (1980), ›Two letters‹, in: Goldberg 1980.
– (1987), *Wie heilt die Psychoanalyse?* Frankfurt a. M.
Kramer, S. N. (1959), *Die Geschichte beginnt mit Sumer*, München.
Kramrish, S. (1981), *The Presence of Siva*, Princeton.
Kris, E. (1955), ›Neutralization and sublimation‹, in: *Psychoanal. Study Child*, 10.
Kubie, L. S. (1974), ›The drive to become both sexes‹, in: *Psychoanal. Quarterly*, 43, S. 349–426.
Kuhn, T. S. (1962), *Die Struktur wissenschaftlicher Revolutionen*, Frankfurt a. M. 1967.
Lacan, J. (1978), ›Von der Liebe zur Libido‹, in: *Die vier Grundbegriffe der Psychoanalyse*, Olten/Freiburg i.Br., Kap. XV.
Laplanche, J./Pontalis, J.-B. (1973), *Das Vokabular der Psychoanalyse*, Frankfurt a. M.
Lawick-Goodall, J. van (1971), *Wilde Schimpansen. Zehn Jahre Verhaltensforschung am Gombe-Strom*, Reinbek.
Leeuwen, K. (1966), ›Pregnancy envy in the male‹, in: *Int. J. Psychoanal.*, 47, S. 319–324.
Lewin, B. D. (1952), ›Phobic symptoms and dream interpretation‹, in: *Selected Writings of Bertram D. Lewin*, New York 1973, S. 187–212.
Lewis, C. S. (1936), *The Allegory of Love*, Oxford 1971.
Licht, F. (1985), *Goya. Beginn der modernen Malerei*, Düsseldorf.
Lichtenberg, J. D./Lichtenberg, C. (1972), ›Eugene O'Neill and falling in love‹, in: *Psychoanal. Quarterly*, 41.
Lichtheim, M. (1976), ›Ancient Egyptian literature, a book of reading‹, in: *The New Kingdom*, Bd. 2, Berkeley, Calif.
Liebert, R. (1983), *Michelangelo. A Psychoanalytic Study*, New Haven.
Lipin, R. (1963), ›The repetition compulsion and maturational drive representation‹, in: *Int. J. Psychoanal.*, 44.
Loewald, H. (1962), ›Internalization and the superego‹, in: *Psychoanal. Quarterly*, 31.
– (1978), ›Das Dahinschwinden des Ödipuskomplexes‹, in: *Psychoanalyse. Aufsätze aus den Jahren 1951–1979*, Stuttgart 1986, S. 377–400.
Lukrez (1972), *Über die Natur der Dinge*, übertr. v. J. Martin, Berlin.
MacAlpine, I. (1950), ›The development of the transference‹, in: *Psychoanal. Quarterly*, 14.
MacCary, W. T. (1985), *Friends and Lovers*, New York.
Mahler, M. S. (1963), ›Gedanken über Entwicklung und Individuation‹, in: *Studien über die drei ersten Lebensjahre*, 2. Aufl., Stuttgart 1986, S. 277–294.

– (1966), ›Notizen zur Entwicklung von Grundstimmungen: Der depressive Affekt‹, in: *Studien ...*, S. 309–326.
Mahler, M. S./Furer, M. (1968), *Symbiose und Individuation*, 4. Aufl., Stuttgart 1986.
Mahler, M. S./Pine, F./Bergman, A. (1975), *Die psychische Geburt des Menschen*, Frankfurt a. M. 1980.
Marcuse, H. (1965), *Triebstruktur und Gesellschaft*, Frankfurt a. M.
Marvell, A. (1962), *Gedichte*, übertr. u. hg. v. W. Vordtriede, Berlin.
McDougall, J. (1985), *Plädoyer für eine gewisse Anormalität*, Frankfurt a. M.
Merwin, W. S./Masson, J. M. (1977), *Sanscrit Love Poetry*, New York.
Milton, J. (1968), *Das verlorene Paradies*, übertr. u. hg. v. H. H. Meier, Stuttgart.
Modell, A. (1968), *Object Love and Reality*, New York.
Momigliano, A. (1981), ›Greek culture and the Jews‹, in: *The Legacy of Greece. A New Appraisal*, hg. v. M. I. Finley, London.
Murray, G. (1935), *Five Stages of Greek Religion*, London.
Murray, J. M. (1921), ›Shakespeare and love‹, in: *Countries of the Mind*, London.
Nachmanson, M. (1915), ›Freuds Libidotheorie verglichen mit der Eroslehre Platons‹, in: *Intern. Zeitschr. f. Psychoanalyse*, 3, S. 65–83.
Newbolt, H. (1909), *The Book of Cupid. Being an Anthology from the English Poets*, London.
Novey, S. (1955), ›Some philosophical speculations on the concept of the genital character‹, in: *Int. J. Psychoanal.*, 36.
Nunberg, H. (1925), ›Über den Genesungswunsch‹, in: *Int. Zschr. f. Psychoanal.*, 11, S. 179–193.
Nunberg, H./Federn, E. (Hg.) (1976–81), *Protokolle der Wiener Psychoanalytischen Vereinigung*, 4 Bde., Frankfurt a. M.
O'Flaherty, W. D. (1975), *Hindu Myths*, Baltimore.
Onians, R. B. (1954), *The Origin of European Thought*, Cambridge.
Ortega y Gasset, J. (1957), *Betrachtungen über die Liebe*, Frankfurt a. M. 1991.
Otto, W. F. (1934), *Die Götter Griechenlands. Das Bild des Göttlichen im Spiegel des griechischen Geistes*, Frankfurt a. M., 2. Aufl.
Ovid (1968), *Liebeselegien (Amores)*, in: *Werke in zwei Bänden*, ausgew., eingel. u. komm. v. L. Huchthausen, 2. Band, Berlin/Weimar 1968.
– (1990), *Metamorphosen*, übers. v. E. Rösch, München.
Painter, G. D. (1965), *Marcel Proust. Eine Biographie*, Bd. 2, Frankfurt a. M. 1980.
Panofsky, E. (1939), ›Der blinde Amor‹, in: *Studien zur Ikonologie. Humanistische Themen in der Kunst der Renaissance*, Köln 1980, S. 153–185.
– (1955), ›Dürers Stellung zur Antike‹, in: *Sinn und Deutung in der bildenden Kunst*, Köln 1965, S. 274–350.
– (1969), *Problems in Titian*, New York.

Persson, A. W. (1942), *The Religion of Greece in Prehistoric Times*, Berkeley, Calif.

Pfister, O. (1921), ›Plato als Vorläufer der Psychoanalyse‹, in: *Int. Zschr. f. Psychoanal.*, 7, S. 264–269.

Pine, F. (1979), ›On the pathology of the separation-individuation process as manifested in later clinical work‹, in: *Int. J. Psychoanal.*, 60, S. 225–242.

Platon (1922), *Phaidros*, übers. u. erl. v. C. Ritter, Leipzig, 2. Aufl.; Repr. in: Platon, *Sämtliche Dialoge*, Bd. II, Hamburg 1988.

– (1923), *Der Staat*, übers. u. erl. v. O. Apelt, Leipzig, 3. Aufl.; Repr. in: Platon, *Sämtliche Dialoge*, Bd. V, Hamburg 1988.

– (1926), *Das Gastmahl (Symposion)*, übers. u. erl. v. O. Apelt, Leipzig; Repr. in: Platon, *Sämtliche Dialoge*, Bd. III, Hamburg 1988.

Pritchard, J. B. (Hg.) (1969), *Ancient Near Eastern Texts*, 3. Aufl., Princeton.

Proust, M. (1913), *In Swanns Welt*, Frankfurt a. M. 1981.

Radin, P. (1957), *Primitive Man as a Philosopher*, New York.

Ranelagh, E. L. (1979), *The Past We Share*, London.

Rank, O. (1907), *Der Künstler*, Wien.

Ranke-Graves, R./Patai, R. (1963), *Hebräische Mythologie. Über die Schöpfungsgeschichte und andere Mythen aus dem Alten Testament*, Reinbek 1986.

Reich, A. (1940), ›A contribution to the psychoanalysis of extreme submissiveness in women‹, in: *Psychoanalytic Contributions*, New York 1973.

Reich, W. (1927), *Die Funktion des Orgasmus*, Köln 1987.

– (1929), ›Der genitale und neurotische Charakter‹, in: *Charakteranalyse*, Frankfurt a. M. 1973, S. 166–187.

Reik, T. (1944), *A Psychologist Looks at Love*, New York.

Ritvo, S. (1966), ›Correlation of a childhood and adult neurosis‹, in: *Int. J. Psychoanal.*, 47, S. 130f.

Ross, N. (1970), ›The primacy of sexuality in the light of ego psychology‹, in: *J. Amer. Psychoanal. Ass.*, 18, S. 267–284.

Rougemont, D. de (1956), *Die Liebe und das Abendland*, Zürich 1987.

Rozelaar, M. (1954), *Shir ha Shirim al Neka ha Shira ha ero tit Hayevanit* (Das Hohelied auf der Grundlage der erotischen Lyrik der Griechen), Jerusalem.

Russell, B. (1972), *Autobiographie*, Bd. I, Frankfurt a. M.

Sappho (1978), *Strophen und Verse*, übers. u. hg. v. J. Schickel, Frankfurt a. M.

Saul, L. (1950), ›The distinction between loving and being loved‹, in: *Psychoanal. Quarterly*, 19, S. 412f.

Schafer, R. (1974), ›Problems in Freud's psychology of women‹, in: *J. Amer. Psychoanal. Ass.*, 22, S. 459–485.

– (1977), ›The interpretation of transference and the conditions for loving‹, in: *J. Amer. Psychoanal. Ass.*, 25, S. 335–362.

Schmideberg, M. (1936), ›A note on suicide‹, in: *Int. J. Psychoanal.*, 17.

Schneider, L. (1985), ›Mirrors in art‹, in: *Psychoanalytic Inquiry*, 5.

Schopenhauer, A. (1988), ›Metaphysik der Geschlechtsliebe‹, in: *Die Welt als Wille und Vorstellung*, hg. v. L. Lütkehaus, 2 Bde., Zürich, Bd. II, Kap. 44.

– (1992), *Der Briefwechsel mit Goethe*, hg. v. L. Lütkehaus, Zürich.
Schott, A. (1988), *Das Gilgamesch-Epos*, übers. v. A. Schott, neu hg. v. W. von Soden, Stuttgart.
Schott, S. (1950), *Altägyptische Liebeslieder*, eingel. und übertr. v. A. Schott, Zürich.
Schur, M. (1977), *Sigmund Freud. Leben und Sterben*, Frankfurt a. M.
Seibel, S. (1924), *The Religion of Shakespeare*, London.
Shakespeare, W. (1977), *Shakespeare's Sonette*, Nachdichtung von Karl Kraus, Zürich.
– (1978), *Sämtliche Werke*, Bd. IV: *Poetische Werke*, 3. Aufl., Heidelberg.
– (1989), *Erich Fried. Shakespeare-Übersetzungen*, 3 Bde., Berlin.
Shelley, P. B. (1946), *Über die Liebe, das Leben und die Kunst*, Zürich.
– (1990), *Ausgewählte Werke. Dichtung und Prosa*, hg. v. H. Höhne, Frankfurt a. M.
Silver, D. (1983), ›The Dark Lady, sibling loss and mourning in the Shakespearean sonnets‹, in: *Psychoanalytic Inquiry*, 3.
Silverman, L. H./Lachmann, F./Milich, R. H. (1982), *The Search for Oneness*, New York.
Simon, B. (1973), ›Plato and Freud: the mind in conflict and the mind in dialogue‹, in: *Psychoanal. Quarterly*, 43, S. 91–122.
– (1978), *Mind and Madness in Ancient Greece*, Ithaca, N.Y.
Singer, I. (1984), *The Nature of Love I: Plato to Luther*, 2. Aufl., Chicago.
Slochower, H. (1970), *Mythopoesis*, Detroit.
Snell, B. (1946), *Die Entdeckung des Geistes. Studien zur Entstehung des europäischen Denkens bei den Griechen*, Hamburg.
Socarides, C. W. (1978), *Homosexuality*, New York.
Solomon, R. C. (1981), *Love, Emotion, Myth, and Metaphor*, New York.
Sophokles (1990), *Tragödien*, übers. v. W. Willige, München.
Spitz, R. (1945), ›Hospitalism. An inquiry into the genesis of psychiatric conditions in early childhood‹, in: *Psychoanal. Study Child*, 1.
– (1946), ›Hospitalism. A follow-up report‹, in: *Psychoanal. Study Child*, 2.
– (1965), *Vom Säugling zum Kleinkind. Naturgeschichte der Mutter-Kind-Beziehungen im ersten Lebensjahr*, 9. Aufl., Stuttgart 1989.
Steinberg, L. (1983), *The Sexuality of Christ in Renaissance Art and in Modern Oblivion*, New York.
Stendhal (1842), *Über die Liebe*, 6. Aufl., Frankfurt a. M. 1989.
Sterba, R. F. (1984), ›Discussion of Martin Bergmann's »The legend of Narcissus«‹, in: *American Imago*, 41.
Stone, L. (1985), ›The strange history of sexuality: sex in the West‹, in: *New Republic*, July 8.
Sulloway, F. J. (1982), *Freud. Biologe der Seele. Jenseits der psychoanalytischen Legende*, Köln-Lövenich.
Taylor, A. E. (1926), *Plato*, London.
Terman, D. M. (1980), ›Object love and psychology of the self‹, in: Goldberg.

van der Waals, H. G. (1965), ›Problems of narcissism‹, in: *Bull. Meninger Clinic*, 29, S. 243–275.

Vergil (1990), *Aeneis*, übers. v. J. Götte, München.

Waddell, H. (1955), *The Wandering Scholars*, New York.

Waelder, R. (1930), ›The principle of multiple function: observations on over-determination‹, in: *Psychoanal. Quarterly* (1936), S. 45–62.

Wallerstein, R. S. (1967), ›Reconstruction and mastery in the transference psychosis‹, in: *J. Amer. Psychoanal. Ass.*, 15.

Wangh, M. (1950), ›Othello: The tragedy of Iago‹, in: *Psychoanal. Quarterly*, 19.

Weissman, P. (1969), ›Creative fantasies and beyond the reality principle‹, in: *Psychoanal. Quarterly*, 38.

Werman, D. S./Jacobs, T. J. (1983), ›Thomas Hardy, the well-beloved and the nature of infatuation‹, in: *Int. Rev. Psychoanal.*, 10, S. 447–457.

Wieseler, F. (1856), *Narkissos. Eine kunstmythologische Abhandlung* ..., Göttingen.

Wilson, J. D. (1966), ›The sonnets‹, in: *The Works of Shakespeare*, Cambridge.

Wolkstein, D./Kramer, S. (1983), *Inanna: Queen of Heaven and Earth. Her Stories and Hymns from Sumer*, New York.

Woolf, V. (1928), *Orlando. Eine Biographie*, Frankfurt a. M. 1990.

Namen- und Sachregister